민주화 이후 한국 사회와 신자유주의

대통령 리더십과 통치성

민주화 이후
한국 사회와 신자유주의
대통령 리더십과 통치성

인 쇄: 2017년 2월 7일
발 행: 2017년 2월 10일
지은이: 윤민재
발행인: 부성옥
발행처: 도서출판 오름
등록번호: 제2-1548호 (1993. 5. 11)
주 소: 서울특별시 중구 퇴계로 180-8 서일빌딩 4층
전 화: (02) 585-9122, 9123 / 팩 스: (02) 584-7952
E-mail: oruem9123@naver.com
ISBN 978-89-7778-471-0 93340

* 잘못된 책은 교환해 드립니다.
* 값은 뒤표지에 있습니다.

이 도서의 국립중앙도서관 출판예정도서목록(CIP)은 서지정보유통지원시스템 홈페이지(http://seoji.nl.go.kr)와 국가자료공동목록시스템(http://www.nl.go.kr/kolisnet)에서 이용하실 수 있습니다. (CIP제어번호: CIP2017002791)

이 저서는 한국연구재단의 2012년 저술출판사업 지원을 받아 수행된 연구임 (2012S1A6A4016467).

민주화 이후 한국 사회와 신자유주의

대통령 리더십과 통치성

윤민재 지음

The Korea's Society and Neoliberalism

Presidential leadership and governmentality

YOON Minjae

ORUEM Publishing House
Seoul, Korea
2017

머리말

2016년 여름은 길고 무더웠다. 비도 많이 내리지 않은 고온의 여름은 많은 사람들을 지치게 했다. 한국의 정치도 여름 기후처럼 우리를 힘들게 했다. 대선이 다가오고 있지만 비정상적인 것이 일상화되고 예측불가능한 정치행태가 난무한 채 쾌적한 정치는 나타나지 않고 있다.

최근 박근혜 대통령의 국정농단은 한국 정치를 더욱 비정상적으로 만들어 놓았다. 박근혜 하야를 주장하는 '촛불시위', '광장정치'는 탄핵에 머무르지 않고 국가와 통치의 정상화뿐만 아니라 사회 전반의 개혁을 요구하고 있다. 이 문제는 단순히 정권 교체, 정치 교체에 의해 해결되지 않을 것이다. 탄핵사태 이후 대통령선거 국면에서 대통령 후보들 간의 치열한 경쟁이 전개되겠지만, '촛불'의 지향점은 그것을 넘어선 '선진국'에 걸맞은 제대로 된 정상국가의 모습을 요구하고 있다. 즉, 헌정주의와 공화주의에 기반한 전반적인 사회개혁이 매우 중요한 이슈가 될 것이다. 이는 민주화 이후의 한국 사회의 과제해결과 밀접히 연결될 것이다.

민주화 이후 한국 정치는 민주주의의 공고화 과정을 순탄하게 걷지 못했다. 민주주의는 법과 제도의 정비만으로는 그 본질적 의미를 실현할 수 없다. 민주주의의 기초인 정당과 의회의 역할도 중요하다. 그러나 한국의 정당과 의회는 다양한 사회적 갈등을 정치적 쟁점으로 정교화하여 그 해결책을 합리적으로 찾기보다는 갈등을 왜곡하거나 증폭시켰다. 이러한 무력한 정치의 직접적 피해자는 국민이 될 수밖에 없다. 그 결과 국민은 형식적 대표체일 뿐, 민주화 이후의 주요 정치적·경제적·사회적 의제를 해결할 실질적 대표체는 아니었다. 국민이 배제된 정치는 공적 행위자로서의 정치권력의 무책임성과 공공성의 진공상태를 보여주었다.

국민들은 민주화 이후 정치에 대한 절망과 분노를 더욱 크게 느끼고 있다. 그 분노의 핵심에는 정치권의 무능력, 불평등의 확산, 청년세대의 위기, 국가권력의 공공성 상실, 나아가 삶의 총체적인 위기가 자리 잡고 있다. 그러나 이러한 위기가 단순히 정치권의 정상화를 통해 해결될 수 있을지는 의문이다.

한국의 현대사는 사회과학의 주요한 이론적 자원이자 보고로 일컬어질 만한 수많은 사건, 현상을 담고 있는 역사이다. 분단, 이념갈등, 전쟁, 근대화, 산업화, 도시화, 계급갈등, 권위주의와 독재, 민주화, 정보화, 세계화, 복지와 분배, 불평등 등 사회과학의 주요 관심 내용이 매우 짧은 시간 속에 동시다발적으로 표출되었다. 이러한 현상들은 한국 사회의 성장과 발전을 위한 과정이었지만, 그 여파는 사회적 갈등과 대립, 소외와 배제, 혹은 국민들의 분노와 좌절, 저항을 가져왔다. 이러한 현상들은 앞에서 말한 정치의 비정상화와 함께 한국 사회의 다양한 문제들을 해결할 수 있는 해법을 찾는 데 장벽이 되고 있다. 그 장벽이 높은 만큼 인문사회과학적인 고민과 성찰은 성장하였다.

근대화, 산업화 과정을 거친 이후 나타난 민주화 과정은 세계화, 개방화, 정보화 등과 맞물리면서 근대적이면서 탈근대적인 다양한 현상과 모순을 증폭시켰다. 한국의 민주화 과정은 역사의 필연적 귀결이었을지 모르나, 그 이후 나타난 결과는 한국이라는 공동체가 젊어지고 가기에는 매우 어려운 과제를 던져주었다. 민주화 이후의 과제는 합리적인 정치의 운영, 정상적인 대통령의 리더십, 나아가 헌정질서에 대한 근본적인 질문을 통해 보다 완성된 민주주의로 나갈 수 있는 구체적인 방법을 철학적·정치적으로 사고하는 데 있다.

박근혜 정부는 최초로 등장한 여성대통령 정부로서 '행복'을 국정 목표로 삼았다. 행복은 매우 고전적인 정치적·실천적인 화두이다. 고대 아테네 공동체의 철학자들의 정치적 목표와 공동체 국가의 통치 목적은 인간의 최고의 삶, 최고의 미덕, 즉 행복에 어떻게 도달한 것인가에 있었다. 그러나 불행하게도 한국 사회의 행복이라는 키워드는 매우 정파적이고 전략적이었다. 복지, 경제민주화가 한국 정치의 중심에 등장하면서 행복이란 말은 인간과 공동체에 대한 성찰과 고민, 역사에 대한 반성과 이해가 결여된 오직 정치의 승리를 위한 것으로만 등장하였다.

여기에서 우리는 이제 좋은 정치는 어떻게 만들어질 수 있는가, 과연 그것은 가능한가, 보다 나은 통치권력은 존재할 수 있는가, 좋은 통치와 좋은 삶, 행복은 가능한 것인지, 민주화 이후 민주주의의 실현은 현실가능한 과제인지에 대한 질문을 던져야 한다. 이 연구는 이에 대한 답을 찾을 수 있는 단서를 찾고자 한다. 즉 과연 우리는 미래의 보다 좋은 정치 질서의 답을 정치행위자, 국가에서 찾을 수 있는지, 그리고 그 질서를 민주주의, 통치, 리더십으로 단순히 개념정립화할 수 있는지에 대한 물음과 답을 찾고자 한다. 그 질서가 운명의 질서가 아니라 분석가능하고 비판적 성찰의 과제라면, 그리고 개인-사회-국가-세계를 연결시키는 하나의 거대한 그물장치로 그 질서의 행보와 궤적을 읽어낼 수 있는 지혜가 있다면, 그 질서에 대한 답을 어느 정도 찾을 수 있다고 본다.

또한 현재의 정치 질서를 움직이는 보이지 않는 권력이 존재하고 있고 그 대상이 점차 가시화되고 있다면 현실정치와 운동이 추구해야 할 목표, 전략은 분명하게 드러날 것이다. 이에 대한 학문적 관심과 성찰이 어느 때보다 필요할 시기이다. 현 질서를 단순히 요약해서 표현한다면 자본과 시장이 우위에 있는, 자본의 논리가 전 사회영역으로 관통하고 그 힘의 파장이 전 지구적으로 관철되는 질서로 규정할 수 있을 것이다. 그러나 이 질서는 정치의 무능, 공정한 국가의 부재, 비판정신의 결여를 낳고 있다. 즉, 공공성의 위기가 도래하고 있다. 여기서 비정상의 정상, 정상의 왜곡과 부재가 나타난다. 그렇다면 이 질서를 넘어서는 새로운 질서는 우리의 가능한 상상력의 범위에 있는가. 우리는 그 질서를 '대안'이라고 말할 수 있는 신념과 확신이 있는가. 그것은 단순히 어떤 대통령을 선택할 것인가라는 정치공학적 질문이 아니다. 즉 근본적인 인문학적·역사학적 반성 및 고민, 통찰의 문제인 것이다.

이러한 문제에 대한 답을 제시할 의무와 책임이 있는 한국 사회의 엘리트와 지적 권력이 그러한 답을 하고 있는지는 의문이다. 대통령선거가 다가오면서 여전히 지식계의 패거리 행태가 반복되고 있다. 무엇이 잘못되고 있는지 분명히 드러나고 있음에도 불구하고 정치적 색채와 관계없이 궁극적인 답을 제시하지 않고 온갖 화려한 말과 논리로 대중을 현혹하고 있다. 그러한 현혹을 여야, 보수와 진보를 포함한 정치권은 악용하면서 대중의 삶을 고양시킬 수 있는 것과 무관한 권력만을 추구하고 있다.

비판적이고 냉철한 지식을 통해 새로운 대안을 제시해야 할 제도권의 책임 있는 위치에 있는 지식세계는 그러한 권력세계에 진입하기 위해 안간힘을 쓰고 있다. 과거와 다른 점은 그러한 안간힘이 매우 교묘하게 눈에 두드러지지 않는다는 점이다. 오로지 세속적 권력과 자본만이 모든 것을 통치하고 사람들은 그를 숭배하는 사회로 변화하고 있다. 사정이 이러할 진데 현재와 다른 질서는 가능한가, 단순히 새로움이나 다름이 아니라 정치와 국가권력, 지식권력의 진정성, 근원성을 현실화할 수 있는 질서는 가능한가, 가능하다면 우리는 그것을 희망, 비전, 행복으로 규정할 수 있는가라는 무모한 질문을 해본다. 그 답을 찾기 위해서는 현재의 정치권력, 지식권력이 '더 이상 존재할 수 없고 그 존재를 허용하지 않는 사회적 기반이 허용될 때의 순간'이 도래해야 할 것이다.

이러한 배경하에서 본 연구는 민주화 이후 대통령들의 통치의 성격, 목적, 한계를 분석하고자 하였다. 또한 한국 사회의 정치질서를 관통하는 핵심적 문제와 그 본질을 파악하고, 이를 비판적으로 이해하기 위해 푸코의 논리를 적용하였다. 그 핵심적 개념에는 '통치성' 개념이 있다.

이 책에서 저자는 한국 현대 정치 사회는 신자유주의를 본질로 하는 것으로 규정하고, 그에 대한 접근방식을 통치성 개념을 사용하여 추적하였다. 대중들에게는 다소 부담이 될 수 있는 책이지만 민주화 이후 한국 사회를 정치, 경제, 사회, 문화의 총체적인 면을 일관된 흐름 속에서 추적하고 있다는 점에서 최근 한국의 비정상적 정치의 모습을 읽어내는 데 도움이 될 것이라고 생각한다. 또한 통치와 권력의 본질과 그 성격을 현실사회의 비판과 분석을 통해 파악함으로써 이론과 현실의 괴리를 넘어 종합적으로 이해하는 데 도움이 될 것이다. 그리고 최근 큰 화두인 복지, 청년세대, 불평등의 현상들을 정치권력, 대통령, 관료 등 주요 행위자들의 선택과 이해, 시각을 종합해 객관적으로 분석하고자 했다는 점에서 기존 연구와는 차별이 있다고 생각한다.

이 책은 한국연구재단의 저술출판사업의 지원을 통해 이루어진 연구의 결과물이다. 2012년도에 지원을 받아 5년이 된 시점에서 책을 발간하게 되었다. 그 과정에서 다른 연구와 강의, 자료수집 및 정리 등으로 많은 시간이 흘러가게 되었다. 이 책의 저술을 위해 집중된 시간이 부족하였지만 나름대로 많은 국내외 연구서와 1차 자료를 분석하는 데 많은 노력을 기울였다. 저술을 마치는 시점에서 보니, 보람이나 마무리했다는 뿌듯함보다는 책의 논리적 완성도와 자료 분석과 해석의 오류가 있지 않을까 하는 염려가 앞선다.

이 책은 민주화 이후 한국 사회를 관통하고 있는 신자유주의 질서를 대통령 시기별로 분석하고 약 20년에 걸친 과정 동안 한국 사회에서 어떠한 일이 벌어졌고, 민주화와 경제발전, 다양한 복지제도의 도입에도 불구하고 대중의 일상적 삶은 왜 점차 위기에 빠져들고 있으며, 그 해법을 찾는 일이 왜 더욱 난해해지고 있는가 하는 점에 초점을 맞추었다. 어쩌면 그 결과는 필연적 결과일지 모른다. 대외적인 신자유주의 질서의 압력과 그것을 수용하고 인식하는 정치집단, 관료집단, 자본은 보이지 않는 권력의 망을 통해 너무도 자연스럽게 사회 전반에 그 논리를 확장하고, 대중의 비판성을 무디게 하면서 신자유주의 논리를 자연스럽게 안착시키고 있다.

이러한 점들이 문제의 근원이라면 정치가 해야 할 것, 혹은 대중운동이 지향해야 할 방향은 어느 정도 분명해지고 있다. 지금과는 다른 질서가 가능하다는 확신과 정치적 믿음, 이에 바탕을 둔 새로운 정치적 논리와 철학,

사회학적 비판력이 필요하다고 본다.

일반적으로 연구를 마무리하는 글에서 감사의 글을 쓰게 된다. 30년 정도 대학에서 사회학을 공부하고 논문과 책을 쓰고 강의를 하면서 너무도 많은 분들에게 마음의 빚을 지고 있다. 그분들에게 감사하다는 말밖에 드릴 수 없다는 사실이 죄송할 따름이다. 그러나 세 분께는 특히 감사를 표하고자 한다.

먼저 대학원에서 처음 뵙고 이후 사회문화연구소에서 보낸 약 7년 동안 연구를 이끌어주신 분이다. 그 7년은 사회학의 기초가 되는 다양한 영역을 공부하고 지식을 얻는 중요한 시기였다. 이 기회를 마련해준, 이제는 고인이 되신 고영복 선생님께 늦게나마 감사의 말씀드린다. 너무도 많은 부족함에도 불구하고 선생님은 늘 편하고 웃음 띤 모습으로 격려해주셨다. 그 관대함과 격려는 그 후 박사학위를 받고 지속적으로 공부하는 데 큰 힘이 되었다. 이제 유가족분들께 늦게나마 감사의 마음을 전한다.

두 번째는 박사학위 심사위원으로 참여해주신 신용하 선생님이다. 수업 시간을 제외하고 직접 선생님과 대화를 나눌 수 있는 시간은 거의 없었지만 선생님의 학자로서의 열정과 학생들에 대한 헌신, 그리고 확고한 신념과 실천은 필자에게 매우 중요한 귀감이자 교훈이었다.

마지막으로 필자의 선친 윤광래님이다. 선친도 사회학을 전공하셨고 보이지 않게 필자가 전공을 선택하는 데 영향을 주셨다. 선친은 학자가 아니었지만 평소 책을 손에서 놓지 않으셨고 슬기로운 삶의 지혜와 일에 대한 책임감, 그리고 가족에 대한 헌신적 사랑을 보여주셨다. 올해가 돌아가신 지 꼭 10년이 되는 해이다. 시간이 참 빠르게 흘러갔다. 돌이켜보면 필자가 아버지로부터 받은 영향은 매우 컸다. 그러나 아버지의 영향만큼 여러 가지면에서 성숙하고 올바른 길을 가고 있는지는 의문이다. 내가 대학에 입학했을 무렵의 아버지 연세가 지금의 내 나이다. 생각해보면 아버지의 모습은 내 삶에 크게 드리워진 병풍 같았다. 대학 입학 후 30년이 지난 지금 아버지의 병풍이 더 그리워진다. 살면서 부딪히는 나의 문제와 어려움에 대해 아버지는 어떤 이야기를 건네줄까 하는 생각을 늘 해본다.

이 책을 집필하는 시기는 연구과정과 강의 등에서 매우 많은 일들이 겹쳐진 시기였다. 또한 건강 등 개인적으로 여러 가지 어려운 일들이 있었다. 이를 극복하고 연구에 전념하도록 도와준 아내 이정미와 딸 지수, 아들 지용에게 고맙다는 마음을 전한다. 또한 석사과정 지도교수였던 김경동 선생님, 박사과정 지도교수였던 임현진 선생님, 논문작성에 큰 도움을 주신 박명규 선생님, 서울대 사회발전연구소에 재직 당시 여러 가지로 도움을 주신 송호근 선생님, 이재열 선생님에게 감사의 말씀을 전한다. 그리고 긴 시간 연구의 공간을 제공해준 연세대 국가관리연구원 전임 원장이었던 김동노 선생님, 진영재 선생님, 문명재 선생님, 현 원장이신 이종수 선생님, 그리고 박명림 선생님에게 감사의 마음을 전한다.

끝으로 정리되지 않은 글을 교정과 편집을 통해 책의 형태를 갖출 수 있도록 도와준 출판사 측에 감사드리며, 어려운 출판 상황에도 불구하고 흔쾌히 출판을 허락해주신 부성옥 대표께 감사의 말씀을 드린다.

2016년 12월

윤민재

차례

표 차례

그림 차례

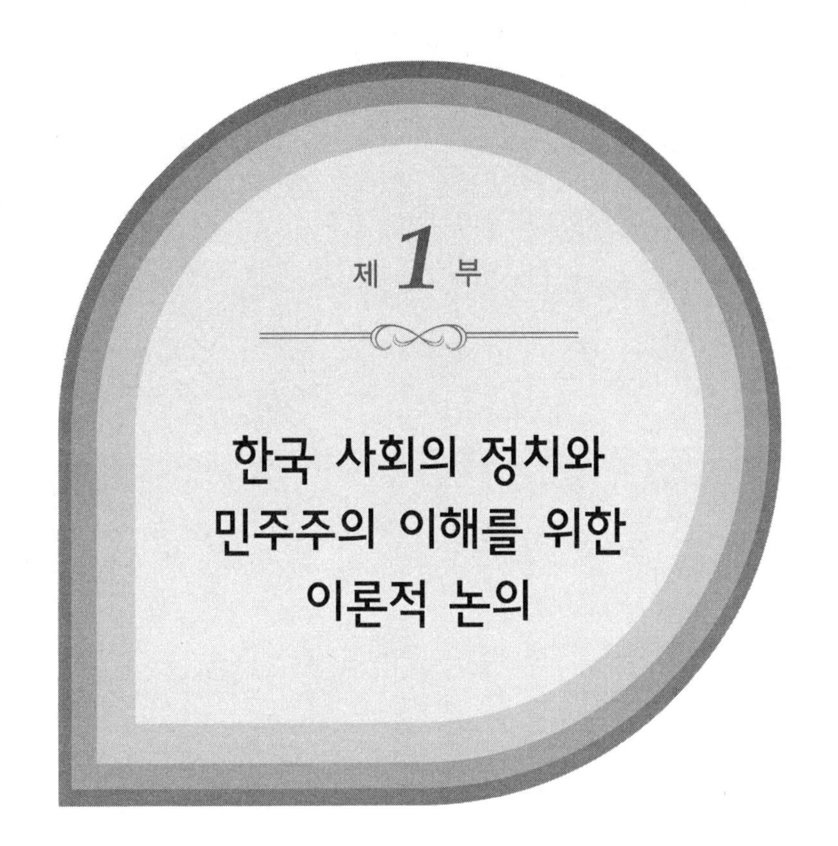

제 1 부

한국 사회의 정치와 민주주의 이해를 위한 이론적 논의

들어가는 말

Ⅰ. 한국 정치사회와 대통령

한국 사회는 대통령중심제 사회이다. 대통령이란 말은 국민들에게 매우 친숙한 단어다.[1] 대한민국 정부수립 이후 대통령중심제의 권력구조가 채택

---

1) 대통령이란 말은 구한말에 본격적으로 등장하기 시작하였다. 『윤치호 일기』 1권을 보면 1884년 미국을 언급하면서 미국의 대통령선거를 이야기하고 있다(『윤치호 일기』). 또한 1986년 『대조선독립협회회보』에서는 미국의 새로운 대통령을 소개하고 있다. 그 후 고종이 미국에 다녀온 박정양을 만나는 대화에서 대통령이란 말이 몇 차례 등장한다. 박정양은 고종에게 보고하는 자리에서 "미국 대통령의 관청은 백성들의 개인 집과 구별이 없으며 부유한 백성들의 집에 비교하면 도리어 미치지 못할 정도로 매우 검소합니다. 그러나 개인 집과 다른 것은 건물을 전부 흰 칠을 했기 때문에 나라 사람들이 '백옥'이라고 합니다."라고 보고하고 있다(『고종실록』 26권(1889)). 구한말 시기에는 미국의 대통령을 소개하는 내용에서 피상적으로 대통령이란 말을 사용하고 있다. 20세기 초가 되면 보다 구체적으로 대통령과 민주주의의 관계를 설명하는 글들이 등장한다. 1920년 『개벽』지의 '데모크라시의 의의'라는 글을 보면 "米國 대통령 린컨의 유명

되었고 대통령은 국민적 선택에 의해 선출되는 통치 권력자이자 행정수반의 역할을 수행하는 주체가 되었다. 현대적 의미에서 대통령이란 용어가 체계적으로 통용되기 시작한 것은 정부수립 이후이다. 대한민국 헌법 4장 1절을 보면 대통령의 임무, 위치, 권한 등을 설명하고 있다. "첫째, 대통령은 국가의 원수이며, 외국에 대하여 국가를 대표한다. 둘째, 대통령은 국가의 독립·영토의 보전·국가의 계속성과 헌법을 수호할 책무를 진다. 셋째, 대통령은 조국의 평화적 통일을 위한 성실한 의무를 진다. 넷째, 행정권은 대통령을 수반으로 하는 정부에 속해 있다"라는 내용을 정의하고 있다.

이와 같이 대통령은 최고 권력자, 즉 국가의 원수이며 대내외를 대표하는 주권자이자 국가공동체의 번영과 발전, 평화를 책임져야 하는 임무를 지닌 주체이다. 헌법의 규정에서 나타나듯이 대통령은 권력행사주체, 사회통합의 주체라는 의미를 갖는다. 그러나 때로는 사회갈등과 분열의 촉발자라는 비판의 대상이 되기도 한다. 비판의 대상을 극복하기 위해서는 대통령이 대통령답게 보이는 것이 필요하다. 이것이 바로 대중으로부터 존경받는 권위를 획득하는 조건이다. 대통령이 대통령답게 보이기 위해서는 정부의 수장으로서 정책의 흐름을 정하고 방향을 바로잡는 데 중심적 역할을 해야 한다.

민주화 과정의 분수령이 된 '1987년 체제'에서 시작된 5년 단임제 대통령 선거는 한국 사회의 정치권력구조를 결정짓는 중요한 선거가 되고 있다. 동시에 대통령선거를 통해 정치개혁과 정치의 근본적인 쇄신의 열쇠를 찾으려는 국민적인 열망도 높아지고 있다. 한국 사회의 보수와 진보 간의 이념적 대결이 심화됨에 따라 역대 대통령에 대한 평가도 매우 논쟁적으로 진행되고 있다. 이승만 대통령을 국부, 건국의 아버지로 평가하기도 하고 혹은 독재자로 평가절하하기도 한다. 박정희 대통령을 조국근대화의 지도자로 설명

한 연설 중에 「인민을 위하는 정치, 인민에게 의한 정치」라 云한 언구가 잇섯다. 전자 즉 인민을 위하는 정치란 언구에 의하고 보면 이곳 민본주의의 사상인데 이른바 國의 정치의 목적은 民을 本으로 할 것이라 함이니 즉 民의 행복을 증진하는 것이 정치의 주안이라 함이엇다."라고 언급하고 있다(『개벽』, 1920.6.25). 여기에서는 미국의 정치제도를 설명하면서 민주주의의 주요 핵심내용을 언급하고 있다.

하기도 하지만, 독재를 한 총통같은 지도자로 비판하기도 한다. 김대중 대통령을 평화와 통일의 지도자로 묘사하기도 하지만, 빨갱이로 비난하기도 한다. 정치적 이슈와 갈등이 확대되고 새로운 권력의 모습을 기대하는 국민들의 열망은 바람직한 대통령의 모습이 무엇인지, 어떠한 리더십이 바람직한가라는 질문을 던지고 있다.[2)]

정치는 '바르게 다스린다'는 의미를 담고 있다. 다스릴 치(治)는 물(氵), 욕망(厶), 통로 (口)로 이루어져 있다. '氵'은 '물 또는 흐르다'라는 뜻이 있고, '厶'는 '꿈, 욕심, 소유, 욕망'을 뜻하며, 口는 입, 울타리, 입구, 통로의 뜻이 있다. 이 말들을 합쳐서 보면 '치'는 '꿈이 흐르는 통로'가 된다. '꿈이 흐르도록 통로를 열어 두는 것'이 다스림의 근본이라는 의미이다. 이 말들은 고전적인 의미의 단어이지만 현대사회의 정치영역에도 그 본질이 그대로 관통될 수 있는 규범적인 의미를 지니고 있다. 그러나 현실정치를 들여다보면 정치는 통로의 역할을 하지 못하고 질곡으로 변화하고 있고, 국민의 꿈과 욕망을 거스른 모습을 보여주고 있다. 대통령선거 시기에는 사회적 갈등과 대립이 더욱 증폭되고 있고 다양한 사회적 쟁점과 이슈들이 폭발적으로 등장하고 있다. 그러한 쟁점을 합리적인 정책으로 전환시키고 공약사항으로 발전시켜 지지세력을 확보하고자 하는 '프레임의 대결'이 중요한 과제가 되고 있다. 공약과 구호가 대통령에 대한 평가와 지지기반을 확대할 수 있는 사안이 되고 있다.

대통령은 성공적인 업적을 성취하기 위해서는 통치 기간 동안 놓여 있는

---

2) 각종 선거를 앞두고 한국 사회는 다른 시기보다 더 큰 정치적 위기와 갈등을 경험하고 있다. 정치적 위기와 갈등은 선거에 대한 대중의 관심을 반영하기도 하고, 기존 정치권에 대한 불신과 비판의 소리를 강화시키기도 한다. 최근 정치에 대한 비판의 목소리가 커지면서 인물교체, 세대교체, 정치개혁의 요구가 강화되고 있다. 한국 사회는 최근 소셜미디어가 강화되면서 정치인과 시민과의 거리가 더욱 좁혀지고 있다. 소셜미디어의 확산은 일반시민이 정치인에게 질의하거나 요구할 수 있는 통로를 열어주었고 정치인들은 일거수일투족을 감시받을 가능성이 커지고 있다. 과거의 거대한 빅브라더가 아니라 일상생활 주변에 퍼져 있는 수많은 스몰브라더가 감시자, 고발자가 되고 있다(김은미·이동후·임영호·정일권, 2011: 201).

정치상황에 대한 객관적 이해와 사회경제적 조건과 문제에 대한 통찰이 필요하다. 대통령은 확고한 비전을 가지고 역사와 대화할 수 있는 능력이 있어야 하고, 국민들과 권력을 공유하고 영광을 함께 나눌 수 있어야 한다(임혁백, 2011: 64). 이러한 근거로 대통령이 가져야 할 덕목을 국가관리의 능력에서 본다면 비전이 매우 중요한 역할을 한다. 대통령은 꿈이 분명해야 하고, 나아가서 그 비전이 개인만 소유하는 것이 아니라 많은 사람들과 공유하도록 해야 하며, 그 비전을 구현할 구체적인 전략을 가지고 있어야 한다(이홍규, 2007: 33). 또한 그 전략은 열정을 가지고 추진해야 하며 실천해야 한다.[3]

대통령직의 성공을 위해서는 집권 초기의 기간이 매우 중요하다. 집권기간 내에 실천이 가능한 핵심과제를 소수화하고 그 과제는 반드시 대통령의 지속적인 관심을 받는 주제여야 한다. 이러한 핵심과제에 대해서는 대통령선거 이전 분명한 목표와 전략을 가지고 있어야 한다. 특히 국가비전에 대해서는 정부 출범 후에 대통령의 주요 실천과제로 설정하여 대통령 본인이 직접 관리할 필요가 있다(이홍규, 2007: 44). 민주화 이후 각 정부들은 과거 정부와의 차별화를 통해 국민적 지지를 확보해야 했다.[4]

대통령은 다양한 자원을 가지고 있다.[5] 먼저 정치적 자원이다. 이것은

---

3) 이를 위해서 대통령은 특정한 권한을 갖게 된다. 그 권한의 원천은 다양하다. 먼저 선거결과 후 국민들이 대통령에게 기대하는 지지가 권한의 원천이 될 수 있다. 그다음으로는 언론에의 접근능력이다. 세 번째는 대통령의 정책목표, 국가의제 등을 실천하기 위해 정당, 시민사회 등을 설득할 수 있는 능력이다. 그다음으로는 인사권, 예산배정을 통한 보상과 처벌의 기제를 효율적으로 사용하는 것이다. 마지막으로 비서실의 능력 등이다(김용일, 2016: 28-30).

4) 그러나 집권당은 지금까지의 국정운영과는 다른 비전, 프로그램, 나아가 새로운 민주주의 모델을 갖고 있어야 했지만 지역주의에 기초한 연대, 다수의 표를 획득하기 위한 보수세력과의 연대로 인해 과거 정부와의 차별성을 두지 못하였다(최장집, 2002: 133-134). 이것은 민주주의 위기의 한 원인이다.

5) 대통령은 최고 권력자이자 주권자이면서 동시에 정책을 통해 국민들로부터 평가를 받는 위치에 있다. 대통령은 리더의 역할을 통해 정치사회에서 전문성을 획득하고 그 전문성을 기초로 대중들의 일상적인 영역까지 통치하게 된다. 대통령의 통치의 성공은 한국 민주주의 발전을 촉진하지만 통치의 실패는 민주화 과정에 역행하는 결과를 낳기

내적 자원으로 시간과 정보, 전문지식과 에너지이다. 시간은 임기를 말한다. 전문지식은 해당 행정부의 기술적·정치적 능력에 중점을 둔다. 정보는 특정 프로그램에 대한 대통령의 지식뿐만 아니라 특정 문제를 생각할 수 있게 하는 대통령이 지닌 지식의 양을 말한다. 에너지는 선택에 사용할 수 있는 신체적·정서적 힘을 말한다. 그리고 외적 자원이 있다. 외적 자원은 의회에 대한 대통령의 영향력과 관련된다. 의회에서 소속정당의 지지, 국민지지율, 선거득표차이, 요직 임명권 등을 말한다.

이러한 요소 말고도 대통령이 자신의 역량을 제대로 실현하기 위해서는 당의 지원도 매우 중요하다. 대통령은 의회정당의 지지에 의지해야 하므로, 입법권의 잠재적 지지를 측정하게 된다. 이와 함께 국민지지와 득표율도 매우 중요한 요소이다. 국민의 지지가 의회에서 이익을 발생시키지 않더라도 국민지지가 없다면 결과적으로 성공잠재성을 떨어뜨린다.[6)]

대통령에 대한 연구와 분석은 사회갈등에 대한 이해와 해결의 문제와 밀접한 연관성이 있다. 왜냐하면 정치의 핵심은 대중이 갈등의 확산에 참여하

도 하고 반대세력의 저항을 분출시켜 민주화 과정을 지체시키거나 사회의 분열과 대립을 양산하기도 한다. 이런 의미에서 세계은행은 좋은 통치의 개념을 제시하고 있다. 세계은행은 좋은 통치의 지표로 먼저, 국민의 목소리에 귀를 기울이고 책임 있게 수행할 수 있는 능력을 제시한다. 두 번째로, 정부의 효율성이다. 효율성의 지표는 경제성장과 재화의 균형분배를 통한 양극화의 최소화이다. 세 번째는, 폭력의 부재와 정치안정이다. 여기에는 정부의 설득능력, 야당과의 협상능력, 정책으로 문제를 해결하려는 자세와 열정 등이 포함된다. 네 번째는, 사법의 질이고, 다섯 번째는, 법치국가의 작동 여부이다. 마지막으로, 부패의 통제능력이다. 이러한 좋은 통치의 핵심에는 신뢰의 문제가 있다. 신뢰를 회복할 수 있는 방법으로 OECD는 정부의 신빙성 제고, 대응성 향상, 개방성 증진, 좋은 통제성, 통합과 공정성, 포용적 정책생산의 시행 등을 들고 있다(최연혁, 2016: 32-35).

6) 이러한 자원들은 대통령의 국정 아젠다의 핵심이다. 대통령의 역량, 카리스마, 지식도 중요하지만 의회나 국민의 지지가 없다면 국정 아젠다는 심각한 제한을 받게 된다. 대통령이 세세한 국내정책과제를 제시할 기회를 가질지, 한정된 주도권과 거부권으로 제약을 받을지 결정하는 요소는 자산인 것이다. 자산은 아젠다의 변수를 설정하고 그 규모를 결정하며 선택범위를 제약한다(Light, 2009). 그러한 범위 내에서 대통령은 자신의 역량과 그리고 구조적 조건 내에서 다양한 자원을 동원하고 제도와 법에 따른 권한을 행사하면서 아젠다를 설정하고 그것을 실시한다.

는 방식 및 대중과 갈등 간의 유동적인 관계를 관리하는 과정이기 때문이다(Schattschneider, 2008: 44). 즉, 정부를 포함한 대통령은 갈등관리가 매우 중요한 과제가 되며, 이를 통해 본인의 리더십을 평가받기도 한다. 정부는 갈등을 사회화하는 거대한 도구이자 엔진의 역할을 한다(Schattschneider, 2008: 215). 갈등을 억누르기보다는 공론화하고 사회화하며 전국화할 때 대통령의 리더십은 빛을 발하게 된다. 이때 정치조직과 지도자들은 대중이 정치에 관여하는 것을 활용하고 그로부터 바람직한 정책의 대안을 찾게 된다. 그렇기 때문에 민주주의는 갈등의 사회화를 주요 핵심적 과정으로 인정할 때 발전할 수 있다.[7] 그것이 바로 한국 사회의 중요한 정치적 과제였다.

II. 한국 민주주의의 위기

민주화 이후 한국 사회는 개방화, 민영화, 유연화, 탈규제, 시장경쟁우위, 세계화 등의 담론이 광범위하게 전개되면서 자연스럽게 대중적·노동적 헤게모니는 약화되고 자본과 기업의 헤게모니가 우세하게 되었다. 정치적으로는 보수주의 세력의 저변이 확대되고 세계화·개방화를 주장하는 신보수주의, 뉴라이트 세력이 점차 득세하게 되었다. 신자유주의적 정책과 이념에

7) 한국 사회는 대화와 타협을 통해 사회적 갈등을 해결하고 합의에 도달하는 방식에 의해 작동하는 민주주의를 만들어내지 못하였다. 정당 또한 사회갈등의 해결사 역할을 하지 않고 오히려 그 갈등의 원인제공자나 촉진자 역할을 하기도 하였다(임혁백, 2011: 146). 3김 시대는 절차적 민주주의를 회복하고 그 후 전개된 민주화의 공고화에 기여한 측면도 있지만 전근대적인 가산주의, 권위주의를 완전히 청산하지 못하였다(임혁백, 2015: 144). 문제가 되는 것은 갈등을 활용해 정치엘리트의 이익과 권력을 유지하려는 현상이 나타났다는 점이다. 이것은 갈등을 공론화하고 사회화하여 민주주의의 문제를 해결하려는 것과는 정반대로 나가는 것이었다. 정치권은 다수 집단을 동원할 수 있는 사회갈등구조를 만들어 자신들의 기득권을 지키고자 하는 행태를 지속적으로 보여주었다(윤성이, 2015: 51).

대항하고 시민사회 내에서 지지를 확보할 수 있는 대안세력이 신자유주의 세력과 대등한 관계에서 정치적 위상을 확보할 수 없는 상황이 나타났다.

이러한 상황 속에서는 영미식의 신자유주의 모델과 시장논리가 한국 사회를 지배하였다. 그것은 국가와 시장뿐만 아니라 대중들 개개인들의 변화도 요구하였다. 민주화 이후 나타난 정부들은 공통적으로 신자유주의정책에 기초하고 있다. 신자유주의의 세계화는 고용의 불안정, 비정규직의 양산, 소득격차 확대, 양극화 가속, 공공부문 축소 등의 전형적인 결과들을 보여주고 있다. 따라서 이러한 문제들을 해결하고 민주화 이후 실질적인 민주주의 담아낼 수 있는 정책과 이념, 정치적 기획이 무엇인지 진지하게 고민해야 할 것이다.

민주화 과정을 거치면서 대통령의 권한 및 국가의 권한 등을 민주화해야 했지만, 이 문제가 본질적으로 논의되지 못한 채 과거의 권위주의적이고 비민주적인 권력 및 권한행사 형태가 여전히 남아 있다. 이러한 점도 사회적·정치적 갈등을 유발시키는 원인이 되기도 하였다. 때로는 대통령 권력의 사인화 현상이 나타나고 대통령을 중심으로 한 측근세력이나 청와대, 행정 관료들이 정당을 배제한 채 독점적으로 권력을 행사하여 민주주의의 발전을 가로막기도 하였다. 대통령제도 자체가 승자독식의 성격이 강해서 권력행사가 제도와 법에 따라 이루어지지 않는 경우도 많았다. 측근과 비선조직이 정책을 좌지우지하거나 지대추구 행위가 만연하여 정치가 합리적으로 실천되기 어려웠다. 승자독식의 관행은 인사행위에서도 그대로 나타났다. 단적인 사례가 요직의 지역편중이다. 이러한 것들은 대통령제도의 역기능, 즉 권력집중의 폐해를 보여주는 것이었다(윤성이, 2015: 50).

그렇다면 왜 민주주의는 위기인가. 민주주의는 대중들의 요구에 민감하게 반응하도록 고안된 정치질서이기도 하다. 그러나 한국 사회의 경우 갈등을 정치의 틀 안으로 가져오고, 이를 정치적 결정을 위한 의제로 만들어야 할 정당의 역할이 불충분하였다(최장집, 2002: 206). 정당체제가 문제가 되는 것은 정당들이 사회의 다양한 이익과 요구들을 대표하지 못하기 때문에 발생하기도 한다(최장집, 2004: 202). 대통령은 내각과 관료들을 장악해 자신의 철학과 정책과제를 추진해야 한다. 이를 위해서는 무엇보다도 정당의 지지와 협조를 이끌어낼 수 있는 능력과 자질, 리더십이 요구된다. 이 리더십은 정당정치를 무시하거나 왜곡하는 기반 위에서는 만들어질 수 없고 정상적인 정당정치의 기반 위에서 가능하다.[8] 그런데 민주화 이후 한국 사회는 신자유주의적인 성장정책을 급진적으로 추진하면서 국가권력을 축소시키거나 약화시키지 않았다. 시장의 힘은 국가의 경제정책의 지원, 보조를 통해 발휘될 수 있었다(최장집, 2013: 35). 대통령중심의 과도한 정치적 집중 때문에 정당과 의회가 배제된 상태에서 다양한 정치세력들이 제도권의 정치영역에 들어오지 못하거나 그 이익이 대표되지 못함으로써 한국 사회의 갈등, 양극화, 사회해체는 더욱 커지고 있다.

민주주의는 경쟁하는 다양한 정치조직들과 리더들이 만들어낸 대안들 가운데 하나를 대중들이 자발적으로 선택하는 정치체제이다(Acemoglu and Robinson, 2006: 17). 정치권력을 통해 다른 집단의 저항에도 불구하고 자신들의 이익을 위해 장악하는 능력이 현대사회의 정치의 핵심이 된다. 그러나 그 권력은 정치영역에서만 확보되는 것이 아니라 광범위한 사회영역의 확보를 필요로 한다. 이 때문에 민주주의를 단순히 정치학이 아니라 정치사회학으로 사유하는 일이 필요하다. 그것은 민주주의를 사회와의 관계 속에서 일차적으로 파악하고 사회와의 관계 속에서 정치를 사유하고 분석하는 것을 말한다. 이때 권력의 문제, 민주주의의 통치 문제도 단순히 권력을 누가 소유하고 있는가 하는 문제가 아니라 권력이 어떻게 작동하는가에 대한 문제의식과 관련되어 설명되어야 한다(조희연·장훈교, 2013).

대통령은 관료의 통제, 의회와 정당의 설득, 시민사회의 지지 등을 필요로 한다. 민주화 이후 대통령은 관료에 대한 정치적·민주적 통제를 통해 정책적 일관성과 집행능력을 확보해야 하고 정당과 의회에 대한 설득과 협

---

8) 그러나 한국은 현재 5년 단임제이고 대통령의 행정적 자원활용의 자율성이 높으면서도 정당에 대한 통제력이 강하게 나타나므로, 임기 초기에는 대통령화와 정당화가 동시에 강화되고 임기 말에는 권력의 누수와 당적 포기로 정당통제력이 약화되면서 정당의 빈번한 이합집산에 영향을 미치기도 한다(곽진영, 2009: 126).

상을 통하여 자신의 정책, 예산, 법률을 통과시켜야 한다(김용복, 2007: 12). 그러나 역대 대통령들을 보면 관료의 정치적 통제를 통해 정책적 일관성을 유지했다기보다는 편중인사, 정실인사 등으로 관료의 정치화를 가져왔다.[9] 이는 대통령제도의 원칙, 목적, 내용에서 요구되는 헌정주의에 위반되는 일이었다.

대한민국은 법치주의국가이자 공화주의를 추구한다. 헌법에서는 민주공화국을 강조하면서 삼권분립과 통치제도의 근간을 이야기하고 있다. 헌법에서 국가정체성과 통치원리를 찾는 헌정주의는 정부의 통치 권력은 제한되어야 하며, 일정한 법적 제한을 따를 때 정당성을 얻을 수 있다는 점을 보여준다. 헌법은 정부의 정당한 행위에 한계를 그어야 하고 정부가 그 업무를 처리하는 방식을 규정해야 한다(김비환, 2013: 408).[10]

---

9) 이러한 문제가 있기 때문에 바람직한 대통령의 리더십을 책임윤리적 리더십으로 설명하기도 한다(임혁백, 2011: 63). 책임윤리적 리더십은 대중을 설득시켜야 한다는 강박관념을 버리고 시민들과 감성적 공감대를 형성하는 과제를 중시한다. 정치는 권력을 획득하고 보존하며 유지하는 것이 주 목적이지만, 지도자는 비르투(virtue)의 리더십을 필요로 하는 것이다(임혁백, 2011: 78); 인사정책은 특히 정부 출범 시기에 매우 중요하다. 정부의 핵심인물은 그 정부의 국정목표와 국가비전을 잘 이해해야 하고 자신이 담당한 조직의 업무를 신속히 파악하고 조직을 장악할 능력을 갖추어야 한다. 이를 위해서는 당선 전 미리 주요 요직에 대한 인선을 구상하고 국정운영을 준비해야 한다(함성득, 2012: 280-281).

10) 헌정질서는 정치사회와 국가 사이의 권력관계를 규정하는 것이며 넓은 의미로는 국가와 사회의 관계, 생산양식 및 사회세력 간의 역학 구조까지 포함한다(고원, 2012: 59). 헌정주의의 기저에는 민주주의 핵심적 가치와 원리, 이상들이 내포되어 있다. 당연히 헌정주의에는 자유와 평등의 이상이 담겨져 있으며 이것에만 그치지 않고 그 이상의 가치들이 숨겨져 있다. 평등하고 자율적인 참여 속에서 모든 국민이 동등하게 입법과정에 참여하고 우리의 삶과 연결된 규칙과 규범을 만들어 나가는 데 참여하고 관심을 갖는다면 대한민국 헌법이 주장하는 자유와 평등의 원칙, 인민주권의 원칙은 실현될 수 있을 것이다. 헌정주의는 고정된 정체가 아니라 끊임없이 변화할 수 있고 진화하며 재구성될 수 있는 질서이다. 민주화 과정 중 등장한 헌정질서가 다양한 세력들 간의 논의와 타협의 결과라고 긍정적으로 평가할 수 있지만, 그 질서는 사회 저변층을 대변하지 못하고 불평등과 반인권의 문제를 근본적으로 해결하지 못하였다. 그러한 헌정질서에 의문을 제기하고 보다 민주적인 질서로 개편될 수 있도록 고민하고 그 방법을 모색하는 것도 중요한 과제일 것이다. 그러할 때 한국 정치사회의 역할은 주목받게 될 것이고, 보다 민주적인 통치 질서가 수립될 수 있을 것이다.

민주화 이후 5년 단임제가 정착되면서 관료들의 속성도 변화하였다. 관료들은 교체되었지만 여전히 복지부동, 전문성 결여, 무책임성 등이 증가하였고 정책 이슈의 복잡성이 증대하면서 정부 부처 간 정책갈등이 증대하고 부처 이기주의, 관료집단 이기주의가 팽배하기 시작하였다. 민주화가 되었음에도 불구하고 관료들의 권한은 더 커졌고 그들의 관료적이고 폐쇄적인 성향은 줄어들지 않았다. 한국에서 관료는 정권이 교체되었음에도 불구하고 그 영향력은 더욱 강화되었고, 국가가 독점적으로 자원을 배분하는 과정에서 기득권층으로 편입되었다(고세훈, 2013: 73).

정치가 무기력해진 틈을 타 임기를 무제한으로 보장받는 관료들은 대통령과 의회의 빈틈을 채워나가면서 그들의 권력을 확대해 나갔다. 민주화 이후 정치가 실종된 자리를 정책적 효율성을 숭배하는 관료들이 메우기 시작하였다(최형익, 2013: 26). 민주화 이후 정부들은 역설적으로 권위주의 시대의 정부보다 더 관료에 포획된 정부가 되고 말았다. 물론 민주화 이후 각종 정부위원회가 증대하면서 다양한 시민사회의 세력들이 참여하여 정부 정책의 획일성과 독점성을 깨트리는 데 기여한 면은 있다. 그러나 정부위원회는 여전히 정책참여통로가 아니라 정부의 정책결정에 정당성과 면죄부를 부여하는 역할을 하기도 하였다(윤상우, 2008: 208).[11]

민주주의에서는 정치제도가 권력의 할당, 권력의 향방을 결정한다. 정치제도는 정치권력의 영향을 받는다. 서구의 민주주의의 역사는 대중이 정치권력을 동원하여 비민주적인 질서를 민주주의로 변화시키기 위한 투쟁과 노

---

11) 이것은 현대사회의 국가에서 국가가 집단행위 대신 개인권리를 강조하고 집단이익의 표출이 아니라 개인선택을 장려하는 정책집행 장치를 개발하고 있는 현상과 무관하지 않다. 과거에는 정부나 정당이 광범위한 시민들을 조직하고 동원하여 대중적 지지를 확보하고 이를 통해 권력을 획득, 강화시키는 일이 매우 중요하였다. 그러나 현대사회에서는 대중이 정부에 직접 개입하거나 접근할 가능성과 기회가 늘어나면서 집단적으로 동원되는 경우는 줄어든다. 즉, 개인민주주의의 시대로 들어서고 있는 것이다(Crenson and Ginsberg, 2013: 17-35). 이에 따라 정치에 대한 무관심이 늘어나고 대중의 참여와 소통이 줄어드는 시대에 투표행위는 비합리적이고 연고주의에 기초해 발생하는 경우가 늘어나게 된다.

력의 역사였다. 그런데 민주주의의 역사는 단순히 대중이 권력을 획득한 역사라기보다는 때로는 엘리트가 혁명적 위협과 정치적 이해의 득실을 고려하면서 대중들에게 일정한 부를 양보하고 대중과 타협한 역사이기도 하였다. 또한 민주적인 정치제도들이 대다수로부터 지지를 받고 집단 간의 불평등이 약화될 때 민주주의는 신장될 수 있다(Acemoglu and Robinson, 2006: 24-36). 그러한 면에서 한국의 불평등 현상을 보면 권력의 균형이 깨졌거나 민주적인 제도들이 효과를 발휘하지 못하였기 때문에 발생한 것이었다.[12)]

사회의 다양한 갈등은 단순히 행정이나 통치의 문제로 풀릴 수는 없다. 갈등해소를 위해서는 갈등의 문제를 정치영역으로 흡수하고 이를 공동체 문제

---

12) 개인민주주의 시대는 연대와 포용의 정치보다는 개인들의 자유, 소유의 권리만을 강조하는 시대이다. 물론 그러한 대중들의 참여가 줄어들고 탈정치화되는 시대에 평등과 같은 집단적 권리보다는 개인의 권리가 우선시되는 것은 당연하다. 그러한 것들을 인권, 민주주의로 표현하기도 한다. 과거에는 인권, 민주주의가 국가에 의해 적대시되고 불온시되었지만 이제 인권은 많은 국가들이 지향하는 중요한 개념이 되었다. 이에 따라 국가중심적인 정치에서 대중참여적인 정치, 시민사회중심적인 정치로 변화하고 있다. 그러한 변화는 흔히 민주주의로의 이행, 민주주의의 공고화로 설명된다. 다양한 시민단체, 조직들이 참여하는 범위와 강도가 높아짐에 따라 인권의 규범은 민주주의의 발전의 중요한 척도가 된다. 인권은 이제 한 국가의 규범 척도가 아니라 전 세계의 민주주의의 질을 평가하는 객관적 기준이 되었다. 이러한 특징은 탈냉전 이후 신자유주의 시대에 더욱 강화되고 있다. 영향력 있는 유력 단체들이 각 국가의 인권을 평가하고 그들은 도덕적 사업가로 나서고 있다. 세계화·개방화 시대에 민주주의와 인권을 표방하는 단체들이 주요 행위자로 등장하게 되었고, 이들은 다양한 전문가들과 대기업이 지원하는 재단 등의 지원을 통해 영향력을 더욱 확대하고 있다. 그 움직임의 핵심에 미국이 있다. 미국의 인권정치는 이제 전 세계의 규범이 되었고 전 세계에 '시장민주주의'가 구축되고 있다. 미국의 민주주의 수출은 새로운 형태의 정치적·법률적·학문적 제국주의의 등장을 촉진하고 있다(Guilhot, 2014: 39). 미국의 민주주의 재단들은 실제로 정보기관이나 국가권력과 밀접한 연관을 갖고 있는 사람들에 의해 운영되고 있다. 과거 냉전시대에 반공산주의운동을 벌였던 세력들이 이제 민주주의의 옹호자로 나서면서 인권의 정치가 전 세계로 확장되고 있다. 세계화 시대에 계급정치, 노동정치, 이데올로기는 종식을 고하게 되었고 중산층이 주도하는 정치가 정치안정과 민주질서를 공고화하는 것으로 이해되고 있다. 중산층의 정치는 개혁의 정치, 자유의 정치를 지향한다. 이러한 정치의 핵심에 미국식 민주주의의 논리가 있다. 미국의 권력증가는 인권의 성장을 고무하며 민주주의의 확산은 미국의 영향력을 강화하고 있는 것이다(Guilhot, 2014: 135).

로 전환하여 정치적 결정을 위한 의제로 만들어야 한다(최장집, 2002: 206). 특히 한국 사회는 정당들이 사회의 다양한 이익과 요구들을 대표하지 못하기 때문에 정당체제가 문제가 되고 있다(최장집, 2008: 202).[13] 한국의 정당들은 유권자들의 이해관계와 정치적 의견을 수렴하지 못하고 이념적·정책적 균열을 극단적으로 보여주고 있다. 유권자들의 의식과 달리 정당들은 기존의 이념구도와 지역주의를 이용하여 양극단의 정치를 추구하는 성향을 특히 선거 때 자주 보여주고 있다.

민주화 이후 분점정부가 등장하기도 하였다. 분점정부하에서 대통령 리더십은 원활한 통치를 확보할 수 있는 중요한 과제가 되기도 한다. 대통령이 자신의 협상능력이나 설득력을 이용해 분점정부의 상황에서도 의회에서 다수 연합을 형성할 수 있기 때문이다(김욱, 2002).[14] 일반적으로 분점정부

---

13) 정당체제의 문제는 문민화 이후의 과정에서도 해결되지 못하였다. 소위 3김 시대의 민주주의도 여전히 민주적 책임성과 응답성을 결여한 엘리트 민주주의를 벗어나지 못했고 가부장주의, 지역주의, 보스주의, 가신주의, 패거리정치, 위임주의로 인해 민주주의로 도약하지 못하였다. 전근대적 유교적 가산주의를 청산하지 못하고 신자유주의 물결 속에서 공공성이 실종되고 상업적 시민의 영역이 공적 시민의 영역을 압도하게 되었다(임혁백, 2011).

14) 분점정부에 대한 시각은 다양하다. 먼저, 분점정부가 대통령-의회관계를 약화시켜 정부의 통치력을 저하시킨다고 보는 정당정부론 시각이 있다. 둘째, 분점정부는 대통령제의 권력분리원칙에 충실한 정부유형으로 위험보다는 기회요인이 더 많다고 보는 분리주의 입장이 있다. 마지막으로, 분점정부가 정부 운영에 미치는 영향은 거의 없다고 보는 입장인 다원주의가 있다(오승용, 2004: 169). 오승용의 연구(2004)에 의하면 한국 사회에서 법안처리 결과를 볼 때 분점정부가 입법산출의 저하로 정부의 통치력을 약화시킨 것은 아니었다. 또한 행정부 집권당이 국회에서 갖는 독점적 지위가 예전처럼 강하지 않기 때문에 집권당이 수의 힘으로 밀어붙이는 경우보다 반대당과 타협하는 경우가 빈번해지고 있다. 오히려 민주화 이후 분점정부가 등장하여 의회의 제왕적 대통령에 대한 견제기능을 강화시켜 비대칭적이었던 대통령-의회관계를 변화시키는 데 기여했다고 볼 수도 있다. 따라서 분점정부가 대통령과 의회갈등의 원인이고 부정적인 현상이라고 평가하는 것은 무리가 있다. 한국 사회에서 분점정부가 등장하는 데는 여러 가지 배경이 있다. 먼저 국회의원선거와 대통령선거의 주기가 일치하지 않는다는 점이다. 비동시 선거의 선거주기와 지역균열구조가 온건다당제를 낳는 요인이 되고 있고 그 결과 분점정부가 탄생하는 것이다. 즉 대통령의 후광효과를 국회의원선거에서 찾아보기 힘들다는 사실이 있다. 한국의 강한 지역주의는 영남과 호남의 후보가 선거연합을 하는 것을 방해하고, 이는 결국 분점정부를 낳는 또 하나의

는 대통령이 속한 정당과 의회의 다수당이 서로 다를 때 발생한다. 그런데 한국에서는 입법교착이 분점정부에서 나타난 것이 아니라 집권당이 국회에서 다수당을 차지하는 경우가 많았다. 이러한 현상은 분점정부 이론과는 반대되는 것이다. 분점정부 이론에 의하면 대통령의 집권당이 의회의 과반석을 차지하지 못하면 행정부와 의회 간의 갈등, 입법교착이 나타난다. 그렇기 때문에 분점정부하에서 의회는 갈등과 입법지연 등의 부정적 현상을 노출하게 된다(이현우, 2015: 224-225).[15]

그렇기 때문에 한국 정치는 책임정부, 정당정부라는 기본적인 민주주의의 성격을 갖지 못한 채 선거에만 과도하게 집중하고 반응하는 정치로 발전하였다. 정당은 지지자들 사이에 공유된 인식의 기반을 만들기보다는 선거에서의 득표만을 과도하게 추구하는 정치로 전락하였다(박상훈, 2015: 300-301). 이 때문에 정치엘리트들이 선거에서의 득표를 위해 양극화된 선택구조의 틀을 활용한다. 그 결과 그러한 양극화된 성향은 강화될 수밖에 없다. 이것은 결국 한국의 정치발전을 가로막는 주 원인이 되기도 하며 정치적 갈등이 정치권에 수용되지 못하고 불필요한 비용을 치루는 결과를 낳는 원인이기도 하다(이현우, 2009: 21).

민주화 과정 이후 한국의 정치사회는 대화와 타협을 통해 사회적 갈등을 해결하고 합의에 도달하는 방식으로 움직이는 민주주의를 만들어 내지 못하

배경이 되고 있다(장훈, 2001).

15) 한국 사회의 지역주의의 문제를 없애기 위해서는 대통령제와 내각제의 문제가 아니라 다수제냐 소수 권익을 보호하는 합의제냐에 대한 관심이 필요하다(김재한·아렌트 에립하트, 1997). 다수제 모델은 과반수가 모든 권력을 보유하는 식으로 정치권력이 다수에게 집중되는 반면, 합의제는 다양한 방식으로 정치권력을 분담, 분산, 분배, 제한시킨다. 한국 사회에서는 일반시민들이 다수제적 속성보다는 합의제적인 가치체계를 선호한다는 실증적 연구가 있다(강신구, 2012). 이 연구에 의하면 한국의 정치현실에 대한 국민들의 낮은 만족감은 다수제적인 정치제도와 합의제적인 가치체계를 가진 시민들 사이의 부조화에 있다. 한국 사회에서는 합의제가 지역균열이나 정치갈등을 막을 수 있는 제도로 인식될 수 있다. 이를 위해서는 사법권 독립이 필요하고 의회 내에서 비례대표를 강화하여 지역주의를 약화시킬 수 필요가 있다. 그리고 중앙으로의 권력집중을 완화하기 위하여 자율적인 지방정치를 강화하는 일이 요구된다.

였고, 정당 또한 사회갈등의 해결사 역할을 하지 못하였다(임혁백, 2011: 146). 그러나 이러한 문제의 책임이 반드시 정당에게만 있는 것은 아니다. 이 문제의 중요한 해결주체인 대통령의 통치 문제도 거론하지 않을 수 없다. 민주화 과정 이후 대통령들은 관료를 정치적·민주적으로 통제하고 정당과 의회에 대해서는 설득과 협상을 통해 정책, 예산, 법률을 통과시켜야 하는 과제를 합리적으로 해결해야 했다(김용복, 2007: 12). 그러한 과제들을 합리적으로 해결하지 못했을 때 민주화 과정에서 사회적 갈등은 더욱 증폭되었다. 그 책임은 대통령의 리더십과 통치능력의 부족에 어느 정도 있다고 할 수 있다.

민주주의는 갈등의 사회화를 주요 핵심적 과정으로 인정하고 그것을 합리적으로 해결할 때 발전하게 된다. 민주화 이후 한국의 대통령들의 통치과정을 보면 대통령의 우월적 지위를 남용하거나 지나차게 권한행사를 하고 사법부와 의회의 독립성과 자율성을 훼손하는 제왕적 대통령의 모습을 보여준 것은 부인할 수 없다.[16] 제왕적 대통령은 위임민주주의 국가에서 전형적으로 나타난다. 선거는 단순히 최고 지도자에게 권력을 부여하는 절차로 인식되고 민주주의는 권위주의 통치를 정당화시켜주는 것으로 전락한다. 법은 질서를 유지시켜주는 통치의 수단으로 인식되고 사법의 정치화 및 정치의 사법화 현상을 가속화시킨다(김비환, 2016: 396).

정치의 핵심은 대중이 갈등의 확산에 참여하는 방식 및 대중과 갈등 간의

---

16) 이와는 달리 대통령제가 한국에서 성공할 수 있었던 것은 한국의 대통령들이 헌법에 규정되지 않은 초법적·편법적 방법으로 권한을 확대하여 국회의 실질적인 역할을 무력화했기 때문이라는 시각이 있다. 미국의 경우 대공황 이후 대통령비서실을 강화한다든지 '국가안전법'을 제정하여 외교안보정책기구를 창설하여 대통령의 외교정책권을 강화하기도 하였다(조윤제, 2009: 96-99); 한국의 대통령들의 제왕적 요소를 평가할 때 노무현 대통령을 예외로 보는 시각도 있다. 노무현 대통령은 김영삼, 김대중 대통령과는 달리 언론을 압도할 수 있는 여건이 아니었고, 제도적으로 규정된 권력분립이 정상적으로 작동하고 있어 일방적 권력행사는 어려웠으며, 검찰을 자신의 통치기반 확대와 반대세력 탄압을 위한 수단으로 동원할 수도 없었고 당시는 정치불안과 사회갈등, 이념갈등이 격화된 시점이어서 강력한 리더십을 전개하기 어려운 상황이었다(김형준, 2005).

유동적인 관계를 관리하는 과정이다(Schattschneider, 2008: 44). 대통령은 갈등관리의 문제를 매우 중요한 과제로 인식해야 한다. 왜냐하면 이를 통해 대통령의 리더십이 평가받기 때문이다. 따라서 대통령이 국민과의 관계를 유지하는 가운데 전개되는 다양하고 다이내믹한 정치과정들을 분석하고 평가하는 일은 대통령을 객관적으로 분석할 수 있는 중요한 과제가 된다(정윤재, 2012).

한국의 역대 대통령들은 반공주의, 산업화, 근대화, 민주화를 주요 구호로 내세웠고 그와 관련된 권력과 자원동원, 권력투쟁에는 익숙했지만 주어진 권력과 자원을 합리적·효율적으로 동원하여 민주주의를 제도화하는 데는 실패하였다.[17] 민주화 이후 대통령들의 국정운영을 보면 민의를 상향식

17) 이와 관련하여 박정희 대통령 시기의 국정운영방식을 자본가, 기업가, 은행가의 역할을 모두 하는 '정치적 기업가'로서의 정부로 표현하기도 한다. 이때 국가는 구체적 성장목표를 지향하는 경제전략 계획자이자 그 집행주체의 역할을 동시에 하게 된다(권태준, 2006); 기업은 정부에 의해 국가계획과정에 편입된 보조적 동업자였고 모든 경제주체들은 박정희 정부(행정부)에 종속된 관계였고 공과 사가 하나로 묶여 구분이 되지 않는 체제였다. 특히 박정희 정부에서는 청와대비서실이 중화학공업화를 추진하면서 엄격하고 업적지향적인 통치본부의 역할을 하기도 하였다. 박정희 정부 당시 김정렴 비서실장은 박정희를 대할 때 조선왕조의 임금을 대하듯 극존칭의 언어를 사용하고 예법을 지켰으며, 박정희의 지시를 받을 때는 군대식으로 병사들이 상관 앞에서 하듯 양손을 몸 옆에 붙이고 부동자세로 꼿꼿하게 서 있었다고 한다. 이들 비서들에게 있어 한국적 민주주의의 큰 목적은 박정희가 국력을 증강하고 조직화하기 위한 것이라고 천명한 유신을 달성하는 것이었다. 당시 비서들은 중화학공업 육성이 박정희가 추구하는 경제적·정치적 목표를 성취하게 할 것이라는 확신을 가지고 있었다. 당시 상공부 관료들은 실용적 개혁주의자들이었고 근대화된 공업국가를 건설하는 수단으로 방위산업 중심의 급속한 공업화에 관심을 가지고 있었다(김형아, 2005: 260-261). 기업가들의 조직인 전경련, 상공회의소 등은 집단 의견을 국가에 제출하면서 자신들의 이익을 신장하는 방향으로 국가정책이 결정되도록 개입하였다. 중화학공업단지 건설, 수출산업공단 건설, 수출자유지역 설정 등 경제기획원이 내린 주요 산업정책들은 대기업가들의 제안을 정부가 받아들인 것이었고, 국가는 전 국민이 동원되어 만들어 놓은 산업발전을 대자본이 전유할 수 있도록 적극적으로 지원하였다(박형준, 2013: 263); 특히 박정희 시대의 리더십은 견고한 관료제의 힘에 의해 뒷받침되기도 하였다. 당시 관료제는 군대식 조직규율을 도입하고 전직군인과 민간인으로 구성된 기술관료제의 성격을 지녔다. 이러한 관료제는 국가적 과업의 실적 성취와 상승해 더욱 발전하게 되었다(권태준, 2006: 138); 1972년 유신체제 이후에는 국가의 권위와

으로 수렴하기보다는 청와대나 비서진 등을 정점으로 명령을 내리는 권위주의적인 방식이 많았다. 이에 따라 행정부의 전문성과 자율성이 제한되기도 하였고, 때로는 의회정치에 개입하여 입법과정을 왜곡하고 야당을 제압의 대상으로 삼아 정당정치를 훼손하기도 하였다(조성환, 2012: 145).[18)]

또한 한국 정치사회는 1987년 이후 제도적인 차원에서 형식적 민주주의의 완성을 지향하면서 실질적인 차원의 민주주의 발전을 위한 경로를 걸어왔다. 이 과정에서 정치사회, 시민사회, 국가(행정권력)는 상호협력하기도 하였고 때로는 긴장, 갈등 관계 속에서 대립, 협조, 상호보완의 모습을 보여주었다. 1987년 6월항쟁 이후 민주주의에 대한 열망은 어느 때보다 높았다. 그러나 대통령과 국회의원선거를 민주주의의 완성으로 이해하는 온건 보수세력과 이를 바탕으로 그것을 넘어선 실질적 민주주의를 추구하는 세력으로

권력이 군대식으로 규율된 관료조직에 집중되어 목표지향적 관리, 통제능력의 시스템이 더욱 강화되었다. 이를 바탕으로 박정희 정부는 국가가 경제성장과 자립경제수립에 총력을 기울이는 일은 '우리 민족을 위해 당연한 일이다'라는 인식을 강화시켜주었다. 박정희는 이와 함께 금욕적이며 평등주의적인 가치들, 즉 자조, 근면, 협동, 단결, 자립, 협력 등을 중요한 가치로 보고 이를 국민들에게 제시하였다. 특히 이러한 정신들은 새마을운동에서 강조되었는데 이것은 중공업화와 유신개혁과 관련된 새마을 시민들에게 요구되는 미덕이자 범국가적인 정신동원이었다. 그러나 이러한 인식도 경제성장이 지속됨에도 불구하고 계층 간, 지역 간 불평등과 갈등이 심화됨으로써 그러한 일체감은 점차 약화되었다. 이것은 민주화 과정이 시작되었음을 보여주는 것이었고 박정희 정부의 리더십이 약화될 수밖에 없는 구조적 환경이었다(김형아, 2005).

18) 한국의 정당들은 총선거나 대통령선거 시기마다 이합집산과 파벌갈등과 대립을 지속적으로 보여줌으로써 안정된 정당체계를 성취하기가 힘들었다. 한국의 대통령들도 정당과 의회를 대등한 정치파트너로 인정하기보다는 여당의 정책활동이나 정당조직 내부의 결정사항에도 관여하고 직접 통제하기도 하였다. 심지어는 입법발의, 정책설득 등 중요한 정책결정과 관련하여 당정회의를 활용함으로써 더 강한 통제력을 행사하기도 하였다. 즉, 당정회의 결과가 바로 의정활동의 내용으로 반영되었다(곽진영, 2009). 대통령은 행정권력과 의회권력(정당권력)을 동시에 누리면서 강력한 통치의 근거를 마련하였다. 그렇기 때문에 대통령은 헌법에 명시된 대로 행정부의 수반으로서 의회를 존중하고 정당의 자율성을 보장하는 리더십과 식견을 가져야 하고 사법부의 권한을 침해하거나 인사권을 이용해 독립성을 훼손하는 일을 막을 필요가 있다. 또한 민주화 이후에도 대통령들은 지역주의를 활용한다든지 자신의 정치노선과 정책을 도덕적으로 높게 평가하고 상대방의 의사를 묵살하는 태도를 보이기도 하였고, 소통과 대화보다는 불통의 모습을 보임으로써 타협과 설득의 정치를 무시하기도 하였다.

파편화되었다(김비환, 2016: 376-278). 이것은 그 후 한국 사회의 정치세력의 분화와 다양한 스펙트럼의 이념진영을 만들었다. 1987년 민주화 이후 마련된 헌정질서는 위임주의적 대통령을 조장하였다. 민주적으로 선출된 대통령들은 자유로운 선거를 통해 모든 권력을 위임받은 것으로 생각하며 국가를 통치하였다. 민주화 이후 대통령들은 국회와 같은 선출된 대표의 권위를 인정하지 않거나 견제와 균형을 통해 수평적 책임성을 강제할 수 있는 대표기구들의 권리를 인정하지 않으려고 하였다. 이와 함께 1987년 헌법은 5년 단임 대통령제를 선택하여서 권력을 대통령에게 집중하게 함으로써 제왕적 대통령을 낳기도 하였고, 5년으로 임기를 제한함으로써 약한 대통령제를 초래하는 결과를 낳기도 하였다(임혁백, 2014: 678-679). 이처럼 대통령 중심제의 권력구조를 가진 한국 사회에서는 대통령의 권한, 정책결정의 메커니즘, 리더십, 그리고 권력구조 내의 주체들의 정치적 입장 및 전략이 대통령의 통치의 성격 및 내용을 결정짓는 중요한 변수가 되고 있다.

III. 민주화 이후 한국 정치와 불평등

한국 현대 정치사를 보면 근대화, 산업화 과정에서 경제적 의미의 중심부와 주변부 간의 갈등이 발생했다. 이것은 지역 간 불균형적인 발전의 결과였다. 한국의 급속한 근대화는 경제적 재화의 분배를 둘러싸고 지역 간, 계층 간 갈등을 낳았다. 한국 정치사회에서 나타나는 지역갈등, 이데올로기 갈등, 계층 간 갈등은 근대화, 산업화 과정을 통해 형성되었고 민주화 과정을 거치면서 정당정치를 통해 표출되기 시작하였다(강원택, 2011: 121). 따라서 한국 정치사회에서 정당의 역할과 대통령의 리더십이 중요한 의미를 갖게 된다. 그러한 의미에서 대통령 연구를 발전시키는 일은 민주주의 발전의 원인 및 배경을 추적하는 일이고 그것은 대통령과 타 정치권력집단 간의 상호작용의 연관성을 체계적으로 연구하는 일이다.

민주화 이후 한국 사회의 불평등은 심화되고 있다. 또 한편으로는 민주화 이후 대통령제도의 문제는 민주적 대통령에 의해 시행된 많은 사회경제정책들이 민주적이지 못하고 반민주적이었거나 매우 보수적인 성향이 강했다. 이러한 사실은 한국 사회의 불평등과 양극화를 심화시켜 민주주의의 기초이자 토양인 사회경제적 조건과 역량을 쇠퇴시킴으로써 사회갈등을 악화시켰다(최형익, 2013: 238).

민주화 이후 외환위기, 금융시장개방, 무역자유화 등으로 인해 복지제도가 새로 만들어지는 역설적 현상이 발생했지만 불평등을 완화하기에는 미흡한 것이었다. 그렇기 때문에 민주화 이후 사회경제정책들은 민주화 과정을 보다 공고히 하고 민주주의의 질적 발전과 사회통합을 실현할 수 있는 매우 중요한 의미를 갖고 있다. 서구의 역사를 보더라도 자유의 실질적 향유를 위한 평등한 기회의 보장이라는 맥락에서 사회적으로 생산된 부의 정의로운 분배에 대한 요구가 사회권, 즉 사회경제정책으로 만들어지고 시행된 과정임을 알 수 있다(장은주, 2006). 그러한 의미에서 민주적이고 사회통합적인 사회경제정책의 실시는 민주주의의 질적 발전을 위한 필수적인 조건이 된다. 그러나 한국의 경우 민주화 이후 등장한 김영삼, 김대중, 노무현, 이명박 정부 시기에 신자유주의적이고 시장 중심적이며 친기업적인 정책들이 대표적으로 실시되었다는 점은 민주주의를 위험에 빠뜨리고 있다.

이러한 내용을 구체적인 데이터를 통해 보면, 절대 빈곤율은 2000년 이후 감소하고 있지만, 상대 빈곤율은 1998년 14.45%에서 2004년 16.44%로 지속적으로 증가하였다. 학자들은 당시 한국의 복지정책을 '비 복지국가', '미숙한 복지국가'라고 부르기도 하였다. 그리고 총 인구수 대비 빈곤층 인구수의 비율을 나타내는 빈곤율도 최근에는 15% 정도를 기록하여 OECD 국가 평균보다 높게 나타났다. IMF 직전까지는 10%대 이하를 기록하던 빈곤율은 그 이후 10%를 넘어섰다. 2000년 초반 한때 하락하기도 하였지만 그 이후 빈곤율은 꾸준히 상승하고 있다. 이러한 사실은 한국 사회가 소득불평등이 심화되고 있다는 것을 말하며 이는 낮은 성장률과도 관련되어 있다(신명

〈표 1〉 절대 빈곤율 및 상대 빈곤율

연도	절대 빈곤율(%)	상대 빈곤율(%)
1998	14.90	14.45
1999	15.59	14.36
2000	12.61	14.00
2001	13.02	15.16
2002	8.97	15.19
2003	9.15	15.67
2004	8.50	16.44

* 출처: 윤상우(2009)

호, 2013: 57-60).

민주화 이후 사회복지정책이 강화되어 서구와 유사한 복지 정치[19]의 모습을 보여주었지만 실질적으로 불평등과 빈곤을 감소시키는 효과는 미미하였다. 조세, 공적이전을 통해 불평등을 감소시킨 것은 매우 약했다. 다시 말해서 민주화 이후 한국의 사회복지정책과 정치는 불평등을 줄이고 분배를 균등하게 하는 역할을 제대로 이행하지 못한 것이다.[20] 한국의 경제구조가

19) 노무현 정부는 대통령과 정부로부터 발원한 위로부터의 정치화 외에도 시민단체가 중심이 된 아래로부터의 정치화 과정이 전개되어 복지 정치를 나름대로 활성화하였다. 예를 들어, 서울시 학교급식조례제정운동본부가 추진한 무상급식운동을 들 수 있다, 그리고 열린우리당의 국회연설에서도 복지 이슈에 대해 경제 다음으로 많은 발언을 하였다(성경륭, 2014: 101). 시민사회는 복지공급자로서 국가와 시장에 대한 대안이고 사회적 가치를 증진하는 기구이기도 하다. 시민사회는 복지정책에 있어서 크게 보아 두 가지 역할을 한다. 첫째, 시민들을 조직하고 동원하며 필요한 복지를 국가나 시장 등이 제공하도록 압력을 행사하거나 설득하는 정책옹호자 역할이다. 둘째, 복지의 서비스와 재화를 공급하고, 필요하면 복지공급에 필요한 재원을 모금하는 공급자의 역할이다(임상헌, 2014: 250).

20) 최근 한 여론조사에 의하면 나이가 적을수록, 고졸 이상의 학력층이, 도시에 거주할수록 한국의 복지수준이 높다는 평가가 많았다. 그리고 진보적일수록, 진보적 정당을

과거에는 대기업 위주의 경제발전을 지향하였고 대기업 노조는 임금인상과 복지 등 집단적 이해관계에 중점을 둔 정책에 역점을 두었지 보편적인 대중들의 삶을 개선할 수 있는 복지정책에 관심을 두지 않았다. 또한 계급이익을 대변하는 정당이 부재하고 강력한 친복지 정치세력이 형성되지 못하면서 서구와는 다른 복지 정치의 모습을 보여주었다(김윤태, 2015(a): 57).

다시 말해서 복지 이슈를 중심으로 유권자들이 정치적으로 조직화되어 있지 않고 정치적으로 동원되지 않고 있다는 것이 한국 사회의 문제점이다(강원택, 2015(a): 212). 그렇기 때문에 한국 사회는 복지 확대나 재조정을 정치인들이 공약하더라도 반드시 추진해야 하는 정치적 절박감이 약하다. 이는 한국 정치가 지지기반을 계급이나 계층에 두지 않고 지역에 근거를 둔 정치를 하는 등 정당정치가 왜곡되는 점과 관련되어 있다.

민주주의의 성격에 따라 공공재를 공급하는 방식과 재분배의 성격이 달라진다고 보았을 때 지금까지는 복지 문제를 둘러싸고 민주주의가 제대로 이행되지 않고 있다고 볼 수 있다.[21] 민주화 이후 한국의 복지제도 확대는 유럽 복지국가를 따라잡는 것에 불과하였다. 또한 기업복지도 축소되었다. 사회보험비와 근로기준법상의 급여 등 법정복지와 노동자들의 복리후생과 기업 헌신도에 기여하는 비법정복지를 보면 법정복지는 늘어났지만 비법정

지지할수록, 그리고 박근혜 정부에 불만족할수록 복지수준을 낮게 평가하였다. 성장과 분배의 문제에서는 성장을 우선시하는 사람 중 복지 확대에 찬성하는 사람이 61.6%로 전체 국민의 33.8%를 차지하였다. 즉 성장과 분배를 이분법적 사고에서 생각하지 않고 두 문제를 복합적인 문제로 바라보고 있는 사람이 많이 있음을 알 수 있다(황아란·이지호, 2016).

21) 서구의 민주주의 발전과정을 보면 지배자가 시민의 몫을 자의적으로 취하지 않도록 하는 약속에서 민주주의가 출발했고 지배층은 대중의 승복을 얻기 위하여 민주주의를 제도화했다. 제도화의 내용과 수준에 따라 사회적 안정과 불평등은 달라질 수 있다(강명세, 2014: 284-285). 그만큼 정치제도의 성격이 현대사회에서는 복지수준과 내용을 결정짓게 된다. 특히 한국 사회처럼 보수적 정치의 흐름이 강하고 소수정당이 자리 잡기 힘든 구조와 지역적 대결이 큰 구도에서는 서구의 복지 정치, 사회적 약자나 소외층을 대변하는 정당이 형성되기 어렵다. 그렇기 때문에 복지국가의 안착을 위해서는 선거제도의 개혁, 정치제도의 개혁이 필요하다.

복지는 하락하였다.22) 민주화 이후 한국 사회의 소득불평등의 큰 요인 중의 하나는 근로소득 불평등이었다. 즉 노동시장에서 발생하는 근로소득 불평등 심화가 큰 문제였다(강신욱, 2014: 48).

또한 민주화 이후 복지제도가 고용연계성을 강화함에 따라 정규직과 비정규직이 복지 수혜자격을 나누는 기준이 되었다. 비정규직은 사회서비스를 받지 못했고 기업의 부담은 지속적으로 늘어나지 않았다. 비정규직을 배제하는 복지체제는 기업 입장에서 보면 핵심 조직노동자의 저항을 피하고 노동비용을 줄일 수 있는 효과적인 방법이었다. 이러한 임금노동자 중심의 복지체제는 소득불평등을 줄이고 사회갈등을 축소하여 사회통합을 높이기에는 한계를 가지고 있었다.

복지국가는 정치세력들과 대중 집단들의 갈등과 대립의 산물로 나타난다. 그런데 김대중 정부와 노무현 정부가 경제자유화와 노동유연화를 동시에 추진하면서 사회경제적 격차는 확대되었고 대중의 생활은 악화되었다. 두 정부는 시장자유주의가 가지고 있는 문제점을 간과한 채 그 효과를 지나치게 강조하였다. 공공투자와 사회투자를 통해 그 부정적 측면들을 보완했어야 했지만 그러한 투자를 두 정부는 실천하지 못한 것이다. 이는 두 정부 모두 사회안전망 구축과 복지국가의 발전에 실패했음을 보여주는 것이다(김윤태, 2014: 16-20). 하나의 예로써 김대중 정부 시기에는 노동 문제보다는 해외자본 유치와 좋은 투자환경을 만드는 데 더 관심을 가졌고, 노무현 대통령 시기에는 기업하기 좋은 나라를 만드는 데 중점을 두다 보니 노동의제가 사라지기도 하였다(박상훈, 2015: 82). 빈곤과 불평등의 증가는 민주주의의 토대를 약화시킬 수 있고 그 문제를 해결할 정치체제, 정당체제의 결여는 더 심각한 문제를 야기할 수 있다. 더군다나 IMF 경제위기 이후 금융세계화의 가속화가 진행되면서 복지 문제는 중요한 사회적 위험을 야기시켰다.23)

22) 김영삼 정부 이후 세계화 담론, 국제경쟁력 문제가 중시되자 비법정복지가 줄어들었다. 비법정복지는 선별적 성격을 갖는 것으로 임금노동자 간의 소득불평등을 심화시키는 하나의 요인이 되었다(송호근·홍경준, 2006: 143-145).

23) 이를 신사회위험으로 부르기도 한다. 여성의 노동참여가 증가하면서 돌봄 문제가 발

〈표 2〉 대통령 시기별 주요 경제지표

(단위: %)

시기	성장률	실업률	고용률	최저임금	명목임금	실질임금
1993~1997	7.4	2.4	60.3	8.6	11.0	5.7
1998~2002	5.0	4.9	58.1	8.6	6.0	2.6
2003~2007	4.3	3.3	59.7	10.6	6.6	3.6
2008~2012	2.9	3.4	59.0	5.7	3.4	0.1

* 출처: 최영기(2013: 203)

〈표 3〉 대통령 시기별 분배지표의 변화

	김영삼	김대중	노무현	이명박
지니계수	0.260	0.287	0.292	0.302
5분위 비율(%)	3.8	4.4	4.5	4.7
상대 빈곤율(%)	9.3	12.4	14.9	17.2
중산층 비율(%)	73.8	68.4	67.6	65.2

* 출처: 강신욱(2014: 517)

이와 함께 노동자 내부에서도 임금의 격차는 점차 더 벌어졌다. 특히 상용직 노동자와 임시 및 일용직 노동자의 격차를 보면 김대중 정부 이전 시기에는 상용직 근로소득이 임시 및 일용직의 약 1.6배였지만 김대중 정부에서는 1.9배, 노무현 정부에서는 2.2배, 이명박 정부에서는 2.4배로 늘어났다(강신욱, 2014: 524). 이것은 노동자 전체의 근로소득 불평등이 확대된 것이라고 볼 수 있다. GDP 대비 사회복지 지출 규모를 보면 1998년 이후

생하거나 저숙련 노동자들이 저임금에 시달리기도 하고 사회보험의 사각지대에 있는 노동자가 증대하고 저임금 일자리가 확산되고 있다. 이와 함께 경제성장률이 하락하고 조세 증가가 어렵게 되고 정부의 복지재원 조달능력이 저하하는 위기에 직면하게 된다(김윤태, 2015(c): 58-59).

〈표 4〉 조세나 공적 이전이 불평등 감소에 미친 영향

(단위: %)

한국	일본	미국	독일	벨기에	스웨덴	OECD 평균
4.5	28.3	32.3	54.6	81.3	111.7	61.1

* 출처: 윤상우(2009)

전년도 대비 1.5% 이상 늘어났고, 2012년 이후 두 자릿수를 넘어섰지만 OECD 국가 평균에 비해 절반 정도에 머무르고 있는 실정이다.

이와 같이 한국 사회의 복지정책이 실효성을 거두지 못한 데에는 몇 가지 이유가 있다.[24] 첫째, 신자유주의 구조조정과 유연화 정책이 압도적인 상황에서 사회복지정책이 불평등을 감소시키는 데에는 한계가 있었다. 구조조정 중 수량적 유연성을 경험한 노동자들은 공장 내에서 고용불안과 동료관계의 악화를 경험하였을 뿐만 아니라 일상생활, 사회적 관계 등에서 부정적인 경험을 하였다(박재규, 2001). 둘째, 복지수혜대상을 생산적 복지에서 강조한 것처럼 노동과 일과 연관시켜 정책을 전개했다는 점이다. 셋째, 민주화 이후에도 과거 독재시절의 성장중심적 담론이 압도적으로 우세했다는 점이다. 즉, 성장을 하면 불평등과 빈곤의 문제가 자연스럽게 해결될 것이라는 담론이 대중사회에서도 우세했다는 점이다. 넷째, 한국 사회가 가지고 있는 제도 문제의 경로의존성 문제이다. 즉 과거부터 한국 사회의 복지제도는 수혜자 부담원칙, 성장에 대한 보조장치, 국가의 적극적 개입 반대라는 제도였고 이는 민주화 이후에도 변화하지 않고 있다(윤상우, 2009(b): 235). 또한 복

24) 복지전략은 완전고용과 소득평등을 일반적으로 추구한다. 이 문제는 건전재정과 서로 대립하게 되면서 서구의 국가들은 상이한 정책을 사용하였다. 첫 번째 전략은, 건전재정을 위해 노동시장을 유연화하고 복지제도를 후퇴시키는 전략으로 자유주의 전략으로 불린다. 두 번째 전략은, 건전재정과 소득평등을 유지하기 위해 완전고용을 포기하는 전략으로 보수주의 전략으로 불린다. 여기에서는 노동시장 유연화와 복지제도는 후퇴한다. 세 번째 전략은, 완전고용과 소득평등을 유지하는 사회민주주의 전략이다. 여기에서는 노동시장이 유연화되지만 복지제도의 후퇴를 최소화한다(김영범, 2001: 334-335).

〈표 5〉 GDP 대비 사회복지 지출 규모

(단위: %)

국가 \ 연도	1990	1992	1994	1996	1998	2000	2002	2004	2006	2008	2010	2012	2014
벨기에	24.9	24.6	25.1	26.3	25.2	24.5	25.4	25.6	25.5	26.7	28.8	30.3	30.7
프랑스	24.9	26.3	27.7	29.4	29.5	28.4	29.2	29.6	29	29.1	31.7	31.5	31.9
일본	11.1	11.9	13.2	14.3	15.2	16.3	17.5	17.9	18.3	19.7	22.1	·	·
한국	2.8	2.9	3	3.4	5.1	4.8	5.1	6	7.4	8.2	9	9.6	10.4
노르웨이	21.9	23.8	23.6	22.1	23.1	20.8	23.1	22.7	19.8	19.5	22.4	21.7	22
스웨덴	28.5	34.1	34.2	31.4	30	28.2	29	29.2	28.1	27.2	27.9	27.7	28.1
미국	13.1	14.8	15	14.8	14.5	14.2	15.6	15.7	15.7	16.4	19.3	18.7	19.2
OECD 평균	17.5	19.2	19.5	19.3	19	18.6	19.4	19.5	19.2	19.7	21.7	21.6	21.6

* 출처: OECD, http://stats.oecd.org/BrandedView.aspx?oecd_bv_id=socx-data-en&doi=data-00166-en

지정책은 여전히 생산정치의 하위정치로서만 기능했고, 생산과 성장의 정치를 전복하고 그것을 근본적으로 재구조화하는 정도까지는 나가지 못했다. 다시 말해서 한국 사회에서는 신자유주의의 힘이 점차 거세지면서 보편적 복지가 자리 잡기 힘들어지게 되었다.[25] 다섯째, 사회운동세력이 유기적으로 연계하여 불평등 문제를 해소할 수 있는 복지동맹이 취약하고 주요 복지정책은 여전히 대통령이나 주요 관료집단이 집행하고 있다는 점이다. 이러한 점들은 궁극적으로 한국 사회의 실질적 민주주의의 발전을 가로막는 장벽이기도 했다. 특히 김대중 정부, 노무현 정부, 이명박 정부의 경제정책들

25) 보편적 복지는 인간답게 살 수 있도록 고용보험 등 사회적 기본소득을 보장하는 제도와 의료, 보육, 교육, 요양 등 사회서비스의 보편적 확립을 말한다. 이 보편적 복지는 누구나 복지의 주체가 되는 복지이며, 인간의 존엄성을 유지하기 위한 물적 조건을 모두에게 제공하며 기회평등을 보장한다. 보편적 복지는 일자리 복지, 보편적 소득보장(아동수당, 고용보험, 국민연금 등), 보편적 사회서비스 보장(보육, 교육, 의료, 요양 등), 적극적 복지(국민 개개인의 잠재능력 극대화) 등을 포함한다(이상이, 2011).

〈표 6〉 역대 정부의 경제정책

	김대중 정부	노무현 정부	이명박 정부
정책담론	민주주의와 시장경제 병행 발전	성장과 분배의 선순환	747공약, 녹색성장
신자유주의정책	대외개방, 구조조정, 해외매각, 민영화, 대출규제완화	감세정책, 서비스부문 규제완화, 한미 FTA	감세정책, 재벌규제 완화, 민영화, 부동산 규제완화
국가개입적 정책	금융기관 공적자금 투입, 벤처자본육성, 빅딜정책, 노사정위 법제화	고환율정책, 국가균형 발전, 종합부동산세	저금리기조, 4대강 살리기, 재정지출확대

* 출처: 윤상우(2009a)

을 보면 신자유주의적 정책이 압도적으로 나타나면서 때로는 신자유주의적 통치를 보완하면서 국가개입적인 정책도 보여주었다. 〈표 6〉을 보면 대표적인 정책의 내용들을 볼 수 있다.

〈표 7〉은 역대 정부들의 복지정책의 내용을 구분하여 본 것이다. 특히 이명박 정부의 능동적 복지는 시장기능을 확대하고 민간중심의 복지를 목표로 하기 때문에 공공성을 훼손하고 보편성을 약화시킨다는 비판을 받고 있다. 그리고 이명박 정부의 복지정책은 시장을 통한 효율성과 민간의 역할을 강조하고 보편적 복지보다는 선별적·잔여적 복지를 강조한다.

그러나 한국의 복지정책의 과정들을 보면 국가가 일방적으로 주도하는 측면이 강하였다. 서구사회에서 논의되었던 계급정당, 코포라티즘 등은 한국 사회에 적용되기 힘들었다. 그러나 민주화 이후 관료주도의 복지정책 시행은 조금씩 변화가 나타나기 시작하였다. 많은 복지정책에서 의회나 시민단체의 목소리가 커지기 시작하였다. 물론 이것은 관료의 주도권을 빼앗고 사회의 다양한 세력들이 균등하게 참여하는 시스템이 구축된 것을 말하는 것은 아니다. 김대중 정부의 연금급여 삭감은 전문가들의 논의를 거친 결과

〈표 7〉 민주화 이후 복지정책[26]

	김영삼 정부	김대중 정부	노무현 정부	이명박 정부
사회보험	농어촌연금(1995), 급여수혜연장(1997), 고용보험실시(1995), 사회복지기본법 (1995)	건보 지역, 직장통합(1998), 의약분업(1999), 산재확대(2000), 고용보험확대 (1998)	연금개혁논의, 노인요양보험 (2005)	4대보험 징수통합, 드림스타트사업, 국민연금개혁, 노인장기요양보험
사회복지 서비스[27]	재가노인복지(1995), 경로우대(1997), 장애인복지시설 (1997)	경로연금(1998), 산전후휴가(1999), 유급질병휴가 (2001), 모자복지법 (1998), 장애인복지법 개정(1999)	공공의료확대[28] (2005), 출산 장려금(2004), 영유아보육법 개정(2004), 장애수당확대	4대바우처사업, 희망복지129센터, 보육정책 개편
공공부조	공공근로사업 제한적 확대, 실업정책 제한적 실시, 생활보호법 지속	국민기초생활보장법(2000), 실업정책, 공공사업 확대	빈곤층 소득지원, 청년실업	공공부조 후퇴
제도와 이념의 특징	비용억제, 사회보험 증폭 확대	생산적 복지, 사회안전망 가동	하층지원, 표적집단형 사회서비스 확대	능동적 복지

* 출처: 송호근·홍경준(2006) 재구성

26) OECD에서는 사회복지지출을 "복지에 불리하게 영향을 미치는 환경에 처한 개인과 가족의 지원을 위하여 공공과 민간기관이 급여를 제공하거나 재정적인 기여에 따른 급여를 제공하는 것으로 급여와 재정적인 기여의 제공이 특정 상품이나 서비스의 직접적 지급이나 개별적인 접촉이나 이전에 따라 제공되는 급여는 포함되지 않는 것"으로 정의하고 있다(보건복지부, 2011: 33).

27) 사회복지서비스는 사회적 취약계층인 노인과 장애인, 아동, 가족, 여성 등에 대한 서비스로 구분된다. 노인복지서비스는 기초노령연금, 일자리 지원 및 운영, 고령화대책기구 지원사업 등이며, 장애인복지서비스는 의료비지원, 단체지원, 장애인생활시설지원, 재활보조기구지원 등이 포함된다. 아동복지서비스는 보육을 제외한 저소득가정지원, 아동보호사업 등이 해당되고 가족복지서비스에는 보육사업을 포함하고 저소득한 부모가족지원 및 한부모가족시설지원, 건강가정지원센터지원 등이 포함된다(보건복지부, 2011: 57).

28) 공공의료비율은 총 의료지출 대비 정부의료지출비율을 말한다.

였고, 노무현 정부의 연금개혁과정에서는 '저출산고령사회위원회'라는 사회적 합의기구에서 논의가 시행되었고 다양한 사회적 논쟁도 출현하였다(주은선, 2013: 470). 그럼에도 불구하고 의회는 주도권을 갖지 못하였고 시민사회의 연결성도 매우 미미하였다.

이렇듯 한국 사회에서는 사회복지정책이 국민들의 삶과 직결되고 있음에도 불구하고 공론화되어 논의되거나 사회적 합의를 거치지를 못하였다. 정당들도 자신들의 노선과 지지계층의 이해관계에 맞는 정책을 당론으로 명시하는 경우도 드물었다. 여전히 복지는 국가나 행정부의 소관이었다. 민주주의가 제대로 작동되면 사회복지정책의 아이디어나 발상에 경쟁이 이루어지고, 이것을 정당이나 사회적 합의기구, 시민단체 등이 함께 논의하고 토론하고 결국에는 제도화된 정책에 반영된다(주은선, 2013: 476). 한국 사회는 이러한 것들이 부족하였다. 민주화 이후에도 여전히 대통령을 중심으로 하는 행정부의 일방적 목소리가 다양한 사회영역의 목소리를 누르면서 복지정

〈표 8〉 각 대통령별 주요 고용노동정책

	노사관계 민주화	노동시장개혁	고용정책
김영삼 대통령 시기	상급단체 복주노조허용, 노조의 정치활동허용, 3자개입금지 철폐	정리해고요건 완화(2년 유예), 파견근로(도입 실패), 변형근로제(1개월 단위)	고용보험 도입
김대중 대통령 시기	상급단체복수노조허용, 교원과 공무원의 단결권 보장, 노사장위 법제화	정리해고 완화, 파견근로 도입, 고용보험 확대와 실업대책 실시	대규모 공공근로사업, 고용보험 전면 확대
노무현 대통령 시기	공공부문의 직권중재 폐지, 공무원노조법 제정	정리해고요건 일부 완화, 비정규직 보호법의 제정, 주 40시간제 도입	사회적 일자리사업, 국가고용전략, 고용서비스 확충
이명박 대통령 시기	복수노조의 전면 허용, 전임자 제도 폐지 (타임오프방식도입)	비정규직 규제완화	대규모 희망근로사업

* 출처: 최영기(2013: 213)

〈표 9〉 GDP 대비 적극적 노동시장정책 규모

(단위: %)

국가 \ 연도	1990	1992	1994	1996	1998	2000	2002	2004	2006	2008	2010	2012
벨기에	1.1	1.1	1.2	1.3	0.9	0.9	0.8	0.7	0.7	0.7	0.8	·
프랑스	0.7	1	1.2	1.2	1.2	1.2	1.1	1	0.9	0.8	1.1	·
일본	0.3	0.3	0.3	0.3	0.3	0.3	0.3	0.3	0.2	0.2	0.3	·
한국	0	0	0	0	0.3	0.4	0.2	0.1	0.1	0.3	0.3	0.3
노르웨이	0.9	1	1.3	1.1	0.8	0.6	0.7	0.8	0.6	0.5	0.6	·
스웨덴	1.6	2.8	2.8	2.2	2.4	1.7	1.5	1.1	1.2	0.9	1.2	·
미국	0.2	0.2	0.2	0.2	0.2	0.1	0.1	0.1	0.1	0.2	0.1	0.1
OECD 평균	0.5	0.6	0.6	0.6	0.6	0.6	0.6	0.5	0.5	0.5	0.6	·

* 출처: OECD, http://stats.oecd.org/BrandedView.aspx?oecd_bv_id=lfs-data-en&doi=data-00312-en

책을 실시하였다. 의회나 사회합의기구의 소통은 거의 없었고 복지정책의 사회적 공론화의 과정도 매우 미약하였다.

GDP 대비 적극적 노동시장에 투자되는 비용의 비율을 보면 OECD 국가 평균에 비해 매우 낮음을 알 수 있다. 적극적 노동시장정책은 실업자가 직업을 찾을 수 있도록 정부가 노동시장에 직적 개입하는 프로그램을 말한다. 가령 실업자에 대한 정부의 취업정보 제공, 직업훈련, 새로운 근로자고용 시 기업에 인센티브 지급 정책, 정부의 직접고용 등을 포함한다. 적극적 노동시장정책을 시행하고 있는 스웨덴의 경우 공공부문의 일자리를 창출하여 임금불평등을 줄이고 고용을 증대하는 정책을 추진하였다.[29]

29) 스웨덴의 정책은 인적 자본과 사회투자를 강조하는 OECD의 정책에 영향을 주었다(김윤태, 2015(c): 44). 스웨덴의 경우 일반적으로 높은 투명성을 유지하면서 높은 수준의 복지지출을 하는 국가로 꼽히고 있다. 스웨덴은 복지에 대한 지출은 사회의 높은 거버넌스 역량에 비례하여 이루어졌기 때문에 지속적으로 가능했다. 이 경우를 보더라도 복지수준을 결정하는 요인은 단순히 경제적 성과만은 아니며, 제도신뢰가

〈표 10〉 총 정부지출 대비 실업급여

(단위: %)

국가 \ 연도	1990	1992	1994	1996	1998	2000	2002	2004	2006	2008	2010	2012
벨기에	4.1	4.1	4.7	5	5.1	4.8	5.3	5.9	5.9	5.5	6.1	·
프랑스	2.4	2.8	2.7	2.6	2.5	2.4	2.8	3.2	2.7	2.4	2.9	·
일본	·	·	1.3	1.4	1.5	1.6	1.5	1	0.9	0.6	0.7	·
한국	·	·	·	0	0.7	0.3	0.5	0.7	0.8	0.9	1	·
노르웨이	·	·	·	1.8	1	1	1.2	1.4	0.7	0.4	1.1	·
스웨덴	·	·	3.6	3.4	2.9	2.4	1.9	2.4	1.8	0.9	1.1	·
미국	1.1	1.6	1.1	0.9	0.7	0.7	1.4	1	0.7	0.8	2.6	1.5
OECD 평균	·	·	·	·	·	1.8	1.9	2	1.7	1.5	2.1	·

* 출처: OECD, http://data.oecd.org/socialexp/public-unemployment-spending.htm

한국의 경우 1998년부터 실업급여가 지급되고 있지만 그 비중은 크게 증가하지 않고 있다. 다른 국가들에 비해 그 비중도 매우 작게 나타나고 있다. 따라서 실질적인 실업자 문제 해결과 취업의 재기회 부여, 노동의욕을 높이기 위해서는 적극적 노동시장의 활발한 운영이 필요하다. 이러한 문제는 실업급여에서도 나타난다. 총 정부지출 대비 실업급여의 수준을 보면 1998년에 높아졌다가 그 후 차츰 하락하고 2000년대 중반 이후 완만하게 상승하고 있다. 그러나 이 비율은 OECD 국가 평균의 절반 정도에 불과해 실업급여 대상의 기준과 그 지원액을 보다 확대할 필요가 있다.

앞의 자료와 함께 실업급여 이전소득 대체율을 보면 〈표 11〉과 같다. 〈표 12〉를 보면 한국 사회는 북유럽국가에 비해 주거, 소득, 공동체 영역에

높고 투표율이 높으며 활발한 결사체활동을 하고 노조조직률도 높고 상대적 빈곤율이 낮을 때 복지수준이 높게 나타났다(이재열, 2015: 355-356). 단순한 경제성장만으로 복지수준을 높게 유지하는 것은 아니었다.

〈표 11〉 국가별 실업급여 이전소득 대체율(%)

	2001년	2009년	2011년
독일	32.7	22.4	20.7
네덜란드	50.1	33.3	33.3
그리스	9.9	10.9	11.6
일본	11.6	12.3	12.1
한국	9.7	8.9	8.7
스페인	33.2	32.1	31.4
스웨덴	37.9	38.4	37.5
영국	12.1	11.4	11.4
미국	8.3	20.3	22.6
OECD 평균	26.3	24.6	23.5

* 출처: OECD(2015), Labour taxes and unemployment benefits

서의 점수가 뒤처져 있다. 반면 취업률과 장기실업, 직업불안정성 면에서는 좋은 평가를 받았다. 그리고 시민활동과 투표율에서는 큰 차이를 보여주지 않았고 삶의 만족도는 크게 뒤지고 있었다. 삶의 만족도가 떨어지는 것은 한국 사회의 장시간노동과 연관되어 있다. 사회자본에 해당하는 공동체 문제에 있어서는 유럽국가에 비해 한국 사회의 점수가 떨어지고 있었다. 이는 사회통합의 기초가 되는 신뢰부문이 약하다는 것을 보여준다. 경제성장과 복지 문제의 주요 목표가 삶의 질과 만족도를 높이는 데 있다고 할 때 한국 사회는 공동체 연대의 강화, 불평등의 해소, 사회통합 등의 문제에 보다 집중할 필요가 있음을 알 수 있다.

최근 한국 사회는 민주화 이전보다 사회복지정책이 강화된 보편적 사회복지가 나타나고 있지만, 사회복지 서비스의 민영화가 확대되는 신자유주의적 사회복지가 강화되었음을 부인할 수 없다. 세부적으로는 기초노령연금, 장애인연금, 근로장려세제 등이 도입되었지만 이전 정부의 정책을 단순히

〈표 12〉 2015년 보다 나은 삶의 지표

국가 / 지표		덴마크	핀란드	아일랜드	노르웨이	스웨덴	한국
주거	기본 시설 없는 거주자(%)	0.9	0.6	0.2	0.3	0	4.2
	주거지출비용(%)	24	22	19	17	20	16
	개인에게 할당된 방	1.9	1.9	2.1	2	1.7	1.4
수입	가구당 순수가처분소득 (US Dollar)	26,491	27,927	23,917	33,492	29,185	19,510
	가구당 순수자산 (US Dollar)	44,488	18,761	31,580	8,797	60,328	29,091
직업	취업률(%)	73	69	60	75	74	64
	직업불안전성(%)	5.6	6.9	5.9	3.1	6.5	3.2
	장기실업률(%)	1.78	1.73	8.39	0.32	1.37	0.01
	상근직 소득(US Dollar)	48,347	40,060	49,506	50,282	40,818	36,354
공동체	지지네트워크의 질(%)	95	95	96	94	92	72
시민활동	규칙 제정에 대한 적극적인 참여(평균점수)	7	9	9	8.1	10.9	10.4
	투표율(%)	88	69	70	78	86	76
삶의 만족	삶의 만족도(평균점수)	7.5	7.4	7	7.4	7.2	5.8
안전	폭력 발생비율(%)	3.9	2.4	2.6	3.3	5.1	2.1
	살인 발생비율(ratio)	0.3	1.4	0.8	0.6	0.7	1.1
일-여가 균형	긴 시간을 일하는 근로자의 비율(%)	2.03	3.58	4.2	2.82	1.13	18.72
	여가시간(시간)	16.06	14.89	15.19	15.56	15.1	14.63

* 출처: http://stats.oecd.org/Index.aspx?DataSetCode=BLI[30](이 표는 OECD자료를 근거로 하여 항목별로 재구성한 것이다)

30) 〈표 12〉에서 주거지출비용(Housing Expenditure)은 거주지와 그 거주지를 유지하기 위한 비용이 가구지출에서 차지하는 비율을 말한다. 거주지와 거주지를 유지하기 위한 비용이 포함하는 것은 주택, 수도, 전기, 가스 및 다른 연료 등이다. 이 항목은

계승한 수동적인 측면이 강하였다(최혜지, 2015: 271). 이러한 결과 2012년 가구의 사회적 위험(실직, 질병, 노령, 노인 돌봄, 장애 등)의 크기가 과거보다 증가했다.[31] 사회적 위험은 노동시장에서의 취약성, 노동가능성의 약화, 가족의 돌봄 문제로 인한 고용접근의 문제와 관련되어 있는 것이 많이 나타난다. 이러한 위험들은 전통적 위험(실병, 재해, 실업 등)이 복지정책을 통해 일정한 사회보장을 가능하게 하여 해결될 수 있었지만, 최근의 사회적 위험들은 복지정책만으로는 사회안전망을 제공할 수 없다는 특징을 갖고 있다(남은영, 2015: 61). 계층별로 보면 하층이 사회적 위험을 가장 크게 경험한 것으로 나타났다. 최근 사회적 위험의 성격이 가구주의 노령화와 여성화로 변화되고 있다. 하층은 사회적 위험을 극복하기 위해 연대에 의존하기보다는 저축 등 개인형에 의존하였다. 이는 민간보험 상품이 발달하고 민간보

주택 렌탈, 거주지 수리, 수도, 전기, 가스, 가구, 각종 장비, 거주지를 유지하기 위한 재화와 서비스 등의 비용이 총 가구 순수가처분소득(Household gross adjusted disposable income)에서 차지하는 비율이다. 가구당 순수가처분소득(Household net adjusted disposable income)은 한 가구가 가지고 있는 자산을 줄이거나 부채를 늘리지 않고 소비할 수 있는 최댓값이다. 이 값은 가구의 총수입(근로소득, 자영업을 통해 얻은 소득, 이자소득 등)과 정부가 제공하는 각종 복지(교육, 의료보험서비스)를 합하고, 여기서 소득과 자산에 붙은 세금, 각 가구가 가지고 있는 금융자산의 감가상각분을 뺀 것이다. 직업불안정성(Job/Employment Insecurity)은 실업이 될 확률이다. 이 항목은 2012년에 취업이 된 상태였으나 2013년에 실업이 된 사람들이 2012년에 취업이 되었던 총 인구에서 차지하는 비율을 말한다. 지지네트워크의 질(Social Network Support)은 개인이 공동체로부터 얼마나 많은 지지를 받고 있는가를 측정한 것이다. 이를 측정하기 위한 설문지의 질문은 "만약 당신이 문제에 처한다면, 어느 때라도 당신이 의지할 친구나 친척이 있습니까?"이다. 이 지표의 측정 단위는 이 질문에 "그렇다"라고 답한 사람들이 15세 이상 인구에서 차지하는 비율이다. 규칙 제정에 대한 적극적인 참여(Consultation on rule-making)는 시민들이 법, 정부의 결정에 영향을 끼치기 위한 형식적인 절차들에 얼마나 참여하는지를 묻는 설문지의 질문들에 예/아니오로 답한 것들의 평균값이다. 이 설문의 대상자들은 OECD 국가들의 공무원이다. 이 설문의 질문들은 전체 공동체에 관한 의사결정에 시민들이 참여할 수 있는 형식적인 제도의 존재 유무, 정부에 영향을 끼칠 수 있는 시장 또는 시민사회 행위자들의 존재 유무 등으로 구성되어 있다.

31) 현재 한국 사회의 부양률은 40명 정도이다. 그러나 2040년에는 80명, 2050년에는 95명 수준에 이를 것으로 예상된다. 과거와는 달리 아동부양률은 점차 줄어들고 노인부양률이 대부분을 차지할 것으로 보인다(장덕진, 2015: 141).

험시장이 확대된 결과였다(최혜지, 2015: 285-292). 결국 신자유주의하에서 다양한 사회적 위험은 소득이 낮은 하층에 집중되고 있다. 문제는 선별적 복지에 바탕을 둔 사회복지정책이 이러한 위험을 감소시키지 못하고 있다는 데 있다.

이 연구에서는 먼저, 제1부에서 한국 정치사회의 형성과정을 민주화 이후 불평등, 불균형, 양극화 현상을 중심으로 분석하였다. 또한 한국 정치사회에서 각 대통령들이 어떠한 정책을 설계하였는지 살펴볼 것이다. 한국 정치사회에서 주요 정치행위자 가운데 핵심은 대통령이다. 대통령의 역할은 무엇이며, 대통령은 자신들의 권한을 어떠한 방식으로 행사하며, 어떻게 평가받는지를 설명하고자 한다. 세 번째는, 대통령을 연구하는 방법이 무엇인가 하는 점이다.[32] 이 점은 한국 사회의 정치사회에 대한 이해와 관련되어 있다. 네 번째는 리더십에 대한 기존 연구 동향과 특징, 한계를 지적하고자 한다. 이를 살펴본 후 그 한계를 극복할 수 있는 리더십에 대한 새로운 분석방법을 소개하고자 한다. 그다음에 리더십과는 다른 축에서 통치의 역사, 특징을 고찰할 수 있는 통치성 개념이 왜 필요한가를 설명하고자 한다. 먼저 통치성과 관련된 국가관리의 의미를 살펴보고 통치성 개념을 정교하게 분석하고자 한다. 통치성 개념이 한국 정치사회를 이해하는 데 어느 정도의

---

32) 대통령에 대한 연구는 다양한 방법을 통해 이루어지고 있지만 가장 중요한 것 중의 하나는 통치사료를 통한 역사적이고 실증적인 연구방법이다. 즉 아카이브를 통해 한국의 대통령의 리더십과 그 통치의 특징을 파악하는 작업은 대통령의 연구를 학제간의 연구로 발전시킬 수 있는 기본적인 접근방식이다. 2000년 '공공기관의 기록물관리에 관한 법률'이 시행되었고, 2006년에는 기록관리법이 개정되었으며, 2007년에는 대통령기록관리법이 제정되고 대통령기록관이 설치되었다. 대통령기록법에 의하면 대통령기록은 대통령의 직무수행과 관련하여 대통령과 그 보좌, 자문, 경호기관은 물론이고 대통령직인수기관이 생산, 접수한 기록과 대통령상징물로 구성된다. 또한 대통령기록의 소유권은 국가에 있음을 분명하게 밝혔다. 이명박 정부는 2009년 '국가기록관리 선진화 전략'을 수립하였다. 여기에서는 선진 인프라 구축, 기록문화의 글로벌 국가브랜드화로 국제적 위상 제고 등을 강조했지만 국가기록원의 인사정책과 관료주의 강화, 기록에 대한 정치적 악용, 국가기록원의 정치적 중립성과 독립성의 문제 등에 대해서는 언급하지 않는 한계를 지니고 있었다(곽건홍, 2014).

적합성이 있고 유의미한가를 보여주고, 이때 특히 신자유주의라는 통치성 시대에 한국 정치사회가 놓여져 있는 의미를 분석하고 국가, 사회, 개인들이 신자유주의와 관련된 양태를 보여주고자 한다.

제2부에서는 본격적으로 민주화 이후 대통령들을 비교 분석할 것이다. 각 대통령들 리더십의 특징, 주요 사회위기나 갈등에서의 관리방식, 각 대통령 시기별 통치성의 내용 및 특징, 이러한 점들이 갖는 한국 정치사회에서의 함의를 파악하고자 한다. 연구 대상은 신자유주의가 한국 사회에 등장하고 동시에 사회갈등이 확산되기 시작한 김영삼, 김대중, 노무현, 이명박 대통령 시기로 한정하였다.

한국 정치사회의 이해를 위한 방법

이 장에서는 한국 정치사회를 평가할 때 어떠한 개념들이 필요한지, 그리고 그 개념들이 어떠한 유기적 관계를 맺을 수 있는지, 또한 그를 통해 한국 정치사회를 어떻게 평가할 것인가를 고찰하고자 한다. 이러한 내용들을 이해하기 위해서는 민주화 이후 한국 정치사회의 권력전개과정, 통치성격, 대통령 리더십의 성격과 특징, 그리고 한국 사회의 통치성에 대한 분석이 필요하다.

1990년대 이후 대외적 조건과 환경, 국내의 정치권력구조, 사회경제적 배경 속에서 대통령들은 어떠한 정책을 선택하였고 그 정책을 입안하고 추진할 때 어떠한 리더십과 권력을 행사했으며, 나아가서 신자유주의라는 거시적·미시적 흐름 속에서 통치성은 어떠한 의미를 갖고 있었는가 하는 점은 매우 중요하다. 그러한 통치성의 문제를 객관적으로 이해할 때 21세기 신자유주의 시대의 본질과 그것이 한국 사회에 던지는 함의, 해결책을 탐색할 수 있을 것이며, 대통령들 리더십의 차이와 특징, 본질을 도출할 수 있을 것이다. 결국 이러한 모든 작업들은 한국 정치사회에 대한 이해의 폭을 확장할 것이다.

대통령에 대한 기존의 연구들은 주로 리더십, 행정수반, 통치 권력자 등의 개념에 기초하여 행정학, 심리학, 경영학 등의 사회과학 분야에서 진행되었다. 특히 국내의 연구들은 대통령의 국정수행능력이나 업적에 대한 평가, 혹은 대통령 개인의 자질이나 심리적 특징 등에 기초하여 연구를 진행하고 있다.

그러나 대통령에 대한 연구는 개인적인 측면에서 나타나는 자질과 능력, 품성 등의 요소도 중요하지만 거시적인 국가구조를 운영하고 통치하며 관리하는 측면, 즉 통치 전반에 대한 연구도 중요하다. 특히 후자에 대한 연구는 전자의 연구를 보완하면서 통합적인 학제 간 대통령 연구의 가능성을 높여줄 수 있다. 이를 위해서는 기존 연구 분야 외에 사회학적인 접근방식의 제고가 필요하다. 즉 리더십에 대한 사회학적인 분석, 대통령의 통치 및 권력에 대한 사회학적인 이해가 필요하다.[1] 이는 기존의 대통령을 둘러싼 개념들의 재구성과 통치 전반에 대한 새로운 이해방법을 요구한다.

리더십을 새롭게 해석하는 일이 필요하다. 즉, 사회학적으로 재구성할 수 있는 가능성을 모색해보겠다. 둘째, 리더십만으로는 대통령의 국정운영, 통치 문제를 체계적으로 설명할 수 없기 때문에 통치성(국정관리, 국정운영 포함)의 개념을 제기하고자 한다. 셋째, 대통령 평가에 대한 새로운 방법이 필요하다는 점이다. 가령 국가의제 설정과정 등을 보면 미시적으로 분석할 수 있는 내용들이 숨겨져 있고 이 분석을 통해 대통령의 리더십과 국정관리의 내용을 이해할 수 있는 측면들이 있다. 마지막으로 대통령과 그 통치상황을 이해하기 위해서는 역사적인 자료들을 수집하고 분석하는 일도 중요할 것이다. 각종 정부문서, 국무회의록, 국회회의록, 혹은 회고록과 증언록 등도 매우 유용한 사료가 될 수 있다.

---

1) 번즈(James MacGregor Burns)는 권력을 물건이 아닌 관계로 보아야 하며, 인간적인 동기들과 물리적 제약이라는 관점에서 권력을 파악해야 한다고 주장한다. 그가 보는 권력의 본질은 동기와 자원, 목적에 있다. 권력의 핵심은 의도이고 그것은 반드시 관계적인 특성을 갖는다(Burns, 2000: 40).

Ⅰ. 리더십 개념의 역사적 기원과 이론적 재정립[2)]

1. 리더십의 정의

리더십에 대한 정의는 다양하다. 일반적으로 리더십은 상호적이며 인간에 대한 존중과 사회 전체의 이익을 추구하는 성향으로 정의된다. 리더십은 일종의 과정으로 특정한 사람들에게 영향을 미치는 과정이다. 또한 리더십은 특정한 목표를 추구한다(Northouse, 2010). 이와 같이 리더십은 특정한 공동체, 조직의 문제를 진단하고 공동의 목표를 공유하며 그 목표를 달성해 가는 과정으로 볼 수 있다(박찬욱·정윤재·김남국, 1997). 이러한 기본적인 수준 속에서 리더십의 전개과정을 그림으로 그려보면 〈그림 1〉과 같다.

리더십 가운데 정치 리더십의 발전은 정치발전의 방향과 길을 제시하고, 역으로 정치발전은 리더십의 과정이지 결과일 수 있다(한승조, 1988). 그 정도로 정치현상 및 정치과정을 분석할 때 리더십의 분석은 매우 중요한 요소가 된다.[3)]

리더십에 대한 연구는 다양한 분야의 학문을 통해 진행되고 있다.[4)] 그 가

---

2) 리더십 관련 내용은 윤민재, "리더십과 통치성의 문제를 통해 본 대통령 연구," 『정책연구』 2012년 봄호와 "한국의 대통령 리더십과 통치성, 그리고 정치사회," 『기억과 전망』 2012년 겨울호를 기초로 하여 재구성한 것이다.

3) 이에 대해 알몬드(Gabriel Almond)는 리더십 연구는 정치현상을 분석하는 독립변수가 될 수 없으며 종속변수로 볼 것을 주장한다. 그는 정치지도자는 새로운 선택을 발견하거나 창안하며 자원을 독창적으로 동원하고, 때로는 상대정치가들과 논쟁의 폭을 좁혀 정책결정에 이르는 개인에 불과하다고 평가하였다.

4) 리더십 이론을 3가지 기본이론을 나누어 설명하기도 한다. 첫째, 리더십 자질론이다. 리더라고 하는 자연인의 개인적 특성과 자질을 설명하고 리더의 능력으로서는 지적 능력, 성취감 책임, 참여, 사회적 지위 및 상황분석 등을 제시한다. 둘째, 리더십 행태론이다. 리더십은 교육, 훈련을 통해 개발될 수 있으며 업무와 리더-추종자 관계 및 변화에 따른 리더십의 행태, 과업을 연구한다. 셋째, 리더십 상황론이다. 리더십 발휘의 상황과 조건이 중요하며 리더-추종자 관계, 업무구조, 힘 등의 상황변수가 리더십의 실체를 결정한다고 본다(이해영, 2003: 39).

〈그림 1〉 리더십의 기본적인 전개과정

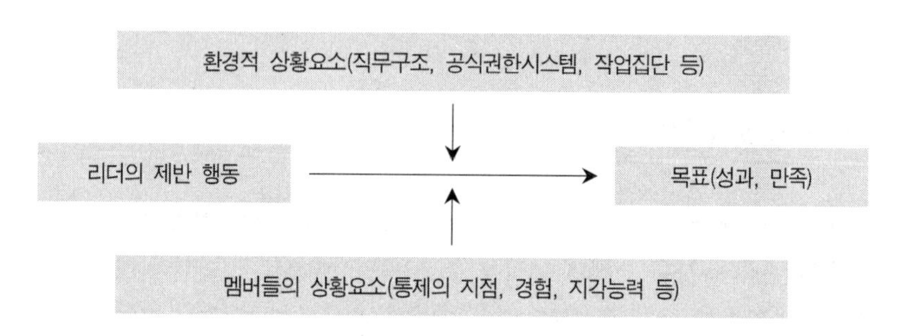

운데 특히 경영학, 행정학, 심리학 분야의 연구성과는 다른 분야보다 월등히 앞서 있다. 리더십은 '리더가 지닌 특성(자질과 능력)'과 이러한 특성이 발현되는 '리더의 행동양식'과 관련이 있다. 보다 확대해보면 목적 달성을 위한 구성원과의 상호관계에서 다양한 상황적 변수들과도 관련된다. 이러한 다양한 리더십의 정의에 동의를 얻어내는 기술, 영향력의 행사, 설득의 한 형태, 권력관계로 설명하기도 한다(박찬욱·정윤재·김남국, 1997: 17).[5] 리더십의 구성요소와 관련하여 리더십 연구의 전개과정을 살펴보면 다음과 같다.

리더십에 관한 연구는 1940년대부터 본격적으로 연구되기 시작하였다. 1940년대부터 1980년대까지 고전적 리더십 연구는 리더의 자질, 리더의 행동 그리고 리더와 조직원 간의 다양한 관계 및 상황 등을 주요 논의의 대상으로 삼았다. 이후 1980년대부터는 리더의 비전과 정서적 반응유도에 관계된 신경향 리더십 이론이 등장하게 된다.

리더십 연구의 초기 이론들은 지도자(대통령)의 능력은 타고나는 것이라는 전제하에 주로 자질과 행동에 관한 논의를 하고 있다. 대표적으로 마라

5) 노무현 전 대통령은 리더의 힘은 설득에서 나온다는 점을 강조하였다. 그는 국민의 리더, 지도자는 국민들 정신의 기준이 되어야 함을 자신의 리더십 논의에서 밝혔다. 그의 리더십 논의는 리더-추종자 관계에서 리더의 입장과 주장을 어떻게 설득하는가 하는 점이 리더십 성공의 열쇠이며, 성공적인 리더는 정신적 리더임을 강조하는 것이라고 볼 수 있다(노무현, 2002).

넬(Maranell, 1970)은 7가지의 평가기준을 바탕으로 대통령을 평가하였다. 구체적으로 자질과 행동 관점에서 대통령의 일반적 특권, 지도력, 대통령의 행정활동, 공식활동 모범성, 행동의 유연성을, 그리고 대통령 업무 차원에서 행정업적, 대통령에 대한 정보의 양을 제시하고 있다.

또한 페이지(Glenn D. Paige)는 정치적 리더십의 유형과 그 영향력을 설명하기 위해 성격, 역할, 조직, 임무, 가치관, 상황 등 6가지 변수를 선정하였다(Paige, 1977). 그는 정치 리더십의 다양한 행동유형들은 상호작용 변수들의 산물이며, 그것은 정치행동과 다양한 관계가 있으며 리더십은 특출함, 이니셔티브, 상호작용으로 정의된다고 보았다. 이를 근거로 정치적 리더십= f(personality, role, organization, task, values, settings)+e(앞의 6가지 변수에 의해 설명되지 않는 오차항)이라고 규정하였다. 그의 연구는 리더십에 대한 경험적 연구 및 조작화를 가능하게 했다는 점에서 공헌이 있다.

페이지의 연구와 비슷한 시기에 이루어진 스토그딜의 리더십 특성 분석도 주목할 만하다(Stogdill, 1974). 그는 리더십을 10가지로 정의한다. 첫째, 집단과정의 중핵이다. 둘째, 인물특성의 효과이다. 셋째, 지배의 기법이다. 넷째, 사회적 영향과정이다. 다섯째, 행위 또는 행동이다. 여섯째, 하나의 설득방법이다. 일곱째, 목표달성행위이다. 여덟째, 인간의 상호작용이다. 아홉째, 집단 내의 한 지위 또는 역할이다. 마지막으로, 집단에서 솔선수범하는 역할행동이다. 스토그딜의 특성 분석을 보면 리더십은 과정적인 현상이며 특정한 목표달성을 위하여 의도적으로 수행하는 역할행위이다.

1940년대부터 1960년대까지 진행된 다양한 리더십 행동이론의 여러 요인들을 유클(Yukl, 1998)은 과업지향적 행동, 관계지향적 행동, 변화지향적 행동 차원 등 세 가지 차원으로 정리하였다. 과업지향적 행동은 인간과 자원을 효과적으로 활용하는 행동, 신뢰성과 안정성 있는 관리에 관한 행동, 생산성과 품질개선에 관한 행동 등 과업의 완수와 관련된 행동이다. 관계지향적 행동은 협동과 단합을 증진하고, 조직원 간의 관계를 긍정적으로 발전시키는 행동을 의미한다. 마지막으로 변화지향적 행동은 전략과 의사결정으로 환경변화에 적응하고 변화에 대한 생각을 유도하는 행동, 조직의 목적과 목표에 주요한 변화를 가져오는 행동을 의미한다.

1970년대 들어서면서 신경향 리더십 이론이 시작되었다. 이 이론들은 기존의 리더십을 대체하기보다는 보완하고 확장하는 방식으로 전개되었다. 그것은 카리스마적 리더십 혹은 변혁적 리더십으로 소개되었다(박내희, 2002). 대표적 이론으로는 번즈(Burns, 2006)의 변혁적 리더십, 거래적 리더십의 구분과 하우스(House, 1977)의 카리스마적 리더십 이론을 종합한 배스(Bass, 1985)의 변혁적 리더십 이론이 있다.

번즈는 정치는 상호설득, 교환, 승화, 변혁 등의 관계가 어우러지는 리더십 개념으로 접근하는 것이 바람직하다고 주장한다. 그는 리더십도 권력현상의 하나이며, 중요한 것은 정치 리더십은 도덕성을 지녀야 한다고 주장하였다.

번즈의 거래적 리더십과 변혁적 리더십을 살펴보면, 거래적 리더십은 '리더와 하위자 간의 이해관계와 교환관계를 중심으로 형성되며, 리더는 하위자에게 추종의 보상으로 물리적인 것을 제공하는 리더십 형태'를 말한다. 거래 리더십의 관심이자 목표는 언제, 어디서, 어떻게, 무슨 목적으로 거래할 것인가에 있다(이상오, 2008). 둘 사이에는 보이지 않는 계약관계가 형성되며, 리더는 책임감, 호혜성, 정직성, 공정성들의 원칙으로 개인보다는 조직적인 영향력을 행사하기 때문에 결속력을 유지하기는 어렵다. 반면에 변혁적 리더십은 높은 이상과 비전을 바탕으로 큰 목표 달성을 위해 리더와 하위자가 연결되며, 리더는 하위자를 완전한 인격체로서 관리하고 자아실현을 위한 수준 높은 인간욕구를 하위자에게 자극하여 더 나은 변혁된 모습으로 바뀔 것을 주문하고, 리더 역시도 변혁을 경험하는 형태의 리더십을 말한다(박종민, 2007).

번즈는 변혁적 리더십을 주관적인 것을 배제하기보다는 이를 다른 다양한 요구들과 통합하고 중대한 사회변화를 추구할 수 있도록 해주는 새로운 정향성을 만들어내는 힘으로 정의한다(Burns, 2006: 40). 그는 리더십이 실질적인 영향력을 갖고 존립하기 위해서는, 첫째, 미덕으로 정숙, 절제, 청결, 대인관계에서의 성실함, 자제 등 품행에 관한 행동규범이 되어야 하고, 둘째, 윤리로서 보다 의례적이고 거래적인 행위, 가령 성실함, 약속준수, 믿음직함, 상호관계, 책임 등을 반영해야 하며, 셋째, 변혁적 가치로서 질서, 자유, 평등, 정의, 행복추구 등처럼 고결한 공적 원칙들을 추구해야 한다고 주장한다.

번즈는 리더십 연구의 중요성은 그가 리더십의 문제를 '가치'의 문제와 결합하여 풀어나가는 사실에 있다. 그는 리더십의 영향력과 도덕적 정당성을 구성하는 힘이 가치라고 보았다. 가치는 경쟁과 갈등을 하는 동안 동원상태를 유지시키고 추종자에게 힘을 실어줌으로써 리더십의 짜임새를 강화하는 역할을 한다. 가치는 지도자가 보다 폭넓은 지지자들에게 다가가는 능력을 강화시키고 보다 광범위한 가치와 가치체계에 대한 지지를 획득하는 능력을 강화시킨다. 궁극적으로는 통치의 토대를 구성함으로써 지도자들에게 힘을 실어준다(Burns, 2006: 297). 이러한 가치에 의해 유도되고 평가되는 심원한 변화가 바로 변혁적 리더십의 궁극적인 목적이 된다. 그렇기 때문에 리더십에 대한 평가 및 측정은 리더십이 가져온 가치가 무엇인지, 특히 행복이라는 가치를 얼마나 실현했는가에 따라 달려 있다고 번즈는 주장한다.

이러한 면에서 보았을 때 번즈는 리더십의 역량을 평가할 때는 타인의 욕구와 역할, 가치관을 이해하는 것에서 출발해야 함을 주장한다(Burns, 2000: 149). 바로 도덕적 리더십의 중요성을 알 수 있다. 도덕적 리더십의 출발은 감정이입, 역할행동에 대한 이해이다. 자아실현의 욕구, 자신을 충족시키며 타인의 필요들을 존중하는 욕구, 즉 추종자들의 욕구를 간파하는 능력, 추종자들이 보다 완전한 자아실현을 하도록 돕는 능력이 바로 리더의 핵심적 역할이 된다.[6]

---

6) 1970년대 리더십에 대한 또 하나의 유형화 연구가 등장하였다. 예를 들어, 바버(Barber, 1977)는 리더십을 4가지로 유형화하였다. 첫째 적극-긍정형이다. 적극적으로 열심히 일하면서도 스스로 즐기는 스타일이다. 둘째 적극-부정형이다. 적극적으로 일은 하지만 그것에 대한 자신의 평가가 낮거나 부정적인 지도자이다. 셋째 소극-긍정형이다. 일은 적극적으로 하지 않고 주변 사람들과 좋은 관계유지에 더 많은 신경을 쓰는 유형이다. 넷째 소극-부정형이다. 일을 열심히 하지 않고 그러한 일에 스스로 합당하다고 생각하지도 않는 스타일이다.

터커(Robert C. Tucker, 1981)는 리더십은 지도자들과 동시에 이들이 지도하는 사람들 간의 상호관계라는 측면에서 발견된다고 보았다. 리더십은 어떤 사람들이 타인에 대하여 결정적인 영향력을 행사하거나 행사하고자 시도하는 과정에서 일어나는 인간상호관계의 과정이다(Tucker, 1981: 11). 번즈는 이러한 의미에서 리더십을 추종자들로 하여금 지도자와 추종자들 모두가 공유하는 가치와 동기들을 충족시키는 목적을 위해 행동하도록 지도자가 유도하는 것이라고 정의한다.

터커는 리더십이 지도적 기능 세 가지를 갖는다고 설명한다. 첫째, 집단적 기능(지도자들은 집단을 위하여 상황을 권위적으로 규정하도록 기대됨), 둘째, 처방적 기능(규정된 상황을 해결하기 위하여 집단으로 하여금 취해야 할 행동을 처방해주거나, 집단을 대표하여 취할 수 있는 행동에 대한 처방), 셋째, 동원기능이다(Tucker, 1981: 16). 이와 같이 지도자와 추종자 사이의 쌍무적 관계로 공동의 목표를 공유하고 달성해가는 과정이 리더십이 된다(진영재, 2005: 65). 그러한 성격 때문에 터커는 리더십의 임무를 사람들의 마음을 움직여 추구하고자 하는 정책을 따르도록 하는 데 있다고 보았다.

지금까지 대부분의 리더십 연구들은 성공적인 리더가 되는 길을 제시하거나 관리기술, 처세술을 가르치는 지침서로서 소개되었다. 국내의 저서들도 대부분이 번역서가 더 많은 실정이다. 학문적인 리더십이 체계적으로 정리되기 이전에 관리자 및 CEO들의 교훈서로 정리되는 것이 리더십 서적의 특징이다. 이러한 점들도 리더십의 연구를 편협된 방향으로 흐르게 하는 하나의 원인이었고, 리더십을 체계적으로 정의하지 못하게 하는 배경이 되기도 하였다(이진곤, 2003: 39). 혹은 리더십을 정의하기 어려운 이유는 리더십 영향력 행사의 주체가 누구이며, 행사의 목적은 무엇이고, 행사방법은 무엇인가 하는 점이 있기 때문이다(Yukl, 1995: 14). 또한 리더효과를 측정할 때 평가를 하는 개인의 목표나 가치기준에 따라 달라질 수 있다.[7]

---

7) 유클(Gary A. Yukl)은 리더효과에 대한 연구접근방법으로 4가지 방법을 제시하고 있다. 첫째, 권력-영향력 접근이다. 이것은 리더효과를 리더가 이용가능한 권력의 양과

이러한 여러 가지 어려움이 있지만 사회학적인 측면에서는 관계론적인 개념으로 볼 필요가 있다. 리더십은 권력의 개념과 불가분의 관계에 있으며 특정한 사회적 권력에 배태된 개념으로 관련된 주체들 간의 상호작용의 사회적 관계 속에서 설명될 수 있는 개념이다. 다시 말해서 리더십을 정체적인 개념으로만 보면 리더십으로 인해 파생되는 권력구조의 움직임, 국가질서의 변화, 정치적 역할 등을 분석하기 어려울 수 있다. 리더십을 단순히 개인적 자질과 역량, 성격 등의 문제로 국한하면 리더십을 통해 발생하는 국가관리, 국가운영의 모습을 입체적으로 파악하기 힘든 면이 있다. 리더십은 권력구조 내에서 발생하는 하나의 현상이며, 이것은 관련 주체들의 사회적 상호작용의 틀 속에서 상호 영향력을 행사하고 사회변화를 일으키는 요소로 작용하는 것이다. 리더십에 대한 판단과 정의는 시대적 상황의 영향을 받는다. 리더십의 전형은 고정적으로 존재하지 않으며 개인적 자질, 특성도 중요하겠지만 시대상황과의 상호작용을 무시하고는 형성될 수 없는 것이다.[8]

그렇기 때문에 리더십을 통해서 우리는 사회적 관계, 상호작용, 권력질서 등의 모습을 읽어낼 수 있다. 리더십은 특정한 권력구조 내에서 관련 주체들이 상호작용하여 구체적인 사회적 관계를 형성하는 과정이며 이 과정 속에서 지배, 통치, 갈등, 통합 등의 다양한 모습을 표출한다.

리더십의 연구들을 4가지 접근방식에서 분류하면 〈표 13〉과 같다. 이 표

출처, 그리고 부하들에게 권력을 행사하는 방법에 의해 설명하는 방법이다. 둘째, 특성이론적 접근이다. 이것은 리더의 개인적 자질을 강조하는 방법이다. 셋째, 행동이론적 접근이다. 이 방법은 리더의 행동을 강조한다. 넷째, 상황이론적 접근이다. 이 방법은 집단에 의해 수행되는 과업의 성질, 리더의 권한과 재량, 감독자와 동료와 부하들에게 부과되는 역할 기대, 외적 환경의 성질과 같은 상황적 요인을 강조한다(Yukl, 1995: 20).

8) 류석진은 리더십을 개인, 집단, 제도의 분야로 나누어 6가지의 리더십을 분류하고 있다. 시대적 상황과의 상호작용이라는 측면에서 개인들은 의제설정권한 확대, 네트워크 행위자의 출현이라는 조건 속에서 반응적 리더십, 연결적 리더십이 있으며, 집단의 분야에서는 창의적 리더십, 공유형 리더십이 있고, 제도의 분야에서는 수평적 권력과 투명제도화의 사회 변화 속에서 소프트 리더십, 개방형 리더십의 유형이 있다(류석진, 2015: 41).

에서는 리더십을 관계론적으로 접근가능한 모델을 소개하고 있다. 관계론적인 접근은 리더십을 역동적으로 바라보며 사회적 네트워크의 속성과 위치에 따라 다양한 리더십의 형태가 나타날 수 있음을 보여주고 있다. 〈표 13〉을 보면 권위, 권력의 개념을 포용하면서 네트워크 분석을 동원하여 리더십의 개념을 확대하는 연구가 있다. 관계론적인 분석을 보면 기존의 연구들이 권위 개념을 리더십의 부차적인 요소로만 취급했지만, 권위개념을 리더십의

〈표 13〉 리더십의 접근방식에 따른 분류

접근방식	베버주의적	제도적	네오마르크스주의적	관계론적
이론적 가정	리더의 권위는 추종자들의 관점에서 정당해야 한다	리더와 추종자들은 상호의존의 관계이다	리더와 추종자들은 적대적 사회계급들에 속한다	리더와 리더가 될 사람들은 자신들의 관계자원이라는 측면에서 다르다
주요 가정	사회적, 조직적 구조는 리더십의 이데올로기와 그 의미를 형성한다	리더십은 분화된 사회체계를 통합하는 기본기능을 제공하며 당연시되는 상징적, 규범적, 인지적 제도에 의해 형성된다	리더십은 사회적 지배의 반영이자 계급투쟁의 단순한 반영에 불과하고 경제적 기초에 의존한다	네트워크 속성과 위치는 리더십을 촉진하고 리더십 유형과 수행을 형성한다
방법론	비교역사적, 질적, 다변량분석	비교역사적, 질적, 다변량분석	비교역사적, 질적 분석	사회 네트워크 분석
입증의 주요 유형	조직적, 국가적 수준에서 연구	조직적, 국가적 수준에서 연구	조직적, 국가적 수준에서 연구	조직 내 혹은 조직을 가로지르는 체계적인 개별 사회네트워크 데이터
주요 주창자	베버, 파레토, 미헬스	파슨스, 버나드, 커	모스카, 밀즈	짐멜, 콜만, 버트
최근 연구	구일렌, 왈더, 벡만	코헨, 쿠라나, 오카시오	미류치	베이커, 이브라

* 출처: Mauro F. Guillén(2010)

주요 개념으로 받아들일 필요가 있다는 점을 이해할 수 있다. 이렇게 본다면 권력은 관계로 이해할 수 있다. 관계라는 것은 권력행사자와 수용자 간에서 형성되는 사회적 관계가 성립되는 것을 말한다. 이 관계는 행위자와 다른 행위자 간의 특별한 권력관계가 성립하기 위해서는 양자를 매개하는 연결고리가 존재해야 함을 말한다. 이 관계는 선도적 가치를 제시할 수 있다. 다양한 이슈들을 권력을 가진 리더가 리더십으로 연결시켜 새로운 사회현상으로 전환시킬 수 있다(류석진, 2015: 47).

2. 리더십에 관한 국내연구 동향

국내의 연구는 주로 행정학, 정치학, 심리학, 경영학 분야에서 이루어졌다. 이정윤(1997)의 연구는 역대 대통령들의 각 시기적 환경과 정치이념들을 분석하여 각 대통령의 리더십을 평가하였는데 6가지의 바람직한 대통령 리더십으로 민주적 리더십, 진취적 리더십, 책임감 강한 리더십, 상황판단 및 위기관리 리더십, 중재타협 리더십, 한국 인간주의적 리더십 등을 제시하였다.

안병만(1993)은 231명의 정치, 행정학자들을 대상으로 통치자의 개인적 인상(세련, 명석, 순수, 겸손, 정직, 패기, 근면) 및 특성(역사관, 용기, 결단력, 전문성, 국민일체감, 국제화, 반대의견 수용), 그리고 통치자 정책수행 만족도(국내 정치, 국내 경제, 사회안정, 복지, 대외정책)를 기준으로 역대 대통령의 순위를 정하였다. 한국대통령평가위원회(2002)는 전국 500명의 전문가를 대상으로 대통령의 자질(비전제시능력, 인사관리능력, 위기관리능력, 민주적 정책결정 및 실행능력, 도덕성)과 대통령의 업적(정치, 행정, 외교, 안보, 통일, 경제, 교육, 과학기술, 사회, 복지, 문화)을 기준으로 설문연구를 실시하였다.

정치학 분야의 문정인 연구(2010)는 대통령의 리더십은 4개의 변수에 의해 규정된다고 주장한다. 첫째, 대통령의 이념과 비전, 둘째, 리더십 스타일,

셋째, 행정적 지배력, 넷째, 어느 정도의 정책수단을 가용할 수 있는가 하는 점이다. 이를 통해 확립된 리더십은 집권 시 정책목표가 설정되고 그다음에 정책환경이 마련되는 상황에 의해 영향을 받게 된다. 리더십은 국가전략의 선택과 집행에 영향을 주고 최종적으로는 리더십의 업적에 대해 평가를 받게 된다.

곽진영의 연구(2003)는 한국 사회의 대통령 평가를 위해 비전 제시, 위기관리능력, 민주적 정책결정, 도덕성, 인사관리능력 등을 항목으로 하여 평가하고 있다.

김혁과 가상준의 연구(2005)는 대통령 리더십과 관련하여 비전제시, 인사관리, 위기관리, 내각운영, 대의회관계, 대국민관계, 도덕성, 국정운영의 민주성, 국정운영의 효율성, 갈등관리, 국정운영 전반에 대한 종합적 평가 항목 등 11개 설문항목을 대상으로 전문가와 국민들을 대상으로 설문조사하여 분석하고 있다. 이를 통해 이들은 노무현 대통령 취임 1년간을 평가하였다.

한편 리더십의 분석을 통해 미래 대통령을 분석하고 전문가와 대중들이 긍정적으로 평가하는 인물들을 분석하는 연구도 있다(김택환 · 전영기, 2010). 이 연구는 권력의지, 시대정신과 비전, 도덕성, 추진력, 위기대응, 조직력, 지지세력, 통합노력 등을 항목으로 하여 주요 인물들을 평가하도록 하였다. 이를 통해 미래의 리더십의 필수적인 요소를 도출하고 각 인물들의 리더십 유형을 분석하였다.

윤여준(2011)의 연구는 한국 사회 대통령들의 리더십을 분석하면서 대통령은 무엇보다도 스테이트크래프트(statecraft)가 필요함을 주장하였다. 스테이트크래프트는 헌법적 기본원리를 포함한 국가제도의 관리, 국민적 일체감 형성 및 통합의 유지, 대내외 각종 현안에 대응할 수 있는 올바른 정책의 수립 및 실행, 그리고 여러 정치세력 및 인물 관리 등 국가라는 법인체의 행위자로서 요구되는 각종 능력이라고 정의하였다. 또한 스테이트크래프트는 집단의 명운과 흥망성쇠를 책임진 사람이 갖추어야 할 통치능력이라고 정의한다. 쉽게 말하면 국가를 운영하는 자질과 능력이다. 어떻게 보면 기존의 리더십과 매우 유사한 개념이라고 할 수 있다.[9)]

한귀영(2011)의 연구는 아젠다(국가의제)가 민주적 리더십의 요체이며, 공동체가 지향해야 할 중요한 가치가 무엇인지를 제시하여 대중의 실질적 삶에 영향을 미치는 것이라는 사실을 전제로 하여 출발한다. 아젠다는 대중이 대통령을 평가하는 중요한 수단이 된다. 이 연구는 2003년부터 2009년까지 약 7년 동안 수집된 데이터를 분석하였다. 주 분석 대상은 대통령의 취임사, 신년 기자회견, 광복절 연설문이었고 그다음에는 대통령의 아젠다에 해당되는 주요 발언, 이슈를 분석하였다. 마지막에는 아젠다에 해당되는 여론조사 항목을 추출하여 분석하였다. 이를 통해 대통령 아젠다를 독립변수로 하고 대통령 지지 여부를 종속변수로 하는 회귀분석을 실시하였다. 이를 통해 한귀영은 아젠다를 동원형, 반응형, 갈등형, 타협형으로 구분하였다.

정윤재(2012)는 정치 리더십에 대한 관심은 민주주의를 변화의 과정과 추진으로 파악하게 하고, 각 국가의 지도자들이 국민과의 관계를 유지하는 가운데 전개되는 역동적인 정치과정을 분석, 평가하는 계기를 마련해줄 것이라고 보고 있다. 이를 근거로 그는 미래사회의 리더십은 미래에 대한 명료한 비전과 책임의식을 지니고 국내요구와 국제협력의 필요성을 조화시킬 수 있는 지도능력을 갖추어야 한다고 주장한다. 이러한 주장도 리더십을 개인의 역량과 비전으로 국한하여 정의하고 있는 특징을 보여주고 있다. 그는 이러한 시각을 한국 정치 비판에 적용한다. 이에 대한 근거로 한국 사회의 대통령 리더십의 단점을 세 가지로 지적한다.

첫째, 사상적 리더십의 빈곤이다. 시대적 흐름과 대세에 현실적·실용적으로 적응하는 데 급급했고 민족경험에 대한 자기성찰이 부족했다고 비판한다. 특히 역대 대통령들은 사상적·문화적 정체성을 심어줄 사상적 리더십을 반공과 근대화 이외에 성공적으로 발휘한 적이 없었다고 평가한다. 둘째, 도덕적 리더십의 빈곤이다.[10] 국내의 사회적·정치적 통합의 부족, 지역갈

9) 윤여준은 스테이트크래프트의 특징을 4가지로 요약하고 있다. 첫째, 국가에 대한 총체적·거시적 관심을 필요로 한다. 둘째, 구체적이고 현실적인 측면, 특히 상황적 맥락을 중시한다. 셋째, 국정운영에서 직면하게 되는 각종 선택을 기본적으로 딜레마적인 것으로 인식한다. 넷째, 시공간의 환경을 중시한다.

등 문제 등은 지도자들의 도덕적 자기혁신이 부족한 결과라는 것이다. 셋째, 민주적 리더십의 빈곤이다. 한국의 대통령들은 정치과정에서 민주주의를 제도화하기 위한 실천이 부족했다. 자유민주주가 원활하게 작동하지 못하고 정착되지 못한 것은 제도의 문제라기보다는 지도자들의 통솔력 부족이라고 비판한다.

한국의 역대 대통령의 리더십을 국가경영이라는 개념으로 분석하고 있는 정치학적 연구도 있다. 김충남은 제도기반이 취약하고 정부에 대한 도전이 심각하고 당면한 문제가 많은 개발도상국 정치지도자의 리더십은 선진국보다 훨씬 더 효과적인 리더십의 요구가 절실하다고 본다. 그는 이것이 바로 국가건설의 관건이라고 주장한다(김충남, 2006: 13). 그는 일반적으로 제3국가들의 지도자들은 정통성 위기, 안보위협, 사회혼란, 빈곤 등의 문제에 직면한다고 보았다. 이 문제들에 대한 해결의지와 방식이 리더십의 주요소가 되며 그것은 국가안보유지, 경제복지, 정치발전의 내용으로 구체화된다고 보았다. 그는 제3세계의 지도자들이 갖추어야 할 리더십은 국가건설을 효과적으로 관리하는 리더십, 즉 변혁지향적 리더십이라고 정리한다.[11)]

김충남은 대통령의 정치적 특징을 분석할 때 자아 이미지, 가치관, 스타일 등 세 가지 요인을 제시한다. 자아 이미지는 자신에 대해 가지고 있는 감정적 태도로써 자기존경심 또는 자신감이 어떠한 형태로 나타나는가와 관련되어 있다. 가치관은 정치지도자가 지닌 역사 혹은 정치, 그리고 인간관계에 대한 견해를 말한다. 마지막으로 스타일은 정치지도자가 자신의 역할을

---

10) 도덕적 리더십은 특히 한국 사회처럼 급속한 경제발전과정에서 나타난 부정부패와 비리로 인해 약화된 측면이 있다. 비윤리적이고 비도덕적인 유혹들이 일상적으로 분출됨으로써 리더의 도덕과 윤리의식은 위기에 처할 수밖에 없었다(조홍식, 2015: 105).

11) 김충남은 리더십에 대한 포괄적인 접근을 위해 몇 가지 요소에 주의해야 한다고 보았다. 첫째, 성장과정, 교육과정, 경험 등을 통해 대통령으로서의 자질을 평가한다. 둘째, 대통령선거 과정에서 나타난 장단점이 무엇인가 살펴본다. 셋째, 취임준비를 어떻게 했는가를 살펴본다. 넷째, 국정의 우선순위가 적절했는가를 평가한다. 다섯째, 용인술이 어떠했는가를 고찰한다. 여섯째, 경제정책, 외교안보정책 등 주요 정책에 대해 평가한다. 일곱째, 정치적 역량을 평가한다(김충남, 2011: 37-38).

수행하는 방법이다(김충남, 2011: 338).

또한 박정희의 리더십을 연구하고 있는 전인권의 연구를 보면 그는 박정희의 일생 동안 보여준 심리적 특징들을 체계적으로 정리하고 있다. 그는 박정희는 국가의 최고 통치자로서 목표지향적 리더십을 보여주었다고 평가한다. 박정희의 정치적 행동은 새로운 목표를 설정하고 이미 세워놓은 목표를 달성하는 것에 집중되었다. 그는 어떠한 경우에도 목표를 약속한 기한 내에 달성하도록 정책을 세웠고, 현장을 직접 확인하는 리더십을 보여주었다. 인사발탁은 능력위주로 신속하게 처리했고, 경제적 전문지식과 경험이 필요한 부서에는 민간출신을 기용하기도 하였다. 그러나 박정희는 목표-수단의 합리화를 넘어 목표의 달성에 물질적으로 집착하여 수단과 방법을 가리지 않았고, 어떤 경우에는 폭력적인 방법을 동원해 목표를 달성하기도 하였다. 이러한 리더십은 박정희가 민주주의가 무엇인지 모르거나 그 가치에 대한 이해를 높일 기회를 갖지 못한 데서 왔다. 그는 개인과 인권에 대한 이해가 부족했고, 사회갈등도 제대로 파악하지 못하는 한계를 보여주었다. 이러한 점들은 일본의 근대화 과정에 대한 그의 지나친 관심과 경도에 있었고, 다른 한편으로는 만주군관학교와 군복무 경험을 통해 내면화한 권위주의적 사상의 영향 때문이기도 하였다(전인권, 2006).

제17대 대통령선거를 앞두고 한국 사회가 필요로 하는 대통령의 자질과 리더십을 연구한 최진의 연구도 있다. 이 연구는 지도자의 성장과정이나 성격, 스타일 등이 리더십과 국정운영스타일을 결정하는 핵심요소라고 보고, 이에 대해 행태론적 접근방식에서 설명하고 있다. 그는 대통령의 자질이 매우 중요하며 자질은 태어날 때부터 지니고 나온 선천적 능력이라고 정의하고 있다(최진, 2007). 그는 역대 대통령들을 평가하면서 이승만(외교력), 박정희(추진력), 전두환(결단력), 노태우(인내력), 김영삼(돌파력), 김대중(기획력), 노무현(파괴력)의 특징을 분석하고 있다. 그는 리더십을 구성원의 마음을 움직여 특정목표를 향해 자발적이고 능동적으로 움직이도록 하는 영향력 내지 설득력이라고 정의하고 있다. 그는 역대 대통령들의 리더십을 보면 성장과정-성격-리더십-국정운영스타일이 심리학적 상관관계를 맺고 있다고 주장한다. 그는 이를 근거로 리더십 유형을 활발하고 말수가 많고 외부 지향적인 동적 스타일을 갖추고 정신적 에너지와 신체적 에너지가 충만한 유형인 플러스리더십과 말수가 적고 조용하며 내부지향적인 정적 스타일을 갖춘 마이너스리더십으로 구분한다. 플러스 유형에는 이승만·전두환·김영삼·노무현이 있고, 마이너스 유형에는 박정희·노태우·김대중이 있다.

경영학 분야의 박유진의 연구(2009)는 리더십의 구성요소와 주요 변수들을 체계적으로 설명하고 있다. 리더십의 구성요소로는 리더, 팔로워, 상황 등이 있다. 여기에서 상황은 두 가지의 의미를 갖는다. 하나는, 과업상황이다. 과업을 벗어나면 리더십 현상이 발생하지 않는 것을 말한다. 두 번째는, 리더십 효과성에 영향을 미치는 변수로서의 상황을 말한다. 주요 변수로는 첫째, 비전과 목표, 둘째, 직무동기, 행동, 성숙도, 셋째, 성격, 행동, 영향력, 지식과 기술, 넷째, 직무 및 과업 특성, 조직 특성, 환경 특성 등이 있다.

행정학에서 연구되고 있는 리더십 관련 연구 중 조직리더십을 연구하고 있는 김대건의 연구(2005)가 있다. 이 연구는 조직구성원들의 의식과 신념, 가치관의 변화를 이끌어내고 리더를 추종하게끔 하는 개인리더십 차원의 논의보다는 조직의 관성과 경로의존성을 최소화하면서 조직의 자율성과 창의성, 조직의 효율성을 높이기 위해 조직구조와 규범의 변화를 이끌어내는 조직리더십을 분석하고 있다. 그리고 조직리더십을 조직의 위협과 도전이 되기도 하고, 한편 기회가 되기도 하는 조직의 외생적·내생적 자극들에 반응하는 그 조직의 역량, 능력으로 정의하고 있다. 김대건의 연구는 리더십의 문제를 개인의 특성, 역량의 문제로만 보지 않고 조직이라는 환경과의 관련 속에서 리더십의 문제를 바라보고 어떠한 조직혁신이 필요한 것인가를 추적하고 있다는 점에서 독창성이 있다. 조직리더십을 측정하기 위해서는 조직의 관용성, 인적 자원에 대한 인식, 실패와 오류에 대한 인식, 의사결정과정과 의사소통형식, 조직철학을 실현하기 위한 실제행위 등을 측정할 것을 주장한다.

결론적으로 김대건의 연구는 조직혁신을 위해서는 개인리더에 의한 개인리더십뿐만 아니라 조직구조와 조직규범에 배태되어 나타나는 조직리더십이 발휘되어야 한다고 보고 있다. 이와 유사한 연구로 행정학 분야의 박통희·이현주·양건모(2006)의 공동연구는 리더십의 성격은 행위자로서 목표, 선호, 상황적 특성 등을 판단함으로써 이루어진다고 보고 있다. 이들은 리더에게 필수적인 덕목으로 간주되는 민주성과 정보화, 세계화 등 환경적 압박에 의해 조직에 요구되는 변화주도능력에 초점을 맞추어 리더십 행동유형의 복합적 구성을 분석하고 있다. 이들은 중앙부처 5급 이상 남성공무원들을 분석하고 리더십을 구조주도형, 배려형, 거래형, 후원형으로 구분하고 있다.

이정윤(1997)의 연구는 역대 대통령들의 각 시기적 환경과 정치이념들을 분석하여 각 대통령의 리더십을 평가하였는데 6가지의 바람직한 대통령 리더십으로 민주적 리더십, 진취적 리더십, 책임감 강한 리더십, 상황판단 및

〈표 14〉 국내외 리더십 이론들의 일반적 특징

리더십 이론	주요 기준	유형	분야
번스(Burns, 2000)의 변혁적 리더십	도덕과 가치의 문제	- 거래적 리더십: 상황적 보상을 통한 거래, 예외적 관리에 의한 특별 거래, 자유방임적 거래 - 변혁적 리더십	정치학
배스(Bass, 1985)의 거래적 리더십과 변혁적 리더십을 나타내는 행동차원	계약과 이상, 비전	- 변혁적 리더십: 카리스마, 개별화된 배려, 지적자극, 분발고취 - 거래적 리더십: 조건적 보상, 예외에 의한 관리	경영학
유클(Yukl, 1995)의 리더십 행동범주	업무와 사회적 관계	- 과업지향적 행동 - 관계지향적 행동 - 변화지향적 행동	경영학
마라넬 (Maranell, 1970)	- 대통령의 일반적 특권 - 지도력 - 대통령 행정활동 - 공식활동 모범성 - 행동의 유연성 - 행정업적 - 대통령에 대한 정보량		

한국대통령평가위원회 (2002)	- 대통령의 자질: 비전제시능력, 인사관리 능력, 위기관리능력, 민주적 정책결정 및 실행능력, 도덕성 - 대통령의 업적: 정치 행정, 외교 안보 통일, 경제, 교육 과학 기술, 사회 문화 복지		행정학 정치학
이정윤 (1997)	국내외환경과 정치이념	- 민주적 리더십 - 진취적 리더십 - 책임감 강한 리더십 - 상황판단 및 위기관리 리더십 - 중재타협 리더십 - 한국 인간주의적 리더십	정치학
안병만 (1993)	- 통치자 개인적 인상 및 특성 - 통치자 정책역량 및 직무 수행 만족도		행정학
함성득 (2000)	- 경제업적 - 소득분배 - 정치발전 - 중화학공업육성 - 지역갈등완화 - 북방외교 - 개혁추진(정치, 행정, 규제, 금융, 부동산)		행정학
최평길 (1997)	- 위기관리능력 - 임기 중 업적 - 자질 - 인사 - 성격		행정학
김현주 (1999)	- 인품: 친근감, 도덕성, 솔직, 너그러움, 겸손 - 능력: 박력, 말솜씨, 국정 수행능력		언론학
정윤재 (1997)	- 자신의 활동에 대한 자기 인식(부정적-긍정적) - 직무태도의 활동성 (소극적-적극적)	- 소극적-부정적 유형(사원형) - 소극적-긍정적 유형(장인형) - 적극적-부정적 유형(야수형) - 적극적-긍정적 유형(승부사형)	정치학

위기관리 리더십, 중재타협 리더십, 한국 인간주의적 리더십 등을 제시하였다. 경영학 분야의 박유진의 연구(2009)는 리더십의 구성요소와 주요 변수들을 체계적으로 설명하고 있다. 리더십의 구성요소로는 리더, 팔로워, 상황 등이 있다. 여기에서 상황은 두 가지 의미를 갖는다. 하나는, 과업상황이다. 과업을 벗어나면 리더십 현상이 발생하지 않는 것을 말한다. 두 번째는, 리더십 효과성에 영향을 미치는 변수로서의 상황을 말한다. 주요 변수로는, 첫째, 비전과 목표, 둘째, 직무동기, 행동, 성숙도, 셋째, 성격, 행동, 영향력, 지식과 기술, 넷째, 직무 및 과업 특성, 조직 특성, 환경 특성 등이 있다.

3. 리더십 개념의 사회학적 재구성

기존의 대통령 연구는 크게 봐서 법적-조직적 접근과 개인적-심리적 접근의 방식에서 진행되어 왔다. 전자는 헌법이 정한 견제와 균형의 원칙하에서 대통령의 공식적인 권한과 권위를 통치의 근원으로 파악한다. 반면 후자는 대통령의 자질과 인성에 초점을 맞추어 연구를 진행하였다. 조직적 접근방식은 대통령의 정치적 기술, 이데올로기, 인지능력 등에 대한 분석에 소홀한 면이 있다. 심리적 접근방식은 경험적 근거에 의거한 인과관계를 도출하기에는 어려운 점이 있다(곽진영, 2003). 전자의 연구가 강조하는 방법에서 권위는 합법적인 틀 속에서 규정된 권위로서 개인의 자질적 능력과 관련없는 권위이다.[12]

이러한 기존연구들은 많은 한계를 보여주고 있다. 리더십을 객관적으로 파악하지 못한 것은 리더의 특징, 성격, 자질, 스타일 등 주변적 요소에 집중했기 때문이다. 또한 리더십의 내용에만 관심을 가지고 리더와 추종자의 상

---

12) 권위는 다른 사람들에게 영향을 미치는 능력인데, 현대사회에서의 권위란 말은 주로 직무상의 권력을 말하며 주어진 규칙이 규정하는 범위 내에서 특수한 기능을 가지고 타인이 복종하는 것을 의미한다(Vincent, 1992: 62).

호관계에 대한 상세한 분석이 결여되었다는 것도 문제이다. 마치 리더와 추종자가 별개로 존재하며, 리더의 역량에 따라 추종자는 수동적으로 쫓아간다는 인식으로 양자의 상호관계를 평면적으로 바라보는 것도 리더십의 연구를 방해하는 한 측면이었다(조홍식, 2015: 125). 이러한 측면에서 본다면 리더십의 위기는 단순히 리더의 개인역량, 자질, 특성의 문제가 아니라 추종자를 포함한 사회의 변화에 비추어 평가해야 하는 문제인 것이다.

대통령 연구들은 주로 리더십 부문이나 국정 지지도와 같은 양적인 분석과 연관시켜 연구를 진행하였다. 그러나 이러한 연구는 한계가 있다. 첫째, 리더십의 문제를 독립변수로 취급하여 리더십이 전개되는 역동적인 관계, 사회적 관계를 놓치고 있다는 점이다. 둘째, 리더십 평가를 국정 지지도나 대통령 지지도와 연관시켜 파악하고 있다는 점이다. 국가의제 등이 출현하는 배경, 조건과 상황, 결과와 평가 등을 입체적으로 분석할 필요가 있다. 지나친 양적 평가는 객관적으로 대통령의 업적이나 통치결과를 바라볼 수 있는 장점은 있지만 국가의제가 등장하게 되는 리더십의 상황, 혹은 리더십의 사회적 관계 등을 세밀하게 볼 수 없는 면이 있다. 셋째, 대통령 평가와 연구를 보다 거시적인 틀 속에서 바라볼 필요가 있다. 넷째, 리더십과 통치성의 개념을 사회학적으로 면밀히 검토하고 이를 종합하고 학제 간의 연구나 혹은 역사학적인 방법을 동원하여 두 개념(리더십과 통치성)의 종합으로써 '국가관리'나 '국정관리'와 같은 새로운 모델의 개발이 필요하다. 이때 사회학은 개념의 정교화나 체계화 작업에 중요한 역할을 할 수 있고 방법에서도 양적·질적, 역사적인 방법의 중요성을 잘 드러낼 수 있을 것이다.

사회학 분야에서 권위에 대한 가장 핵심적인 연구는 베버(Max Weber)에 의해 이루어졌다. 구일렌(Guillén, 2010: 227)은 베버의 전통에 따라 권위를 세 가지 유형으로 분류한다. 베버는 지배란 특정한 내용의 명령에 대해 일정한 사람들에게서 복종을 받을 수 있는 가능성이라고 정의한다. 이때 규율이란 일정한 다수에게서 특정명령에 대해 이들의 습관화된 태도에 의거하여 즉각적이고 자동적이며 도식적인 복종을 받을 수 있는 가능성을 의미한다(Weber, 2011: 290). 지배와 규율의 능력을 갖춘 국가는 행정집행부가

질서체계의 관철에 필요한 정당한 물리적 강제력을 성공적으로 독점한 정치적 공공기관으로 규정된다(Weber, 2011: 292).

짐멜(Georg Simmel)은 교환관계라는 사회적 관계의 원칙 속에서 권력의 문제를 다루었다. 한 행위자가 다른 행위자의 자원을 유용한 것으로 생각할수록 권력은 다른 편보다 더욱 커지게 된다. 마찬가지로 한 행위자의 자원이 유동적일수록 교환선택권과 대안은 더욱 커지고 사회적 교환에서 행위자의 권력은 커지게 될 것이다. 결국 권력은 교환관계라는 사회적 관계의 위치와 자원의 힘에 따라 그 영향력 크기와 방향이 달라질 수 있는 것이다.

사회학자들은 권력의 문제를 설명할 때 일반적으로 사회적 관계의 형성과 상호작용의 특정한 사회적 맥락의 문제를 강조한다. 권력에서 파생하는 리더십은 특정 개인의 능력, 역량, 도덕적 책임성, 심리상태, 통찰력, 사고에서 일방적으로 파생되는 것이 아니며 고정된 형태로 객관적·양적으로 측정될 수도 없다. 리더십이 인간들의 다양한 관계 속에서 파생될지라도 그것을 사회적 관계 속에서의 영향력, 힘의 역학관계라는 측면에서 분석할 때 권력, 리더십의 문제가 보다 입체적으로 분석될 수 있을 것이다. 따라서 권력의 문제인 리더십은 역동적인 사회적 관계 속에서 이해되고 사회적 관계 속에 배태된 개념으로 파악해야 한다.

그럼에도 불구하고 리더십 개념들을 통해 정치를 분석할 때 몇 가지 한계가 존재하게 된다. 리더십 개념들은 첫째, 권력을 단일한 절대군주적 정치세력들이 소유하는 것으로 보며, 둘째, 정치분석의 핵심 문제들은 지배세력의 정체성이나 지배의 정당성에 초점이 맞추어지고, 셋째, 사회적 삶의 특정한 영역을 지배하는 정치영역이 존재한다고 본다는 지적이다(홍성민, 2004: 235). 이 주장에 의하면 실제 권력은 개별주체들의 욕망과 가치를 조정하는 역할을 하며 권력의 기반이 국가조직이라는 법률적 제도 안으로 수렴되기보다는 일상생활을 광범위하게 관통하는 무형의 성질을 갖게 된다. 따라서 권력과 리더십이 아닌 새로운 개념을 통해 정치를 분석할 필요가 있다는 것이다. 다른 용어로 통치와 지배라는 말이 있다.

홍성민은 '통치'는 중세를 지배하였던 신학적 배경을 바탕으로 신이 신도들을 보살피고 인도하는 의미이자 개인들의 영혼을 보호하고 신도를 바른 곳으로 이끈다는 말이지만, 지배는 근대국가 형성과정에서 권력구조가 제도적으로 정비되는 과정에서 형성된 말이라고 정의한다. 지배라는 개념이 담고 있는 시대적 과제는 권력의 정당성과 효율성을 해결하는 것이었고, 여기에서 최우선의 목표는 지배와 복종의 관계를 안정적으로 수립하는 것이 된다.[13)]

따라서 두 개념도 현대사회의 정치를 분석하기에는 일정한 한계가 있기 때문에 새로운 개념을 제안한다. 바로 통치성의 개념이다. 통치성은 정치적 주체의 양산을 동시에 고려하는 개념이며, 이를 통해 국가운영의 윤리적 지평을 확보할 수 있다. 현대적 의미에서 바람직한 국가경영의 원리를 찾기 위해서는 신학적 의미의 통치와 법적 성향이 강한 지배의 양자를 종합할 수 있는 새로운 개념이 필요하다. 이것이 바로 통치성(governmentality) 개념이다(홍성민, 2004: 237). 이 개념은 다음에서 본격적으로 다루기로 한다.

II. 통치와 통치성에 대한 이해

1. 거버넌스와 국가관리[14)]

통치는 국가를 합리적으로 전반 제도와 정책을 통해 운영하는 권력의 논리이자 국가운영방식이다. 이를 국가관리로 표현하기도 한다. 국가관리의

---

13) 리더십의 문제를 통해 복종의 동기를 추적하는 에치오니(Amitai Etzioni)는 그 동기를 3가지 차원에서 설명하였다. 먼저 첫째, 규범적 복종으로 도덕적으로 옳다고 믿기 때문에 하는 복종이다. 둘째, 보상적 복종으로 복종함으로써 얻는 이익 때문에 발생하는 복종이다. 셋째, 강제적 복종은 복종하지 않으면 받게 될 처벌이나 가해행위가 두려워하는 복종이다(한승조, 1992: 16).

문제에 대한 일반적인 논의들은 거버넌스 논의와 연결되어 있다. 거버넌스에 대한 정의는 다양하다. 행정학 분야에서 주로 소개되는 이 연구들은, 거버넌스는 정부가 공통적으로 다루어왔던 영역이 더 이상 배타적이지 않다는 점을 강조한다. 정책 형성 및 집행을 위해서는 다양한 조직들의 협력이 필요하며 거버넌스는 사회를 지도, 조정, 통제하는 의도적 행위들로 구성된다. 이때 거버넌스는 효율적이고 민주적이며 대응적이고 투명한 정부를 구현하

---

14) 국가관리라는 말과 함께 국가전략이란 말이 사용되기도 한다. 국가전략은 국가가 주어진 환경에서 자국의 가용 자원을 활용하여 국가이익과 목표를 실현하는 데 필요한 중장기적 행동원칙과 이념 및 수단을 말한다(류상영, 2001: 16). 국가전략은 단기간보다는 중장기적인 전망 속에서 실현되며 먼저 가장 중요한 요소는 국가이익을 분명히 정의하고 우선순위를 정하는 일이다. 국가이익에 대한 정의는 정부의 국정기조와 목표와 연결되어 있고 대내외의 구조적 환경의 변화 속에서 지속적으로 변화할 수 있다. 혹은 국가의 전통과 역사와도 밀접한 연관성 있고 권력의 정당성 확보와 국가의 미래가치와도 연관되어 있다. 국가목표는 가시적으로 성과를 낼 수 있는 것도 있고 눈에 보이지 않지만 국가의 질을 높일 수 있는 것도 있다. 전략을 실현하기 위해서는 목표를 달성하는 데 동원되는 인적 자원, 물리적 자원, 제도적 자원 등이 고려되어야 한다. 이에 따라 국가가 선택하고 구현할 수 있는 전략의 범위, 폭, 깊이, 질이 달라질 수 있다. 국가전략에는 안보전략, 번영전략, 조화전략으로 나누어볼 수 있다(류상영, 2001). 안보전략은 국가의 영토 및 주권, 국민생명과 재산을 외부의 위협으로부터 안전하게 보호하기 위한 전략을 말한다. 물론 여기에는 군사전략이 매우 중요하다. 번영전략은 국민의 삶의 질을 향상시키고 국가의 경쟁력을 제고하기 위하여 추진해야 할 경제전략을 말한다. 조화전략은 사회적 신뢰를 높여 사회통합을 강화하는 전략을 말하며 복지정책, 조세정책 등이 그 대표적인 예이다. 국가전략은 국가이익을 달성하기 위한 수단이자 방법이다. 국가지도자는 국가이익을 증진시키는 것이 자신의 임무이자 도덕적 책임이라고 생각한다. 이때 국가리더는 국가이익이라는 부분과 도덕적 원칙의 균형을 잡아야 한다(Morgenthau, 2014). 모겐소(Hans Morgernthau)는 국가리더들은 국가이익을 식별할 때 자신들이 속해 있는 국제사회에서 통용되는 사고방식과 평판에 의해 영향을 받는다고 보았다. 리더들은 어떠한 목표를 추구할지 선택할 때 자신이 대표하는 국민의 도덕적 가치를 고려하기도 하면서 동시에 다른 국가와의 갈등 문제도 고려해야 한다. 특히 국제적 행위규범은 국가가 추구할 목표와 더불어 그 목표를 추구하기 위한 수단을 결정해준다. 단순히 국가권력만으로 국가이익이나 국가목표를 달성할 수 있는 것은 아니다. 그 때문에 모겐소는 국가이익이 추구하는 것을 때로는 억누르고 경쟁관계에 있는 국가들이 이익 사이에서 중첩되는 영역과 갈등요소를 구분하여 도덕적 가치와 조화를 이룰 수 있다고 주장한다. 따라서 리더십은 이러한 모든 것을 고려해야 하며 국가이익도 국제 간의 질서, 국제규범을 모두 파악하면서 그 모든 것들을 합리적으로 계산해야 한다.

기 위한 새로운 방법이 된다(이명석, 2006: 37). 일종의 사회적 조정양식으로서 거버넌스를 의미한다.[15] 두 번째는, 탈냉전 이후 나타난 개념이다. 주로 국제정치학에서 사용되며 새로운 세계질서는 상호의존성을 강조하고 이는 국제협력을 촉진하는 공통의 행동규범, 규칙, 패턴을 요구하기 때문에 거버넌스는 구성주의적 입장을 취한다. 일국적 영역을 넘어선 협력이 중요하며 국제관계의 다층적 행위자들이 전 지구적 문제를 풀기 위한 협력의 규범, 규칙을 만들어내는 과정을 통해 거버넌스를 이해한다. 셋째, 거버넌스를 체제변화의 한 부분으로 이해하는 비교정치학 분야가 있다. 거버넌스는 공공영역의 합법성을 제고시키는 관점에서 체제구조의 관리로 설명된다. 거버넌스는 국가와 사회의 관계 및 상호작용을 규정하는 인간행위의 산물로 규정된다. 네 번째는, 국가개발기구들이 주장하는 것으로 바람직한 방향으로 사회를 조정하는 데 목적을 둔 행위이다. 거버넌스는 시민들이 자신의 이해를 표출하고 법적 권리를 주장하며 의무를 수행하고 갈등을 조정하는 메커니즘, 프로세스, 제도를 모두 포괄하는 것이다(이광희, 2009: 515-516).

거버넌스는 20세기 후반 이후 새롭게 등장한 개념이다. 이것은 새로운 통치과정을 의미하는 개념이다.[16] 거버넌스라는 말은 정부가 주도적으로

---

15) 사회적 조정양식에는 일반적으로는 첫째, 계층제, 시장, 민주주의, 둘째, 네트워크, 셋째, 권한, 교환, 설득, 넷째, 권한, 가격, 신뢰 등이 있다. 시장, 교환, 가격은 개인의 자유를 침해하거나 불평등한 지위를 요구하지 않고 다수의 행위자들의 행동을 자연발생적으로 조정하는 제도적 장치를 의미한다. 민주주의, 네트워크, 설득, 신뢰는 제3자에 의한 강제에 의하지 않고 정치적 권위에 의하여 행위자들 간의 행동을 조정하는 제도적 장치를 말한다. 이때 계층제나 시장과 차별되는 제3의 사회적 조정양식, 즉 네트워크를 강조하는 거버넌스를 전통적인 행정학적 관료제 패러다임과 구분해 신거버넌스라고 한다. 신거버넌스는 관료제나 계층제의 역할이 급속하게 줄어들고 그 자리를 네트워크를 주요 작동원리로 하는 새로운 사회 문제 해결양식인 등장하고 있다고 배경 속에서 소개되었다. 이 이론은 법적인 근거나 중앙적 통제 없이 사회조정이 이루어질 수 있다고 봄으로써 다중심체제 구현의 방안을 제시하고 있다(이명석, 2006).

16) 거버넌스에는 두 가지의 성격이 담겨져 있다. 첫 번째는, 규범적 의미가 있다. 거버넌스는 국가의 규제와 역할을 최소화하고 다양한 사회행위자들을 참여시킨다는 점에서는 좋을 수 있으며, 그렇지 못할 때는 나쁘다라는 의미를 가질 수 있다. 둘째, 서술적

수행해오던 공공영역에 민간이 참여하여 정부와 함께 의미 있는 역할을 수행하는 협력체계를 의미한다. 거버넌스 개념은 정책영역의 확장과 참여자의 확장이라는 의미를 담고 있다(정상호, 2009: 259-261). 즉 거버넌스란 개념 속에는 정부, 기업, 시민사회 등 다양한 구성원들이 정책과정에 자신의 이해와 요구를 반영하기 위해 자발적이고 독립적으로 참여한다는 의미가 있다. 이 말은 국가관리에 대한 수평적이고 통합적이며 행정적인 성격의 의미를 담고 있다. 또한 거버넌스란 개념의 등장은 주권국가라는 개념을 대체하는 국가 내부의 변화, 국제질서의 변화, 전 지구화 현상의 등장과 밀접한 연관이 있다. 기존의 주권국가라는 개념과 거버넌스가 갖는 개념을 비교하여 보면 다음과 같다.

과거의 거버넌스는 주로 대의민주주의 의회 모델이었다면 최근 거버넌스는 참여민주주의 모델에 기초하고 있다. 새로운 거버넌스는 투입부터 산출까지 정책과정의 전 과정을 거쳐 다양한 유형과 방식으로 참여하는 능동적 시민을 상정하고 있다(김의영, 2014: 21). 단순히 전문가나 관련 당사자들이 참여하는 것이 아니라 공동체나 사회 문제해결의 전 과정에 주도적으로 시민들이 참여하는 것이 이 거버넌스의 특징이다. 이러한 신거버넌스는 새로운 환경변화에 적응하기 위한 다양한 정치주체들의 노력일수도 있고, 국가의 제도적응을 위한 개념이기도 하다.

거버넌스 개념은 세계경제위기와 함께 기존의 케인즈주의적인 복지국가가 한계에 직면하고 비판을 받으면서 정부의 국가관리 능력에 대한 의문이

의미를 가질 수 있다. 거버넌스는 사회적 상호작용의 결과이며 다양한 사회 네트워크 상호의존성의 결과이기도 하다(Rose, 2007: 16-17); 거버넌스에 대한 잘못된 해석 가운데 하나는 거버넌스의 의미를 매우 광의의 의미로 사용하는 것이다. 메타 거버넌스는 자기조직 네트워크의 조직, 다양한 분야의 자기조직화를 촉진하기 위한 제도설계, 목적과 행위, 시공간적 지평, 결과들의 조정 등에 관심을 갖는다. 미첼 딘(Mitchell Dean)은 'governing societies'의 목적, 합리성, 기법, 실천들은 사회에 필요한 공간들을 평정하기 위한 조건들을 만들 수 있는 권력의 일종, 즉 주권의 쟁점을 재고해야만 이해될 수 있다고 보았다. 또한 신자유주의도 시공간을 무너뜨려 장벽을 없애고 있고, 권위와 위계의 질서를 거버넌스와 네트워크라는 개념으로 대체하고 있다. 이것이 바로 신자유주의가 사회를 통치하는 중요한 전략 가운데 하나이다(Dean, 2007).

〈표 15〉 주권국가와 거버넌스의 비교

주권국가(sovereign government)	거버넌스(governance)
위계질서	네트워크와 흐름
전체화	개별화
영토화	탈영토화
국경	국경의 소멸
중앙집중화	다극적
배제적	포섭적
법과 명령	선택과 행위
국가	이질적 행위자들
민족	초국가적 시민사회
시민	코스모폴리탄 개인(자기지배적 개인)
사회	공동체, 지역

* 출처: Dean(2007: 68)

고조되는 시점에서 등장했다.[17] 과거 국가의 시장개입과 규제적인 시도들은 불가피하게 국가조직의 확대를 가져왔고 이는 경제적 비효율성과 권위주의 강화를 가져오기도 하였다. 이에 대항하기 위해 시민사회 및 기업, 시장의 신뢰를 바탕으로 사회 구성원이 협력하여 스스로 통제하는 것이 효율적이라는 시각이 등장하였다. 이때 거버넌스는 국가, 시장, 시민사회에 속하는 행위자들이 투명하고 민주적으로 정책을 수립하고 집행하기 위해 수평적인 네트워크를 형성하는 통치구조로 볼 수 있다(이연호, 2013(a): 225).

17) 케인즈주의 국가의 위기는 1970년대를 전후로 하여 복지모델은 위기와 관련되어 있다. 1970년대부터 등장한 탈산업화 현상으로 인해 서비스업이 팽창하게 되고 저소득 일자리가 늘어나며 실업자가 증가하게 된다. 두 번째는 저출산고령화 현상이다. 세 번째는 세계화 현상이다. 이는 자본과 시장의 힘을 강화하여 국민국가의 자율성과 재량권을 약화하고 복지국가의 시스템을 위협하였다(이창곤, 2013: 44-47).

최근에는 거버넌스의 의미를 파트너십(partnership)의 개념으로 이해하기도 한다. 왜냐하면 시민사회는 국가와 시장에 대한 감시, 견제의 역할뿐만 아니라 공동세계 구축이라는 공동의 과제를 중시하기 때문에 파트너십이라는 말이 더 적합하다고 보기 때문이다. 파트너십의 관계에서 보았을 때 구성원들의 개별성을 존중하면서 최대한 보존하여 한 곳에 모으는 공동의 것을 기초로 삼고, 다른 한편으로는 이기적이고 부분적인 개별성들의 한계를 넘어 전체를 고려할 수 있는 공적인 것을 고려해야 한다. 즉, 구성원의 개별성을 존중하고 그것을 뛰어넘어 공적인 것을 추구해야 하는 것이다(이동수, 2014).

이러한 의미에서 거버넌스는 곧 파트너십으로 이해된다. 이러한 의미에서 파트너십은 다양한 이해관계를 가진 시민들의 자발적 참여를 의미하므로 결사체 민주주의의 성격을 갖는다. 과거의 국가와 시장중심에서 벗어나 제3영역이 활성화되고 그들의 역할이 중시되는 시대에 필요로 하는 거버넌스 모델이다. 국가와 시민사회의 파트너십을 통해 문제를 해결해야 한다는 국가와 시민사회의 상승작용 입장을 새로운 거버넌스 모델은 취한다. 결사체 거버넌스는 국가와 이익집단 사이의 교섭, 교환의 관계이다(김의영, 2014: 211).[18] 이러한 시각에서 좋은 거버넌스는 참여, 분권화, 전문성, 책임성, 효율성, 자율성 등을 강조한다.

이러한 배경 속에서 새로운 국가관리 모델의 개발이 요구되었고, 기존의 관료제적 통치구조를 기업과 시민사회의 적극적인 참여를 보장하는 협치구조로의 전환이 필요하였다. 그리고 국제사회에서 새로운 국제기구들이 국가에 영향을 주기 시작하였고, 전 지구적인 협력이 강화되면서 거버넌스의 개

---

18) 최근 세계은행은 거버넌스를 한나라의 시민이나 대표자가 요구하는 공공재나 재화를 제한된 자원을 가지고 효과적으로 투명하고 공정하며 책임성 있게 제공할 수 있는 공공조직의 제도적 능력으로 정의하고 좋은 거버넌스의 4대 요소로 공공부문 관리, 발전을 위한 법칙 틀, 책임성, 투명성과 공개를 제시하고 있다(김의영, 2014: 65). 이렇듯 신자유주의의 리더집단인 세계은행이 거버넌스 모델을 강조한 것은 매우 새로운 전략이며, 비경제적인 수단을 통해 경제적 목표를 성취하겠다는 숨겨진 의도를 가지고 있다고 볼 수 있다.

념이 적극적으로 사용되기 시작하였다. 또한 기존의 정치행위자는 주로 국가였고 많은 국내외적 정치현상을 국가 중심적으로 설명했지만 1960년대 이후 서구사회에서 시민사회영역이 확장되고 그 영향력이 현실적으로 인정되기 시작하였다. 정부의 의사결정과정에 시민사회의 참여와 합의형성을 포함하는 거버넌스가 강조되었다.

그러나 신자유주의 시대의 거버넌스는 무당파적이고 무정견적인 대표들이 참여하여 정치지도와 통제를 결여하고 있다는 비판을 받고 있다. 거버넌스의 틀 속에서 정책의 방향과 우선순위를 책임지고 적시하거나 정책실행이 제대로 되고 있는지 평가하고 감시할 책임자가 사라지게 된다(Bauman, 2014(b): 42-43). 이것은 곧 정치와 권력의 분리, 민주주의의 위기를 낳게 된다. 이러한 상황 속에서 국가는 국민에 대해 책임을 지지 않은 채 국민을 지도하고 통제하는 신자유주의적 거버넌스를 실시하고 있다. 민주주의의 위기에도 불구하고 신자유주의가 추구하는 효과적인 통치술을 입증하고 있는 것이다. 국가의 존재 이유는 자신의 본질적 존재 이유를 자각하고 국민의 안정과 행복을 위한 정책을 만들고 집행하며 관리하는 것이다. 신자유주의 시대에 국가는 상실된 신뢰를 되찾으려고 하지만 신뢰회복은 국민에 대한 서비스 확충, 민주주의의 심화, 공적 영역의 확대를 통해 가능하다는 점에서 모순적 상황에 놓이게 된다.

또한 신자유주의의 확산으로 국민국가의 역할이 축소되고 정부를 비롯 공공부문이 감축되고 국가, 시장, 시민사회, 국제체제와의 관계를 재구축할 필요성이 제기되었다. 이러한 배경 속에서 국가관리의 모델을 전면적으로 재구성하기 위한 시도로 거버넌스 개념이 강조되었다. 특히 정보화, 세계화, 지방화 등의 현상과 맞물리면서 국가, 시장, 시민사회가 수직적 관계가 아닌 수평적 관계 속에서 상호작용하는 네트워크의 개념이 부각되었다. 이와 관련하여 제솝(B. Jessop)은 시장, 국가, 시민사회 등 상호의존적 행위자 간의 수평적 자율조직 체계라는 복합조직을 거버넌스로 정의한다. 또한 사회적 조정양식을 구조화하는 권위와 자원의 배분양식으로 거버넌스를 규정하면서 이해 관련자들의 관계설정과 상호작용의 동학을 강조하고 조정, 조종,

조절의 기제를 강조한다(은재호, 2009).

이와 함께 신공공관리의 개념이 등장하였다. 신공공관리는 공공부문의 비효율성, 비대함, 국민의 필요에 대한 낮은 반응으로 인해 시장원리와 소비자의 선택을 강조한다. 이 이론은 시장원리와 경쟁원리에 의해 공공부문의 비효율성이 해결될 수 있다고 본다. 이 입장은 특히 정부혁신을 강조하면서 공공부문에서 어떻게 더 나은 성과와 결과를 얻을 수 있을 것인가에 초점을 맞춘다(배귀희, 2006). 이 입장에 대한 반격으로 신공공서비스론이 등장하였다. 서비스 제공과 공익의 강조, 이해당사자들의 참여와 이해관계 조정, 인간존중을 통한 행정가치의 구현을 강조한다. 이 이론은 신공공관리론이 시민정신에 충실하면서 책임성 있는 관료와 시민을 양성하는 데 실패했다고 비판한다.

신자유주의 확산 속에서 나타난 거버넌스 논의는 주로 네트워크 개념을 강조한다.[19] 네트워크는 사회적 조정을 강조하고 행동의 상호작용 결과로 나타나는 직관적으로 예측할 수 없었던 새로운 현상, 즉 창발성(emergence)을 강조한다. 네트워크 관점에서 정부는 사회 문제 해결의 촉매로서 역할을 하며, 사회 구성원들의 협력에 의한 사회 문제 해결에 필요한 여건 조성의 역할을 맡는다. 창발성은 혼돈과 무질서처럼 부정적 결과를 낳을 수 있다. 그렇기 때문에 정보교환과 의사소통이 원활하게 이루어지는 조건이 충족되어야 한다. 이렇게 될 때 긍정적인 네트워크 거버넌스가 이루어질 수 있다고 본다(이명석, 2011).

---

19) 글로벌 차원의 거버넌스 문제를 신자유주의 통치성의 문제로 다루기도 한다. 신자유주의는 다양한 NGO들을 전략적 차원에서 포섭하여 신자유주의 논리를 강화한다. 글로벌 거버넌스는 정부기구와 국제기구, 사적·공적 결사체들, 그리고 비정부기구와 기업들을 통해 정치경제와 안전을 결합시킨다. 통치기구와 안전기술은 사물들의 올바른 정향을 보증한다. 이때 글로벌 권력은 세계질서를 정상화시키는 헤게모니 담론을 통해 표현된다. 이때 글로벌 NGO들은 신자유주의 기획을 통해 경합하기도 하고 조절되기도 한다. NGO들은 결코 국가 밖에 있는 자율적 행위자의 영역들이 아니라 신자유주의 질서 속에서 경제행위들을 개혁하고 재조정하며 재정치화하는 활동 속에 관련된다. 따라서 시민사회의 결사체와 조직들은 인구의 복지에 대한 위협으로 보이는 조건들을 안정화하고 정상화하는 데 도움을 준다(Lipschutz and Rowe, 2005: 15-55).

이때 정부는 다양한 공공 문제 해결책 강구, 민간 부문 파트너들과의 협력관계 구축, 창의적인 자원조달 방안 강구, 네트워크 관리 핵심역량 개발 등에 주력해야 한다. 네트워크에 바탕을 둔 거버넌스 이론은 국가의 강력한 개입으로 인해 나타날 수 있는 정책결정의 경직성과 관료주의화, 비효율성을 막고 효율성을 높이고 통치위기를 극복할 수 있다고 진망한다. 거버넌스 이론은 자발적 시민사회의 힘을 기초로 국가, 시장, 기업, 시민사회 누구도 정치적·경제적·사회적 권력을 독점하지 못하게 하는 효율성과 능동적 참여, 신뢰확산에 관심을 둔다. 이는 시민사회의 참여를 더욱 촉진하며 정책성과를 개선하는 데도 기여할 수 있고 일정 부분 책임감을 가짐으로써 능동적으로 정책수행에 참여하여 사회적 갈등과 대립을 완화할 수 있다.

대통령의 리더십은 대통령제하에서 통치목표와 통치전략을 세우고 그것들을 구체적으로 실천하는 데 법적·제도적·비공식적 차원에서 영향을 주고 나아가 국정관리 전반에 영향을 준다.[20] 통치전략은 구체적으로 아젠다 설정, 집행 및 실천, 평가로 나타나고 이것은 최종적으로 통치성의 성격과 결과를 낳고 이것들은 다시 대통령의 리더십과 통치목표 설정과 평가에 영향을 미치게 된다. 이러한 분석의 틀을 통해 아젠다의 설정, 집행, 평가 등의 종합적인 과정을 분석할 수 있고 기존 아젠다에 대한 평면적이고 무비판적인 접근방식에서 벗어나 대통령의 사고와 철학, 인적·물적 자원동원방식, 권력의 정당성 확보를 위한 객관적 진리의 창출과정, 조직관리방식, 사회 전체의 반응 등을 비판적으로 접근할 수 있는 기회를 가질 수 있을 것이다.

지금까지 본 바와 같이 통치의 내용을 본질적으로 이해하기 위해서는 거

---

20) 이러한 면에서 이명박 대통령이 당선 직후 조직한 대통령인수위원회는 아젠다 설정과 집행의 준비에서 실패한 인수위원회였다. 당시 인수위원회는 많은 정책들을 만들었지만 현실과 동떨어진 과제가 많았고 국민들에게 장기적인 비전과 전망을 보여주지 못했다. 그 이유 가운데 하나는 인수위원회에 참여하는 인물선정에 대한 체계적인 시스템이나 객관적인 기준이 부족했고, 인수위원회에 부적합한 사람들이 인수위원회에 들어오게 되었고, 이로 인해 아젠다를 지탱해주고 아젠다를 잘 이해할 수 있는 인물이 부족했다는 데 있다. 이는 대통령 리더십의 중요한 요소 가운데 하나가 결여된 것을 의미한다(함성득, 2013: 196-213).

버넌스[21] 개념을 포섭하고 그것의 이면에 숨겨져 있는 통치의 성격, 본질, 양태, 역동성을 파악하기 위해 통치성의 개념이 요구된다. 이 말은 기존의 거버넌스 개념과는 차별적으로 통치, 통치성의 문제를 바라보아야 한다는 것이다. 사회적 갈등과 대립을 완화할 사회정책을 개발하고 사회 성원들의 지지를 확대하며 민주적인 참여를 보장하는 의미의 거버넌스 개념으로는 국가권력의 속성과 그 본질적 의미, 국가관리의 이면에 담겨져 있는 모습 등을 총체적으로 밝히기에는 미흡한 면이 있다. 왜냐하면 국가권력과 관련된 국가관리, 통치의 모습 속에는 갈등의 발생, 전개, 해소, 결과 등 역동적인 측면이 담겨 있고 정치권력은 단순히 정치영역에만 행사되는 것이 아니기 때문이다. 민주주의와 권력분산, 참여 등을 담고 있는 거버넌스조차도 통치의 한 모습이자 통치성이 의도하는 권력유지를 위한 하나의 전략일지도 모르기 때문이다.

따라서 정치사회를 보다 거시적이고 역사적인 맥락 속에서 권력구조의 형성, 권력관계의 역사적 과정, 지배와 통치(government)의 역동적이고 복합적인 측면을 이해할 필요가 있다. 왜냐하면 이러한 측면들에 대한 이해를 통해 정치사회를 분석할 때 제도적이고 표면적인 분석 속에서 그 사회의 의미와 함의를 분석하는 것을 넘어설 수 있기 때문이다. 현대사회의 복합적인 권력구조의 본질과 통치의 복잡성, 그리고 국가라는 거시적 구조의 이해

---

21) 통치의 개념을 현대 사회과학에서는 일반적으로 거버넌스의 개념으로 설명한다. 거버넌스는 통치행위나 방식, 혹은 통치기구나 기능을 의미한다. '통치한다'는 문제는 권위를 가지고 지배하거나 통제(control)하는 것이다(Kjær, 2007: 13). 거버넌스는 일반적으로 새로운 것, 개혁적인 것을 의미하는 것으로 사용되고 있고 때로는 효율적이며 민주적이고 투명한 정부를 실현할 수 있는 중요한 방법으로 인식되기도 한다(이명석, 2006: 37). 거버넌스는 공동의 문제에 직면한 행위자들의 관계 및 그들의 의무사항, 권한, 책임 정도 등을 의미하며 공동의 문제를 함께 해결하기를 원하는 행위자들의 권리, 의무를 규정하는 방법을 말한다. 여기에서 중요한 것은 권리와 의무, 그리고 공공 문제의 해결방법이라는 것이다. 일반적으로 요즘에는 이것들을 기초로 하여 거버넌스 개념이 정의되고 있다(이명석, 2006: 45). 즉 거버넌스는 정부의 권위주의적인 개입이나 간섭, 규제에 의존하지 않고 다양한 사회주체들이 자발적인 협력에 의해 공공 문제를 자율적으로 해결할 수 있는 환경을 말한다. 거버넌스는 정부가 정책을 집행하고 수립할 수 있는 능력, 즉 사회를 조종하는 능력으로 정의된다(Kjær, 2007: 22).

등을 위해서는 새로운 개념을 끌어들일 필요가 있다. 통치의 문제를 연구할 때는 통치의 주체가 되는 권력이나 기관, 이들이 사용하는 지식이나 기술형태, 누가 통치대상이며 이들이 어떻게 정의되고 그 통치의 결과가 무엇이며 효과가 어떤지 등을 파악해야 한다. 그리고 어떻게 우리가 통치하며 어떻게 통치를 받고 국가의 통치와 타자의 통치, 우리 자신의 통치 사이의 관계 등을 질문해야 한다(Dean, 1999: 2).

이러한 문제의식은 국가에 대해 다음과 같이 이해할 것을 요구한다. 첫째, 주권을 가진 국가는 누가 권력을 가지고 있으며, 어떻게 권력 소유자가 정당화되며 무엇이 권력을 가지고 있는가 하는 점에 관심을 갖는다. 둘째, 국가의 이미지는 어떻게 피지배세력이 그 권력에 복종하는가 하는 점을 제기하며, 이것은 정당성, 동의, 이데올로기의 문제 속에 반영되어 있다. 셋째, 국가의 이미지를 수사적이고 정서적 이미지로 그리는 홉스 식의 개념이나 정치경제학의 입장에서 국가를 설명하는 마르크스(K. Marx)의 입장이 아니라 정치행위를 위한 특권화된 목표로서 국가나 통치 문제가 중요하다(Foucault, 1998: 62). 이러한 문제의식 속에서 국가를 이해할 때 권력, 통치, 나아가서는 정치사회에 대해 각각의 개념이 서로 어떻게 연결되어 있고, 왜 그러한 기존의 개념들이 재구성되어 서로 유기적으로 결합될 필요가 있는지를 이해할 수 있을 것이다.

통치성 개념은 기존의 권력과 지배의 분석에서 보여주는 내용과는 달리 어떠한 구체적인 모습과 수단을 통하여 국가 속에서 이론적 기반과 담론구조를 통해 어떠한 객관적 진리의 이름으로 경제 문제, 시장 문제에 개입하여 통치가 이루어지는지 파악하는 데 유용한 것이다(이문수, 2009: 77). 이렇게 볼 때 복지국가는 결국 법적 주체에게 행사되는 정치권력과 각 개인에게 행사되는 목자권력이 결합된 형태이다. 도시-시민 게임과 목자-양떼 게임을 합쳐서 나타난 근대국가 이후 그것이 더욱 정밀하게 결합된 것이 복지국가이다.

따라서 복지국가는 통치대상들에 대한 개인화와 전체주의화의 형태를 취하며 그것은 근대국가의 정치적 합리성에 기초한 것이다(Foucault, 2010).

복지국가는 목자-양떼의 예에서 보듯이 개별화된 지식을 활용해 개별화된 돌봄을 수행하여 개인들의 복종을 이끌어내는 통치이다. 이 개별화된 돌봄은 국가가 제공하는 지식과 규율에 대한 내면화를 요구하고, 이는 국가의 통치 테크닉이 된다(정태석, 2016: 259).

이러한 통치의 임무는 사회를 조직하고 그들이 행정조직이라고 부르는 것을 실시해 시장의 취약한 경쟁 메커니즘이 그 자신의 구조에 따라 작동하도록 하는 데 있다. 사회정책은 시장의 구축을 지향하도록 만들어진 정책이다. 결국 신자유주의에서는 경제와 시장의 관점에서 통치행위를 측정하는 경제법원이 들어서게 된다. 인간은 호모 에코노미쿠스[22]가 되며 방임의 주체 혹은 대상이 된다. 이들은 방임을 규칙으로 삼는 통치의 상대이다(Foucault, 2012: 372). 푸코는 이 때문에 경제의 특수성을 존중하는 통치가 시민사회를 운영하고 국민을 관리하며 사회를 관리하고 사회적인 것을 관리한다고 말한 것이다. 사회적인 것은 경제와 사회 간의 불일치 위에서 작동하는 통치행위의 공간이다. 19세기 프랑스의 연대주의에서 부각된 사회적인 것에 대한 관심은 산업화된 시장경제를 사회적으로 가능하게 하는 것이며 안전장치의 핵심이었다. 따라서 통치의 핵심은 시장경제에 있고, 시장경제는 모든 통치적 행위를 규정해주는 규칙을 그 아래 위치시켜야 한다. 시장 때문에 통치해야 하는 것이 아니라 시장을 위해 통치해야 하는 것이다(Foucault, 2012: 188).

그렇다면 통치성 개념을 통해 어떻게 통치 및 국정운영, 국가관리 문제를 바라볼 것인가에 대한 질문을 던질 필요가 있다. 통치성은 국가관리만을 의미하는 것이 아니라 개인이나 집단들 행위의 가이드 역할을 한다. 통치는

22) 에코노미와 유사한 단어로 오이코노미아(oikonomia)가 있다. 이 단어는 oikos(가정)와 nomos(관리하기)가 결합된 말이다. 말 그대로 가정관리술이 오이코노미아이다. 중세 이후 이 말은 가족을 넘어 만인의 영혼을 구원하는 것으로 범위가 확대되었다. 에코노미가 국가적·국제적 차원으로 확대된 것은 18세이다. 즉, 가정의 통치가 국가의 관리에 적용될 수 있는가 하는 문제가 논의되기 시작되었고, 경제와 통치에 대한 문제의식이 발생하기 시작했다(강미라, 2013: 96-97).

단순히 리더십이 행사되는 과정만이 아니라 국가의 성원들, 그들의 삶, 물질적인 것들을 관리하고 전체를 조절하는 기제다. 이때 정치권력은 통치성이라는 개념 속에서, 그리고 통치장치에 의해 실행된다. 그렇기 때문에 리더십 개념은 다양한 사회구조 속에서 권위를 가진 주체들이 어떻게 사회적 관계를 형성하고 행위자(주체)들이 사회적 상호작용 속에서 지배적 구조를 형성하게 되는가를 추적할 수 있는 개념으로 확대되어야 한다.

또한 사회적 갈등과 대립을 완화할 사회정책을 개발하고 사회 성원들의 지지를 확대하며 민주적인 참여를 보장하는 의미의 거버넌스 개념으로는 국가권력의 속성과 그 본질적 의미, 국가관리의 이면에 담겨져 있는 모습 등을 총체적으로 밝히기에는 미흡한 면이 있다. 왜냐하면 앞서 밝혔듯이 국가권력과 관련된 국가관리, 통치의 모습 속에는 갈등의 발생, 전개, 해소, 결과 등 역동적인 측면이 담겨 있고 정치권력은 단순히 정치영역에만 행사되는 것이 아니기 때문이다. 따라서 사회영역 모든 곳에 작동하는 정치권력의 모습을 입체적으로 분석하기 위해서는 거버넌스, 리더십의 개념을 넘어선 통치성의 개념이 적합할 것이다.

2. 통치성 개념의 의미

푸코가 말하는 통치성 개념은 사물을 다스리는 것인데, 이것은 사람들이 부, 자원, 생존수단, 영토, 기후 등과 같은 사물들과 복잡한 관계를 맺고 있음을 보여준다. 통치성은 권력이 주요 과녁으로 인구를 주요 앎의 형식으로서, 정치경제학을 주요 기술도구로서, 안전장치[23]를 가지는 특수한 형식을

23) 안전장치는 인공과 자연이 결합된 새로운 자연을 자유라는 이름으로 조절하는 장치를 말한다. 안전은 정치의 방식이자 실천의 원칙이며 허용된 행위와 금지된 행위 간의 이분법적 구분에 근거하기보다는 허용 범위 내에서 최적 평균에 근거해 움직인다. 주권이 영토라는 공간을 대상으로 삼고 규율이 개인의 신체에 초점을 맞춘다면 안전은 인구 전체를 대상으로 삼는다(Gordon, 2014: 43).

실행하게 하는 제도, 절차, 분석과 반성, 계산과 전술로 구성되는 집합이다(이정희, 2011: 61). 통치성은 사물과 개인에 직접 개입하지는 않는다. 그 대신 통치성은 사법적·규율적 장치들을 만든다. 사법과 규율의 장치들은 허가와 금지라는 이항분할, 금지된 행동과 그에 대한 처벌을 계산하고 기술하는 기술이다. 마찬가지로 통치성은 진실을 직접 관할하고 규정하지 않으며 법권리를 통해 진실을 구성하고 나아가 정치권력을 제한하는 법권리의 작동과 행사를 요구한다(이동연, 2014: 42).

푸코의 주된 관심사는 서구 근대국가의 발전과정, 특히 19세기 이후의 통치 변화과정에 있다. 서구의 경우 19세기에 들어오게 되면 신체에 대한 규율 메커니즘과 함께 생명, 인구에 대한 조절 메커니즘이 활성화되었다. 그럼으로써 과거의 군주권력의 전횡적 요소는 사라지고 자유주의와 민주주의가 도입되었고, 국가의 권력은 민주화되면서 훈육적 권력이 가지는 속성, 권력의 횡포를 드러내지 않고 보다 큰 효과를 발휘하는 세련된 권력기술로 권력의 행사방법이 바뀌게 되었다(Foucault, 1991: 137). 푸코는 이를 '규범화의 사회'라고 표현한다. 18세기 들어 생명은 점차적으로 국가의 관리대상이 되었다. 정치권력은 인구증가, 출생률, 사망률, 수명을 통계처리하고 인구에 개입하여 조절하였다. 18세기 생명에 대한 권력은 인간 종으로서의 육체에 관심을 가졌다. 질병, 노화, 신체적 비정상은 중요한 사회 문제가 되고 보험, 저축, 사회보장제도 등 합리적인 메커니즘이 나타나기 시작하였다. 이때 생명관리권력은 인간의 생물학적인 요소를 정치, 정치전략, 권력의 일반 전략 내부로 끌어들이는 메커니즘의 총체가 된다(강선형, 2014: 131).

푸코는 사회를 안전하기 지키기 위해 통계학이 필요하다고 보았다. 통계학은 국가의 필수적인 역량을 판단하고 객관화하기 위해 필요한 것이며, 국가가 필요로 하는 지식은 법에 대한 지식보다 사물들의 지식, 나아가서 국가의 상이한 요소와 차원 및 강국의 요건들과 관련이 있는 지식이다. 이에 따라 국가는 점진적으로 개인의 생명에 관여하기 시작한다(신충식, 2010: 14).

이러한 것들이 바로 생명정치, 생명권력이다. 생명권력은 국가장치와 제도, 정책의 발현을 분석하며 개인이 아니라 인구를 대상으로 능동적 참여와 자율적 관리의 기제를 통해 생명보존과 증진을 목적으로 한다(은재호, 2011: 25; Dean, 2007: 99). 생명권력은 개별신체를 훈육하는 것과 인구를 규제적으로 통제하는 양식으로 구성되어 있다. 푸코는 후자를 안전의 기술로 부른다. 이때 자유주의는 정치 이데올로기나 경제논리가 아니라 인간을 통치하는 특수한 기술이 된다. 생명정치는 자유주의 통치를 특징짓는 독특하고 역동적인 조합이다. 또한 생명정치는 삶과 죽음의 문제, 출산의 문제, 건강과 질병의 문제, 육체와 정신의 문제, 그리고 인구 전체의 삶의 최적화를 지연하거나 지속하는 과정 등에 관심을 갖는다. 생명정치는 정치경제, 통계학과 같은 지식체계로서 인구의 구성과 함께 출현하였고 건강, 복지의 관리기술 규제와 행위의 영역과 함께 출현하였다. 즉 국가의 통치화(governmentalisation of the State), 혹은 통치성의 시대가 열린 것이다(Dean, 2007: 94).

이때부터 권력은 '살게 내버려두고 죽게 만드는 것'이 아니라 '살게 만들고 죽게 내버려두는' 것에 목표를 두었다. 19세기에 이르러 근대국가는 규율의 기술, 조절의 기술 등 이중의 작용을 통해 유기체에서 생명현상까지, 즉 육체에서 인구에 이르기까지 권력이 모든 공간을 뒤덮게 되었다는 사실을 보여주었다(Foucault, 2012: 297). 푸코는 생명정치가 근대사회 인종주의의 등장에서 생명정치 기제라는 중요한 역할을 하였다고 보았다. 그것은 자유주의 정치질서에서 사회규제와 개인들의 자율적 통치와 함께 출현한 것이다.

인종주의는 이데올로기적 구성물도 아니고 예외적인 상황도 아니며 사회적 위기의 반응도 아니다. 그보다는 사회적 신체의 제거라는 생명정치적 사상에 의해 촉발된 사회에서 발견되는 것이다(Lemke, 2011). 바로 생명정치의 탄생은 자유주의 통치의 출현과 연관되어 있다. 인종주의는 살아야 할 자와 죽어야 할 자를 나누는 구분이며, '네가 살고 싶다면 타인을 살해해야만 한다'라는 관계를 새로운 방식으로 기능시키고 작동시키는 것이다. '열등한 종이 사라질수록, 비정상적 개인들이 제거될수록, 종으로서의 나는 더 살 것이며 더 강해질 것이고 더 번식할 수 있을 것이다'라는 의미를 인종주의는 가지고 있다(Foucault, 2015: 305).

푸코는 이 때문에 자유주의를 경제이론이나 정치 이데올로기로 보지 않고 인간을 통치하는 특정한 기술로 보았다. 자유주의 질서는 자율성, 자유에 기초하며 이 개념들은 자기규제와 자기보존이라는 생물학적 개념과 밀접한 관계에 있다. 자유주의에 바탕을 둔 근대국가는 사회적·경제적·생물학적 과정 등을 통해 통치를 충족시킨다. 이를 통해 생명정치와 국가의 통치화가 발전된다(Dean, 2007: 96). 이때 주체는 사회적·생물학적·경제적 형식 속에서 드러나게 된다. 이제 주권은 안전과 보호라는 문제에 관심을 기울이게 된다.

푸코가 말하는 자유주의는 폭 넓은 의미를 가지고 있다. 그는 자유주의를 통치의 제한이 어딘가에 있어야 한다는 원리의 용인, 통치행위의 형태와 영역을 최대한 제한하려는 해결책 등의 의미를 갖는다(Foucault, 2012: 48). 이러한 자유주의의 의미 속에서 푸코는 서구근대성의 핵심인 이중체로서의 개인의 탄생과 이 개인들의 집합을 다시 추상화시킨 인구라는 개념, 그리고 이들 사이의 관계를 개념화할 수 있는 새로운 정치적 기제인 통치성이 필요했다(오경환, 2009: 151).

따라서 자유주의는 이론이나 이데올로기가 아니라 새로운 통치실천의 탄생을 말한다. 국가는 단순히 성원들을 보호하는 역할에만 머물지 않고 개인의 삶 전체를 관리하기 시작하였다. 자유주의 통치는 개인의 이익, 상이한 이익들이 서로 대립하거나 분열되는 것이 전체의 이익에 위험이 되지 않을 수단을 결정하는 일이다(홍태영, 2012). 이러한 자유는 경제를 활성화하는 힘이며 자유주의 통치는 경제적 통치를 의미한다(Lemke, 2012: 34). 그 원칙에 준하여 효율적·능률적으로 국가가 작동하고 현실에 비추어 통치를 개선하는 것이 자유주의하의 국가의 모습이다. 이러한 의미에서 푸코는 경제가 징표를 생산하며 그것은 권력의 구조, 권력 메커니즘, 권력 정당화를 기능하게 만들어주는 정치적 징표를 생산한다고 말한다. 경제적으로 자유로운 시장이 정치적 관계를 정치적으로 연결한다. 이때 국가는 자신의 법, 자신의 현실적 기초를 경제적 자유의 존재와 실천 속에서 재발견한다(Foucault, 2012: 131).

통치이성을 통해 인구 전체는 단순히 관리되는 것만은 아니다. 개별적 주체들인 인간들은 스스로를 만들어 나가고 계발하며 관리하는 자기배려를 하게 된다. 그 배려는 권력의 범주 속에 포함된 배려이며 권력의 목적과 그 범위를 벗어나지 않는다. 현대사회에서 자기계발은 자기의 테크놀로지를 통해 존재하며 자신을 변화시키고 계발해야 할 대상으로서 자아를 규정하고 고정시키는 실천과 함께 그것에 작용해 변화를 꾀하고 성공과 성장을 끌어낼 수 있도록 하는 다양한 테크놀로지를 포함한다(서동진, 2009a: 81).[24] 여기서 개인은 자기에게 주의를 기울이고 해독하며 인식하고 스스로를 욕망의 주체라고 고백하는 자이다. 이는 주체로서의 영혼이며 타자와 맺는 배려의 관계로만 존재하는 행위 안에 있다. 소크라테스는 영혼의 배려가 개인의 책임이며, 어떤 인간이 되는가는 영혼에 대한 배려에 의해 결정된다고 보았다. 이 개인이 바로 자신이 믿는 바를 말하는 파레시아스테스이다(나카야마 겐, 2016: 65-153).

푸코는 이것을 다음과 같이 설명한다. "개인이 스스로 이러한 실천을 만들어내는 것은 아닙니다. 그것은 그가 자신의 문화 속에서 발견한 양식이며 그의 문화, 그의 사회, 그가 속한 사회적 집단들이 그에게 제의하고 부과한 양식들입니다"(Foucault, 1994: 113).[25] 이때 푸코의 투쟁전략은 자기배려와 자기의 테크놀로지 개념의 발전과 함께 제시된다. 그는 살 권리, 자유로울 권리, 박해받지 않을 권리, 통치들에 대해 정당방위할 수 있는 권리를 투쟁전략으로 본다(양창렬, 2006: 252). 푸코는 이것을 반(反)규율적인 권

---

24) 이러한 테크놀로지는 현대사회에서 다양한 기술장치와 기법들을 포함한다. 이것들은 지식, 능력, 기술, 판단들 사이의 연계선을 결합시키며 행위를 형성하게 한다. 통치의 테크놀로지는 어떤 효과를 노리고 원하지 않은 사건들을 회피하도록 한다. 20세기 이후의 사회에서 나타난 테일러주의(Taylorism)도 그 하나의 예이다(Rose, 2008: 52-53).

25) 푸코는 이 지점에서 다음과 같은 질문을 던질 것을 요구한다. "점진적이고 현실적이며 물질적인 기반을 바탕으로 권력 주체의 정력과 물질성과 욕망과 사고가 어떻게 형성되는가가 중요하다는 것이지요. 즉 우리는 어떤 물질성의 기반 위에서 주체가 형성되는지를 찾아내야 합니다"(Foucault, 1991: 129).

리로 표현한다. 자신의 신체에 대한 자기통치능력을 발휘하는 것, 새로운 삶의 형식을 만들어 나가는 것이자 정상화된 규범들에 반대하는 것이다.

푸코는 권력은 장소화되지 않고 사람들 손 안에 있는 것도 아니고 전유되지 않으며 단지 기능한다고 보았다. 그는 권력은 그물망을 통해 행사되고 개인들은 권력의 중계항이라고 표현한다고 보았다(Fouault, 2015: 47). 푸코는 권력을 힘의 관계로 표현하며 더 나아가 모든 힘의 관계는 권력관계라고 보았다. 힘은 다른 힘이라는 대상만을 가지며 관계라는 존재만을 갖는다. 각각의 힘은 다른 힘들에 영향을 미치고 다시 다른 힘들에 의해서 영향을 받는 권력을 가진다(Deleuze, 1995: 111-113). 푸코는 권력을 다음과 같이 설명하기도 한다. "권력관계는 다른 유형의 관계들로 표면화되는 위치에 있는 것이 아니라 그것들에 내재하고 따라서 그러한 관계들에서 생기는 분할, 불평등, 불균형의 직접적 효과이며 거꾸로 이러한 차등화의 내적인 조건이다. 권력관계는 단순한 금지 또는 갱신의 역할을 지난 상부구조의 위치에 있는 것이 아니라 그것이 작용하는 거기에서 직접적으로 생산적인 역할을 한다"(Foucault, 1990: 108).[26]

권력은 다른 것에 의해 생산되는 것이 아니라 그 자체로 생산적인 역할을 한다. 푸코가 권력을 강조하는 것은 단순히 권력이 금지의 기능을 가지고 있기 때문이 아니라 권력의 효과를 가지고 있고 이를 사람들이 받아들이고 있기 때문이다.[27] 권력은 사물을 관통하고 생산하며 쾌락을 유도하고 지식

26) 이러한 의미에서 푸코의 권력개념은 특정 주체나 제도에 귀속되지 않으며 억압하거나 통제하는 권력이 아니라 의도를 가지고 매우 복잡한 전략적 계획하게 특정 주체를 생성하는 권력이다. 이를 '특정한 사회 속의 어떠한 전략적 상황'과 관련되어 있는 권력이라고 말한다. 권력은 위장을 통해 작동하며 어떤 이름으로 출현한다. 그렇기 때문에 권력은 스스로의 내부에 자신이 구속하는 어떤 역사적 운동을 지닌다. 즉, 권력은 운동이 된다(Butler, 2016: 75-76).

27) 진실은 권력관계와 순환적으로 연결되어 있고 진실은 권력 밖에 있는 것도 아니고 권력을 결여하고 있는 것도 아니다. 진실은 권력의 효과를 만들어낸다. 푸코는 진실은 하나의 진술이 만들어지고 분배되고 통용되며 작용하도록 만드는 질서화된 절차의 체계라고 보았다. 문제는 인간의 의식을 변화시키는 것이 아니라 진실을 생산해해는 정치적·경제적·제도적인 체제를 바꾸는 데 있다. 권력의 체계로부터 진실을

을 형성하며 담화를 만들어내는 기능을 하고 있다. 따라서 권력은 억압이라는 부정적인 기능을 넘어서 사회적 육체를 가로지르는 생산적 그물망으로 파악해야 한다(Foucault, 1991: 152). 그런데 권력이 존재하는 곳에서 바로 저항이 존재한다. 권력이 다양하고 도처에 편재하는 것처럼 저항도 권력망의 도처에 존재한다. 그렇다면 권력을 평가하는 것이 모든 문제해결의 열쇠가 아니라 권력은 자유와 해방의 조건이다. 즉, 해방은 단순히 지배나 구속 상태에서 벗어나는 것이 아니라 새로운 권력관계를 열어놓는 것을 의미한다(진태원, 2012: 169).

권력은 일정한 장소에 존재하는 어떤 것이 아니라 장소의 체계들을 변화시키는 힘들의 운동이자 효과이다. 그래서 푸코는 권력을 국가에 귀속시키는 견해에 반대한다. 권력은 국지적이면서 동시에 국지적이 아니며 전체적인 것도 아니며 분산적이다. 권력은 배제하고 억압하며 검열하고 은폐하는 것이 그 본질이 아니라 생산하는 것을 중요한 속성으로 한다. 그것은 현실적인 것을 생산하며 대상들의 영역과 진리의 의식들을 생산한다(Deleuze, 1995: 128). 권력은 고정된 것이 아니며 폐쇄된 체계도 아니다. 그것은 끝없이 열려 있는 전략적 게임이다. 권력은 단순히 이데올로기가 아니라 지식과 앎의 세계와 관련되어 있다. 권력은 앎의 형성과 축적의 도구, 관찰방법, 조사와 연구의 과정, 검사장치이다.

이후 푸코는 통치가 훈육권력, 생명정치[28]뿐만 아니라 영토에 대한 주권을 포함하여 근대국가의 형식에 어떻게 이러한 점들이 나타나는가를 분석한

해방시키는 것이 아니라 진실의 권력을 사회적·경제적·문화적 헤게모니로부터 분리해야 하는 과제가 중요한 것이다(Foucault, 1991: 165-167).

28) 니콜라스 로즈(Nikolas Rose)는 생명정치는 생명의 제조, 생명의 형성, 생명의 최적화와 같이 생명과학이 중요한 역할을 하는 것이며, 이에 대항하여 생물학적 시민권이 중요함을 강조하고 있다(김환석, 2014). 반면 아감벤에 있어 생명정치는 죽음의 정치였다. 그는 생명의 규범화, 표준화를 중요하게 보지 않았고 경계를 설정하는 주권의 정치, 즉 죽음의 정치를 중시하였다. 아감벤은 생명정치가 생명의 정치경제 문제라는 점을 간과했고, 법 밖에서 작동하는 생명정치의 메커니즘을 분석하지 못했다는 비판을 받았다(Lemke, 2011: 60-61).

다(Jessop, 2011: 63). 통치성의 시대로 접어들면서 이전의 권력행사양식인 주권과 훈육이 사라지는 것은 아니었다. 권력은 소유되지 않으며 행사되고 권력관계는 외부에 있지 않고 의도적이며 계산을 통해 스며든다(Lynch, 2011: 23). 인구관리와 관련된 과학과 기술인 생명정치는 정당화되고 안전화는 근대국가의 요구로부터 나타났다. 생명정치의 탄생은 자유주의 통치방식의 등장과 밀접한 연관성이 있고 자유주의는 인간을 통치하는 특수한 기술이 된다(Lemke, 2011: 45).

이때 규율의 테크놀로지가 작동한다. 규율적 테크닉은 개체화의 효과를 산출하고 유순해야 할 힘들의 온상으로 신체를 조작한다. 인구라는 집단 속에 산출될 수 있는 우연한 사건들을 통제하는 것이 이 테크닉이다(Foucault, 2015: 298). 19세기 이후 새로운 지식구성과 제도분화로써 생명권력이 확장되기 시작하였다. 예를 들어 의료통치의 권력은 국가기구 내의 사적 전문가들과 자아의 기술들을 발전시켰고, 클리닉은 질병을 이해하고 연구할 때 중요한 요소였으며, 위생학은 육체의 내부에 있는 것을 통해 질병으로 전파되는 것과 싸우는 것으로 이해되었다. 마찬가지로 공공보건정책도 그러한 역할을 수행하였다(Nadesan, 2008: 98-100). 생명정치는 기술적·사회적·과학적·의료적 혁신들이 생명에 대한 정치적 통제를 가능하게 하는 환경들을 만들어주었다. 개인이 아닌 인구가 생물학적 실체로 존재하고 위험과 위해를 예방하는 안전의 기술이 나타나고 여기에서는 조절과 통제가 수단으로 이용된다(김환석, 2014: 58).[29]

---

29) 최근 보수주의자들은 건강제도가 낳은 생명정치를 이용하여 훈육적·도덕적·정상적 틀 내에서 도덕위기와 병리학을 설명하면서 여성의 성을 규제하고자 한다. 절제와 이성애, 기독교의 영감 등을 매우 중요한 생명정치의 요소로 본다. 이들은 가부장적 가족이 건강발전을 위해 매우 중요한 장소임을 주장한다(Nadesan, 2008: 113-114). 20세기 이후 생명정치권력은 위생학 기술을 통해 인구건강을 공학적으로 관리하고자 한다. 생명권력의 한 극단은 육체의 해부학적 정치에 초점을 맞추고 그 힘을 극대화하며 효율적 시스템 속에 통합한다. 또 하나의 극단은 인구의 생명정치이며 삶의 기제를 받아들이는 육체, 즉 질병, 사망력, 기대수명의 기제를 받아들이고 있는 육체에 초점을 맞춘다(Rose, 2007: 53). 우생학은 생명정치 전략의 기획이 되었고 국가는 건강 거버넌스의 제도화된 정책을 추진할 수 있게 되었다.

국가의 힘을 구성하는 요소는 인간이고 인간의 활동인데 통계학을 통해 폴리스(police) 국가가 겨냥하는 것은 국가와 관련 있는 인간 활동이었다(이정희, 2011: 74). 폴리스는 단순한 제도를 말하는 것이 아니라 질서, 부, 건강상태 등의 유지조건을 보장하고 최적화하는 기제의 총체를 의미한다. 근대국가는 전체 인구를 최적화된 노동기계로 양육하고 관리하기 위해서는 질병, 범죄, 사고로부터 인구를 안전하게 보호해야 할 수단이 필요하였다. 출생과 사망의 비율, 재생산의 비율, 인구의 생식력 등이 통계수치로 축적되고 출산율, 사망률, 평균수명 등이 계량화·도표화되었다(최진호, 2007: 305; 은재호, 2011: 19). 복지국가에서는 복지수혜자에 대해 통계학, 회계학, 비용편익분석 등이 활용되었고 이러한 합리성은 낭비, 사기, 과실의 관점에서 수급자들의 시민성을 통치하였다. 통계학을 통해 숫자화된 복지내용들은 수급자들을 통제했고, 이것은 새로운 감시기법을 통한 원격적 통치였다(Cruikshank, 2014: 307-317).

푸코는 서구국가가 18세기 이후에는 통치/인구/정치경제가 삼각편대를 구성하는 방식으로 움직여왔다고 주장한다. 18세기에 접어들면서 국가는 자유주의의 외연을 띠면서 인구현상을 다루는 통치성(governmentality)을 개발한다.[30] 자유방임을 통한 통치는 이해관계의 통치이다. 자유방임은 인구의 일부이자 특수한 개인적 이해관계의 주체들인 개인의 품행에 의존하는 통치이다(Burchell, 2014: 193). 품행(conduite)은 인도하는 행위와 인도되는 행위 그리고 인도받으면서 처신하는 상태이다. 이러한 품행에 맞서 저항하고 거부하는 것을 대항품행[31]이라고 한다. 이것은 타인을 인도하기 위해

30) 푸코는 통치 실천의 문제는 자원이나 인구, 경제 등 통치성의 목표, 대상에 따라 설정되어야 할 적절한 제한들로서 한정될 수 있다고 보고 통치의 실천은 통치가 관여하여 무용하게 되는 것을 추출하는 것이며, 통치권한의 제한은 통치개입의 경계를 통해 규정된다고 보았다(Foucault, 2012: 72).

31) 대항품행의 예로 탈영, 비밀결사 조직, 의학 등이 있다. 대항품행은 5가지의 형태가 있다. 먼저, 사막에서 홀로 은둔하는 수덕주의이다. 이에 맞서 사목의 실천인 수도원 생활이 등장했다. 두 번째는, 일반적 교회와는 다른 공동체이다. 사제의 권위 부정, 사제와 평신도의 이항대립의 부정이다. 세 번째는, 신비주의이다. 신비주의는 신이

〈표 16〉 삶의 형식과 주체 형식

삶의 형식	주체 형식	
	개인	집단
육체적 존재	육체의 기술들	인구의 기술들
도덕적·정치적 존재	자아의 기술들	사회적인 것의 기술들

작동되는 절차에 저항하는 투쟁을 말한다. 그렇기 때문에 푸코는 인구의 일부인 생명이자 사회의 구성원으로 인간이 이해관계를 추구하는 경제 행위자로 대상화되면서 어떻게 통치 가능한 존재로 구성되는가를 연구하고 있는 것이다.

푸코의 통치에 대한 분석은 자유주의 통치실천의 정치적 문제들을 설명하고 도덕적·정치적 존재양식과 주체화과정의 검토를 생물학적 분석과 연결시킨다. 〈표 16〉은 그 기술들을 보여주는 표이다(Lemke, 2011: 175).

푸코가 말하는 통치는 일종의 'conduct of conduct(행실에 대한 통솔)'이며 인간행동을 지도하고 숙고하려는 시도와 관련되어 있다. 인간행동은 특정한 목적을 위해 계산되고 규제되며 형성될 수 있는 어떤 것으로 파악해야 한다(Dean, 1999: 11; Rose, 1999: 19). 통치는 통치의 실천들뿐만 아니라 자아의 실천 문제에도 관심을 갖는다. 푸코가 통치성 개념을 제기한 것은 권력연구를 국가관리학과 같은 국정에 관한 기술로 설명하기 위해서이다. 권력관계는 의도적이거나 주관적이지 않으며 권력은 한 개인의 선택이나 결정에 의해서 획득되지 않는다. 권력은 통치성이라는 개념 속에서, 그리고 통치장치에 의해 실행된다. 그렇기 때문에 권력은 국가 안에서, 즉 주권이론

영혼에게 직접 계시로 가르침을 준다고 본다. 여기에서는 위계적인 것도 없고 목자도 없다. 네 번째는, 성서와 관련된 것이다. 성서로 돌아가기를 주장하여 사목과 맞서게 된다. 다섯 번째는, 종말론적 신앙이다. 성령이 현세대 도래한다는 믿음은 신이 직접 무리를 돌보게 될 것이라고 본다. 여기에서 목자는 길을 잃게 될 것이다. 즉 사목권력은 도전을 받게 된다(강미라, 2013: 106-108).

에 입각한 권력통일에서부터만 수립되고 기능한다(Foucault, 1998: 62).

푸코는 통치행위가 국가수반의 개인적인 경륜과 기술에 관한 문제가 아니라 지식과 권력에 관한 것이며, 이러한 두 힘들이 통치장치들에 의해 실행되고 있음을 지적하였다. 따라서 정부의 역할과 기능은 주권이 아니라 목적-수단의 계산망으로 이루어져 있는 통치성에서 찾을 필요가 있다는 것이다(신충식, 2010). 권력관계는 의도적이거나 주관적이지 않으며 권력은 한 개인의 선택이나 결정에 의해서 획득되지 않는다. 권력은 통치성이라는 개념 속에서, 그리고 통치장치에 의해 실행된다. 이러한 통치성은 국가관리만을 의미하는 것이 아니라 개인이나 집단들의 행동지침이 주어지는 방식을 포함하며 일종의 행위의 가이드 역할을 한다(신충식, 2010: 10).

푸코가 통치성 개념을 끌어들인 것은 자기의 기술과 권력의 기제 사이의 관계, 즉 독립적인 개인과 그 개인에게 작용하는 권력의 기제가 만나는 지점을 찾기 위한 것이다. 통치에서 인구의 중요성은 통치의 영역을 국가적이고 거시경제적인 차원으로 확장시킨다. 이때 시민사회는 초경제적인 것의 경제, 즉 사회적 통치를 가능하게 하는 시장의 형식적 경계들 사이에 걸쳐 있는 것이 된다(Gordon, 2014: 46).

국가의 통치화를 가능하게 하는 요소는 사목권력,[32] 외교군사기술, 치안이 있다. 사목권력은 고정적 영토에 행사되는 권력이 아니라 유동적 무리에게 행사되는 권력이다. 사목권력은 양떼와 한 마리 양을 모두 배려하며 무리를 벗어난 양을 찾아서 치료해준다. 양떼의 권력은 영토를 지배하는 권력

---

32) 'pastoral power'로 불리는 사목권력은 첫째, 내세에서의 개인의 구원을 보장하는 것을 궁극적 목적으로 하는 권력의 한 형식이며, 둘째, 명령을 내리는 권력의 한 형식이자 무리의 삶과 구원을 위해 기꺼이 자신을 희생하고자 하며, 셋째, 전체 공동체만을 돌보는 것이 아니라 개개인을 각별하게 그의 전 생애에 걸쳐 돌보아주는 권력의 한 형식이며, 넷째, 사람들 정신의 내면을 알지 못하고서 이들의 영혼을 탐구하지 않고서 사람들로 하여금 내밀한 비밀을 드러내도록 하지 않고서는 행사될 수 없는 것이다(Foucault, 1994: 94); 사목권력은 양떼와 양치기의 관계로써 양떼와 양치기의 근본적인 관계의 본질, 양떼들을 모으고 안내하는 양치기의 행위에 의한 양떼의 구성, 양치기의 개별화된 친절함이라는 모든 수단에 의한 구원, 양떼를 세밀히 알고 주저 없이 헌신한다는 양치기의 의무 등과 비유될 수 있다(Dean, 2007: 75).

이 아니라 주민을 지배하는 권력이며, 이동하는 무리로서의 개인과 관련된 권력이다(나카야마 겐, 2016: 256). 이렇듯 사목권력은 착한 일을 행하는 권력이다. 사목권력은 영혼의 통솔, 영혼의 통치이다(강미라, 2013). 치안기제는 사람과 물건을 순환시킴으로써 통치하며 '정상성'을 생산해낸다. 가령 물가조절이라는 통계표가 만들어지고 인구의 소비 형태를 조사하는 경제지표들이 탄생하는데 이것은 규범에서 정상성으로의 전환이다. 치안장치들은 국가가 인구를 안정적으로 포획하는 효과를 갖는 것이었고, 19세기 이후 산업화에 따른 도시 인구를 관리하는 중요한 권력기제였다(임동근, 2008: 22). 16세기 이후 서구에서는 개별화하는 사목적 통치를 국가의 작동과 결합시키는 것이 등장하였고, 국가의 구체적 현실을 통치대상으로 삼는 국가의 통치기획이 등장하였다(Burchell, 2014: 185).

푸코가 말하는 국가관리, 즉 'polis'는 영어의 'political governance'와 유사하지만 국가관리는 다른 의미를 갖는다. 폴리스는 인구와 힘의 집합—영토, 자연자원, 부, 상행위 등—을 다루며 상품순환을 다룬다. 푸코에 의하면 17~18세기 폴리스는 국가의 좋은 질서를 유지하면서도 국가의 힘이 성장할 수 있도록 하는 수단들의 집합이었다. 국가의 힘을 구성하는 요소는 인간이고 인간의 활동인데, 통계학을 통해 폴리스 국가가 겨냥하는 것은 국가와 관련 있는 인간활동이었다(이정희, 2011: 74).

푸코에게는 개인과 개인들의 집합인 인구라는 개념이 매우 핵심적인 연구개념이었고 이들 사이의 관계를 개념화할 수 있는 새로운 정치기제인 통치성 개념이 필요하였다. 통치성 개념을 통해 국가와 정치사회를 분석할 때 공적 영역, 사적 영역, 시민사회와 국가 사이의 경계를 규정하고, 국가기구와 정치제도의 내적 구조를 결정하는 정치전략효과와 도구로서 국가를 파악하게 된다. 이때 지배의 주체로서 국가는 통치기술들의 효과이며, 통치기술은 지배의 국가로 이끌 수 있는 권력관계의 체계화를 설명한다(Lemke, 2012: 20). 그렇기 때문에 국가는 안정적이고 고정화된 행위자가 아니며 다양한 지배기술을 표출하고 자신의 목적을 관철하기 위한 전략의 효과이다. 푸코는 자본주의 정치경제의 특징들과 함께 어떻게 경제와 국가가 점차적으로 일관되게 조직되는가를 보고자 하였다. 그는 훈육과 통치성에 대한 분석을 통해 경제적 착취와 정치지배가 함께 이루어지는가를 설명하고자 한 것이다(Jessop, 2008: 154). 푸코가 말한 것처럼 국가이성이 가진 목표, 즉 국가와 부의 증대를 사회와 그것의 경제적 진보라는 목표로 대체하여 표현하는 것이 통치성이다.[33] 이러할 때 통치성은 의미를 갖는다.

통치성은 권력이 인구를 통치대상으로서, 정치경제학[34]을 주요 기술도구로서, 안전장치를 특수한 형식을 실행하게 하는 것이다(이정희, 2011: 61). 정치경제학은 국가의 번영을 보증할 수 있는 통치이자 권력들의 조직화와 배분, 제한과 관련된 고찰이기도 하다(Foucault, 2012: 37). 정치경제학은 국가의 번영을 위한 통치의 모든 수단 이상의 의미를 갖는다. 정치경제학은 16세기 이래 서구사회에서 존재해온 국가이성(raison d'Etat)에 의해 통치되는 국가, 내치국가, 중상주의 국가 등에 대한 비판의 의미를 지닌다. 이것은 또한 자유주의의 탄생을 동시에 의미하기도 한다. 내치는 국가질서를 적절하게 유지하면서 국력을 최대한 늘리는 문제이다. 즉 내치는 국가이성을 따라 모든 자의적 개입을 작동시킬 수 있는 장치이자 신민에게 규율적 통제는 가하는 것이다(다카쿠와 가즈미, 2015: 67). 17, 18세기에 등장한 내치라는

33) 국가이성은 자연의 법칙과는 다른 합리성을 의미한다. 국가가 수립되고 국가를 유지하고 보존하는 합리성이 국가이성이다. 국가이성은 법에 종속되지 않고 법을 초월하여 존재한다. 국가이성은 법보다 위에 있는 이성의 법이다. 국가이성은 때로는 폭력적인 경우도 있다. 이러한 국가이성은 통치대상이 누구이며, 그들이 무엇을 해야 하는지 등을 알아야 한다. 국가이성은 자연, 신 등에 기초하지 않고 자율적으로 움직인다. 국가이성에는 영토, 도시, 인구 등이 포함된다.

34) 정치경제학은 중농주의 케네에 의해 등장하였으며 통치이성을 가능하게 만든 지식을 제공하였다고 푸코는 평가하였다. 정치경제학은 첫째, 국가경제를 다루며, 둘째, 국가이성과 그 정치적 자발성에 반대하는 것이 아니라 국가이성의 절대권력을 필요로 하며, 셋째, 통치행위 그 자체에 대해 사고하지만 그 기원을 묻지 않고 효과만을 관찰하며, 넷째, 통치 자신의 집행에 부합하는 특정 자연성만을 다루며, 다섯째, 통치행위를 정당/부당으로 나누는 것이 아니라 성공/실패로 해석한다(임동근, 2008: 16-17; Dean, 2007: 19). 특히 인구라는 개념이 정치경제학의 주요 주제가 되고 인구증가가 국가의 번영과 안전에 중요한 요소라는 사실은 중농주의의 신화를 계승한 것이라고 볼 수 있다.

말은 폴리스의 의미를 갖는다. 폴리스가 바로 국가질서를 유지하면서 국력을 증강할 수 있는 수단들의 총체를 의미하였다. 국력을 평가하고 늘리기 위해서 인구, 군대, 자원, 통산 등을 파악하기 위한 통계학이 발달하기 시작하였다. 내치의 대상으로는 인구의 수가 있다. 인구의 수는 영토, 자원, 부 등과 관련하여 적절하게 조절되어야 했다. 내치의 다른 대상은 생활필수품, 식량 등이 있다. 그다음으로는 직업활동과 음식을 먹고 생명을 유지하기 위한 보건의 문제가 있다. 여기에는 공중위생의 문제, 도시의 공간 문제도 포함된다. 마지막으로 내치의 대상으로는 생산물의 순환, 상품의 순환, 인구의 순환 등과 같은 순환의 문제이다. 결국 이러한 모든 내치의 대상들은 인간의 생존과 생활 전반과 관련된 것들이다. 오늘날로 말하면 인간의 삶을 질적으로 높이고 삶의 수준을 높이는 복지의 문제이다(강미라, 2013: 144-146).

통치성 개념은 자식의 형식들을 생산하고 개념을 만들어내며 사고의 유형들을 형성함으로써 진리의 정치로 어떻게 기능하는가를 보는 데 도움이 된다(Lemke, 2012: 82). 이 때문에 푸코는 이러한 문제의식을 가지고 어떻게 특정한 장소에서, 특정한 정치이슈와의 관계에서, 전문가들과 비평가들이 국가를 통치할 것인가 하는 문제를 성찰하는 데 관심을 가졌던 것이다. 통치는 억압하고 권력을 일방적으로 행사하는 것이 아니라 민주주의 제도 속에서 자율적으로 움직일 수 있는 주체들을 생산하는 것이다. 민주주의하에서 시민들은 권력의 구속으로부터 과거보다 벗어나 자율성을 획득하였고 직접적으로 통치에 참여하기도 한다. 시민의 참여영역은 더욱 확장되고 있고, 통치는 그 때문에 사회 전체로 확장되어야 할 필요성을 인지하게 되었다. 이러한 시민의 형성은 현대사회에서 새로운 테크놀로지를 요구하며 이것의 목표는 능동적이고 참여적인 시민을 만들어내는 데 있다. 여기에는 사회과학, 인문과학, 사회복지, 의료와 보건 등의 기술과 지식이 동원된다(Cruikshank, 2014).

푸코는 통치행위가 국가수반의 개인적인 경륜과 기술에 관한 문제가 아니라 지식과 권력에 관한 것이며, 이러한 두 힘들이 통치장치들에 의해 실행되고 있다고 보았다. 통치성 개념은 주권개념과 밀접한 연관성을 지니고 있다. 원래 주권이란 개념은 특정한 영토 내에서 폭력의 독점을 의미한다. 국가주권은 사회적·정치적·법적 제도들이 구축될 수 있으며 다양한 생명정치적·지정학적 권력과 전략들이 전개될 수 있는 공간을 열어두고 있다(Dean, 2007: 136). 주권은 반드시 법에 근거하는 것은 아니며 배타적으로 법적인 전술을 전개하기도 하고 국가의 주권성 이름으로 법을 중지시키기도 한다. 주권적 관계는 몸짓, 상징, 존경을 표시하는 상징, 휘장, 문장을 통해 재현되기도 한다. 이 관계의 유지를 위해서는 일정한 부가적 폭력, 위협이 필요하다. 이런 위협과 폭력은 주권적 관계 배후에 있으며 이 관계를 활성화시키고 그것을 유지케 해주는 것이 주권이다(Foucault, 2014: 76).

이때 주권성은 법을 철회시키고 중지시키는 권력을 말한다(Butler, 2008: 96). 주권성은 자기 지시성을 통해 법을 정당화하는 기초를 제공하며 주권성의 목적은 자신의 고유한 권력을 단언하는 데 있다.[35] 주권개념은 단순히 질서만을 의미하는 것은 아니며 그 이상을 의미한다. 또한 주권은 무질서의 상태도 내포한다. 영토 내의 주권은 최상의 권력으로서 유지되고 보호되며 상징화되고 의례화되어야 하는 것이다. 푸코는 주권개념을 정치적 구성요소인 포섭과 배제의 기제이며 법안에서 작용하기도 하고 밖에서 작용하는 것이며 법, 그리고 폭력으로 쌓여 있는 존재라고 보았다.[36] 생명과 죽음을 결정하는 권력으로서 주권권력은 다양한 주체에게 위임되며, 타자에 의해 부당하게 요구되기도 하며 어떤 영역 내에서 손상될 수도 있다(Dean, 2007: 157).

통치의 목적을 푸코는 국가가 관리하는 사물 내부에서 찾는다(Foucault,

35) 버틀러(Judith Butler)는 이러한 의미에서 미국의 9.11테러 이후 관타나모 수용소는 법을 국가의 도구성의 위치로 격하시키고 국가를 위해 법을 중지시키면서 모든 법에 대해 경멸을 보내는 것을 보여주고 있다고 비판한다(Butler, 2008: 122).

36) 이러한 폭력은 공식적으로는 질서유지와 평화를 위한 것이다. 현대사회에서 합법성을 재분배하는 행위로서의 질서유지는, 비합법적 강요를 제거하려는 투쟁인 동시에 유용하고 필요한 강요를 합법화하려는 노력이기도 하다. 질서가 주장하는 합법성의 근거가 취약하다면 질서라는 명분하에 자행되는 물리력은 폭력으로 간주될 것이다(Bauman, 2013(a): 345).

2011: 151). 즉 통치에 의해 인도되는 절차의 완성, 최적화, 강화에서 찾아야 한다는 것이다. 이제 통치의 도구는 법이 아니라 다양한 전술이 된다(Foucault, 2011: 151). 경제적 절차나 인구에 내재하는 과정인 자연적 현상의 안전을 확보하는 것을 본질적 기능으로 하는 국가의 개입, 이것이 바로 통치성의 근본 목표가 된다(Foucault, 2011: 478). 여기서 국가의 통치와 개인의 통치를 결합하는 의미에서 보면 통치성은 품행에 대한 인도로 규정된다. 이때 신자유주의 시대의 통치성은 인간들을 탈정치화시킨다. 이 탈정치화가 품행에 대한 인도의 한 예가 될 것이다. 그 품행은 정치적 저항의 약화, 무관심, 소외를 낳는다. 그런 의미에서 신자유주의는 반정치적 정치이다. 反정치적 정치는 의미 있는 사회변화나 변혁을 사고하지 못하게 만드는 것, 또는 그것을 위한 조건들 자체가 축소되는 것을 의미한다(진태원, 2012: 176).

3. 신자유주의와 통치성

신자유주의시대의 통치성은 시장경쟁의 원리에 맞추어 삶을 스스로 관리하는 자기관리의 주체를 만들어냈고 자기관리에 실패한 주체들을 사회로부터 배제한다. 시장은 경쟁을 만들어내며 경쟁은 개인들의 활동을 조절하고 나아가 사회를 조직화한다. 따라서 경쟁은 신자유주의시대에 사회의 중요한 통치원리가 되는 것이다. 이때 규율권력이 다양한 규율의 조직들을 통해 규범을 내면화하고 질서와 순응의 개념을 받아들이도록 한다면, 신자유주의 권력은 시장경쟁의 원리를 바탕으로 그 환경에 능동적으로 적응하게 하고 그것을 통해 자기관리 주체를 만들도록 한다. 규율권력은 담론의 바깥에서 출현하며 정치권력 등 각종 권력 일반이 최말단의 수준에서 신체에 닿아 파고들어 행동, 습관, 언행을 고려해 그 신체를 장악하는 특정한 양식이 된다(Foucault, 2014: 72).

규율권력은 사후에 개입하는 것이 아니라 사전에 개입하며 행위 자체 이전에 개입한다. 그 개입은 감시, 보상, 처벌, 압력 등을 이용한다. 규율권력은 예속된 신체를 만들어내고 주체-기능을 신체에 고정시켜 이를 벗어나지 못하게 한다. 이것은 신체의 단일성, 문서기록, 정상과 비정상의 구분 등으로 이루어진다(Foucault, 2014: 94). 규율권력과 함께 발전한 규범은 규칙들이 생산되는 방식을 의미한다(양창렬, 2006: 244). 즉 규범은 행동들이 규칙에 적합한 것인가를 판단하는 것을 말하며, 이것은 정상적인 것과 비정상적인 것들을 대립시키는 기준이 된다. 이것은 금지, 억압의 규범이 아니라 생산하는 권력이 된다. 이 생산하는 권력은 사회의 모든 규율체계로 확장되며, 특히 심리학적인 것의 기능은 규율체계의 관리가 되고 개인들을 개별화·정상화·예속화한다(Foucault, 2014: 135).

오늘날의 신자유주의 권력은 경직되고 거칠며 가혹한 권력질서가 아니다. 그것은 섬세하고 유연하다. 과거의 규율권력이 눈에 보였다면 신자유주의 권력은 가시권에서 사라진다(한병철, 2015: 28). 신자유주의 권력하에서 개인들은 억압 없이도 스스로가 권력관계에 포섭된다. 푸코는 규율권력에 대해 예속적 신체를 만들어내며 주체-기능을 신체에 고정시키는데 이것이 바로 규율권력의 근본적 속성이라고 보았다. 근대사회의 개인의 출현은 신체의 단일성이 규율 메커니즘을 통해 주체-기능을 갖추었기 때문에 가능한 것이었고 주체-기능이 신체 위에 고정되고 신체가 심리학화되어 규범화되었기 때문에 개인의 출현이 가능한 것이었다(Foucault, 2014: 94-95).

신자유주의 통치에서는 경제적인 것이 정치적 주권을 생산하고 경제가 국가정당성의 기초가 된다(사토 요시유키, 2014: 31). 어떻게 보면 신자유주의 통치성은 '통치 없는 통치,' 즉 개인들이 특정한 한 가지 사회적 규칙과 주체화 전략만을 선택하는 것이 아니라 다양한 규칙과 전략을 선택할 수 있도록 통치한다(김정한, 2014: 75). 마찬가지로 시장 문제에 대해서도 신자유주의는 시장경제의 메커니즘에 직접 개입하는 것이 아니라 시장의 규칙들, 제도들에 개입하여 경제과정을 조정한다(사토 요시유키, 2014: 41).

이에 따라 신자유주의 시대에는 기업의 인원감축을 통해 많은 잉여인간이 출현하게 된다. 잉여인간은 자신의 생존을 세계에 저당잡혀 있는 존재이다. 잉여인간은 생산영역에 참여하지 못하거나 정상적인 경제활동에 포섭되지 못한 주체들의 삶을 의미한다(김상민, 2013: 76). 그런데 잉여는 생산으로부터 배제되는 그 과정에서 잉여적으로 생산되며 세계화, 신자유주의의 흐름을 따르는 새로운 통치방식으로부터 스스로 잉여라고 호명하며 새로운 집단, 계급이지만 계급이 아닌 계급 외부에 존재한다. 그들의 삶의 불안정성은 더욱 높아지고 혹자들은 '불안정 무산계급'이라고 부르기도 한다. 특정한 집단이나 계급으로 환원될 수 없는 이들은 다중의 형태로 존재하기도 하지만 개별적으로 폐쇄적인 상태 속에 갇혀 있기도 한다.[37)]

이러한 현실은 〈표 17〉을 보면 자세히 알 수 있다. 한국은 OECD 국가들 가운데 남녀 간의 임금격차가 매우 큰 편으로 나타났다. OECD 국가 평균의 2배 이상의 임금격차를 보여주었다. 저임금 비율도 OECD 국가들 가운데 최하위권이었고, 1999년도에 비해 2012년도에는 저임금 비율이 더 증가했다. 이는 한국 사회가 서구국가에 비해 저임금 노동자가 점차적으로 증가하고 있고 남녀불평등, 소득불평등이 커지고 있음을 말해준다.

이들과 함께 부랑아, 노숙인도 잉여인간의 한 유형으로 분류하기도 한다. 과거에는 동정심과 연민에 바탕을 둔 지원 대상들이 이들이었다. 그러나 최근에 들어서는 잠재적 범죄자로 취급되기도 하고, 사회적 가치가 없고 사회

---

37) 한국 사회에서는 이러한 잉여인간들의 모습을 아르바이트로 생계를 유지하는 아르바이트 노동자에게서 볼 수 있다. 주휴수당, 야간수당, 휴게시간 등 권리를 누리지 못하고 최저시급보다 때로는 더 적은 임금을 받는 약 5백만의 아르바이트 노동자들은 노동자이면서도 노동자 밖에 존재하고 법적 권리의 보호에서 제외되는 대상들이다. 이들은 고용과 해고를 반복적으로 경험하며 저임금 일자리나 아르바이트 일자리가 아니면 소득도 올릴 수 없는 불안정한 노동자들이다(박정훈, 2014: 95). 이들의 임금상황을 맥도날드 빅맥가격과 비교하는 '빅맥지수'로 나타내면 한국의 경우 하위수준을 기록하고 있다. '최저임금 빅맥지수' 2013년도 조사에 의하면 오스트레일리아 0.3, 프랑스 0.4, 일본 0.5, 미국 0.6, 한국 0.7이었다. 2013년도에 최저임금 미만의 임금을 받는 노동자는 200만 명을 넘어서 전체 노동자의 약 12%를 차지하고 있었다. 여성 노동자의 경우 약 17%가 최저임금 미만자였고 남자 노동자의 경우 7.6%였다. 연령대별로 보면 10대 노동자의 경우 52.9%, 60대 이상의 노동자의 경우에는 43.8%가 최저임금 미만자였다. 즉 한국 사회에서는 여성이 남성들보다 열악한 임금을 받는 비율이 컸고, 연령대별로 보면 10대와 60대 이상의 세대에서 큰 비중을 차지하고 있었다(새로운사회를여는연구원, 2014: 93). 한국 사회에서 여성 노동자 중 저임금 노동자 비율은 41%를 넘어서 OECD 국가 중 최고치를 기록하였다.

〈표 17〉 OECD 국가들과 한국의 소득격차와 저임금의 비율

	상위 10%와 하위 10% 간의 소득배율		남녀 간 임금격차(%)		저임금의 비율(%)	
	1999	2012	1999	2012	1999	2012
오스트레일리아	3.00	3.38	14	14	14.3	18.9
캐나다	3.63	3.72	24	19	23.1	21.7
프랑스	3.10	2.97	9	14	·	·
독일	3.22	3.26	23	14	20.0	18.3
이탈리아	2.50	2.22	8	11	10.4	10.1
일본	2.97	2.99	35	27	14.6	14.3
한국	3.83	4.71	41	37	23.4	25.1
네덜란드	2.89	2.90	22	20	14.8	14.6
스페인	·	3.08	·	9	·	14.6
스웨덴	2.24	2.27	17	15	·	·
스위스	2.53	2.70	22	19	·	9.2
영국	3.44	3.55	25	18	20.1	20.5
미국	4.50	5.22	23	19	24.5	25.3
OECD	3.01	3.38	20	15	16.8	16.3

* 출처: OECD Employment Outlook 2013(2014)

적 부를 훼손하는 위험분자로 취급된다(정수남, 2014: 297). 이들에 대한 동정심과 불쌍함의 감정이 대중적으로 존재하기도 하지만, 잉여인간들의 일탈과 범죄 때문에 대중들은 공포감, 불안감을 갖게 된다. 즉 '감정적 분위기의 전환, 혐오-동정심에서 공포-적대감-무관심으로의 전환'이라는 배제정치가 활성화된다(정수남, 2014: 299). 이러한 배제정치에 기반한 신자유주의는 불특정 다수의 위험집단에 대한 배재, 격리에 초점을 맞춘다. 권력-앎의 연결, 포섭과 배제의 정치는 전 지구적 수준에서도 나타난다. 인종과 종교와 다른 집단을 배제하고 그들을 위험과 리스크의 대상으로 규정하며

이를 위해 다양한 앎의 지식이 동원된다(토사 히로유키, 2015).

과거 근대국가는 불안정성, 공포, 불확실성으로부터 시민들을 보호하고 안전을 지키는 것이 중요한 국가적 과제였다. 그러나 신자유주의 시대에는 시민보다는 시장을 보호하고 잉여인간을 줄이고 보호하는 것이 아니라 잉여인간을 만들어 나가게 되었다.[38] 이들 잉여인간의 패배는 당연한 일이고 마땅히 일어나는 일상적인 일들이다. 경쟁사회에서 탈락한 잉여들은 이 경쟁사회를 결코 벗어날 수 없다(최태섭, 2013: 21-22). 지나친 사회의 경쟁구도는 수많은 잉여인간을 산출한다. 경쟁구도 속에서 잉여인간으로 내몰린 사람들은 불안과 공포에 떨면서도 이것을 강요하는 보이지 않는 구조에 저항하지도 못한다. 또한 사회는 잉여인간들이 서로 경쟁자로 바라보게 함으로써 이들 간의 연대도 가로막는다(한길석, 2014).

바우만은 잉여인간을 인간쓰레기의 다른 이름이라고 말한다. 호모사케르와 달리 이들은 주권의 명령에 의해 법의 보호로부터 배제된 자들이 아니다. 오히려 경제발전에 따른 계획되지 않은 부수적 희생자들이다. 가령 경제적 이주자들이 바로 경제적 발전의 부산물인 것이다(Bauman, 2008: 80). 난민이나 게토지역의 이들은 포함과 배제의 논리에 따라 빅브라더의 감시에 놓이게 된다. 배제와 포섭의 논리는 세계화 현상과 함께 과거와는 다른 방식으로 더욱 강화되기도 한다. 영토적 경계의 의미가 실질적으로 느슨해지고 자유로운 이동이 보장됨에 따라 탈영역화의 움직임은 포섭과 배제의 폭력을 만들어내고, 보이지 않는 경계선은 더욱 폭력을 조장하게 된다(우에노

---

38) 경쟁에서 탈락한 이들은 잉여로 취급되고, 빈곤은 개인의 책임이 되며, 빈곤의 범죄화라는 말처럼 빈곤층은 사회적으로 위험한 존재로 규정된다(박영도, 2014). 미국의 경우 1990년대에 불심검문정책이 도입되면서 경찰이 누구든지 몸수색을 할 수 있게 하였다. 2011년 금융위기의 주범들이 한 명도 체포되지 않은 시점에서 뉴욕시에서 불심검문을 당한 사람은 68만 명이 넘었고 이 가운데 88%가 흑인이거나 남미계였다. 2008년도의 경우에는 뉴욕에서 중죄가 아닌 사건 11만 7천 건이 접수되었고, 이 피고인들 가운데 서약서를 쓰고 석방된 비율이 75%가 넘었다. 그러나 천 달러 미만의 보석금을 부과받은 피고인 1만 9천여 명은 보석금을 내지 못하고 구금상태에 있어야 했다(Taibbi, 2015: 174).

나리토시, 2014: 87).

신자유주의하에서 국가는 끊임없이 포섭과 배제의 논리를 작동시키며 탈영역화와 재영역화에 의해 일종의 잉여인간은 더욱 양산된다. 국가는 시장경쟁에서 야기되는 삶의 문제들을 철저하게 개인의 문제로 돌리게 되고 지구화와 함께 모든 경계가 느슨해지기보다는 보이지 않게 각 국가의 영역들은 요새화된다. 점차 쓰레기 인간들은 배제될 뿐이다. 현대국가는 쓰레기를 골라내고 처리하는 작업이 매우 중요하게 되었고, 쓰레기 처리장 역할을 충실히 수행할 것을 요구받고 있다. 질서와 무질서, 포함과 배제, 소속과 배제를 잘 관리하고 잉여인간, 즉 쓰레기라는 부산물을 처리하는 것이 국가의 최우선 과제가 되기도 하였다(Bauman, 2008: 69).

신자유주의는 체제에 순응하지 못하는 개인들을 사회경제질서에 대한 위협인자로 간주하여 극단적으로는 제거하기도 하며, 복지국가를 개인의 자유를 침해하는 질서로 비판하고 자유시장이 산출하는 자연적 질서를 깨는 괴물로 복지국가를 공격한다(박홍서, 2012: 67; 신동면, 2013).[39] 복지국가는 생존자체를 확보할 능력이 없는 자들을 처리하고 분리하며 배제하는 기관으로 불리기도 한다. 정상적인 것들을 보호하고 지키기 위해 배제되는 비정상적인 것들을 고립시키는 것이 복지국가라는 평가도 등장한다(Bauman, 2014(a): 68).

푸코의 주장처럼 국가는 통치대상에 대하여 상세한 앎을 갖게 되고 자신에 대한 앎을 가지면서 자신의 이해에 따라 법 등의 형태로 작용할 수 있게 된다. 법의 지배와 법치국가에 의해 통치행위는 경제, 시장 등에 규칙을 부과한다. 법의 지배는 개인들이 자신의 계획에 따라 자신들의 활동에 몰두하는 합리적인 틀을 만들어낸다. 국가, 혹은 공권력은 법률의 형태로써만 경제

---

39) 이러한 면에서 신자유주의는 일부 시민을 사회의 주변부로 몰아붙이면서 이들을 사실상 정치적 성원에서 배제하였다. 이때 자유주의는 자신을 구현하는 과정에서 자신의 토대인 정치적 자유를 지향하는 시민들을 끊임없이 비시민으로 재생산하는 역설적 과정에 직면하였다. 이것이 결국 자유주의의 정치적 토대를 상실시켰다(조희연·장훈교, 2013: 112).

질서에 개입한다. 이것은 현대사회의 모든 국가에서 나타나는 현상이다. 행정국가, 복지국가, 파시즘국가, 전체주의 국가 등 모든 것들은 연속성과 통일성을 가지고 뻗어나가는 동일한 나무, 즉 국가라는 큰 나무로부터 생겨난 작은 가지에 불과한 것이다(Foucault, 2012: 265).

통치성을 통한 정치와 민주주의의 이해

I. 신자유주의의 강화와 민주주의의 위기

신자유주의는 시장에 대해 무한한 신뢰를 보낸다. 시장이라는 공간이 단순히 경제 문제만 해결하는 것이 아니라 사회의 모든 문제를 해결할 수 있는 최선의 방법이라는 믿음을 가지고 있다. 이 때문에 푸코는 통치행위의 대상이 사회환경이며 통치는 시장이 제대로 기능하기를 끝없이 목표로 삼는다고 주장한다. 시장이 일반적인 조절 역할과 정치적 합리성 원칙의 역할을 하기 위해서는 시장이 제대로 작동해야 한다는 것이다. 신자유주의는 단순히 상품교환보다는 경쟁 메커니즘이 조절원리를 구성하는 사회를 지향한다. 상품효과에 종속된 사회가 아니라 경쟁의 역학에 종속된 사회가 바로 기업사회이고 이것이 바로 통치가 추구하는 사회이다(Foucault, 2012: 221-222).

신자유주의는 민영화, 규제완화, 개방, 자유화, 통화주의, 노동유연화 정책을 중시한다(유종일, 2009: 57). 신자유주의자들은 시장을 교환의 장소가 아니라 경쟁의 장소로 본다. 신자유주의에서 인간은 경제적 인간이며 기업가이며 자본인 사람이다. 신자유주의하에서 개인은 투자를 통해 인간자본을 확충하고 경제발전을 도모하려는 전략을 스스로 취한다. 신자유주의자들은 시장의 범위가 커지면 정치적으로 합의를 요구하는 쟁점들이 적어진다고 주장한다. 합의가 필요한 쟁점이 적어질수록 자유로운 사회를 유지하면서도 합의를 이끌어낼 가망성은 적어진다. 이들은 만장일치는 불가능하며 단순한 다수의 확보만 있어도 된다고 본다. 이때 정부는 규칙의 의미에 대해 이견이 있으면 조정하거나 정당한 경기를 하지 않으려는 소수에게 규칙을 준수하도록 강제하는 일만 하면 된다. 정부는 시장이 자력으로 할 수 없는 일을 수행하게 하고 경기의 규칙을 정하고 중재하는 일만 하면 된다(Friedman, 2007: 62-66).

2차 대전 이후 영국과 미국의 국가개입에 의한 정책의 실패를 배경으로 등장한 신자유주의는 작은 정부를 지향하면서 세금감축, 통화남발 금지, 적자재정 금지, 정부기구 축소, 공기업 민영화, 경제규제 축소, 노동시장유연화, 무역자유화 등을 주장한다. 그러나 2차 대전 종식 이전 서구의 복지국가는 실업보험과 가족수당 등 복지제도를 확충하고 사회보험의 수혜자들을 확대시켰고, 국가에 의한 복지비 지출을 확대한 공헌이 있었다. 2차 대전 이후 복지국가는 제도적 측면에서는 변화는 거의 없었고 이 틀 속에서 복지수준을 확대하거나 재구성하는 측면을 보여주었다(엄태호, 2015: 90).

신자유주의자들은 케인즈의 총수요조절정책을 비판하고 1970년대 오일가격 상승과 함께 등장한 스태그플레이션의 위기에 더 이상 케인즈주의적인 처방이 들어맞지 않음을 주장하고 엄격한 통화관리와 균형재정을 주장하였다(이근식, 2009: 46-47). 1973년 변동환율제도로 이행하면서 금융과 외환거래에 대한 규제를 완화하게 되었고 투기적 금융거래와 외환거래는 더욱 자유롭게 되었다. 이때부터 소위 말하는 투기자본주의가 세계 경제의 전면에 등장하게 되었다. 투기자본주의의 영향은 대중들의 일상생활을 변화시키기도 하였다. 대중들은 일종의 투기대중으로 불리기 시작하였다. 그들은 미래에 대한 허구의 목표로 통합되었고 개인의 성공을 믿는 개별화된 인간들이었다(Stäheli, 2015: 668-669). 신자유주의하에서 이들은 금융수단을 보유하면 누구든지 시장에서 자유롭게 참여할 수 있으며 경제적으로 성공할 것이라는 확신을 가지고 있었다. 시장은 이들을 끌어들이기 위해 가격, 이익 등의 큰 변화를 강조하고 그 변화가 대중들에게 막대한 이득을 가져다 줄 것이라는 신화를 만들어낸다.

신자유주의는 자본주의의 과잉축적위기, 이윤압박, 자본주의경쟁의 국제적 격화, 금융시장성장 등을 배경으로 하여 등장하였다. 자본가계급은 이윤압박의 문제를 해결하기 위해 해외투자를 통해 임금-자본관계를 재생산함으로써 이윤하락을 막고 지역 노동시장에 하향압력을 가하는 전 지구적 노동시장을 창출하고자 하였다(Petras and Veltmeyer, 2008: 109). 그러나 신자유주의는 단순히 경제논리나 정책만을 의미하는 것은 아니다. 신자유주의는 정치며 신자유주의가 지배하는 사회에서는 민주주의 위기가 발생한다. 왜냐하면 신자유주의는 사회조직, 집단, 개인들, 모든 사회관계를 신자유주의 논리의 흐름대로 재편하며 그 과정에서 갈등과 대립을 양산하기 때문이다. 그 갈등과 대립을 해소할 수단은 신자유주의하에서는 투표나 형식적 정치참여와 같은 소극적 민주주의, 절차적 민주주의밖에 존재하지 않는다(이광일, 2008b: 343). 그러나 그 투표마저도 제 기능을 하지 못할뿐더러 정치에 불신을 갖는 투표불참자들이 늘어나고 있다.

신자유주의는 민주주의의 위기를 불러오고 있다. 민주주의는 대중의 자기지배원리를 단순히 형식적이고 기능적이며 기술적인 수준의 것으로 환원시키고 있다. 신자유주의의 강화는 모든 사회적 관계를 자본 및 시장 논리로만 바라보며 이로 인해 사회적인 것들, 공공적인 것들은 파괴된다. 신자유주의가 등장하기 이전에는 개인이 실패하거나 불행해지면 공동체가 보호해주는 국가적 장치가 있었지만 점차 그러한 장치가 줄어들고 있다. 그것은 사회적 유대의 기반이 약화되고 있다는 것을 의미한다(Bauman, 2012: 9). 사회적 유대가 약화되고 시장논리가 강화되면서 동시에 자유의 본질적 의미는 약화된다. 사회적 관계 속에서 상호인정하고 자유가 개인만의 자유가 아니라 공공의 문제, 사회적 문제라는 인식이 무너지고 사회적 관계, 상호작용이 불필요하며 위험하고 불가능하다는 자유개념이 확산된다(사이토 준이치, 2011: 194). 그것은 공공성 문제의 약화이기도 하다.[1]

특히 2차 대전 이후의 자본주의 역사를 보면 민주주의와 자본주의가 결합되어 시장의 논리를 정당화하는 데 민주주의가 이용되기도 하였다. 그러한 가운데 시장은 다른 사회 영역을 제치고 가장 중요한 영역이자 대중의 욕망과 삶을 지배하는 공간이 되었다. 시장이 민주주의 원리를 압도하면서 민주주의의 내용은 축소되었다. 민주주의는 단순한 법치 문제로 환원되었고 경제의 문제로 제한되었다. 시장경제의 논리가 민주주의의 척도였고 이는 결국 자본주의를 탈민주화하는 결과를 가져왔다(Streeck, 2015: 30).[2]

신자유주의는 외형적으로는 법치 민주주의를 강조한다. 법치는 사적 재산권이 침해될 경우 민주주의를 법으로 제한하겠다는 데 목표를 둔 질서이다.[3] 무엇보다도 신자유주의하에서 법은 사적 재산과 이윤추구에 대한 권

---

1) 최근 공공성 논의와 관련되어 주목받고 있는 논의 중 하나가 사회공공성론이다. 이 논의는 한국 사회에서 빈부격차와 양극화를 해소하고 사람들에게 필요한 기초생활을 보장하는 평등과 연대의 가치를 중시한다. 사회공공성 운동은 교육, 의료, 연금, 농업, 지적서비스 등 사회 공공영역이 시장 논리에 지배되어 이윤추구 대상으로 전락하는 것에 반대한다. 이 공공성은 탈시장화, 탈이윤화를 강조한다. 또 하나의 공공선 논의는 민주적 공공성론이다. 시민단체세력이 주장한 이 논의는 만인의 필수 생활조건, 기본적 재화와 서비스에 대한 구성원의 평등한 접근성을 제시하고 공공성을 폭넓게 정의하고 있다. 이러한 두 논의를 종합할 때 공공성 투쟁은 노동운동과 시민운동 연대를 형성하고 사회공공성과 경제공공성을 통합해 파악하며 공공성과 갈등, 공공성과 자유를 통합적으로 파악해야 하는 공공성 개념의 구축을 지향해야 한다는 주장이 있다(이병천, 2014).

2) 이러한 공공성의 약화는 공유재의 약화를 가져온 인클로저 역사에서 찾기도 한다. 인클로저 이후 근대자유주의 국가가 탄생하고 물질적인 향상을 가져왔지만 공동체의 해체, 경제불평등의 악화, 자율적 거버넌스의 약화, 사회적 연대의 약화를 가져왔다. 거버넌스는 정부의 문제가 되었고 대중이 민주주의 참여를 할 수 있는 방법은 단순히 투표 행위로 축소되었다. 인클로저는 인간과 자연을 분리시켰고 사회적 삶을 무의미하게 만들었다(Bollier, 2015: 77).

3) 민주주의의 본질적 의미를 실천하고 현재화하는 좋은 민주주의를 민주주의의 질로 표현하기도 한다. 여기에서는 시민의 반응성이 중시된다. 고전적 민주주의에서는 대의제 민주주의가 주된 모델이었지만 민주주의의 질로 민주주의를 평가할 때는 국가의 통치기구와 주권자 시민의 관계가 상호작용적이면서 평가권은 시민이 행사하는 시민민주

리를 최대한도로 보호하고자 한다. 시장논리가 강화되는 신자유주의의 논리 속에서 노동은 철저히 자기 책임하의 자기 기업으로 인식되고 경쟁력과 성과의 수월성의 차원이 강조된다. 이때 노동의 연대는 사라지고 노동자들끼리의 경쟁만 남게 된다. 한국 사회의 경우 외환위기 이후 많은 노동자들이 생존의 문제에 직면하여 노동자의 연대의식이 해체된 것이 그 예이다. 대기업 노동자뿐만 아니라 낮은 임금을 받는 노동자들도 미래가 불투명한 상황 속에서 자신이 가진 것을 지켜내고자 하는 욕망이 우선시되고 잔업, 특근 등은 거부할 수 없는 소득원이었다(김보성, 2015: 106).

빈곤의 범죄화는 빈곤이 사회적 정책과 공공성의 문제가 아니라 사회불안정성을 높이는 위험한 요소로, 국가가 치안으로 다스려야 하는 문제로 귀결된다. 신자유주의하에서 근로빈곤층이 늘어나는 현상은 가족을 중심으로 일을 열심히 하면 성공할 수 있다는 과거의 신화를 무너뜨린다. 이 때문에 가족은 있으나 그것이 오히려 짐이 되는 생각이 늘어나고 있고, 가족은 빈곤을 극복할 수 있는 공동운명체라기보다는 서로 부담이 되는 존재라는 인식이 증가하게 된다(민가영, 2014: 203). 가족은 불안정해지고 있고 개인들을 보호하거나 혹은 더 발전할 수 있는 원동력을 제공하지 못하고 있다. 결국 빈곤층이거나 신빈곤층은 유명무실한 가족이라는 집단 속에서 점차적으로 불안정성을 강하게 느끼게 된다. 개인의 무력함, 무능력, 불안정성은 자신을 실패자로 규정하게 하고 자신을 이 시대에 삶을 유지할 수 없을 뿐만 아니라 무능력한 소비자로 규정하게 만든다. 현대사회의 능력의 증거는 부이며 부는 개인 품성의 지표가 된다. 경제적인 능력주의 사회에서 경제적 성공은 개인의 행위, 사고 정당성의 요소가 된다. 반면 경제적 실패는 개인의 수취심이 된다. 경제적 실패자는 성공자들의 자선과 죄책감의 대상이 아니고 경멸의 대상이 된다(Botton, 2011: 107-109).

신자유주의는 사회복지제도에 대해서도 비판적인 입장을 취하고 있다.

주의가 좋은 민주주의가 된다. 민주주의의 질을 규정할 때는 법치, 책무성, 반응성, 자유의 완수, 평등의 완수가 중시된다(홍윤기, 2015: 56-64).

이들은 복지국가는 세금과 사회보장기여금은 기업의 부담을 증가시켜 투자 의욕을 훼손하고 경제성장에 방해가 된다고 주장한다. 복지제도의 확대는 복지기구를 팽창하게 하고 국가재정을 위태롭게 한다고 본다. 신자유주의자들은 빈곤구제 목적을 위해 소득심사를 통해 제공되는 공공부조를 이상적인 제도로 바라본다. 신자유주의자들은 시장의 작동에 방해되지 않는 한도 내에서 최소한의 복지제도를 허용한다. 노동 문제에 있어서도 신자유주의는 공공부조와 근로의 연계를 강조하고 기존의 공공부조는 개인의 자조노력을 제약하고 의존문화를 키운다고 본다. 이들은 시장에 대한 국가개입을 최소화하면서 복지지출 감소와 조세를 낮추는 정책을 지지한다(조영훈, 2004).

규제완화와 민영화 등으로 대변되는 신자유주의는 국가의 통치활동에 대한 시민의 감시와 민주적 통제를 약화시킨다. 이것은 사적 소유를 보호할 수 있는 영역을 확대하는 경향도 있지만 많은 사람들을 배제하는 결과도 낳는다(사이토 준이치, 2011: 58-59). 그러나 민영화를 지지하는 논자들은 국가통제기업의 경우 대부분 국가에서 통치엘리트나 소수 관료에 의해 통제되기 때문에 독점을 낳게 된다고 본다. 민영화를 통해 독점을 배제할 수 있고 정부와 국민에게 모두 이익이 되는 상황을 만들 수 있으며, 기업들은 과거보다 더 동태적이며 혁신적이 될 것이라고 주장한다(Butler, 2015: 206).

이와 같이 상실된 공공성의 회복은 사회적 관계의 정상적인 복원을 요구한다. 신자유주의적 질서의 극복을 통해 외면할 수 없게 된 목소리, 배제할 수 없게 된 얼굴을 가진 타인은 더 이상 남이 아니라 바로 우리이고 '너'와 '나'이다. 그러나 신자유주의 사회는 형식적으로는 사람들을 위해 공식적 목소리를 낼 기회는 제공하지만 전혀 듣지는 못하게 된 시스템이다.[4] 대중매체

---

4) 신자유주의하에서는 사회적 관계를 근본적으로 파괴한 사회적 배제에 맞서는 행위, 정치적 실천이 요구되는 것이다(엄기호, 2014: 279). 전체주의 권력이 대중을 고립화시켜 원자화시키는 것처럼 신자유주의 권력도 대중들의 소통과 연대를 불온한 눈으로 바라본다. 이것을 단속사회로 설명하기도 하는데 소통의 단절을 근본적으로 무너뜨리고 연대를 회복하기 위해서는 사회적 고통과 갈등에 마주서는 일이 당연시되는 인간적 윤리가 필요하게 된다(김민웅, 2014: 211).

는 신자유주의 가치를 강화하고 정치적 사고와 행동을 방해하는 매체로 전락하게 된다. 이 때문에 신자유주의는 자기파괴적 민주주의 과정을 생산한다(Couldry, 2015).[5]

II. 신자유주의와 세계화

신자유주의는 국경 없는 시장을 확산하고 있다. 전 지구적 시장의 확산은 부정의와 혼란을 낳고 있고, 전 지구적 무법상태는 규제 철폐와 무장 폭력을 강화하고 있다. 이것은 전 지구인들에게 공포를 안겨주고 있고 인간들은 자신의 삶을 자율적으로 통제할 수단과 힘을 상실하고 있다. 그 공포는 우리 스스로 통제력을 행사할 수 있는 도구를 만들어내야 사라질 것이다(Bauman, 2012: 46).[6] 이렇듯 신자유주의와 세계화, 지구화는 사적 영역에 대해 구조적이고 강압적인 힘을 행사할 수 있는 정치적 권위와 관계없이 사적 영역과 공적 영역을 분리시키는 구조적 능력을 전 세계적으로 형성하고 있다. 그것은 국가의 주권범위와 영역을 넘어 전 방위적으로 영향을 미치고 있으며, 소위 말하는 전 지구적 통치성을 새롭게 구성하고 있다(Lipschutz, 2005: 235). 신자유주의 통치성하에서 강압적인 권력은 가시적인 처벌과 훈육을 행사하는 국가에 의해 실현되고 있고, 자본을 앞세운 전 지구적 자본주의

5) 닉 콜드리(Nick Couldry)는 이러한 관점에서 신자유주의 극복을 위해 침묵을 요구하는 신자유주의의 민주주의를 비판하고 또 다른 이야기를 말할 수 있는 저항을 시작해야 한다고 주장한다.

6) 이러한 신자유주의의 전 지구화현상에 대한 저항으로서 '아래로부터의 세계화', '대안세계화'의 논리가 제기되고 있다. 이 논리들의 창출을 위해서는 학력, 출신, 지역, 인종, 성, 종족, 계층 등 다양한 차원을 아우르는 연대가 중요하다. 기존의 다양한 사회운동 사이의 연대가 필요하고 이를 통해 자본과 국가에 맞서 저항을 함과 동시에 대안을 형성하고 창조하는 저항과 형성의 변증법이 요구된다(강수돌·홀거하이데, 2009: 66).

시장의 힘은 시장지향적 행위, 인식, 자본의 원활한 순환기제 등을 전 세계에 강력히 구축하고 있다.

신자유주의는 "사적 소유권, 개인의 자유, 자유시장, 자유무역의 특징을 갖는 제도적 틀 안에서 기업의 자유를 극대화함으로써 인간복리가 가장 잘 개선될 수 있다고 하는 정치경제적 실행에 관한 이론"이다. 신자유주의 "국가의 역할은 이러한 실행에 적합한 제도적 틀을 창출하고 보호하는 것"이라고 규정된다(최병두, 2010: 7). 하이에크(F. A. Hayek)가 지적했듯이 신자유주의는 경쟁이 기능을 발휘할 수 있도록 통화, 시장, 정보전달망이라는 제도를 조직화해야 하고 경쟁을 효과적으로 작동시킬 수 있는 법제도를 확립해야 한다.[7] 하이에크는 법의 지배를 통해 국가는 가용자원들이 사용될 수 있는 조건들을 결정하는 규칙들을 확정하는 것에 자신의 일을 한정하고 이 자원들이 어떤 목적에 사용될지에 대한 결정은 개인들에게 맡겨야 한다고 주장한다(Hayek, 2006: 123). 하이에크 등은 유럽의 위기의 해결은 자유주의와 열린사회를 지키는 것, 그리고 경제에 대한 국가의 개입을 막는 것이었다. 이들은 정치가 경제를 조종하지 않고 일반 시민들의 삶에 개입하지 못하게 하면 좌파들을 통제할 수 있다고 보았다. 국가가 복지와 사회사업을 강조하면 파시즘이 도래할 것이라고 보았다(Judt, 2011: 107-108).[8]

신자유주의 시대에 국가의 정치적 역할과 기능은 과거보다 더 약화될 소지가 있다. 자본과 함께 탈지역적인 세계권력들은 국경을 넘어 전 지구를

---

7) 당시 하이에크는 경제학자로서 낮게 평가받고 있었고 학문적 동지였던 프리드만으로부터도 이론적인 비판을 받기도 하였다. 그의 『노예의 길』(*The Road to Serfdom*)은 나치즘과 사회주의를 악마로 묘사하고 자본주의를 찬양한 책으로 이름을 알리게 되었지만 이 책도 미국에서 출판이 거절당하기도 하였다(가오롄쿠이, 2015: 240).

8) 이러한 이유 때문에 하이에크는 분배적 정의에 기초한 복지국가를 비판하였다. 그는 관료의 재량에 따라 사람들에게 차별적으로 적용되는 방식의 사회보장을 나쁜 복지라고 보았다. 유사하게 프리드만도 분배적 정의라는 관점에서 개인의 선택을 무시하고 정부 주도적으로 자원을 분배하려는 복지국가를 비판하였다. 그는 재분배정책은 경제적 자유를 침해하며, 시장이 낳은 결과적 불평등은 정의의 원칙에 위배되는 것이 아니라고 강조한다. 그리고 성과에 따른 보상은 장기적으로 보면 불평등을 완화할 것이고, 자본주의는 다른 체제에 비해 불평등을 완화했다고 주장한다(박종현, 2016: 165-166).

자유롭게 이동해가지만 국가가 한 영토 내에서 행사하는 정치권력은 특정한 틀 내에 갇혀 있고 지역에 묶여 있기 때문이다. 이로 인해 국가의 정치는 과거보다 그 영향력이 떨어지고 때로는 세계권력에 의해 포위됨으로써 정치의 기능을 제대로 확보하기 힘들게 된다(Bauman, 2013(a): 244). 반면 신자유주의의 국가관은 세계화 시대에는 국민 경제를 담당하는 국가 기능이 한계가 있음을 지적한다(송백석, 2009: 201).

그러나 신자유주의가 주장하는 국가의 쇠퇴는 세계화에서 나타나는 국가의 역할 변화와 구분되어야 한다. 신자유주의는 시장의 우위와 자유를 위해 강한 국가, 국가 개입에 반대한다. 일반적으로 세계화 현상에서 비롯되는 국가의 역할과 기능의 변화는 금융화, 자본자유화, 시장개방, 민영화 등의 측면에서 파악되어야 한다. 이 점을 공간의 변화로 설명하기도 한다. 세계화 시대 국가의 공간은 공간의 소멸, 이동성에 대한 변화의 담론으로 나타난다(Douglas, 2001: 118).

신자유주의 시대의 국가는 시장경제(social market-economy)를 보호하는 데 필요한 정치적 개입을 하게 된다. 세계화 시대에 국가는 공간의 변화, 시간의 변화와 함께 세계화를 전략적인 측면에서 사고한다. 이때 자본의 사고가 중심에 놓인다. 즉, 글로벌 자본을 말한다. 세계화와 국가의 쇠퇴는 같은 동일한 현상이 아니다. 국가의 쇠퇴를 주장하는 신자유주의 사고는 단순히 국가의 문제를 시장 대 국가로 보거나 국가를 제도의 합으로만 규정한다. 그러나 통치성의 개념에서 바라보는 국가는 동원과 규율이라는 합리성의 측면에서 이해되어야 한다(Douglas, 2001: 116). 세계화 시대 국가의 통치성은 동원과 규제를 통하여 성원들을 국가가 원하는 통치의 방향대로 나가게 하는 데 그 목적이 있다. 이때 세계화는 단순히 경제, 시장만의 문제가 아니라 통치가 고도로 합리성을 갖는 것으로 이해해야 한다. 표면적으로 국가의 쇠퇴, 국가의 약화로 볼 수 있지만 국가는 통치성의 문제에서 핵심적인 대상으로 남아 있다. 세계화는 통치성의 합리성 문제와 관련되어 있고 정치를 구성하고 조직하며 규칙화하는 방법이다(Douglas, 2001: 114).

신자유주의자들이 생각하는 국가는 신자유주의 통치를 통해 시장에 개입하여 게임의 규칙을 만들어내야 하고 법률과 제도에 개입하여 효과적인 경쟁을 생산해야 한다. 그런데 신자유주의의 기초를 닦은 시카고학파는 정부가 너무 많은 권력을 갖고 있는 것에 대해 불만을 가진 것은 아니었고, 권력을 비과학적인 방식으로 사용하는 데 불만을 가졌다. 이들에게 있어 경제학은 인간을 연구하는 객관적인 과학이었다. 따라서 정치인들은 경제학자들의 조언을 받아들여야 하며, 이를 통해 경쟁원리를 사회 전반에 확산하는 것이 중요하였다(Davis, 2015: 172). 이렇게 볼 때 신자유주의는 법과 제도에 개입하며 경쟁원리를 사회 전반에 도입하는 통치기술인 것이다.

신자유주의의 세계화는 1980년대 이후 본격적으로 등장하였다. 1980년대 이후 미국은 FTA를 추진하고 세계무역질서를 변화시키면서 미국이 주도하는 GATT 체제 등 시장질서하에 세계 각국들을 포섭하고자 하였다. 특히 아시아 지역에서는 APEC을 통해 신자유주의 무역과 경제를 강화하였고 새롭게 부상하고 있는 중국을 견제하고자 하였다(김규륜 외, 2013). GATT 체제는 자유화, 동등한 시장접근성, 차별금지, 투명성 등의 원칙에 따라 무역을 관할하였다. 그러나 1980년대 들어서면서 GATT 체제의 마지막 협상이 된 우루과이라운드에서 그 방향을 선회하였다. 우루과이라운드는 신자유주의 세계화 시대를 본격적으로 열었다. 여기에서 GATT는 수출보조금 철폐, 반덤핑 조항 개정 등을 개정하였다. 우루과이라운드에서는 용역무역에관한일반협정(GATS), 무역관련지적재산권에관한협정(TRIPs), 무역관련투자조치에관한협정(TRIMs)을 만들었다. 트립스(TRIPs)는 우루과이라운드의 최종 협정문에 서명한 회원국이 지켜야 하는 다자간 통상 협정의 일부이다. 트립스 협정은 세계무역기구에 참여하는 모든 국가가 가입해야 하는 공통의 제도적 틀인 것이다. 이 협정을 통해 공공영역에 있던 것들을 상품화하도록 법제화하고 미래의 창작자들이 지적재산을 더 이상 활용하지 못하였다. 이 협정은 지적재산권 보호에 관한 보편화를 추구하고, 지적재산권 침해를 민사상으로도 구제하고 형사상으로도 처벌할 의무를 국가에 부여하였다(Sell, 2009: 28-33).

그 후 1995년 WTO 체제가 출범하였다. WTO는 비차별적인 다자적 세계무역질서를 말한다. WTO는 예외조항을 두어 회원국이 FTA와 같은 차별적 특혜무역협정을 체결할 수 있도록 허용하였다. WTO는 세계 경제에서의 상호작용을 위한 신자유주의 표준과 규칙들을 계획적으로 설정했다. WTO는 세계적인 무역제재 조치를 통해 결정권을 행사할 수 있고, 개발도상국들은 중요 회담에 참석할 수 없다. WTO 배후에는 거대은행들과 기업들이 있고 비공개회의에서 정책결정권자들인 국제통화기금, 세계은행, WTO 지도부는 정기적으로 중요한 정보를 교환한다(Werner and Weiss, 2008).[9] 그리고 공공자산의 기업화, 상품화, 사유화는 신자유주의 프로젝트의 전조였으며, 주요 목표는 자본축적을 위해 지금까지 손익계산을 하지 않는 영역이라고 여겨졌던 부분을 개방하는 것이었다(Harvey, 2010: 68).

GATT와 WTO는 최혜국 대우에 대한 규정을 두어 한 회원국이 다른 회원국에 제공하는 모든 이점, 특혜, 면제는 무조건적으로 모든 회원국에게 부여되어야 한다고 규정하였다. 국제시장에 대한 접근 권리가 부여되고 행사되도록 보장되었고 이를 통해 WTO는 세계 경제를 장악하는 권력의 중심에 서게 되었다. 우루과이라운드에서 서비스, 지적소유권, 특정한 자본의 이

---

9) 세계은행은 국제부흥개발은행과 국제개발협회를 포함하는 조직이다. 2002년 현재 워싱턴에 약 8,500명, 전 세계 100여 개 사무소에 2,500명의 직원을 고용하고 있다. 1945년부터 2001년 사이에 세계은행은 약 3,600억 달러 정도를 빌려주었다. 세계은행은 개발도상국을 비롯 제3세계의 부채를 점차적으로 늘리는 데 기여하였다. 세계은행은 1968년부터 제3세계에 대한 융자를 확대하였다. 1968년에서 1980년 사이 제3세계 외채는 12배나 증가하였고, 이는 당시 소련의 영향력과 민족주의의 영향력을 견제하고자 한 것과 관련되어 있다. 당시 이자율은 변동이율이었고 이자율이 급상승하면서 채무국이 부담해야 할 액수가 최대 3배로 늘어나기도 하였다. 세계은행은 IMF 관리체제 아래에 있는 국가들에게 예산축소, 국내저축장려, 외국인투자자의 유인, 외환과 가격 자유화 등을 요구한다. 이러한 것들은 결국 채무국의 부유한 자들의 자본도피, 초국적 기업의 이윤확대, 민영화로 인한 기업의 해외매수, 제3세계 원자재가격의 하락 등을 가져온다. 채무국인 개발도상국들은 외채를 상환하기 위해 외화를 획득해야만 한다. 이를 위해 개발도상국들은 수출을 늘리고 주민의 식생활을 위한 식량생산은 축소하게 된다. 원자재와 농산물 가격은 폭락하고 개발도상국들은 점차적으로 더 많은 원자재를 시장에 내놓게 된다. 채무누적은 원자재수출 증가를 가져오고 이는 이자율 증가와 원자재 가격 하락을 가져오고 결국 외채위기를 악화시키게 된다(Millet, Damien and Tussaint, Eric, 2006).

동에 관한 규제권 같은 영역으로 권력을 확대함으로써 WTO는 세계 경제의 핵심적 위치를 차지하였다(Peet, 2007: 415).[10)]

신자유주의 통치는 규범에 의한 직접적 조직 관리도 아니고 모든 것을 시장에 맡겨두는 통치도 아니다. 이것은 자기개선, 조정을 요구하는 간접적 통치이다. 신자유주의는 자본주의 시장의 일반적 조건을 창출하기 위해 국가개입을 요구하지만 이러한 조건이 창출되면 시장경쟁이 매우 중요하다고 본다. 신자유주의는 국가가 시장경쟁의 조건을 파괴하는 경향을 차단하는 정책(반독점정책과 사회복지정책)을 통해 시장경쟁질서를 유지할 것을 주장한다(김성구, 2014: 32). 그러나 신자유주의자들이 주장하는 것과는 달리 시장은 강한 권력을 가진 행위자에 의해 왜곡될 위험에 노출되어 있다. 이때 국가는 시장에 개입할 수밖에 없고 개인이나 집단이 할 수 없는 영역에 개입해 공공선을 확보해야 할 경우가 있다(Judt, 2011: 205-207).

이러한 측면에서 신자유주의를 자본가계급과 금융기관의 헤게모니 복원의 차원에서 국제적이고 제국주의적인 성격을 갖는 것으로 분석하기도 한다. 이때 신자유주의는 각 국가 내에 있는 자본주의 착취 조건을 자신의 수중으로 회수하는 것과 다른 한편으로는 제국주의 지배를 추구하는 것을 보여준다. 국제적 차원에서는 금융과 무역의 경계를 개방하고 자본의 사냥터를 전 지구로 확장하는 것을 모색한다(Bidet and Duménil, 2014: 177-178). 이러한 의미에서 오늘날의 세계는 전 지구적 영토를 갖고 인류를 주민으로 하며 그 밑바탕에 흐르는 자본의 논리를 가지고 있다. 각 국가들은

10) 지적재산권 문제만 놓고 보더라도 트립스 협정을 통해 전 세계에 공통으로 적용되는 지적재산권 규칙을 만들고 국가와 국제기구들이 이 규칙을 집행하는 데 동원되었다는 점에서 사적 부문이 승리를 거두었다고 볼 수 있다. 그 중심에 WTO가 있었고 WTO는 사유권보호, 신자유주의 규칙의 강화를 추진하였다. 트립스 협정은 최대 보호주의 지적재산권 규범을 옹호하는 측과 지적재산권 보호에서 공익을 고려한 균형을 추구하는 측 사이에 존재하는 권력과 자원의 불평등에 의해 형성되었다. 이러한 가운데 트립스 입안자들은 WTO 바깥에서 양자 간 협정, 지역별 협정, 다자간 협정을 통해 지적재산권 협정을 추진하고 협정 불이행을 이유로 제소를 하며 현행 협정의 허점을 차단하고자 하였다(Sell, 2009: 269).

신자유주의의 법칙을 활용하면서 거대 자본의 이익을 추구한다(Jacques and Duménil, 2014: 201).

그러나 배제와 결핍, 억압의 세계화는 배제된 사람들에게 기회를 제공하기도 한다. 이것은 정치적·경제적 체제의 불안정성과 경제적 불균등의 심화에 따라 세계화에 저항하는 사람들의 연대를 강화시킨다. 문화적·사회적 수준에서도 자아성취와 자아실현에 대한 서구적 사고방식의 강요와 침투는 대중의 소외와 좌절을 강화시켜 저항을 일으키기도 한다(Harvey, 2001: 134-135).[11)]

III. 신자유주의와 금융화

신자유주의는 금융시장의 발달과 해외직접투자의 급증, 교통통신수단의 발전에 따른 시공간적 압축과 지리적 이동성의 증대, 미국 및 IMF, 세계은행[12)]의 신자유주의정책의 압력, 신자유주의 이론의 확산 등으로 인하여 전

11) 가령 2011년 미국에서 전개된 월스트리트 점령운동을 들 수 있다. 이 운동은 투기적인 금융자본을 비판하고 새로운 대안의 사회의 가능성을 제시하면서 시작하였다. 점령운동은 공공장소의 점거를 통해 불평등한 사회 시스템에 이의를 제기하고 토론하는 공간을 확보하고자 하였고, 이를 통해 장소적 공간과 인터넷상에서의 흐름공간이 혼재된 새로운 공간을 창출하였다. 제도권 밖에서 시작된 운동이었지만 세계자본주의 심장인 월스트리트 앞에서의 도전은 미국 사회의 상당한 지지를 얻었다. 한 조사에 의하면 최근 10년 동안 '열심히 일하면 성공할 수 있다'라는 질문에 긍정적인 인식은 하락하였고 '부자와 가난한 사람들 간의 갈등이 매우 심각하다'라고 생각하는 사람의 비율이 크게 늘어났다. 이러한 인식변화와 함께 점령운동이 급속도로 확산되었다는 사실은 미국 사회가 부의 분배 면에서 근본적인 변화가 필요하다는 공감대가 커졌다는 것을 의미한다(Castells, 2015: 148-174).

12) 세계은행은 세계 1위의 은행이지만 G5가 주로 지출하는 자기자본은 대출 총액의 6% 정도이다. 그럼에도 불구하고 G5가 보증하고 있기 때문에 최우량 은행으로 간주되고 있고 세계 금융시장으로부터 유리한 조건으로 자금을 빌려 쓴다. 세계은행은 개발

세계로 파급되었다. 신자유주의 세계화의 핵심은 자본이동의 자유화이고 그 정점에 투기자본의 이동이 있다. 이러한 이동가능성이 때로는 민주주의를 위협하고 국가권력을 압도하고 규제하는 권력이 되기도 한다. 이러한 현상을 경제의 탈물질화로 설명하기도 한다. 경제가 대규모 투자나 산업 프로젝트에서 벗어나 네트워크상의 장소, 비장소에 존재하는 금융시상으로 발전하고 있다. 자본은 정치의 틀에서 벗어나 자유롭게 이동하게 되었고, 다양한 자산에 투자될 수 있는 금융상품으로 변형되었다(Bauman, 2014(b)).[13]

가령 한국 사회에서 2000년대 들어와 부동산, 주식, 펀드, 파생상품 등 다양한 금융상품 시장이 확대하면서 투자자 주체의 개념이 강화되었다. 금융상품 가운데는 자연자원의 금융화도 있다. 토지, 물, 지역생태계를 자연의 한 요소로 인식하기보다는 헤지펀드와 투자자들은 증권상품화하기 시작하였다. 금융화의 시각에서 보면 자연자원은 금융수입이 가능한 자산일 뿐이다. 금융산업은 투자자들의 이익을 위해 자연자원과 같은 공공재를 축출하고 거대한 수익성 프로젝트를 구축하고자 한다. 글로벌 거래와 투기에 적합한 금융자산으로의 자원의 변용은 금융화 현상을 더욱 가속화시킨다(Bollier, 2015: 88-89).

신자유주의의 발전은 다양한 금융기관을 출현시켰다. 뮤추얼펀드, 헤지

프로젝트에 대한 융자가 결정되면 먼저 그 전액을 싼 금리로 모으고 개발도상국에 대출할 때는 세계의 평균금리를 적용하여 장기간에 걸쳐 조금씩 대출한다(키타자와 요오코, 1998: 61). 세계은행은 국제부흥개발은행과 국제개발협회의 두 기구를 가지고 있으며, 국제개발협회는 기금의 대부분을 미국을 중심으로 한 40개의 기여국으로부터 지원을 받고 있다. 은행장은 미국의 재무장관이 임명하며 미국 시민이 임명된다.

13) 한국의 경우 전두환 정부는 당시 경제위기를 타개하고 추가적인 해외부채조달을 위해 국제통화기금과 세계은행이 차관제공의 조건으로 제시한 금융자유화조치들을 수용해야 했다. 전두환 정부는 세계은행으로부터 7억 달러의 구조조정차관을 제공받았다. 그리고 전두환 정부는 금융자유화를 비롯한 경제자유화 조치를 통해 당시 재벌특권과 자의적인 국가권력행사를 폐지하는 것으로 보이는 효과를 거두고자 하였고, 다양한 사회자유화 조치를 동반함으로써 군사정권이 갖는 정당성의 취약성을 보완하고자 하였다(박찬종, 2014: 7). 당시의 상황을 신자유주의 이념을 경제관료들이 적극 지지하고 국가주의를 포기한 것으로 표현하기도 한다. 이들 관료들은 무엇보다도 국가의 탈규제를 강조하였다(김윤태, 2015(b): 174).

펀드, 사모투자전문회사, 패밀리오피스 등 새로운 기법의 부 축적방식이 출현하였다. 이때 국가는 규제완화의 시행자였고 자유무역 및 자본의 자유로운 이동성을 지원하였다(Duménil and Lévy, 2014: 88). 또한 세계은행은 부패와의 전쟁, 민주주의 촉진 등을 내세우며 유력한 시민단체들을 지원하고 정치적 미덕의 담론을 만들었다. 1980년대 이후 세계은행은 신자유주의 아젠다와 구조조정 프로그램을 개발하여 전 세계에 전파하고 있다. 그 밑바탕에는 인권과 민주주의의 정치를 내세우는 미국의 영향력이 있다. 세계은행은 단순히 금융기관이 아니라 민주주의 촉진과 발전, 참여를 상징하는 기관이 되고 있다. 민영화, 공공부문 축소, 금융자유화를 강조하는 '워싱턴 컨센서스'의 확산은 세계은행과 채무국의 유대를 더욱 강화시키고 있고, 신자유주의를 지향하는 관료, 학자, 기업들의 상호작용과 동맹체제를 강화하고 있다(Guilhot, 2014: 304-317).[14)]

앞에서 보았듯이 세계화의 발전은 신자유주의를 가속화시켰고 자본의 세력화, 권력화를 가져왔다. IMF는 자유시장의 힘을 증가시키고 국내금융제도에 해외참여를 증가시키는 것을 포함한 개혁을 각 국가들에 요구하였다. IMF의 요구는 개발도상국의 경제 문제에 대한 개입을 말하며 이는 개발도상국 정부가 자율적으로 국내정책을 수행하는 것을 방해하였다. 보조금 삭감, 재정지출 감소, 복지축소 등은 아프리카, 아시아 지역의 건강과 생명에 위협이 되기도 하였다. 반면 채무국의 은행가를 포함한 전 세계의 금융자본은 IMF가 체계적이며 중요한 정보를 제공하고 있고, 국제금융시장에서 금융정책과 안정화 기구들의 중심적 역할을 한다고 믿고 있다(Peet, 2007: 230-231).

---

14) 한국의 1980년대 이후 자유화조치는 금융자유화를 동반하였다. 1979년 경제위기를 타개하기 위해 전두환 정부는 금융자유화라는 정책전환을 시도하였고 김영삼 정부는 금융시장개방이라는 금융자유화를 시도하였다. 이러한 것들이 한국의 신자유주의의 기원이며 이 신자유주의는 수출주의축적체제의 유지라는 목표를 유지하면서 국내의 사회적 행위자들의 요구와 압력에 대응하고자 했던 국가의 선택의 결과였다는 해석도 있다(박찬종, 2014: 2).

세계은행을 포함한 IMF 등이 2차 대전 직후 출현하여 1960년대부터 개발도상국의 빈곤 문제 등에 관심을 갖게 된 것은 미국과 소련의 냉전 때문이다. 미국은 그때부터 제3세계에 대해 원조를 확대하는 방향으로 정책을 전환하였고, 원조가 평화를 위한 투자임을 강조하였다. 이러한 배경 속에서 세계은행도 제3세계에 대한 지원을 늘리기 시작하였다. 그러나 1980년대 신자유주의가 확대되면서 제3세계 지원에 대해 개혁프로그램을 요구하기 시작하였다. 그런데 이 프로그램이 실시된 이후 국민소득에서 노동의 몫은 급속히 감소했다. 칠레의 경우 10%, 아르헨티나는 16%, 멕시코의 경우 9% 감소하였다.[15] 그런데 이 상황과 함께 임금격차 확대, 임금 실질가치 하락, 생산물 부가가치에서 임금 비율 하락이 겹쳐져 불평등은 더욱 심화되었다(Petras and Veltmeyer, 2008: 41).

신자유주의의 특징을 잘 보여주는 것은 1989년 발표된 '워싱턴 컨센서스'이다. 이것은 미국이 남미 등 개발도상국에 대한 개혁처방프로그램인데 세출을 삭감을 통한 재정 건전성확보, 소득세 대폭감세, 기업에 대한 탈규제, 안정적 금융정책, 보조금삭감, 무역자유화, 국영기업의 사유화, 이자율의 자유화, 재산권 제도의 강화 등을 주장하였다. '워싱턴 컨센서스'는 1990년대 이후 개발도상국이나 후진국으로 본격적으로 도입되었다. 이 과정에서 국제기구와 관료들이 주도적인 역할을 하였고 민주적인 의사결정과정은 배제되었다. 이들 국가의 불평등과 사회적 갈등, 정치적 불안은 높아졌고 자연스럽게 투자가 저하되고 국민들의 인적 자본의 발전은 이루어지지 못하였다. 다시 말해서 불평등이 심화되는 가운데 정치불안, 저성장이 이어지기 시작한 것이다.

---

15) 멕시코는 1982년 모라토리엄을 선언한 이후 주요 산업들이 민영화의 길을 걷게 되었고 IMF의 요구에 따라 공기업의 규모와 고용을 축소시켜 나갔다. 1990년 전후로 주요 공기업들이 매각되었고 인플레이션과 실질임금의 하락, 국내기업의 도산으로 인해 멕시코는 공공요금을 대폭 인상하고 복지규모를 축소하기 시작하였다. 이로 인해 현재 멕시코의 인구 약 45% 정도가 빈곤층으로 분류되고 있다(박선미·김희순, 2015: 237-242).

'워싱턴 컨센서스'의 이론적 기반은 모든 것을 시장에 맡겨야 경제발전을 추구할 수 있다는 논리이다. 특히 미국의 신자유주의는 산업과 노동시장 구조를 변화시켰고 공공정책을 변화시켰다. 국가의 기능은 야경국가의 성격을 갖게 되었고 세금의 재분배기능은 축소되고 있으며 기업과 자본의 특수이익이 공공이익으로 변신되고 있다(Crouch, 2008: 37). 이에 따라 기업과 자본의 권력은 더욱 커지게 되고 노동의 영향력과 정치적 중요성은 약화되었다. 그것은 역으로 자본에 저항하고 신자유주의의 흐름을 비판할 수 있는 사회세력들의 약화를 의미한다. 이러한 정책변화는 경제불평등과 빈곤 문제에 직접 영향을 주었고, 노동시장도 정보화와 유연화에 필요한 고용부문과 주변적 고용부문으로 구분되었다. 정책결정과정에서 대중의 참여는 봉쇄되었고 소득분배와 빈곤 등 사회경제적 민주주의 영역에 대한 관심과 개입은 철저히 배제되었다(이강국, 2013: 505).

지난 수십 년 동안 전 세계적으로 순투자가 감소하고 정부의 민수부문 지출이 제한되었음에도 불구하고 상황이 악화되는 것을 막아준 주요인은 금융자본의 팽창이었다. 이로 인해 경제적 잉여가 이른바 금융, 보험, 부동산이라고 하는 쪽에서 출구를 찾으면서 비생산부문에서 많은 새로운 일자리가 생겨났다(Foster, 2010: 153). 신자유주의는 금융화를 동반하는데 서구사회에서 1970년대 이후 생산부문 이윤율이 하락하면서 금융자본의 위력은 더욱 커졌다. 금융화는 산업부문이든 금융부문이든 자신에게 유리한 위치에 있을 수 있는 능력이 중요하므로 이 능력을 금융적 수단을 통해 획득하는 것을 의미하기도 한다. 금융화의 본질은 자본의 유연화이고 이 유연화가 금융적 수단과 결합된 것이 금융화이다(유철규, 2008: 149). 이윤창출의 새로운 방안들이 금융화의 필수적 특징이었고, 전 세계 제조업의 위기는 이 현상을 더욱 강화시켰다. 2008년도에는 금융화로 인해 전 세계에서 금융자산이 전체 주식가치의 4배가 되었고 세계 GDP 총액의 10배에 달하였다. 금융화는 처음에는 대자본 주도로 진행되었지만 그 후에는 신용대부에 의존해 지출을 늘리기 시작한 일반 대중들도 한 몫을 하였다. 금융화는 산업자본을 파괴하였고 산업자본이 가지고 있는 장기적인 성장을 방해하면서 단기적인 이윤을

좇도록 하였다. 이는 결국 산업자본주의를 위축시키고 불평등을 강화시켰다(Calhoun, 2014: 280).

1970년대부터 자본축적 위기에 직면한 서구 자본주의는 금융산업에서 탈출구를 찾기 시작하였다. 미국은 1970년대 브레튼우즈 원칙을 폐기하면서 자본이동의 자유와 재화 및 서비스 무역의 자유는 사유주의 국제경제의 중요한 측면으로 봐야 한다고 주장하였다. 미국은 이를 위해 유럽 각국의 자본이동의 자유를 통제하려는 시도와 국제통화기금을 매개로 OPEC의 석유달러를 리사이클링하자는 제안을 거부하였다. 당시 미국의 관료들은 대내외적 적자가 증가하는 상황에서는 개방적인 금융질서가 필요하며 투기적 자본이동과 시장압력을 통해 서유럽과 일본의 평가절상 및 경제팽창을 이루고자 하였다(Helleiner, 2010: 143-145).

레이건 대통령은 1980년대부터 IMF의 케인즈주의의 영향력을 제거하고 세계은행도 신자유주의의 물결에 들어가도록 조정하면서 두 조직 모두 자유시장 근본주의와 신자유주의의 전파의 선두에 서도록 하였다(강내희, 2014: 142-151). 이전부터 미국 내에서는 신자유주의 지식인들을 중심으로 싱크탱크를 만들어 신자유주의 사상을 전파하고 있었다. 신자유주의는 민간은행가들과 금융관료들 사이에서 강력한 지지를 받았고 외국의 은행인, 금융관료들과 국제적 연대를 강화하기 시작하였다. 미국은 1980년 '금융기관 규제철폐 및 통화관리법'과 1982년 '간세인트 저메인 예금기관법'을 통과시켰다. 후자의 법은 1970년대 말부터 투자신탁회사의 단기금융투자신탁이 발달하면서 은행의 경쟁력이 떨어지자 은행이 수시입출금예금과 같은 다양한 금융상품을 개발할 수 있도록 허용한 법이었다(Helleiner, 2010: 177).

신자유주의가 확대되면서 부동산대출이 급증하고 다양한 금융혁신상품이 개발되었다. 투자은행, 보험회사, 각종 펀드가 원래 은행업무에 끼어들면서 은행의 활동영역은 확대되었다. 국제금융시장 규제완화는 1970년대 중반부터 국제자본이동을 증가시켰고 심지어는 2008년 금융위기 때도 위축되지 않았다. 상업은행 활동이 위축되고 투자은행, 투자펀드, 기타 비은행금융회사들이 늘어나게 되었다. 규제를 받는 상업은행을 떠나 은행들은 규제를 받지 않는 은행, 소위 '그림자 은행'에 큰 관심을 보였다. 규제차익을 노리는 금융회사가 증가하기 시작한 것이다(김호균, 2013: 412-413).

미국의 경우 금융위기 이후 금융위기의 주범들에 대한 처벌이 진행되었다. 오바마 당선 이후 미 사법부는 이들에 대한 형사소추를 포기하고 기소유예 및 불기소 합의를 통한 벌금형을 판결하였다. 일종의 합의금으로 거두어들인 금액은 2009년 53억 달러, 2010년 46억 달러, 2011년 30억 달러였다. 미국 사법부는 금융회사를 형사기소하거나 형사처벌할 경우 미국 경제는 물론 세계 경제가 타격을 입을 수 있기 때문에 기소를 포기한다는 '부수적 결과'의 논리를 내세웠다(Taibbi, 2015). 부시 정부 때는 파산남용 방지 및 소비자 보호법, 산업 대규모 지원법을 제정하고 증권거래위원회는 상위 5대 투자은행의 자본준비금 기준을 낮춤으로써 3개 은행의 파산위기를 벗어날 수 있게 하였다. 부시 정부 때 규제기관들은 은행에 대한 연방정부의 규제를 완화했을 뿐만 아니라 주 정부의 규제를 방지하는 방향으로 움직였다(Pasquale, 2016: 188).[16]

한편 금융자본은 뉴딜연합의 좌절 이후 전 세계적으로 확산되었다. 유럽의 국가들도 미국의 영향을 받아 1980년대부터 금융자유화를 본격적으로 시도하였다. 1988년에는 유럽공동체의 모든 회원국들이 2년 내에 자본통제를 철폐하기로 약속하기도 하였다. 영국과 일본은 런던과 동경을 자유주의적인 금융 중심지로 만들기 위해 자발적으로 자유주의적 조치를 실시하였다(Helleiner, 2010: 186). 금융지구화는 뉴딜연합에 대해 월스트리트[17]의 금

---

16) 미국은 금융시장부문 규제가 엄격한 상업은행에서 규제가 심하지 않은 비은행 영역으로 넘어가게 되었다. 금융감독 당국도 은행들이 자체적으로 설립한 그림자 은행에 대해 알고 있었지만 개입을 하지 않았고 은행들이 대차대조표 밖에서 운영하는 유가증권을 묵인하였다(Hermann, 2014: 243). 미국의 경우 1972년 증권업 최상위 50개사가 운영한 자본금 규모의 크기가 약 27억 달러였지만 2004년에는 약 7천억 달러로 늘어났다. 이들 투자은행이 관리한 자산은 1986년도에 200억 달러였지만 2004년도에는 9천억 달러를 넘어섰다.

17) 월스트리트는 미국의 유명대학 출신들이 주요 직책을 장악하고 있고, 그 가운데서도 백인 남성이 압도적 비중을 차지하고 있다. 이들의 엘리트주의는 똑똑한 두뇌를 강조하고 똑똑함의 문화는 세계적 확산을 가져오고 금융의 세계적 영향력을 정당화하며

융자본이 영향력을 회복하게 된 세력관계 재편의 산물이고, 미국이 국제체제에서 자신의 구조적 권력을 동원하여 헤게모니를 재확립하기 위한 전략적 선택의 결과이자 지구적 금융시장에서 금융지대의 수취를 확대하기 위한 방법이었다(장진호, 2013: 194-195).

2008년 금융위기는 자본주의가 가지고 있는 근본적인 문제점, 이윤율의 경향적 저하, 과잉생산, 유기적 구성의 고도화에 의한 자본주의의 고유한 문제점에 기인한 것이기도 했다. 따라서 금융위기는 국가의 공적자금투입, 금융기관의 감독 및 사회화 등에 의해 해결될 수 있다는 주장도 제기되는 것이다(김성구, 2014: 306). 이러한 위기조짐은 2005년도부터 나타나기 시작하였다. 주택판매부진, 주택가격하락이 나타났고 주택담보대출유동화증권의 가치도 평가절하되기 시작하였다. 주택담보대출 관련 시장의 붕괴는 취약한 금융구조를 더욱 불안정하게 하였다. 그 후 금융기관의 연쇄적 파산이 시작되었고, 가계 및 비금융기업에 대한 신용공급의 위기가 이어졌다(Duménil and Lévy, 2014: 67-70). 사실 이러한 위기는 1987년 주식시장의 붕괴에서 조짐을 보였다. 1980년대 이후 미국의 경제팽창과 달러 상승으로 미국의 경상계정 적자는 늘어났고, 1985년 선진 5개국 중앙은행 총재들은 미국의 무역수지 개선을 위해 일본 엔화와 독일 마르크화의 평가절상을 유도하기로 합의하였다. 소위 '플라자 합의'로서 독일마르크화는 달러화에 대해 7%, 엔화는 8.3% 오르고 2년 동안 미국의 달러가치는 30% 이상 급락했다(Helleiner, 2010: 230). 이후 주식시장 위기 이후 일본은 금융자유화와 탈규제화를 강화하고 동경 주식시장의 위상을 높이게 되었다. 1988년 주식시장 시가총액 기준으로 볼 때 일본의 금융기관 25개가 세계의 상위권을 차지하였다.

신자유주의는 자본의 다른 부분들을 희생하는 대가로, 모든 것을 금융화

제국주의적 실천을 당연시하고 금융의 지배를 낳는다. 이들은 돈을 향한 탐욕이 인종차별이나 성차별과 같은 다른 나쁜 생각들을 중화하는 이해관계라고 믿는다. 또한 이들은 경제성과가 인종, 계급, 성별과 같은 외부성이 아니라 기술과 능력, 교육을 통해 구성된다고 본다(Ho, 2013).

하고 자본축적의 권력 중심을 소유주와 그 금융기구들에게 재위치시켰다.[18] 금융기구들의 지원과 금융 시스템의 통합은 신자유주의 국가 집합체의 주요 관심사가 되었다(Harvey, 2010: 39). 신자유주의 국가는 자본 움직임의 원활함을 위해 장벽들을 파괴하고 독점적인 자본축적의 전 지구적 힘들을 위해 시장을 본격적으로 개방하게 한다. 신자유주의 국가는 경쟁적 지위를 향상시키기 위해 내적 재조직화를 시도하여 새로운 제도들을 만들어낸다. 때로는 신자유주의 국가는 국경을 가로지르는 자본에 방해되는 장애를 제거하고 세계적 교환을 위한 시장개방을 추구한다. 이 때문에 신자유주의는 민주적인 절차보다는 전문가와 엘리트의 통치를 선호하며 때로는 경쟁과 자유를 지켜주는 법에 의한 통치를 선호한다(Harvey, 2007: 89-90).

신자유주의는 증권화, 파생상품 등을 통해 대중 삶의 가능한 모든 것을 상품화하고 더 많은 대중들을 끌어들여 자본축적을 더욱 강화한다. 증권화는 물적·비물적 자산에 대한 권리를 증권으로 나누어 거래할 수 있도록 하는 것이다. 이것은 자산의 분할거래나 포트폴리오 투자를 가능하게 하여 자산가치의 상승과 이자 및 배당 수익을 통해 불로소득을 올릴 수 있게 하는 것이다(지주형, 2015: 370). 전 세계에서 파생상품의 규모는 2002년 1조 5천억 달러였지만 2007년에는 46조 달러로 성장하였다. 또한 미국에서 '신용디폴트스왑(credit default swap)'과 같은 기법이 나타났고 이것은 수익과 위험을 교환하기 위한 당사자들 간의 합의이다. 신용디폴트스왑 판매자는 주어진 금액의 신용 위험에 대한 보증 대가로 정기적 프리미엄을 지불하고 구매자는 수익을 대가로 위험부담을 안고 대출이 부도난 경우 손실을 보상해야 한다. 이를 기회로 은행들은 위험보험 분야에 본격적으로 진출했고 자

18) 금융화는 기관투자가를 중심으로 한 금융자본이 주식지분의 확대와 같은 수단을 통하여 산업자본을 자신의 지배하에 복종시켜가는 증거로 이해될 수도 있고, 다른 한편으로는 비금융기업들이 금융자산에 대한 투자를 확대하고 금융업에 진출하는 것으로도 볼 수도 있다. 금융화의 본질은 자본의 유연화이고 이 유연화가 금융적 수단과 결부된 것이 바로 금융화로 볼 수 있다. 특히 한국 사회에서는 금융화는 노동시장의 유연화, 주식시장의 확대와 함께 진행되었다(유철규, 2008).

산구성에 위험보험 상품을 포함시키는 등 매우 공격적인 행동을 하기 시작하였다.

2007년 한 해 신용디폴트스왑에 가입한 위험자산은 약 45조 5천억 달러였다. 2007년도부터 시작한 세계금융위기는 탈규제화된 공간에서 활동하는 유사은행의 발달과 과도한 금융화에 원인이 있었다(Sapir, 2012: 141-142). 이러한 모든 활동은 국가의 개입 없이는 불가능하다. 신자유주의의 본질이라고 할 수 있는 금융화는 자본권력이 자본에 유리한 정치적 결정을 내리도록 국가에 압력을 행사하거나 유인함으로써 가능한 것이다. 또한 금융자본은 투자은행, 신용평가회사를 통해 전 세계의 자본시장에서 자산의 가치에 대한 평가를 수행하고 금융자원을 분배하는 영향력을 행사한다(지주형, 2015: 370).

현대사회의 부채경제는 채무를 이행할 능력, 약속을 행하고 유지할 능력을 가진 개인, 자기에 대한 노동을 수행하는 주체를 요구한다. 이러한 사회부채는 개별인간들의 품행통치의 개별화, 인구조절의 전체화를 위해 권력작용을 요구한다. 복지국가는 탄생, 죽음, 질병과 같은 개별성원들의 삶에만 개입하는 것이 아니라 자신에 대한 윤리적 노동, 책임감, 죄책감 등이 뒤섞인 개별화를 촉진하기도 한다. 신자유주의는 바로 이러한 면에서 볼 때 부채경제를 오히려 강화하고 있는 것이다(Lazzarato, 2012). 신자유주의는 부채만을 만들며 채무자를 채무에서 해방시켜줄 가능성을 보여주지 않는다. 채무로부터 영원히 벗어날 수 없다는 것은 인간들, 즉 성과주체를 우울증에 빠뜨리고 심리적 파산상태를 초래한다(한병철, 2015(b): 32). 이러한 금융체계는 개인주의, 경쟁주의를 심화시키고 투기적 성향과 만성적 불안정성을 자연스러운 현상으로 받아들이도록 개인들에게 강요한다. 신자유주의적 금융화는 1970년대 이후 규제완화정책 등을 통해 금융자본 및 금융엘리트의 지배력을 복원시키는 장기적인 기획이었다(이지원·백승욱, 2012: 93).

금융자본주의는 금융지대와 소비자 부채를 창출하였고 전 지구적인 자본을 확장시켰다.[19] 대중들은 신자유주의가 초래한 불안정한 삶 속에서 줄어든 소득과 소비능력을 소비자 신용확대를 통해 보상받고자 한다. 이러한 대중의 바람은 다양한 금융상품과 서비스를 제공하면서 대중들의 일상을 금융화하게 된다(장진호, 2014: 349). 이는 부채인간을 낳고 동시에 투자자 주체를 낳는다. 부채, 즉 채권자와 채무자 사이의 힘 관계를 구성하고 발전시키는 일이 현대경제의 동력이 될 수 있다. 이러한 부채경제의 기반은 사회보험 메커니즘의 민영화, 사회정책의 개인화와 관련되어 있다.[20] 채권자와 채무자 관계는 복지수혜자, 노동자, 소비자를 채무자로 전락시킨다. 이러한 채무자는 일종의 부채의 권력효과, 죄책감과 책임감을 낳게 된다. 부채사회에서 개인들은 금융기관의 신용등급에 따라 개인의 능력이 평가되며, 사람들은 미래에 노동해야 할 시간과 노동능력을 현재의 시점에서 계획하며 설계한다. 이제 부채는 인간의 시간을 설계하고 통제하며 인간의 시간은 화폐가치로 환산된 시간표가 된다(전주희, 2015: 38). 이들은 미래의 희망 속에서 스스로 채무자가 되는 것을 선택하며 현재의 채권자인 자본에 구속당한다(최철웅, 2013: 309).

한편 신자유주의에서 국가는 광범위한 규제 철폐와 민영화를 추구하고 있으며, 국가의 책무를 시장과 사적인 자선행위에 떠넘기고 있다. 영국의 경우 대처 정부 이후 이익을 내는 국영기업을 민간기업에 파는 민영화정책을 강화하였다. 민영화는 국영기업을 인수한 민간기업의 수익성을 보장하기

---

19) 이러한 현상을 마라찌는 노동의 생명정치라는 관점에서 해석한다. 포스트포드주의 생산전략으로서 노동의 생명정치는 사람들의 총체적 삶을 노동에 투입한다. 이때 인간의 지식과 인지능력이 중요시되며 그러한 지식과 인지능력은 협력하는 살아 있는 생산적 신체 속에 구현되고 인간들의 관계적이고 의사소통적인 요소들도 자본의 가치창출에 기여한다. 가치생산을 외부화하는 과정에서 소비자는 상품과 서비스의 공동생산자가 된다. 금융지대의 생산은 잉여가치를 담지한 상품과 서비스의 판매를 위한 유효수요를 창출한다(Marazzi, 2013: 146-147).

20) 사회보험은 서구에서 19세기 노동자를 비롯한 대중들의 권리와 안전보장이라는 차원에서 국가주도로 실행되었다. 국가는 이를 통해 국가의 존재, 유지, 영속성도 보장한다. 사회보험은 혁명을 방지하는 보험이기도 하였다. 사회보험은 연대주의에서 표명되고 프랑스공화국이 추구한 도덕성을 보여주는 것이었다. 사회보험은 유럽사회가 사회와 사회적 문제를 일반화된 리스크 테크놀로지의 측면에서 분석하기 시작한 것을 보여주며 사회가 하나의 거대한 보험체계로 그려지고 산업사회가 자신을 조직하고 규제하는 원리를 갖추어 나가기 시작한 것을 말해준다(Ewald, 2014).

위해 이전의 독점상태를 용인하거나 헐값에 매각하는 것이었다. 이 기업을 인수한 민간자본은 주주가치를 높이기 위해 이윤, 배당, 주식가격에 관심을 가졌고 그 결과 단기성과에만 집착하여 장기적인 투자를 소홀하게 하였다. 그 결과 서비스 질저하, 사고율 증가, 요금인상 등의 부정적인 현상만 발생하게 되었다(김수행, 2012: 24).

신자유주의가 국가개입을 반대하고 자유방임적 시장만을 강조하는 것은 아니었다. 단 기업의 자유를 제한하고 노동자의 권리를 보호하며 고소득에 과도한 세금을 부과하는 국가개입을 반대한다. 즉, 신자유주의는 사회민주주의적 타협국가를 거부하는 것이지 국가 일반의 성격을 모두 거부하는 것은 아니라는 것이다(Duménil and Lévy, 2014: 131). 중요한 것은 국가가 개입해야 하는가에 대한 단순한 질문이 아니라 어떠한 종류의 국가개입이 필요한가에 대한 논의이다(Žižek, 2010: 7).

IV. 신자유주의와 노동 문제 그리고 불평등

신자유주의 시대의 빈곤은 과거의 빈곤 문제와는 달리 소득지원정책이나 일자리 창출만으로는 해결될 수 없고 세계의 정치경제적 문제와 그와 관련된 구조적 분석을 떠나서는 해결될 수 없는 성격을 지니고 있다. 이러한 신빈곤은 경제적 차원으로만 포착되지 않는 상대적 빈곤, 사회적 배제, 위험노출 등 다층적인 결핍의 문제를 안고 있다. 신빈곤은 경제활동에 참여하면서도 빈곤상태로부터 벗어나지 못하거나 일시적 질병이나 실업이 발생할 경우 절대빈곤으로 떨어질 수 있는 위험성을 일상적으로 지니고 있다(도승연, 2014). 현대사회에서 구직자들은 일자리 찾기에서 고용주보다 불리한 위치에 서 있는 것은 분명하다. 고용주들은 과거보다 구직자들을 탐색하는 일이 더 쉬워졌고 비용도 저렴해졌기 때문에 완벽한 자격을 갖춘 구직자가 나타나기를 기다리거나 시장가격 이하의 급여를 받고도 일할 사람들을 찾게 된다. 기업은 'just-in-time' 방식으로 인력을 구하기가 과거보다 용이해졌고 학생층은 스스로 스펙을 쌓기 위해 노력하고 기업에서 해고되거나 스스로 퇴사한 사람들이 넘쳐나면서 구직자들 간의 경쟁은 더욱 치열해질 수밖에 없다(Cappelli, 2013). 이러한 현상들 때문에 신자유주의하에서 실업자와 구직자들은 사회적 배제와 실업 등의 위험에 일상적으로 노출되어 있는 것이다.

신자유주의의 유연성은 노동시장에서 분명하게 나타난다. 인간들 관계의 결속 끊기와 자본과 노동의 연계가 느슨해진 가벼운 자본주의가 도래한 것이다(Bauman, 2009(a): 237-239). 유연화는 과거의 포디즘시대의 노동과 비교했을 때 노동자들에게 결코 자율성을 준 것은 아니었다.[21] 자유로운 근무시간의 선택은 오히려 다양한 기술매체에 의한 통제나 작업장 밖에서의 통제로 강화되었다(Sennett, 2002: 78-79). 이러한 변화는 노동력의 수요변화에도 영향을 주었고, 노동자들 내부 사이의 임금격차를 심화시켰다. 그 결과 미국은 2000년대 들어 노동시장 여건이 악화되고 실업률도 증가하였고, 빈곤층 가운데 노동시장에서 일자리를 찾는 사람들의 규모도 줄어들었다(이성균, 2005).[22]

미국의 불평등은 금융위기 이후 더욱 악화되었다. 최상위 5분위층만 소득

---

21) 포디즘 이후로 사회의 훈육은 광범위하게 이루어졌고 일국적 차원에서 사회적 집중, 자기규제의 특징을 보여준다. 즉 포디즘하에서 훈육은 전체화하며 사회생활의 모든 측면들을 합리화한다. 개인들은 자신들의 행동에 대해 스스로 책임일 수 있어야 했고, 사회는 개인들의 자율성을 증대시켜 내적인 자기규제를 강화했다(Fraser, 2010: 203-206).

22) 거대기업들은 생산에 필요한 원료를 얻는 대가로 무기거래와 내전, 반란, 폭력적인 군정 등에 자금을 지원하기도 하고 불법적인 아동노동을 이용하고 가혹하게 착취하기도 한다. 디즈니의 하청공장에는 시간당 1.35달러를 받고 7~15세의 어린이가 노동자로 취업하고 있는 경우도 있다. 방글라데시의 디즈니 하청공장의 노동자들은 하루에 14시간 이상 일을 하고 임금은 디즈니 셔츠 1장당 5센트를 받는다. 중국 내에 있는 서구의 완구제품공장의 경우 1주일에 평균 최저 80시간의 일을 하며, 대부분이 법정 최저임금 이하를 받고 있다(Werner and Weiss, 2008).

이 증가했을 뿐 나머지 집단들은 소득이 감소하거나 정체하였다. 그 결과 2012년 지니계수는 0.477을 기록하기도 하였다. 2011년도에는 미국 상위 10% 소득이 전체 소득의 46% 이상을 차지하였다. 전체 임금노동자 28%가 저임금근로자였고 인종별로는 히스패닉과 흑인층에서 저임금근로자 비율이 높게 나타났다. 백인의 빈곤율은 2012년도 기준으로 보면 9%대, 히스패닉의 빈곤율은 25%대, 흑인은 27%로 나타나 인종 간의 불평등이 크게 차이가 있음을 보여주었다. 이러한 위기 속에서 미국의 빈곤인구는 고용의 질 저하와 함께 실업의 위기도 겪었다(김윤태, 2015(c): 86-95).

신자유주의는 국가의 간섭을 축소하여 개인의 자유와 이익이 증진될 수 있는 사회를 지향한다. 또한 신자유주의는 케인즈주의적인 수요관리정책을 거부하고 통화주의를 중시하며 소득재분배보다는 감세정책을 지향한다. 신자유주의는 수요관리 위주의 정책이 공급부문의 문제를 야기시켰다. 이들은 사회보험은 일하는 사람들에 대한 조세로 재원을 조달하는데, 이것은 고용주의 비용을 증가시키고 새로운 노동자들을 고용하는 것을 어렵게 한다. 결국 실업수당 수급자를 양산하고 연쇄적으로 더 많은 조세를 증가해야 한다.(Butler, 2015: 214). 이는 결국 세계시장에서의 경쟁력을 약화시키고 기업은 생산시설을 해외로 이전하거나 자동화전략을 취하게 된다.

이와 같이 신자유주의는 노동중심적 복지국가, 노동과 연계된 복지를 주장하고 복지의 최소화를 통해 노동력 재상품에 집중하는 최소한의 복지를 주장한다. 신자유주의는 복지국가를 해체하고 자유시장에 맡기는 것이 장기적으로 보면 사회 전체의 복지를 증대하는 일로 생각한다(김종일, 2001: 28-54). 이들은 통화안정화를 추구하기 위해 대량실업과 노조의 저항 문제에 대해서는 무관심 반응을 보였다. 특히 1980년대 이후 인플레이션이 심화되자 서구의 국가들은 국가부채를 대안으로 사용하기 시작하였다. 국가의 신용을 담보로 민간자본시장으로부터 빚을 얻는 국가부채는 임금인상, 복지규모, 사회개혁을 지연시키는 빌미가 되었다. 인플레이션으로 인한 국가부채의 평가절하로 인해 국가부채의 부담은 더욱 커져 갔다. 1990년부터 각 국가는 채무상환금에 대한 부담이 커져 갔고, 미국은 복지 지출 규모를 삭감하고 예산의 균형을 이룰 것을 요구하였다. 왜냐하면 이들 국가들은 OECD, IMF 등의 노선을 따라 경제정책을 실시해야만 했기 때문이다. 이 영향은 가계경제에도 영향을 미쳤다. 소득감소와 생계위험을 국가는 금융자유화의 물결 속에서 가계부채를 통해 해결하고자 하였다. 국가복지 자원으로 해결할 수 없는 것을 가계부채로 해결하고자 하였고 모든 책임은 개인들의 책임으로 전환되었다. 이제 국가가 책임졌던 성장과 사회보장은 국가로부터 이탈되었고 그 책임은 개인들의 몫이 되었다(Streeck, 69-71).

바로 이점은 신자유주의의 승리 가운데 하나였다. 이는 금융자유화, 금융개방과 연관되어 있다. 신자유주의의 흐름과 함께 국제금융 기관의 힘은 커져 갔고, 금융기관의 지원은 사회정의의 이름으로 시장을 수정하려는 정치적 간섭으로부터 시장을 보호하여 민주주의를 훼손하는 신자유주의의 무기였다(Streeck, 2015: 142).

신자유주의 시대는 임금을 불안정한 상태로 만들었으며 자본투자를 정체상태로 만들었다. 자본주의하에서 고용은 기업의 자산이 아니라 의무이자 부담이 되었다. 기업은 이윤을 안정되게 확보하기 위해서 인원감축에 우선 관심을 두게 되었다. 과학기술의 발전과 함께 생산에 미치는 노동의 역할이 늘어나지 않게 되었고 기업은 노동의 재상품화에 관심을 갖지 않게 되었다. 이는 복지국가의 축소와도 연관되어 있다. 국가가 대중들에게 최저생계의 국가보장을 하는 것에 대해 기업들은 반대했고, 이에 따라 사회적 안정망은 약화되었다(Bauman, 2010: 98-107).[23] 이 상태에서 이윤을 실현하는 문제

---

23) 신자유주의는 금융과 노동 부문뿐만 아니라 농업, 먹거리의 영역도 변화시켰다. 미국의 초국적 기업에 기반한 농식품기업들은 WTO 농업협정에 의해 그 영향력을 확대하였다. 농식품의 상품화, 장거리 이동, 지역농업의 파괴, 먹거리 위험과 불투명성을 증가시켰고 농민경제는 황폐화되었고 소비자들의 건강은 과거보다 더 위험에 빠지게 되었다. 현대사회에서 먹거리의 위해는 구조적 요인에 의해 발생하고 있으며, 복합적인 위험의 성격을 지니고 있다. 그리고 그 발생과 피해가 세계화되고 있으며 개인들의 위험회피 전략은 선택의 폭이 좁다. 먹거리 문제는 기술적 요인이나 환경적 요인에 의해 그 위험이 커져가고 있으며, 초국적 농식품복합체들이 농업 및 먹거리 전체를 지배하는 단계로 진입하고 있다(김철규·윤병선·김흥주, 2012). 특히 식량 문제가 악화되고 있는데 옥수수가 연료로 활용되고 옥수수, 콩이 사료로 이용되면서 식량위

는 비임금소득을 통한 소비에 의존하게 만든다. 자본의 재생산이 이루어지는 것은 한편으로는 금리생활자의 소비증가가 있어서 가능한 것이고, 다른 한편으로는 부채를 통한 임금생활자의 소비가 있어 가능한 것이다(Marazzi, 2013: 42).

신자유주의에 바탕을 둔 다양한 정책들을 계급권력의 회복을 위한 시도였다. 1970년대부터 시작된 자본축적의 위기는 전 세계적으로 실업증가, 인플레이션 심화를 낳았다. 이어 경제성장이 멈추고 자산 가치는 떨어졌으며 상위계급들의 수익도 하락되기 시작하였다. 위기를 극복하기 위한 신자유주의정책들의 효과는 시간이 지나면서 나타나기 시작하였다. 미국의 경우 소득 상위 1퍼센트가 전체 소득 중 차지하는 비율은 증가하였고, 많은 부가 극소수 상위계급에 집중되었다. 반면 최상위 개인의 세율은 점차 낮아졌고 생산성은 높아졌으나, 노동자들의 실질임금은 감소하기도 하였다(Harvey, 2007: 32-33). 미국의 상위 1%의 소득은 지난 25년간 3배 이상 증가하였다. 서구의 다른 국가들의 경우 상위 1%의 소득 변화는 크지 않았지만 미국은 다른 국가들보다 그 상승폭이 컸다(Hacker and Pierson, 2015: 66).

특히 최상위 납세자 0.1% 가운데 40%는 금융업 종사자나 기업경영자들

기가 심각한 문제로 전개되고 있다(김철규, 2008). 먹거리 문제는 한국인의 음식소비의 변화를 가져왔다. 1980년에 비해 2007년도 기준 육류 수요는 5배 이상 늘어났고 채소는 1.3배 정도 증가했으며 과일 수요는 4.3배 증가하였다. 세계적 수준에서 육류 소비량의 증대와 에탄올 생산의 증대도 옥수수 수요의 증가에 영향을 준다. 거대한 농산품 생산업체들은 생산성을 높이기 위해 화학비료를 사용하고 이는 토양의 산성화를 가져온다. 농산물 생산과정에서 농민들의 역할은 감소하게 되고 영농은 더 이상 생계유지 수단이 될 수가 없게 된다. 이에 따라 농촌탈출이 가속화되고 식량의 생산, 가공, 수송을 모두 석유에너지에 의존하기 때문에 석유에너지의 문제가 식량위기를 가져올 수도 있다(김종덕, 2011). 세계은행과 IMF의 구조조정 요구로 인해 세계의 영세농들은 대자본의 기업농에게 자리를 내주면서 빈곤으로 더 내몰리게 되었고, 2008년 금융위기를 전후로 농산물에 대한 선물투기가 늘어나면서 식료품 가격은 상승하기 시작하였다. 또한 모기지를 기반으로 한 주식과 파생상품 거래가 무너지기 시작하자 헤지펀드 등 투기세력이 원자재 선물시장으로 몰려든 반면, 농산품 생산량은 늘어나지 못하여 가격폭등이 나타날 수밖에 없었다. 이에 따라 세계의 탈농화와 농촌해체는 가속화되었고 식량 문제는 더욱 심각해져갔다(Bello, 2010).

이 차지하였다. 상위 1%의 소득은 지난 시기보다 크게 상승했지만 오히려 세율은 하락하였다. 1980년부터 2003년까지 세금과 복지혜택을 통한 불평등 완화 비율은 줄어들었다. 이것은 미국 사회에서 최상위 부유층의 부가 급속도로 커지고 그에 따라 계층 간 불평등이 더욱 커지고 있음을 보여주는 것이다. 이러한 불평등을 완화할 정치세력들의 노력은 시간이 갈수록 약화되었다. 미국의 민주당은 점차적으로 불평등을 완화하는 정책을 소극적으로 추진하는 대신 경제운용의 능력을 갖춘 정당 이미지를 갖기 위한 노력을 강화하였다. 이에 따라 부유층에 대한 감세는 점차 늘어났고 교육, 의료, 에너지 자립 등 공공 인프라개선과 사회복지에 투입될 예산은 축소되기 시작하였다. 미 의회 내에서 부유층을 위한 법안이 통과된 것은 공화당만의 힘이 아니라 민주당의 많은 의원들의 지지가 있었기 때문에 가능한 것이었다(Hacker and Pierson, 2015: 375-396).

신자유주의는 개인의 책임성과 책무를 강조한다. 개인의 책임성과 의무, 국가 간섭으로부터의 독립, 시장에서의 기회와 법 앞에서의 평등, 독창적이고 기업가적인 노력에 대한 보상, 자기 자신과 자기 재산에 대한 보호, 계약과 교환의 선택들에 주어진 폭넓은 자유를 허용하는 개방 시장 등이 바로 그것이다(Harvey, 2010: 87).

신자유주의는 시장의 변동성과 불안정성을 근거로 하여 개인에게 리스크를 떠넘기고 개인책임, 개인경영, 부의 창출이 매우 중요함을 강조한다. 특히 리스크 관리는 더 이상 국가의 전적인 책임이 아니라 상품화된다. 금융상품이 된 리스크 관리는 자본축적을 확대하고 자본을 견제할 수 있는 세력을 약화시킨다.

경제적 리스크 관리의 금융상품화로는 펀드, 포트폴리오 투자, 파생상품 등이 있고, 생애 리스크 관리 상품으로는 연금과 보험이 있다. 이것들은 자본축적의 과정을 주도하기도 하고 정치적·사회적 권력을 약화시키기도 한다. 리스크는 결코 공개되지 않는다. 금융계는 리스크를 피할 수 있다고 공언하고 위험상태에 빠져도 투자자들에게 수익을 받을 수 있다고 말한다. 이를 바탕으로 신용부도스왑의 개발자들은 금융 리스크에 정확한 가격을 매기는 것이 가능하다고 보았다. 금융공학자들은 이것을 투자를 확대할 수 있는 리스크의 상품화 기술이라고 믿었다. 그들은 미래를 예측할 수 있고 투자자들의 리스크를 객관적으로 관리할 수 있다고 믿었다(Pasquale, 2016: 200-203). 금융자본은 리스크가 확산됨에도 불구하고 더욱 번영하였고 투자자들은 그럼에도 불구하고 예측 불가능한 미래에 투기를 하였다.

그렇기 때문에 신자유주의를 국가가 자본에 유리한 환경을 만들고 투자 및 리스크 관리를 상품화하며 금융 및 비금융자산의 가치상승에 기여하여 자본축적을 뒷받침하는 질서라고 규정하고 있는 것이다. 국가는 때로는 자본의 리스크 관리 실패를 관리하고 자본의 손실을 줄이거나 부담을 줄이기 위해 경기부양책이나 공적자금을 동원하기도 한다. 신자유주의는 리스크 관리를 개인화하여 자본의 권력을 강화함으로써 자본에 대한 비판세력의 힘을 약화시킨다(지주형, 2015: 375-397).

개별 행위자의 리스크 관리에 대한 책임을 강조하는 신자유주의는 합리적인 주체를 강조한다. 이때 개인들의 책임은 자율적이고 능동적인 책무성이 된다. 이를 통해 개인은 리스크를 관리하는 합리적이고 자율적인 책임이 있는 주체로 설정된다(이지원·백승욱, 2012: 111). 개인들도 기업처럼 자신을 창조하고 관리하며 경영기법을 동원해 자신을 평가한다. 계산가능한 주체, 책임지는 주체가 등장하고 이들 주체들은 신자유주의 시대에 자신의 행위, 능력을 계량화하고 자신의 삶을 회계학적 지식의 대상으로 삼게 된다(강내희, 2014: 442).

그렇기 때문에 신자유주의 시대의 불평등의 결과는 개인의 책임이 된다. 사람들은 다른 사람들이 어느 정도 실패했는가를 기준으로 자신의 성공을 측정하고, 다른 사람들의 가치가 어느 정도 하락했는가를 기준으로 자신의 가치의 증가를 측정함으로써 불평등이라는 사회적 문제를 개별적으로 향유되는 유용한 것으로 바꾸어 놓는다(Bauman, 2013(b): 80). 그럼으로써 사회적 불평등은 이제 스스로를 강화할 수 있는 능력을 갖게 되었다. 이러한 점들은 복지국가를 표방하는 현대사회에서도 예외가 아니다. 복지국가하에서도 개인들의 자율성 범위는 확장되고 있지만 과거 국가책임이었던 많은 일들이 개인의 자기관심사로 이양되고 있고, 개인들은 사회적으로 발생하는 문제들에 대해 개인적 해법을 만들어낸다. 자기소유의 기술, 지식, 능력, 재산을 통해 이러한 문제들을 해결하도록 압력을 받고 있고 그를 둘러싼 상호 경쟁은 더욱 치열해진다(Bauman, 2014(a): 76-77).

이러한 점들에 대해 푸코는 신자유주의는 국가의 일반화된 행정적 간섭을 은폐하는 것 이외의 그 무엇도 아니라고 주장한다. 즉, 신자유주의는 국가의 개입을 은폐하는 것 이외의 그 무엇도 아니라는 것이다(Foucault, 2012: 189). 중요한 점은 신자유주의 기반한 세계화는 민주주의의 위기를 낳고 있다는 데 있다. 신자유주의하에서 지배이데올로기는 각종 금융위기를 비롯한 위기의 원인을 자본주의의 문제나 지배세력의 문제가 아니라 금융기관들의 도덕적 해이, 무질서한 개인투자자들의 욕망, 방만한 금융경영 등에서 그 원인을 찾고 본질적인 원인들을 외면하고 있다.[24] 즉, 민주주의를 활성화하고 책임과 자율성을 강화하는 민주주의 전통을 손상시키고 일상적 민주주의를 파괴하고 있다.[25]

---

24) 미국의 금융기관들은 2008년 금융위기 이후 우익단체 티파티의 지원하에 자신들에게 유리한 입법과정을 장악해 나갔다. 티파티가 오바마 정부의 정책을 리버럴의 음모로 공격하는 동안 금융기관들은 로비를 통해 입법과정을 장악해 나갔다(Ross, 2016: 55).

25) 2차 대전 이후 민주주의의 모범모델은 미국식 민주주의로 환원되고 있다. 파시즘과 사회주의 국가들의 비민주적인 행태와 함께 최고의 경제강국을 달성한 미국 정치는 탈맥락적인 차원에서 많은 국가들이 수용해야 할 전형적인 모델이 되었다. 이것은 탈냉전시대로 접어들면서 신자유주의의 강화와 함께 미국의 민주주의는 적절한 규모와 제한된 권력을 행사하는 정부와 규제받지 않는 자본주의 경제로 점차 등치되었다(Crouch, 2008: 19). 특히 미국의 민주주의 정치로부터 큰 영향을 받는 한국은 예외가 될 수 없다. 한국은 헌법적으로 민주와 공화에 원리에 바탕을 둔 정치질서를 강조한다. 신자유주의의 강화와 함께 공화와 민주주의에 바탕을 민주공화국은 위기를 겪게 되며 다양한 사회갈등을 증폭시키고 성원들 간의 신뢰도 위기에 처하게 되는 것은 자명한 사실이다(장명학, 2013).

V. 신자유주의와 한국 사회

미국은 신자유주의를 바탕으로 세계시장뿐만 아니라 안보, 외교 등 국제 질서도 통제하고 규제할 수 있는 위치를 계속 유지하고자 하였다.[26] 이에 영향을 받은 한국의 신자유주의는 외환위기, IMF의 개입, 탈발전국가 논리의 등장, 신자유주의적 논리를 수용한 관료들의 포진, 그리고 국내외 상황에 대응하고자 하는 국가기구 내부의 시도 등이 결합되어 나타난 산물의 성격이 강하다. 예로써 국가가 금융부문, 노동부문에 때로는 적극적으로 개입하는 특징을 가지고 있었다. 한국의 경우 칠레에서 신자유주의가 도입되는 데 결정적인 역할을 한 '시카고 보이'처럼 미국에서 화폐경제학, 통화주의를 배운 신자유주의자들이 엘리트 관료로서 한국의 주요 경제정책을 수립하는 데 결정적인 역할을 하였다. 한국 경제가 1980년대 이후 서서히 신자유주의의 큰 흐름을 유지했던 것은 바로 이들 관료들의 힘이었다(강내희, 2014: 96-97).

이러한 사고를 가진 관료들은 1970년대부터 부각되기 시작하였다. 특히 1970년대 서강학파와 한국개발연구원을 중심으로 자리 잡은 미국유학파 관료들은 경제개발계획을 통해 왜곡되었던 자본주의가 시장 기능을 회복해야

26) 과거 미국은 아시아지역에서 '미국 중심의 반공전후질서'를 구축하고자 하였다. 이 정책의 일환으로 미국은 동아시아 국가들에게 군사적 원조뿐만 아니라 경제수단을 적극 활용하였다. 미국이 주는 특혜를 바탕으로 아시아 국가들은 자국 상품의 미국시장 수출을 장려하는 수출주도형 경제정책을 통해 경제성장을 이룩할 수 있었다. 미국이 한국 사회의 민주주의와 산업화 과정에 미친 영향은 누구도 부인할 수 없다. 일부는 미국이 한국 사회에 자유민주주의 문화와 민주제도가 정착되는 데 주도적인 역할을 하였다고 주장한다(정일준, 2014: 17). 미국이 해방 직후 한국 사회에 부여하고자 한 질서는 반공에 기반한 보수적인 자유민주주의질서였다. 대중이 적극적으로 참여하는 아래로부터의 민주주의가 아니라 친미적이고 반공에 투철한 엘리트들이 주도하는 의회민주주의 질서였다. 미국은 사안에 따라 한국 사회의 민주화 과정에 적극적으로 개입하기도 하고 방관하기도 했지만 궁극적으로 자유민주주의 질서를 정착하고자 했다는 점은 분명하다. 또한 미국은 한국인의 의식과 실천에서 민주주의가 무난히 작동하는 데 도움이 되도록 개입하였다(정일준, 2014: 52).

하며 이를 통해 작은 정부를 지향해야 한다고 주장하였다. 특히 정부가 영향력을 가지고 직접 소유하고 있는 국영기업들을 민간에게 매각하는 민영화를 주장하고, 특정 산업부문이나 대기업에 특혜를 주는 정책을 폐지해야 한다고 주장하였다(박태균, 2004: 49).[27]

거시경제적 접근을 선호하고 시장에 대한 정부통제에 반대한 경제기획원 관료들은 주로 미국에서 유학한 경험이 있었고 자유개방 시장정책을 주장하였다(김형아, 2005: 300-301). 그러나 중화학공업 우선정책의 문제점이 서서히 나타나자 1978년 상공부 중심의 엘리트들과 김정렴·오원철은 물러나고 경제안정화정책을 주장한 신현확이 등장함과 동시에 경제기획원 관료들이 힘을 얻게 되었다. 이들은 경제에 대한 정부의 과도한 통제에 반대했고 시장을 더욱 개방하고 기업에 더 많은 선택의 자유를 줄 것을 주장하였다. 박정희 정권 몰락 후 1980년 한국을 방문한 IMF 조사단은 한국의 경우 은행의 자율화가 진행되면 한국 경제는 지속적으로 성장할 수 있으며, 특혜대출을 막아야 하고 정부의 금융권에 대한 개입을 최소화할 것을 주문하였다(박태균, 2004: 55).

그러나 이 당시의 경제 흐름은 신자유주의의 전면적 등장으로 설명하기는 어렵다. 본격적인 금융자유화, 시장개방, 민영화의 현상이 나타난 것은 1990년대 말부터였다. 물론 전두환 정권 시기부터 금융자유화의 흐름이 시작된 것은 분명하다. 박정희 정권의 강력한 국가개입적 발전국가 모델에서

---

27) 당시 한국은 초국적 자본을 위한 저임금 노동자 인력제공의 역할을 수행하기도 하였다. 가령 나이키는 하청업에 의존한 생산방식을 취하면서 1970년대 한국의 남성 중소기업에 하청을 주었다. 이들 중소기업은 당시 군사화된 국가에 의해 애국적이고 순종적으로 길들여진 여성노동자들을 고용하였다. 반공주의에 기반한 한국 정치상황에서 부산은 거대한 신발생산 중심지가 되었고 이들 지역에서는 남성 정치엘리트들과 동맹을 맺고 있는 지역 남성들을 하청업자로 고용하여 군사화된 질서를 통해 여성노동자들을 지배하였다. 여성노동자들에게 주는 저임금을 정당화하기 위해 성차별적 사고와 복종적 여성성을 이용하는 것이 기업들의 중요한 전략이 되었다(Enloe, 2015: 65-68). 여성에 대한 차별은 한국 사회의 학력, 인종, 비정규직 등의 차별 등의 관행이 문화적 차별을 야기하고 경제적 불평등에도 영향을 미친다(김원식, 2015: 210-211). 즉 여성 저임금을 정당화하는 문화적 차별, 무시와 배제가 자본의 전략이 되기도 한다.

나타난 수출주도 공업화, 억압적 금융시스템, 강력한 노동통제 등은 전두환 정권의 경제정책에 영향을 주었다. 경제안정화정책을 우선시한 전두환 정권은 민간주도의 경제로 전환하기 위한 시도를 하였다. 그 가운데 재벌 통제에 대한 완화, 시중은행 정부 보유지분 매각, 재벌의 비대화 등은 과거 발전국가적인 경제모델을 이탈하고 있다는 것을 보여준 하나의 증거였다. 안정화정책, 자유시장경제로의 이행 등의 과정에서 과거 발전주의적 통제는 약화되었고, 대기업의 영향력은 점차 커짐으로써 발전주의적인 연합형태가 균열되기 시작하였다(전창환, 2004(b): 127). 이때부터 금융시장개방, 은행민영화, 무역개방 등의 기조가 경제기획원, 재무부를 중심으로 강조되기 시작하였다. 당시 재무부 장관이었던 강경식은 '경쟁 없이는 경쟁력이 생길 수 없으며 경쟁력이 없으면 생산력, 기술도 발전될 수 없다'고 생각하였다. 그는 경제발전은 무역개방에서 시작한다고 믿었다(육성으로 듣는 경제기적 편찬위원회, 2014: 533-534). 이러한 생각은 당시 경제부처의 주요 각료들의 일반적인 사고였고 김영삼 정부 이후 많은 경제관료들이 그러한 기조 위에서 경제정책을 실천하였다.

그런데 한국 사회에서 본격적으로 신자유주의가 출현한 것은 민주화 과정 이후이다. 정치적 자유가 실현되면서 경제적 자유는 신자유주의적인 모습을 보여주었다. 특히 민주화의 공고화 단계인 김대중 정부와 노무현 정부 당시 신자유주의적인 정책이 본격적으로 나타났다. 그 이유는 먼저, 경제위기 극복을 위해 시장친화적 정책들이 필요했다는 논리가 있었다. 둘째는, 글로벌 경제에서 한국 경제의 부활과 혁신을 위해 신자유주의적 정책들이 필요했다는 이유이다(조찬수, 2014: 44). 민주화 이후 한국의 정치상황은 민주적인 절차와 제도가 안착되고 있었지만 대중들의 삶의 질과 복지의 수준은 그렇지 못하였다. 경제는 자유화되고 있었지만 단순히 기업의 경쟁력 확보, 성장과 발전이라는 담론의 틀에 갇혀 있었다.

한국의 산업화의 축적기반은 저임금 노동력이었는데 이를 위해 노동의 상품화가 필요하였다. 그러나 최소한의 노동력 보호와 노동의 재생산을 위해 사회복지정책이 일정 정도 필요하였다. 복지의 수준과 내용에 대한 사회적 합의 없이 복지정책은 기술관료들에 의해 일방적으로 추진되었다. 과거 권위주의 정부들이 복지제도의 근간이 마련되기 시작한 초기에 국민의 복지 욕구와 장기적 전망에 대한 고려 없이 국가최소부담, 수익자부담의 원칙에 충실한 경제논리에 의해 복지제도의 기초가 형성되었다(정무권, 2000). 외환위기 이후 경제정책이 금융산업과 서비스업을 중심으로 한 혁신과 유연성을 강조하고, 사회복지정책은 노동과 연계된 복지를 중시하며 개인의 자기 책임을 강화하였다.

이러한 내용들은 국가개입의 여부를 기준으로 신자유주의국가, 발전국가를 보는 것이 아니라 복지, 금융, 노동 등의 분야에 국가가 어떠한 내용을 가지고 국가개입을 하는가를 보았을 때 신자유주의 국가로 분류될 수 있는 것들이다(지주형, 2013). 신자유주의는 발전국가로 하여금 새로운 국가개입의 구조를 통해 국제경쟁에서 지위를 향상시킬 수 있도록 한다. 국가권력을 신자유주의 노선에 따라 순응하도록 하는 경향이 최근 등장하고 있다고 볼 수 있다. 한국의 1990년대 말의 현상이 바로 그것이다. 이러한 한국의 신자유주의를, 국가주의를 지향하는 국가와 시장만능주의를 지향하는 신자유주의의 결합이자 선진국 경제도달, 세계화=성장, 발전이라는 한국 근대화의 세례명이라고 표현하기도 한다(김덕영, 2016).

이러한 측면에서 본다면 한국의 복지정책을 복지국가의 개념보다는 복지레짐으로 정의하기도 한다. 민주화 이후에도 한국의 복지정책의 특징을 보면 민간이 복지공급을 주도하는 복지혼합의 형태를 취하고 있다.[28] 2000년도의 경우 GDP 대비 공공사회복지지출이 6.1%, 기업 및 가족이 부담하는 사적복지지출은 5.5%와 9.2%였다.[29] 그리고 사회보험의 적용률이 다른 국

---

28) 과거의 성장지향적·발전국가적인 체제를 대체할 새로운 시스템이 제도화되지 않았고 복지정책을 꾸려 나갈 새로운 원칙과 규범이 제도화되지 않은 상태에서 사회의 각 행위자들은 자신들의 지대추구의 정치에 빠져든 것이다(안재홍, 2013: 445-447).

29) 한국의 공공사회복지지출은 개인과 가구에게 제공되는 사회복지 성격의 정부예산, 사회보험의 급여, 공기업의 취약계층에 대한 요금가면 등으로 구성된다. 정부의 일반지출(중앙정부, 지방정부)과 사회보험의 급여와 공기업의 요금감면은 공공지출이고 반면, 기업의 복지지출과 개인의 후원금 및 모금은 민간지출로 분류된다. 또한 공공부

가에 비해 낮다는 점이다. 〈표 18〉은 복지의 기본인 사회보장제도가 실행된 시기를 다른 국가들과 비교한 것이다. 모든 사회보장제도의 도입시기가 다른 국가에 비해 한국이 매우 뒤처져 있음을 알 수 있다. 또한 1인당 공적

〈표 18〉 주요 사회보장제도의 도입시기 비교

국가	산재보험	의료보험	연금	실업보험
독일	1871(1,817$)	1883(2,143$)	1889(2,379$)	1927(3,941$)
스웨덴	1901(2,515$)	1891(2,105$)	1913(3,096$)	1934(3,991$)
미국	1930(6,213$)	-	1935(5,467$)	1935(5,467$)
일본	1911(1,356$)	1927(1,870$)	1941(2,873$)	1947(1,541$)
브라질	1919(895$)	1923(1,046$)	1923(1,046$)	1965(2,448$)
칠레	1916(2,895$)	1924(3,062$)	1924(3,062$)	1937(3,181$)
한국	1963(1,316$)	1977(3,775$)	1988(7,621$)	1995(11,809$)

* ( )안은 제도 도입시기의 1인당 GDP
* 출처: 양재진(2012: 322)

〈표 19〉 1인당 공적사회지출액수(2007년)

(단위: 달러)

구분	덴마크	스웨덴	독일	프랑스	영국	미국	한국	OECD 평균
1인당 공적 사회지출	9,705	10,493	8,949	9,446	7,448	7,435	1,971	6,595

* 출처: 김윤태·서재욱(2013: 277)

문의 사회복지지출은 정부지출과 사회보험, 조세지출로 구분된다. 정부지출은 사회적 목적을 가지고 재분배적 성격을 갖는 급여를 중앙부처 및 지방정부에서 직접 지출하는 것을 의미하며, 정부지출의 재원은 일반회계, 특별회계, 기금으로 마련된다. 사회보험은 국민연금, 특수직역연금, 건강보험, 노인장기요양보험, 산업재해보상보험, 고용보험이 포함되고 주로 사회보험기금에서 재원이 조달된다(보건복지부, 2011).

사회지출 비용도 매우 낮게 나타나 2011년 경우 공적 사회지출 비중은 9.4%로 OECD 국가 평균 22.1%보다 낮았다. 〈표 19〉는 1인당 공적 사회지출비용을 비교한 것이다.

한국의 신자유주의는 탈규제, 개방, 노동유연화에 중점을 두었다. 특히 외환위기는 한국이 본격적인 신자유주의체제로 접어드는 시점이었다. 외부의 압력으로 신자유주의정책이 강화된 측면도 있지만 당시 김대중 정부는 보다 적극적으로 구조조정 등 신자유주의적 정책을 채택하였다. 그것은 거시경제긴축, 대외개방 및 자유화, 4대 구조조정(금융, 기업, 노동, 공공영역)을 핵심 축으로 한다(윤상우, 2009(a): 51).

한국의 신자유주의는 공적자금 투입처럼 국가의 적극적인 개입도 보여주었다. 이명박 정부는 은행에 대한 자금지원, 건설업계 자금지원 등의 지원정책도 실시하였다. 때로는 각 정부들은 사회보험과 복지정책을 강화하는 정책을 구사하기도 하였고, 노사정을 설치하여 각 세력들 간의 타협을 이끌어내기도 하였다. 이렇듯 한국의 신자유주의는 성장지향적·발전지향적 국가의 모습과 결합하면서 사회 전 영역에 걸쳐 신자유주의를 확산하였다.

민주화 이후 모든 정부들은 발전과 성장을 주요 키워드로 삼았고 노동배제와 복지배제나 약화의 정책을 채택하였다. 외환위기 이후나 민주화 이후 모든 정부들은 신자유주의를 본질로 하고 과거 발전국가적 형태를 수단으로 삼는 경우가 많았고, 신자유주의적인 정책을 통해 경제성장이 이루어지면 사회적·경제적 불평등과 빈곤 문제를 해결할 수 있다는 시각을 가지고 있었다.[30] 이 때문에 정치권력자들은 선거주기에 따라 임기 내에 단기간 성장을 하여 권력만은 유지할 수 있다고 생각한다. 마찬가지로 대중들은 더 많이 소비하기 위해서 더 많은 경제성장을 요구하는 '소비시민권'에 빠져들게 되었다(Mann, 2014: 192-193).

---

30) 바우만은 신자유주의 시대 경제성장은 많은 사람들이 지금보다 더 심각한 불평등과 불안정한 조건 및 더 많은 추락과 모욕, 굴욕을 겪게 될 것임을 예고한다고 주장한다. 경제성장은 소수에게는 부의 증가를 의미하지만 수많은 대중에게는 사회적 지위와 자존감의 급격한 추락을 의미한다(Bauman, 2013(b): 59).

그러나 성장은 결코 불평등 문제를 해결하지 못하였다. 이러한 사고방식은 신자유주의하에서 모든 정치적 결정의 기준이 경제성장이 되고 경제성장에 저해된다고 판단되는 생각이나 제안은 무시되는 결과를 가져왔다. 경제성장이 정치의 가장 중요한 의미가 되었고 규제 철폐와 시장의 극대화가 당연시되었다. 시장은 민주주의였고 경제성장은 모두의 동의이자 합의였다. 그러나 중요한 것은 민주주의에게 시장을 닮으라고 할 것이 아니라 민주주의를 닮은 시장을 만드는 일이었다(Schulze, 2014).

민주화 이후 한국의 경우 2002년 수출액은 1,626억 달러였지만 2007년에는 2배 이상 증가하였다. 2009년 수출은 3,636억 달러, 수입은 3,210억 달러로 무역수지 흑자는 420억 달러를 기록하였다. 그럼에도 불구하고 2009년의 절대 빈곤율, 상대 빈곤율은 전년에 비해 증가하였고, 18~65세 근로연령 세대의 빈곤율은 11.7%로 OECD 평균 9%보다 높게 나타났다. 빈곤이나 불평등의 원인은 결코 낮은 경제성장이나 가족해체의 문제가 아니었다. 경제성장이 지속적으로 되고 있음에도 불구하고 저임금, 불안정 일자리가 늘어나고 있다(김윤태·서재욱, 2013: 262-266). IMF 이전 0.25였던 지니계수는 2011년 0.289로 상승하였고 5분위배율도 더 높아졌다.

임금불평등 문제에 있어서도 2012년 중위임금의 2/3 미만을 받는 저임금 노동자 비율도 세계 최고의 수준을 보여주었다(이태수, 2015: 101-103). IMF 위기 시 불평등이 확대된 것은 불가피한 현상이라고 할지라도 위기 극복 후 어느 정도의 복지정책이 실시되었지만 불평등이 더욱 심화된 것이다.

따라서 문제는 복지의 실질적 확충과 양질의 일자리 창출에 있는 것이다. 그러나 한국의 복지제도는 빈곤퇴치에 큰 효과가 없는 것으로 나타나고 있다. 조세와 공적 이전을 통한 빈곤완화효과는 2009년 경우 9.7%로, OECD 국가들의 평균 59.8%에 비해 매우 낮게 나타났다(김윤태·서재욱, 2013: 273).

한국 사회의 불평등이 완화되지 못하고 지속적으로 악화되는 데에는 여러 가지 원인이 있다. 무엇보다도 노동시장에서의 불평등 문제가 있다. 교육수준별, 사업체 규모별, 고용형태별 임금격차가 확대되고 있다. 특히 경제개방 이후 제조업에서의 저임금일자리의 구축과 임금불평등으로 이어지고 있다. 이러한 불평등 문제를 해결하기 위해서는 단순히 교육 분야에 대한 문제 해결로는 불충분하다. 경제산업구조와 노동시장구조의 문제에 대한 해결이 필요하다.[31]

두 번째는 인구와 가족구조의 변화이다. 1인가구가 증가하고 있고 여성가구수가 꾸준히 늘어나고 있다. 여성들의 경제참여가 반드시 불평등을 완화하는 것은 아니었고, 오히려 가구소득의 불평등을 유지시키는 기제로 움직이기도 하였다. 세 번째는 재분배정책의 실패이다. 공적이전이나 사회보험기여금의 재분배는 불평등 해소에는 큰 역할을 하지 못하였다(전병유, 2013: 21-29).

한편 가족 문제의 경우에도 1990년대 중반 이후 한국 사회에서는 국가주도적이고 가부장적인 규범의 지배에서 벗어나고자 하는 개인들의 욕구를 시장이라는 틀 속에 가두어 두었다. 기혼여성들을 값싼 임금으로 활용하려고 하는 노력이 기업뿐만 아니라 국가에서도 나타났고, 돌봄노동이 서서히 상품화되기 시작하였다. 세계화가 본격적으로 추진된 1995년 세계화추진위원회는 '여성참여 10대 과제'에서 민간참여를 통한 보육시설의 확대를 중요한 목표로 설정하였다. 이것은 결국 일과 가족영역에서 일중심을 더 강조하는 것이었고 여성은 취업을 하더라도 전업주부 양육모델을 여전히 담당해야 하는 것으로 인식되었다.

이러한 현상은 결국 여성의 노동시장 참여를 확대하면서 돌봄의 공공성을 간과하고 여성과 가족의 부담을 재생산하는 것이었다(신경아, 2009). 그 후 여성단체들의 노력으로 모성보호3법이 개정되어 산전후휴가가 확대되고 유사산휴휴가제가 도입되고 모성보호비용 사회분담화가 공론화되었다. 또

31) 신자유주의 이후 개인의 노력과 성과의 상관관계가 약화되고 있다. 노력에 대한 보상을 받은 사람과 보상을 받지 못한 사람 사이에 큰 계층격차가 발생하고 이것이 바로 양극화의 원인이 되고 있다. 하층의 청년들은 '노력해봤자 소용없다'라는 결론을 내리고 사회적 위험을 무방비로 떠안게 된다. 이들은 쉽게 사회적으로 고립되고 위험과 실패에 대한 자기책임, 자기결정을 따르게 된다(우치다 타츠루, 2013).

한 육아휴직급여가 도입되고 배우자출산휴가가 시행되는 진전된 측면도 있었다. 한국 사회의 일-가족 양립지원정책은 1990년대부터 시작되었다.

이 정책은 최근에는 자녀양육의 책임을 갖는 남녀근로자의 일과 가족생활을 지원하는 정책으로 그 대상을 남녀로 확대하고 있다. 일-가정 양립을 위한 정책은 2001년 모성관련법의 개정을 통해 보성권 보상 및 일-가정 양립을 위한 제도를 도입한 이후 개선되고 있다. 2008년도에는 남녀고용평등법을 '남녀고용평등과 일-가정 양립지원을 위한 법률'로 개정하여 출산휴가제도, 육아휴직제도, 임신출산 후 계속고용지원금제도 등이 실시되었다(김혜영, 2014: 305-307).

이러한 노력들은 일과 직장을 분리시켜 사회적 책임을 개인에게 돌리고 돌봄노동[32]을 상품화하려는 신자유주의의 흐름에 맞서 저항한 결과였다. 그럼에도 불구하고 아직은 가사와 육아를 여성에게 전담시키는 성별분업에 기초한 성별화된 사회구조를 변화시키고, 아울러 일-가정 분리가 존재하는 남성중심적 일터에 대한 사고방식을 변화시켜야 한다. 또한 모성보호법 대상이 비정규직으로 확대되도록 하고, 궁극적으로는 여성평등권을 이루는 사회로 나가야 한다는 과제를 안고 있다(김경희·류임량, 2009).

위에서 보았듯이 이념적 기반이나 정치노선이 다름에도 불구하고 민주화 이후 정부들은 각종 복지정책을 실시했지만, 신자유주의적 세계화를 지지했고 사회적 해체를 가속화시켰다. 외환위기 이후 등장한 김대중 정부는 신자유주의정책을 적극적으로 도입하였고 노무현 정부는 이를 확대하였다(박길성, 2013: 154). 그리고 모든 정부들은 성장과 발전논리, 신자유주의 논리에 포획된 관료엘리트에 의해 경제가 주도되었다. 또한 정권의 실세들은 영남

---

32) 세계화가 본격화되면서 아시아의 저발전국가의 가난한 여성들은 초국적기업에 의해 다양하게 활용되었다. 서비스 분야의 세계화는 노동력의 지역적 이동과 돌봄 경제부문에서 아시아 여성의 이주를 추진하였다. 세계화 이후 정부가 공공재와 공공서비스를 축소함에 따라 가계 내 무급노동이 전 지구적으로 확대되었고, 그 결과 돌봄경제 중 더 많은 부문이 무급 영역에 속하게 되었다. 서남아시아 국가의 공공정책은 여성의 무급노동을 더욱 확대시켰다(Custers, 2015: 19).

을 중심으로 한 인사들이 많았고 이들은 지역을 중심으로 한 정치적 기반을 다지려고 했다. 그러므로 민주주의적인 사회경제기반을 확립하는 일에 관심이 적었고, 그러한 정체성도 가지지 못하였다(유종일, 2006: 309).

Ⅵ. 신자유주의와 자기계발시대

1. 자기계발과 신자유주의 통치

자기계발은 신자유주의가 개인들에게 던지는 중요한 화두이다. 자기계발은 흔히 자기개선(self-improvement), 역량강화(self-empowering), 자조(self-helf)로 표현된다. 일반적으로는 자조의 의미가 강하다. 중요한 핵심은 'self'에 있다. 스스로를 돕고, 스스로 모든 것에 책임지며, 자율적으로 관리하는 것이 '자조'이다. 자기계발의 논리들은 대부분 개인들을 불완전한 존재로 파악한다. 개인들을 건강, 부, 취업 등 근본적인 요소가 결여된 존재로 규정하면서 스스로가 해결자로 나설 것을 강조한다(McGee, 2011: 30).[33]

개별적 주체들인 인간들은 스스로를 만들어 나가고 계발하며 관리하는 자기배려를 하게 된다. 그 배려는 권력의 범주 속에 포함된 배려이며 권력의 목적과 그 범위를 벗어나지 않는다. 현대사회에서 자기계발은 자기의 테크놀로지를 통해 존재하며 자신을 변화시키고 계발해야 할 대상으로서 자

33) 자기계발에 대한 시각을 신비론적 시각, 윤리론적 시각으로 구분하기도 한다. 윤리적 시각은 근면을 강조하고 외부환경을 탓하지 않으며 스스로의 노력으로 모든 상황을 돌파할 것을 요구한다. 가령 합리적이고 계산적인 측면을 강조하고 자기 규율적으로 상황을 돌파할 것을 주문하는 프랭클린이 그 예이다. 신비론적 시각은 상상의 힘을 신뢰하며 간절히 바라기만 하면 이루어진다는 점을 강조한다. 전자는 의지를 활용해 노력할 것을 강조한다면, 후자는 자기의 생각을 가지고 쟁취할 것을 요구한다(이원석, 2013: 21).

아를 규정하고 고정시키는 실천과 함께, 그것에 작용해 변화를 꾀하고 성공과 성장을 끌어낼 수 있도록 하는 다양한 테크놀로지를 포함한다(서동진, 2009a: 281).[34] 푸코는 이것을 다음과 같이 설명한다. "개인이 스스로 이러한 실천을 만들어내는 것은 아닙니다. 그것은 그가 자신의 문화 속에서 발견한 양식이며 그의 문화, 그의 사회, 그가 속한 사회적 집단들이 그에게 제의하고 부과한 양식들입니다"(Foucault, 1994: 113). 신자유주의적 통치에서 규범을 내면화한 주체들은 투자대상으로서 철저히 자신을 관리하는 기업가가 되며 시장원리를 철저히 내면화하여 자기경영의 주체로 변화한다. 즉 신자유주의적 통치는 시장원리를 전 사회에 확산하여 통치가능한 주체인 자기경영의 주체를 만들어낸다(사토 요시유키, 2014: 55). 자기경영의 주체는 신자유주의의 원리를 자아의 기술로 습득하며, 이 자아는 신자유주의의 지배와 착취의 원리를 인식하지 못한다. 자아를 대상으로 하는 끊임없는 자본의 통치는 종교적 지배와 예속화의 기술인 프로테스탄트적 자기감시와 유사한 모습을 취한다(한병철, 2015(a): 45-47). 이러한 점들이 신자유주의 시대 통치성의 한 단면이다.

통치성은 우리가 통치에 관해 어떻게 생각하는지 하는 점과 통치의 다양한 정신적·심리적 상태들(mentalities)을 다룬다. 이 상태들은 사유가 통치의 실천 속에 포함되는 방식이 집합적이고 상대적으로 당연시되는 점을 강조한다. 그리고 통치성은 행위하는 조직화된 방식들 내에서 사유가 어떻게 움직이는지, 그리고 그 의도와 효과가 무엇인지에 관심을 갖는다. 통치는 권력, 권위 문제도 포함하지만 자아와 정체성의 문제도 내포하고 있다.[35]

---

34) 이러한 테크놀로지는 현대사회에서 다양한 기술장치와 기법들을 포함한다. 이것들은 지식, 능력, 기술, 판단들 사이의 연계선을 결합시키며 행위를 형성하게 한다. 통치의 테크놀로지는 어떤 효과를 노리고 원하지 않은 사건들을 회피하도록 한다. 20세기 이후 나타난 테일러주의(Taylorism)도 그 하나의 예이다(Rose, 1999: 52-53).

35) 푸코의 통치성에 대한 저항방식은 인민이라는 푸코의 개념에서 찾아볼 수 있다. 그는 인민은 인구의 조절에 저항하고 인구를 최적의 수준에서 존재, 유지, 존속시키는 장치에서 벗어나려는 사람들로 본다. 푸코는 전체주의 국가가 가져온 정치의 실종이 자유주의 통치성의 경향으로 보고 실종된 정치의 복원, 혹은 바깥의 정치의 필요성을 강

자기계발의 측면에서 보면 자신의 삶을 스스로 꾸려야 하는 개인들은 그 결과에 대해서도 책임을 져야 한다. 어떤 삶의 방식이 자신에게 적합하며, 그 결과를 예측하고, 책임 부담을 인지하고, 또 그 부담을 효율적으로 제어하는 것, 이러한 것들이 자기계발의 주요 내용이다(전상진, 2008: 113). 자기계발은 투자자 주체를 강조한다. 자신의 역량을 강화하고 자신의 목표와 과업을 설정하며 자신의 모습을 개선하는 데 헌신한다.

금융화에 바탕을 둔 신자유주의하에서 개인들은 자신의 삶의 모든 위험을 개인화하고 위험관리를 자신의 최대의 업무로 삼으면서 자신의 실패와 성공의 결과 모두를 자신의 책임으로 인지한다. 자기 책임화, 위험관리가 개인에게 강요되고 시장을 통해 충족되는 시대가 바로 신자유주의 시대이다(강내희, 2014: 461). 자기 책임화와 함께 자기계발은 더욱 강조된다. 자기계발은 자신을 계속적으로 업그레이드시키는 자기변화를 추구한다. 즉 성공을 위해서는 스스로의 가치를 높이고, 스스로 변화해야 한다. 자기계발에 대한 대중적 관념, 정념은 파시즘과 유사하다는 시각이 등장하기도 한다. 파시즘이 대중의 불안과 공포, 광신을 절묘하게 이용했듯이 신자유주의 시대도 대중들의 불안, 정념을 활용한다. 자기계발은 대중들의 고통, 어려움을 극복하도록 위로와 방안을 제시하는 것처럼 보이지만 실제로는 대중들의 정념을 조작한다. 이를 통해 결국 이득을 챙기는 것은 자기계발과 관련된 상품들을 개발하고 판매하는 사람들뿐이다(이원석, 2013: 203-204).

이러한 자기계발은 푸코의 자기 테크놀로지 개념과 매우 유사하다(전상진, 2008: 113). 어떻게 보면 자기계발의 메시지, 의미, 내용은 신자유주의가 요구하는 기업가적 자아, 기업가적 개인의 이미지와 유사하다. 자기변화에 있어서 변화의 주체, 즉 '나'의 변화는 자기변화의 시작이자 끝이다. 기업가적 행위의 정서와 치유문화는 개개인을 자신을 작업하고 자기 삶을 책임지도록 하는 자아통치와 연결된다. 감시와 처벌이라는 전략이 아니라 자기

조한다(홍태영, 2012: 65-66). 즉, 주체들의 정치의 실천과 그로부터 형성되는 새로운 통치성의 형성이 푸코가 자유주의 통치성을 넘어서고자 한 방향이었다.

조종의 잠재력을 활성화시켜 기업가적 자아들이 생산된다(Bröckling, 2014: 77). 자기계발 수행자들의 시작점은 언제나 '나'로부터 시작한다. 특히 해고나 실직, 가난 등 불안정과 위험과 같은 공포는 나의 문제로 받아들이게 된다. 내 스스로 문제를 해결해야 한다는 자기통치의 세계가 구축된다. 여기에서 통치는 자기행위의 영역을 구조화하는 것을 말하며, 국가를 통치할 수 있는 자는 스스로를 통치할 수 있어야 한다. 그렇기 때문에 푸코는 통치의 자기의식에 주목한 것이다(Bröckling, 2014: 44). 스스로 통치한다는 것은 경쟁이며, 자신을 통치하는 것은 곧 자기경쟁능력을 극대화하는 것이다. 이때 인간의 성공여부는 오로지 경쟁자들에 대한 우위에서만 입증될 뿐이다. 그렇기 때문에 기업가적 자아는 모범적이고 이상적인 것이 아니라, 끊임없이 경쟁해야만 하는 공포이자 두려움의 대상이다. 동시에 인간들은 자기 자신의 기업에 고용되어 스스로를 착취하는 노동자가 됨으로써 자기만족의 시대에 들어서게 된다(한병철, 2015(a): 13).

신자유주의는 경제적 삶은 물론 교육, 보건, 복지와 같은 사회적 삶의 세계로 생각되었던 영역을 모두 기업화하며, 그 안에서 활동하고 살아가는 주체를 기업가적 주체, 혹은 기업가적 정신을 따라 살아가는 개인, 집단, 조직으로 주체화한다(서동진, 2009b: 331). 기업가적 주체인 경제인은 자신을 하나의 기업으로 파악하고, 삶의 모든 것을 재무제표처럼 이익과 손해, 투입과 산출로 합리적으로 계산하고자 한다. 성공학과 처세술과 같은 자조 담론이 우세해지고 개인들은 스스로를 기업가처럼 주체화한다(문강현준, 2012: 123; 천정환, 2009: 237). 주체화 전략에서 주체는 본인에게 작용하는 힘들을 받아들이고 힘의 시작점, 방향, 강도를 수정한다. 그리고 권력은 다시 자신에게 행사되며 주체화되기의 주체는 자기탐색, 자기모델링, 자기표현에서 자신을 자신의 객체로 구성하고 자신에 관한 이미지를 설계한다(Bröckling, 2014: 31).

삶의 모든 것은 개인들이 선택하고 창조해 나가는 과정처럼 보이지만 사실은 사회가 조장하는 행복과 자기충족감에 도달하기 위한 결정의 문제이다. 그것에 도달할 때 나타나는 리스크도 개인의 책임 문제이며 최대의 성과를 얻기 위해 개인들은 기업처럼 행동할 것을 요구받는다(Salecl, 2014: 43). 삶이 불투명하고 불확실한 세계 속에서 개인들은 자기진로를 계획하고 운명을 통제하며 스스로를 개조하라는 무언의 압력을 받게 된다. 이에 따라 신자유주의는 합리성, 계산성을 개인들에게도 강요한다. 신자유주의적 합리성은 비용효과 분석의 경제를 통해 삶의 모든 측면을 규정하는 행정 프로젝트로서 헤게모니를 행사한다(Giroux, 2009: 298).

신자유주의가 확산됨에 따라 인간의 행복을 찾을 곳은 정치적 토론과 참여가 아니라 시장이 되었다(Hind, 2012: 174). 또한 기업과 정책가들은 건강과 행복이 사회적 네트워크에 달려 있다고 주장하기도 하였다. 사회적 관계의 결핍은 불행의 원인이었다. 반면 사회적 관계가 단절된 개인들은 우울증에 빠지게 된다. 인간관계를 긍정적으로 바라보는 긍정심리학이 중요한 치료책이 된다. 감사, 긍정, 공감, 낙관 같은 긍정심리학이 불행을 없앨 수 있고 우울 등 부정적 심리는 사회적 관계를 통해 전염될 수 있다. 따라서 행복을 찾기 위해선 긍정적인 심리로 가득한 사회적 관계를 개인들이 찾아야 한다(Davis, 2015: 224-225). 그렇기 때문에 신자유주의 학자들은 사회적 관계와 행복의 관련성을 주장한다. 그러나 그것은 개인들이 우울증을 극복하기 위해 개인의 노력, 개인의 합리적 선택만을 강조할 뿐이다. 신자유주의의 성과주체, 기업가적 자아는 결론을 맺지 못하고 결코 완결상태에 도달하지 못한다. 그는 더 많은 실적을 올려야 한다는 강박 속에서 헤어나지 못한다(한병철, 2015(b): 58).

이러한 무한한 긍정성의 힘, 무엇이든 할 수 있다라는 긍정과잉은 일종의 폭력이다. 긍정성의 과잉을 무비판적으로 수용하고 적극적으로 추구하는 신자유주의 시대는 긍정성의 폭력을 인식할 주체도 사라진다. 즉, 폭력을 둘러싼 가해자와 피해자가 구분되지 않는 시대이다(이찬수, 2015). 긍정성의 과잉은 결국 피로를 낳지만 결코 멈추거나 이탈하는 것은 허용되지 않는다. 이러한 자유는 결국 '좌절감, 우울증, 탈진한 영혼'만을 낳게 된다(한병철, 2012: 26).

신자유주의는 개인의 이기심은 합리적이며 사람은 정의, 연민, 공동선보다는 자신의 처지를 개선하려는 욕구를 동기로 삼는 존재라는 사실을 확산시켰다. 또한 사람은 이기적이고 공익의 추구를 위한 협력은 불가능하므로 문제 해결은 개인 차원에서 이루어져야 한다는 점을 강조하였다. 이런 사회 분위기에서는 개인의 성공만이 현 상황의 고통에서 벗어날 유일한 길이었다.[36] 신자유주의는 마음가짐만 바꾸면 우리가 바라는 것을 이룰 수 있다는 자기계발의 주장에 과학적인 논리를 제공하고 있다. 그러나 공익은 사회의 갈등과 타협을 통해 표출되며 완벽한 합의가 불가능한 개념이다. 공익은 단순히 시장의 논리로 접근 가능한 것이 아니라 필요에 따른 재화의 분배가 이루어지는 영역과 관련되어 있다(고세훈, 2014: 11; 류동민, 2014).

그런데 신자유주의하에서 공적 문제, 즉 의료, 교육, 주택 등에서 어떤 종류의 재화를 어떻게 분배할 것인가는 매우 중요한 일임에도 불구하고 관료들의 자의적인 판단에 결정되는 경우가 흔하다. 이들은 공공선보다는 효용극대화, 합리성을 전면에 내세운다. 따라서 자연스럽게 공익의 문제가 개인의 능력, 성품, 자질의 문제로 전환되고 사회적 책무, 국가의 집단적 책임의 정신은 약화된다.[37]

---

36) '나홀로족'이 증가한 것은 경쟁에서 살아남기 위해 자기계발에 시간을 투자하는 사람들이 증가한 결과이다. 혼자만의 시간을 통해 자기만족과 즐거움을 얻는 '나홀로족'의 성장은 개인주의로 변하는 우리사회의 한 단면이다(양정혜, 2012: 117).

37) 공공성 개념은 프랑스대혁명 이후 로베스피에르가 '자유, 평등, 우애'라는 구호를 공식적으로 사용하면서 등장하였고, 프랑스의 공화국의 이념으로 정착된 것은 19세기 말이었다. 우애는 조국애적인 성격이 강하였고 동시에 공공성 개념은 통치권력과 결합되었다. 통치권력은 수평적 우애, 형제애의 의미를 가진 공공성을 강조하면서 덕을 가진 인민, 시민을 창조하였다. 정치화된 공공성 개념은 대중들 사이의 불평등의 괴리를 통치권력의 개입으로 줄이고자 한 통치질서로 포섭된 개념이었다. 당시 사회과학자들은 빈곤을 도덕의 문제로 파악하고 하층계급의 도덕을 조직적으로 개선하는 것을 주요 주제로 삼았다. 즉 사회과학의 공공성이 나타나기 시작한 것이다. 이들이 말하는 우애는 직접적 관계가 아니라 서로 간의 관계를 인간성의 진보를 향한 상호의존관계로 반성적으로 파악하는 상상적 유대였다. 우애의 개념에 기초하여 구체화된 권리는 노동의 권리와 보통선거권이 대표적이었다. 당시 공화주의자들은 보통선거를 인민의 평등과 일체성을 보여주고 계급 간의 융화를 실현하는 중요한 제도로 인식하였다. 나폴레옹 3세는 사회 문제 해결을 위해 국가 주도의 공공사업과 최저임금 규정을 통해 인민의 생활수준을 향상시키고 국가 전체의 경제발전을 실현하고자 하였다.

자기계발은 언제나 자신이 누구인지를 알기 위해 읽고 분석하며 진단해야 하는 대상으로 자신을 변형시키는 특정한 지식과 분리될 수 없다(서동진, 2009a: 281).[38] 개인은 가족, 살림, 보험, 은퇴 등과 같은 자신의 삶을 기록하고 등록하며 관리하는 일종의 기업가가 될 것을 강요받는다. 이를 위해 사회적인 것에 대한 관심이 부각되며, 사회의 통치를 위한 다양한 지식들이 계발되고 동원된다. 건강, 노동계급의 생활조건, 빈곤 제거 등에 관한 사회적 질문들, 아동교육, 여성, 가족 등에 대한 사회적 향상, 위험한 계급들을 줄이고 범죄를 없앰으로써 사회를 보호하는 사회적 보호, 통치대상들의 경제적·군사적 효율성의 문제에서 사회를 안전하게 하는 사회적 안전, 연령, 질병, 실업, 부상 등과의 관계에서 인구의 안전인 사회적 보험 등이 그 예이다.

특히 범죄처벌에 관해서는 국가통제가 완화되거나 신중한 접근이 채택되지 않고 오히려 더 강한 국가개입이 등장하고 있다. 미국 뉴욕의 '톨레랑스 제로' 이후 짧은 기간 동안 4만 5천 명이 체포된 사건은, 형벌국가의 전형적인 특징을 보여준다(Wacquant, 2010: 50-56). 바캉(Loïc Wacquant)에 의하면 형벌국가를 은폐한 신자유주의하의 사회보장국가는 생활원조비 수혜자들을 감시하고 훈육하며, 이들이 문제를 발생시키면 바로 범법자로 몰아 투옥하는 기능을 강화하고 있다. 이로 인해 사회에서는 사회계급의 구분방식은 약화되고 능력자와 무능력자, 책임자와 비책임자라는 차이와 구분방식만이 존재하게 된다. 결국 가난과 무능력, 낮은 지위의 직업은 모두 개인의 책임이 된다.[39] 미국뿐만 아니라 유럽의 추세를 보았을 때 사회정책과 형벌

이를 위해 그는 국가 주도의 광산, 탄광 노동확대, 철도망 정비, 보험도입, 공제조합 장려 등을 실시하였다(다나카 다루지, 2014).

38) 서동진은 현대사회에서 자기계발은 자기경영의 담론으로 발전하고 있으며, 스스로가 자아에 관한 표상을 생산하며 '1인 기업가'가 되어 자기 삶을 하나의 기업처럼 다루며 자기를 앎의 대상으로 구성하고 그것을 분석, 파악하고 평가하는 자기점검, 자기검사의 테크놀로지를 갖는다고 보았다.

39) 미국의 현재 교도관 숫자는 22만 명을 넘어섰다. 교도소 전체 근무자는 1993년 60만 명을 넘어서 사업장 단위 직원수로 세계에서 3번째를 기록하고 있다. 수감비용을 수십 개 주에서는 수감자들에게 부담하는 경우도 있으며, 1995년 흑인 성인인구의 약

정책은 분리되지 않고 있으며 치안과 감옥은 신자유주의 시대의 필수적인 국가기능으로 자리 잡아 가고 있다. 이러한 현상은 야만적 자본주의로의 회귀이자 무소불위의 형벌국가의 등장을 보여준다(Wacquant, 2010: 174).

신자유주의는 단순히 경제논리만은 아니다. 그것은 경제와 정치의 변증법적 통합으로 구성된 시스템이다. 즉 신자유주의는 신자유주의적 경제논리를 유지하고 강화하기 위한 정치과정, 사회화과정을 필요로 한다(임운택, 2010). 신자유주의 논리에 동의하고 지지를 표하는 대중의 사고와 판단을 규율하고 정형화시키는 과정이 필요하고 개인들이 그 논리를 스스로 체화하여 일상적 공간 속에서도 실천적으로 행위하고 사고할 수 있는 장치와 이데올로기가 필요하다. 신자유주의를 추구하는 지배세력은 헤게모니 전략을 통해 정치와 경제의 통합, 사회화과정을 추진한다. 그것은 교육, 여가, 언론, 문화, 패션 등에도 침투하여 일상적으로 개인들을 통치한다. 그 가운데 대표적인 사례를 들면 1990년대 말부터 등장한 성공신화, 자기계발, 부자되기, 스펙쌓기 등이다.[40)]

2. 신자유주의와 치유문화, 소비주의

한국 사회에서는 모든 세대에서 외환위기 이후 물질주의 가치관이 늘어난 것으로 나타났다. 한 조사에 의하면 1995년도에 비해 1998년도에 물질주의 가치관이 약 40% 증가했고 탈물질주의 가치관은 1% 감소했고 혼합주의가치관은 약 39% 줄어든 것으로 나타났다(최현, 2011: 179). 이러한 분위기 속에서 한국 사회에서는 IMF 이후 성공학 서적이 범람하기 시작하였다.

9.4%가 형사관리대상이었지만 백인의 경우 1.9%만이 그 대상이어서 인종 간의 격차도 나타났다(Wacquant, 2010).

40) 스펙은 연수, 업무훈련이라는 의미보다는 경력쌓기, 체험하기 등의 의미가 강하다. 기업과 조직에서 요구하는 인성, 태도, 마인드 등이 자신의 내면 속에 얼마나 잘 구축되어 있는가를 스스로 평가하고 타인과 비교하여 스스로 경쟁하게 만드는 기제이다.

김대중 정부 이후 벤처산업이 각광을 받고 실업자가 늘어나면서 실망과 좌절에 빠져 있던 국민들을 총동원하고 결합할 수 있는 구호로 '벤처', '신지식인' 등이 확대되었고 이는 성공에 대한 열망을 강화하였다. 실용주의와 성공신화 등 경제논리가 출판 등 문화논리를 압도하였고, 한국 사회 전체를 '성공'의 열망으로 들뜨게 하였다(권오헌, 2005: 123).

실업자, 비정규직, 퇴출, 감원 등의 박탈감, 긴장감 속에서 위기를 극복하는 하나의 방법으로 성공신화가 등장한 것이다. 성공에 대한 열망은 부자가 되어 돈을 버는 것으로 등치되었고 출판계도 각종 성공학 서적을 쏟아내기 시작하였다. 이들 성공학 서적은 불안한 현실을 피해가는 위안이자 미래에 대한 장밋빛 꿈을 보여주는 구원자였으며, 실패, 실업, 불평등, 가난의 문제를 사회구조적인 차원이 아닌 개인적 차원에서 고민하고 그 답을 찾도록 하였다. 부의 창출은 성공의 증표가 되었다. 부의 창출은 도덕적 의무로 선언되었고 부는 더 이상 노동으로부터 해방을 위한 수단이 아니었다. 부는 사람들이 자신을 수양하고 사회에 봉사할 수 있도록 여가를 허락하는 의미가 아니라 덕의 상징이 되었다(McGee, 2011: 57).

성공학 서적에서 강조하는 것처럼 자기경영과 자기관리는 신자유주의의 개인적 윤리이자 주체화과정이 된다. 과거 훈육과 길들이기, 억압에서 벗어나 개인들은 자유롭게 자신의 삶을 설계하고 관리하고 경영할 수 있게 되었다. 그만큼 사회적 비용은 절감되었고 개인은 과거보다 더 시간과 많은 돈을 자신에게 투자하여 이익을 산출해야 한다. 자기계발의 대표적 서적인 성공학의 서적들은 여행으로서의 삶, 진로 찾기로서의 삶을 강조한다. 개인들은 여전히 가야 할 길이 있으며 진로를 찾아야 성공하는 것이다. 이를 낭만적으로 '마음의 여로'로 표현하기도 한다. 불안과 불확실성에 대한 처방으로 개인들은 스스로 진로찾기, 삶의 창조, 진정성의 추구를 찾아 나선다.

자기계발 담론에 빠지는 순간 개인은 모든 세상일을 자기계발서의 눈으로 이해하고 파악하게 된다. 자기계발서는 그 사회가 요구하는 조직인, 경제인, 인재상을 제시하고 여기에 맞추어 모든 것들을 준비할 것을 요구한다(오찬호, 2013: 40). 자기계발서는 세속적 성공이나 생존을 위해 스스로 속물이 될 것을 명령한다. 속물이 되는 것은 더 이상 부끄러운 일이 아니며 사회적 성공과 높은 지위를 획득하게 하는 안전판이 된다. 많은 사람들이 자기계발서를 읽게 됨으로써 삶은 획일화되고 획일적인 욕망을 갖게 된다. 속물화된 욕망의 구조 속에 인간들은 스스로를 가두게 되고 삶의 물화는 가속화된다(김원식, 2015: 227).

자기계발서들은 생존의 중요성, 스스로를 돌볼 필요성, 전장으로서의 삶, 무한경쟁으로서의 삶, 자신이 운명의 주인이라는 생각들을 강조한다(Salecl, 2014: 53). 이 책들은 개인들에게 저자들의 화려한 성공담을 들려주고 과거의 무기력함에서 벗어나 오늘날 화려하게 변신하여 성공한 자신을 볼 것을 주문한다. 자기계발의 시대에는 인간을 성공과 실패의 이분법적 구도로 나누어 바라본다. 성공과 실패는 전적으로 개인의 능력에 따른 결과이며, 성공은 '하늘은 스스로 돕는 자를 돕는다'라는 말로 사유되고, 실패는 게으름, 산만함, 무계획과 일치한다(노명우, 2013(b): 124). 이제 시간관리에서부터 시작하여 모든 것들을 스스로 통제하고 준비하면 밝은 미래를 맞이할 수 있다는 자신감을 갖게 되면서 개인들은 자기계발의 기준으로 세상을 바라보게 된다(오찬호, 2013: 184).

이러한 개인화는 2차 근대의 가속화 환경 속에서 제도에 귀속되지 못하고 경제불안, 사회변동, 사회불안정 등의 위기를 오로지 개인의 노력과 힘으로 극복하는 것을 말한다. 또한 사회적 구속력하의 개인화로도 볼 수 있고 자율성과 집단구속성이 동시에 증대하는 모순적 현상으로 이해할 수도 있다(김혜경·이순미 2012: 40). 현대사회의 구조는 개인의 자율성이 신장되고 개인들의 성향과 인권이 존중받는 측면도 있지만 생존을 위해 스스로 삶을 계획하고 생활행동의 중심으로 자신을 만들 것을 요구하고 있다(Bauman, 2009(a)). 이에 따라 개인들은 사회적 집단과의 연대나 관계맺기를 하지 못하게 되고 공동체의 결속력은 떨어지게 된다. 결국 개인들은 사회성과 공공성이 약화된 상황 속에서 사회적·경제적 위기들을 홀로 돌파해야 한다.

자기통치 시대의 국가는 위험관리를 가족이나 시장으로 이전하여 위험을 민영화·개인화하며 이에 따라 국가의 복지지원은 축소되고, 이 축소는 각종 위험으로부터 사람들을 보호하는 기능을 약화시키게 된다(김영란, 2011: 64). 가족위기는 궁극적으로는 경제위기에서 비롯되고 있다. 이는 결국 가족 재생산의 위기를 가져오고 구체적으로 보면 농가재생산체제의 붕괴, 노동생애와 사회재생산의 위기(종신고용 쇠퇴, 비정규직 증가, 저임금), 도시빈곤 가족과 여성의 위기, 금융채무자의 증대(사회재생산의 금융화) 등의 위기를 가져온다. 특히 최근 한국 사회를 보면 성년 자녀의 고용불안 및 결혼지연은 중년부부들이 과거에 누렸던 여유와 보람을 상실하게 하고 중년세대의 경제적·사회적 부담을 가중시키는 원인이 되고 있다(장경섭, 2011: 71-78). 시장의 자유는 가족제도에 영향을 준다. 시장이 빈곤층, 노인, 노동자에 제공해온 사회적 계약을 대치하고 사회적 유대와 자기희생은 점차 약화된다. 이것은 불가피하게 사회 전반에 걸쳐 이기주의를 확산한다(민가영, 2014: 196).

이러한 현상들을 시장화된 개인화(marketized individualization)로 표현하기도 한다. 외환위기 이후 시장만이 모두를 구원해주리라는 이데올로기가 사회 전반에 확산되고 개인들이 이와 함께 사회적 보장 없이 시장으로 내몰리는 현상이 나타나고 있다(신경아, 2013: 277).[41] 개인화 현상은 한국 사회에서 독특하게 전개되고 있다. 혼인율과 출산율의 저하, 초혼연령과 초산연령의 상승 등은 개인화 현상에 영향을 주고 있다. 가족, 결혼, 이혼 등의 현상 속에서 개인화 문제를 바라볼 때 먼저 경제사회적 위기의 맥락에서 볼 수 있다. 경제위기가 심화되고 고용이 불안정해지면서 청년세대는 결혼을 미루고 혼자 사는 삶을 선택하게 된다.[42] 청년층의 고용불안정, 주택비

---

41) 시장화된 개인화의 예로써 신경아는 혼인율의 저하, 출산율의 저하, 이혼율의 증가, 1인 가족의 증가, 살인사건의 증대 등을 들고 있다(신경아, 2013: 278-283).

42) 청년세대인 88만원세대의 원형은 현재 30대의 모습에서 찾을 수 있다. 70년대 중반에서 80년대 초반에 태어난 이들 세대는 IMF의 영향을 직접 받기도 했고, 한국 사회의 컴퓨터 문화, 휴대폰 문화의 적극적인 수용자이기도 했으며, 대학졸업장의 희소성이 떨어지는 시기를 경험하였다. 한 조사에 의하면 이들 30대 세대는 일에 대한 하루 투여시간이 40대 다음으로 많았고, 가족보살피기 시간은 다른 세대에 비해 가장 많은 시간을 소비했다. 이들 세대는 개인화, 파편화의 속성도 강하지만 공동체적이고 가족 중심적인 성향도 강한 복합적인 면을 보여주었다(정준영, 2014).

용 상승, 결혼비용 상승 등은 이들의 정상적인 가족형성을 방해하고 있다. 둘째, 가족만큼 개인적 삶을 중시하는 경향의 확대이다. 결혼을 필수적인 과정으로 생각하는 사람들의 비율이 줄어들고 있고, 특히 결혼을 생애의 의무로 생각하는 규범에서 벗어나는 여성들이 증가하고 있다(신경아, 2014: 146-148).

이러한 현상들이 신자유주의의 증대와 함께 가족구조의 변화도 야기하고 있고, 개인들의 삶의 모습도 근본적으로 변화시키고 있다. 결국 가족위기는 가족제도가 가지고 있는 기본적인 기능을 훼손한다. 가족의 재생산기능은 약화되며 2인생계부양자 구조가 확산되고 가족이 가지고 있는 보살핌 기능이 보편적으로 약화된다. 그렇기 때문에 한국 사회에서 1997년 이후 개인보호의 핵심적 기제로서 가족의 기능 약화, 생계부양자 남성과 돌봄 전담 여성이라는 성별분업에 근거한 핵가족 정당성의 약화 등이 나타나고 있는 것이다(김혜영, 2015: 58-59).

개인화는 개인에게 기회를 부여하면서 동시에 위험을 수반하게 한다.[43] 개인화는 집단적 구속으로부터의 탈피라는 진취적인 면도 있지만, 신자유주의 시대에는 노동시장의 위험, 가족해체라는 새로운 위험을 안게 한다. 특히 신자유주의 시대의 개인화는 부의 확대와 노동의 유연화를 동시에 보여주고 있고, 노동의 유연화는 개인 생애의 위험을 야기시키고 있다(홍찬숙, 2015: 273). 개인에게 모든 책임을 묻고 자신의 삶을 철저히 개인의 노력과 관리에 의해 유지할 것을 요구하는 시대적 흐름은 개인화 현상을 가속화시킨다. 자기계발서가 팔리면 팔릴수록 자기계발을 실천하는 사람도 늘어나지만 동시에 실패하거나 탈락한 사람들도 증가하게 된다. 이들은 결코 절망하지 않

43) 신자유주의는 또한 국가와 국민을 결합시켰던 끈을 약화시켰다. 즉, 국가와 국민은 점차 분리되기 시작하였다. 국민주의와 신자유주의가 추구하는 전 지구화, 금융화는 조화로운 상태를 유지하기 어렵게 된 것이다. 그래서 신자유주의 국가는 특정한 국민주의를 요구했다. 세계시장에서 경쟁적 행위자로 움직이고 경쟁에서 승자가 될 수 있고, 경쟁을 통해 높은 지위를 획득하는 국민적 긍지와 자부심에 기초한 국민주의였다(Harvey, 2007: 109-111). 국가 속에서 모든 것들이 개인화되면서 동시에 경쟁과 시장원리에 순응하는 국민들을 만들어 내고 있다.

고 치유문화로부터 위로받으면서 다시 한번 전투에 나서게 된다. 치유문화는 사회적 이슈에 대한 개입에서 자아에 대한 내적 성찰로 관심을 돌리는 일, 사회적 문제들의 원인과 결과를 과학적으로 이해하는 노력이 정서적 결정주의로 대체되는 과정을 보여준다. 결국 개인의 자아실현을 사회구조적 조건들을 못 보게 하면서 개인을 사회적 책임의 주체로 인식하게 하는 신자유주의의 통치성이 강화될 뿐이다(김수미, 2014: 156).

신자유주의는 자유주의의 통치원리를 보다 확대·변형한 것이다. 자유주의는 구속과 억압으로부터 벗어난다는 의미도 있지만, 국가는 개인들을 자유롭게 하면서 동시에 보이지 않게 억압하며 통제할 수 있는 보다 유연하고 고차원적인 통치기술을 확보하게 된다. 자유는 통치와 대립하는 것이 결코 아니며 그 자유는 보이지 않는 한계가 설정된 제한된 자유이다. 개인들은 철저히 자유롭다고 생각하고 해방과 자율의 이미지를 자기주도, 자기창조라는 개념으로 정리하여 받아들인다. 이제 통치성의 시대에 개인들은 자신의 의지와 관계없이 통치가능한 주체로 주체화된다. 그 결과 자아와 개인을 강조하는 논리와 담론이 확산되고 공적 영역을 감소시키면서 모든 사회적인 것들에 대한 관심을 비정치화시킨다(전상진, 2008: 123). 그러나 정치적인 것과 사회적인 것들은 서로 단절되어 있는 것은 아니다. 사회적인 것의 해결, 해방은 정치의 대상이며, 정치의 안에서 그 해법이 모색되어야 한다(서동진, 2014b: 61).[44]

현대사회에서는 모든 것들이 빠르게 진행되고 휴일과 휴식은 큰 의미를 갖지 못한다. 일이 끝나면 다른 일이 기다리고 있다. 이러한 현상은 과도한 일 때문이기도 하지만 가정, 일터, 휴식공간 사이의 벽이 무너졌기 때문이기

44) 사회적인 것을 지배계급이 선취하고 통제하는 과제는 매우 중요하였다. 유럽의 역사에서 국가는 사회보장, 사회보험 등 연대라는 성격을 갖는 도덕적 원리를 객관적인 장치로 만들어 놓았다. 이 장치는 국가 장치였고 그 연대의 이름은 국민연대였다. 사회라는 공동체 안에서 개인들은 타인들과 윤리적 연대를 구체화하였고, 현대사회에서는 개인들이 자율적으로 다양한 연대를 통해 스스로의 삶을 책임지기 시작하였다(서동진, 2014b: 67).

도 하다(Kreitzman, 2001: 56). 이로 인해 현대인들은 시간적 압력을 받고 스트레스를 경험하게 된다. 회사의 조직관리에서는 이제 시간에 대한 관리가 매우 중시되며 개인들은 자율적으로 자기관리, 시간관리를 해야 한다. 시간으로 인한 스트레스는 질병을 가져오고 이를 위해 탄력적 근무시간이 수용되지만 이것도 결국에는 과도한 비정규직의 증대를 가져온다.

시간관리에 대한 압박은 취업한 기혼여성에게도 나타난다. 한국 사회의 기혼 취업여성들은 가정일과 직장일이 혼재되고, 특히 자녀양육의 부담을 갖게 되면서 압축적 시간을 경험한다. 중간계급 취업여성들의 임신과 출산 시테크는 직장을 지속적으로 다니고 자신을 보다 계발하기 위해 시간 제도를 더욱 효율적으로 사용할 방안을 모색하기도 한다(조주은, 2013: 202). 불안한 미래에 대한 투자, 자녀교육을 최대한 효율적으로 해보고자 하는 바람, 자신의 성취에 필요한 시간의 이용 등을 둘러싸고 끊임없이 시간을 기획하고 설계한다.

그러나 가족시간의 부족과 자기계발의 시간부족은 부모와 자녀 간의 정서적 관계를 위협하기도 한다. 이를 극복하기 위해 주부들은 자녀의 정서와 감정을 관리하는 전략을 세우기도 한다. 때로는 자녀들과의 정서적 소통을 위해 그 시간을 외주화·상품화하기도 한다. 가족행사를 위해 선물, 서비스, 욕망의 표현은 상품화되고 표준화된다. 소비자 개인들은 개인적으로 이러한 상품들을 선택하지만, 이 모든 것들은 메뉴로 표준화되어 있다. 자녀에 대한 사랑의 표현으로써 생일파티는 엄마들이 스스로 만들어 나가는 행사가 아니라 파티플래너를 통해 연출되는 소비행위로 바뀐다. 이 소비가 바로 엄마 사랑의 상징이 된다(Hochschild, 2016: 227).[45]

OECD 국가 중 최고의 노동시간을 기록하고 있는 한국 사회에서 여가는

45) 이와 같이 현대 여성들은 자유로운 자기만의 시간과 가족과 함께 하는 시간의 욕구 사이에서 갈등하며 타협을 시도한다. 그러나 그 결과는 늘 만족스러운 것은 아니다. 어머니 여성 직장인들은 일반인과 같은 24시간을 가지고 있지만 일반인들과는 달리 높은 시간 밀도 속에서 자신의 일상과 직장일을 계획, 관리가 동시에 이루어지는 압축적인 시간경험을 하게 된다(조주은, 2013: 279).

자율적이며 창조적이고 인간적인 시간이 되지 못하고 있다. 강도 높고 긴 노동시간으로 인해 여가는 시간을 때우거나 지친 몸을 휴식하는 시간으로만 의미를 갖게 된다. 혹은 소비주의 시간과 깊은 연관을 갖기도 한다. 장시간 노동에 지친 후의 여가는 상품집약적이고 시간집약적인 여가로 바뀌게 된다. 자유롭게 활용할 수 있는 시간이 부족한 사람들은 빠른 시간 내에 만족을 얻기 위해 상품을 구매하여 이를 채우려고 한다(김선영, 2013: 28). 일종의 소비주의가 현대인들의 불안, 불만족을 채워주고 있는 것이다. 신자유주의의 상품화 전략은 문화를 큰 상품시장으로 만든다. 대중매체를 통해 상업적 오락, 놀이들이 개인의 일상적 삶을 지배하고 문화가 경제발전의 수단으로 전락한다. 여가, 소비, 일상사, 각종 기념일 등은 상품화되고 개인들은 낭만주의와 고도의 미학의 감정을 통해 소비를 더욱 극대화한다. 즉 소비주의를 통해 성취와 자아실현을 극대화하는 소비주의적 초개인주의가 등장한다(이영자, 2011: 121).

그러나 이러한 현상들은 다시 노동의 강화를 가져온다. 여가와 노동시간의 문제는 잔업경쟁, 과로사, 휴가반납, 시간압박 등과 같은 사회적 맥락과 담론을 파악해야 제대로 이해할 수 있는 문제이다(김선영, 2010: 141). 따라서 신자유주의의 경제논리와 지배담론이 개인들의 사적 시간과 노동시간 등을 어떻게 배치하고 규제하며 활용하고 있는가는 신자유주의의 흐름을 비판할 수 있는 매우 중요한 문제임이 분명하다.

이러한 왜곡된 여가나 휴식의 행위들은 결국에는 인간들의 사회적 관계마저도 단절시키고 여가시간을 음주, 도박 등 쾌락에 탐닉하는 시간으로 전환시키거나 단순히 육체적 피로만을 줄이려는 시도로 채우게 된다. 사회는 점차적으로 시계와 달력에 기반한 시간개념을 중심으로 조직화되고, 인간들의 대인관계는 제한된 수준을 넘어서지 못하고 기계적 시간만이 모든 생활을 지배하게 된다(Kreitzman, 2001: 128).[46]

---

46) 현대사회에서 인간들은 점차 시간의 부족을 느끼게 된다. 아이들도 이와 유사한 소비주의 행태를 보이기도 한다. 한 조사에 의하면 미국의 아동들 가운데 8~13세 아이들

자본주의는 성장을 강조한다. 성장은 필연적으로 소비주의를 요구하며 더 많은 소비를 위한 다양한 시도를 한다. 상품광고를 강조한다든지 상품의 소비주기가 단축된다든지, 유행의 효과에 의해 과시적인 소비를 늘리도록 하는 경우가 그렇다. 성장사회를 위해서는 소비주의가 요구되고 소비자들이 끊임없이 구매하도록 해야 한다. 이러한 성향들을 세르주 라투슈(Serge Latouche)는 '계획적 진부화'라고 불렀다. 현대자본주의 사회는 이러한 소비주의를 성장사회를 위해 주도적으로 기획하고 주도한다는 것이다(Latouche, 2014).[47] 소비를 통해 개인들은 자신의 고통을 이겨낸다. 소비는 사회에 대

은 하루 평균 3시간 반 이상 TV를 시청하며, 매년 약 3천 개의 상품을 사달라고 부모들을 조르고 있다고 한다. 1989년도에 비해 2002년도에는 아동들의 구매력이 400% 증가하였고 6~12세 어린이들은 1주일에 2~3회 상점을 방문하고 있으며, 대신 아이들이 마음껏 뛰노는 시간이 점차 줄어들고 있다고 한다. 또한 6~12세 아이들 가운데 12%만이 균형 잡힌 식사를 하고 있고, 칼로리의 50% 이상을 지방과 설탕으로 얻는다고 한다. 결국 아동들의 소비주의와 물질주의적 가치관은 행복도를 낮추고 심리적으로 우울하고 불안하며 의욕을 저하시키는 결과를 낳는다. 기업들도 아동들을 대상으로 한 광고를 늘리게 되었고, 맥도날드의 경우 광고비의 40%를 어린이들을 대상으로 한 광고에 쓰고 있다. 물질주의 가치관을 갖는 아동들은 소비문화에 탐닉하게 되고 공동체와의 관계에서 낮은 점수를 보여주고 있으며 불안증, 우울증 등 심리적 고통을 겪고 있고 부모와의 관계도 원만하지 않은 것으로 나타나고 있다(Schor, 2005).

47) 최근 기업과 소비자들에게서 소비에 관한 인식이 새롭게 변화하는 모습을 보여주기도 한다. 과시적 소비, 효율적 소비와는 달리 소비의 윤리성을 강조하는 것이다. 소위 말하는 윤리적 소비는 소비가 야기하는 환경, 인권, 노동 등의 사회적 문제도 고려하는 소비를 말한다. 가령 기업에 대한 환경감시, 불매운동, 공정무역제품 구입하기 등을 들 수 있다. 이는 자기만의 소비효율성이나 자기만족을 추구하지 않고 사회적 문제나 타인과의 연대를 강조하는 태도이다. 기업들도 극단적 이윤추구보다는 사회에 대한 기여, 기부 등을 강조한다. 기업과 소비자 모두 사회적 책임, 타인에 대한 관심 등을 보이면서 전 사회가 윤리성, 도덕성에 초점을 맞추게 된다. 과거 국가의 책임이었던 이러한 부분들이 이제 시장의 각 행위자들의 관심사로 바뀌게 되고 이들의 책임으로 전환된다. 요즘 많이 언급되는 기업의 사회적 책임도 그 일부이다. 윤리, 사회, 사회적 책임들도 기업의 주요한 업무대상이 되었고, 이것들을 측정하고 계산하여 자신들의 브랜드 이미지 재고나 회사 성원들의 자부심 고취에 활용한다. 이러한 현상을 일부는 기업의 사회적 책임 실천 또는 경영과 윤리의 결합으로 설명한다. 이러한 현상을 푸코의 관점에서 설명하면 사회적 책임화는 극단적인 자기이익만 추구하는 기업들을 변화시켜 사회통합의 힘으로 작동하게 하며, 타인에게까지도 도덕적 책임을 지고자 하는 행위자로 만드는 통치 테크놀로지인 것이다. 한편 소비자들은 윤리적 소비

한 고통을 잊게 해주는 도덕적 신경안정제의 역할을 한다(Bauman, 2014(c): 93). 도덕적 신경안정제는 가족, 이웃, 사회와의 관계에서 무엇이 잘못되었는지 느끼지 못하게 한다. 이것은 '인간 유대의 약화'를 가져온다. 결국 타인에 대한 고통을 공감할 수 있는 인간은 점차 사라지고 공감이 부재한 나약한 정신의 소유자만 늘어나게 된다.[48]

신자유주의는 핵심 가치관인 탈규제를 강조하면서 개인들에게 무엇이든 할 수 있다는 정신을 강요하고 그 결과물을 가시적인 것으로 내어놓을 것을 요구하고 있다. 그 결과 개인들을 극단적인 피로와 탈진을 경험한다. 치료나 치유를 요하는 많은 증상들은 성과중심사회, 업적지향사회, 경쟁주의사회로 변화하는 과정에서 생겨난 사회적 부산물이다(양정혜, 2012: 113). 소비중심의 사회에서 소비를 하기 위해 노동을 강화시킨 대중들은, 피로와 고통을 해소하기 위해 다양한 치료담론에 의존한다. 소비를 통해 쾌락을 추구하면서 동시에 대중들은 상대방과의 대화, 협력, 소통의 기술도 배워야 하며 감정을 통제하고 세련되게 하는 기법도 배워야 한다. 낭만과 사랑도 소비의 대상이 되었고, 낭만적 이상이 소비자본주의의 이상을 유지하는 데 도움이 되는 사회로 변화하고 있다(류웅재·최은경·이영주, 2015: 103).

기업에서도 자신들이 필요로 하는 인력에 대한 시각이 변화한다. 과거 조직에서는 능력과 잠재력을 갖춘 인재들을 선발했지만 유연한 조직의 사회에서는 사회적 연관, 감각, 정서 등은 무시되고 팀내 작업에서 가시적인 성과를 낼 수 있는가, 혹은 일의 결과를 분명하게 보여줄 수 있는가가 중요한

를 통해 타인들과 연대의식을 가지고 사회적 책임을 지는 주체로 변모하고, 그 실천은 개인들의 자유로운 선택에 따른 소비행위로 이해한다. 이제 개인들은 사회적 책임자, 연대 당사자이자 개인의 이익과 만족을 추구하는 개인들로 존재한다. 소비자들은 자신의 윤리적 행위가 정치적·사회적 의미를 가지고 있다고 믿으며, 소비선택행위가 세상을 바꿀 수 있고 자신들은 세상의 주역이라고 인식하게 된다(김주환, 2012).

48) 바우만은 도덕의 문제를 선택의 문제로 보고 '아니오'라고 말할 수 있는 용기, 불복종할 수 있는 힘이 현대인들로 하여금 결단과 선택을 가능하게 한다고 보았다. 도덕적 인간은 선한 인간이 아니라 존재나 행동이 선하거나 악할 수 있다는 것을 아는 것을 의미한다고 주장한다(Bauman, 2014(c): 286).

판단의 기준이 된다. 과거의 경험, 사물에 대한 천착, 정서 등은 간과되며 평가는 객관적으로 수치화된다. 조직인들에게는 어떠한 실수도 용납되지 않으며 개인적 자질은 무력화된다. 이들은 낙오자가 되고 경쟁력이 없는 인간으로 낙인찍히게 된다(Sennett, 2009: 146-154). 유연한 사회의 등장은 노동세계에서 파트타임을 증대시킨다. 파트타임은 기존 노동세계를 변형시키면서 노동자들 사이의 사회적 관계와 협력, 신뢰를 붕괴시킨다. 신자유주의 시대의 노동윤리는 타인들, 자신이 잘 알지 못하는 사람들과의 협력을 단절시키고 그들을 적대적으로 바라보게 한다. 이러한 사회에서 타인과의 협력은 아무런 가치가 없는 일이 되며 타인은 단순히 수단으로 전락할 뿐이다. 특히 신자유주의 시대는 함께 하는 '우리'의 능력을 억누르고 왜곡시킨다(Sennett, 2012).

푸코는 신자유주의 시대에 개인들은 은둔, 명상, 운동, 독서, 말하기와 글쓰기, 타인과의 교제 등 모든 인간 활동을 통해 '나' 자신을 형성하고자 하는 의식적인 노력을 하며, 그 모든 것은 의식의 형성에 기여한다고 보았다(은재호, 2011: 28).[49] 자기계발에 실패하거나 경쟁사회에서 탈락, 혹은 치열한 현대사회에서 지친 개인들은 스스로 치유하고 위로받아야 한다. 그 치유는 완벽한 해결책이 되지 않는다. 성과와 업적으로 개인들을 평가하는 시대에 패자들은 패배주의와 체념에 휩싸인다. 경쟁이 더욱 강조될수록 이들의 체념은 더욱 커지고 공포와 불안에 빠져들게 된다(Bude, 2015: 81).

신자유주의 시대의 무한한 경쟁원리는 전 사회로 확산된다. 승패로 갈라지는 기득권경쟁, 생존경쟁은 극소수만을 위한 게임이 되며 극소수의 성공이 마치 누구에게나 보편적으로 가능한 것처럼 착각하게 만든다. 이때 개인들은 경쟁에서 승리한 강자와 자신을 동일시하고 강자의 승리가 마치 자신

49) 푸코는 독서를 통해 명상의 계기를 부여하는 것이 중요하며, 이것이 독서의 주요 목표라고 설명한다. 명상은 사물의 의미를 심화시키지 않고 특수한 강도를 가지고 사유하려는 시도나 우리가 사유하는 사물에 입각해 다소 규칙화된 질서 속에서 사유가 전개되도록 내버려두는 시도이다. 명상의 요소인 글쓰기에 의해 독서는 연장되고 자신을 재강화하고 재활성화한다(Foucault, 2007: 384-285).

도 달성할 수 있다는 믿음을 갖게 된다. 기득권 경쟁 구조에 순응하여 성공하는 것이 현실적인 것이라며 경쟁을 스스로 내면화한다. 이럴수록 사회의 경쟁구도는 더욱 치열해진다(강수돌, 2013: 71-83).

이 때문에 신자유주의 시대에는 역으로 다양한 치유문화가 확산된다. 왜냐하면 신자유주의 시대에 탈진한 자아들이 늘어나고 있기 때문이다. 치유산업은 '치유시장'을 계속해서 확장하기 위해 끊임없는 '환자 고객'들의 공급을 필요로 한다. 그러기 위해서 사람들은 계속 아픈 상태가 되어야 하며, 그렇지 않으면 일상적인 감정 상태나 행동들을 병리적으로 판단이 되어 환자가 되어야 한다(류한소, 2012: 209). 스스로를 치유하고 자신의 문제점과 병을 읽고 그 아픔으로부터 벗어나는 길을 찾아야 한다. 자신에게 집중하여 치유하는 것은 자신의 가치를 향상시키거나 자신을 둘러싼 내적·외적의 문제들을 해결할 수 있는 방법이 된다. 치유문화의 번성은 상처받은 사람들이 구하는 위로와 안정에 답하는 역할을 하지만 궁극적으로는 그들에게 이러한 사태를 만들어온 원인을 비판하거나 저항하지 못하게 한다. 치유담론은 결국 신자유주의의 자기계발의 전형으로 읽히게 된다(김은준, 2015: 58).

내면세계에 천착하는 것은 존재가치를 우선시하고 시대 문제나 사회적 요인에 대한 비판을 배제하는 탈정치화된 개인에게 집중하는 것이다. 치유문화가 유행하는 것은 정서의 전달과 돌봄, 관리가 경제 가치를 창출하는 주요 요소로 부상하고 있는 신자유주의적 경제구조 변동과 관련된다. 행복, 성공, 웃음, 친절 등의 긍정적 정서는 시장에서 거래되는 상품이 되고 있으며 슬픔, 우울, 무기력, 나태, 절망 등 부정적인 정서를 가진 사람들은 치료, 돌봄, 정서 관리 산업의 주요한 소비자로 부각되고 있다(정승화, 2012: 167).[50)]

---

50) 한국 사회에서 힐링, 우울증과 관련된 신문기사의 수는 1997년부터 본격적으로 등장한다. 조선일보와 한겨레신문을 보면 1997~2001년 사이에 힐링 기사가 등장한 이후 2007~2012년 사이에는 600개를 넘어선다. 우울증 기사는 1997~2001년 사이에 650건이었던 것이 2007~2012년 사이에는 2,400개를 넘어선다. 1990년대 후반 이후 정리해고, 명예퇴직 등으로 인해 노동자집단의 탈정치화가 진행되고, 고용불안의 공포

이제 감정이란 영역도 표준화·획일화·상품화된다. 결혼이라는 사적인 행사조차도 아웃소싱이 되면서 웨딩플래너라는 전문가가 동원되기도 한다. 이러한 일들 가운데는 결혼 문제에 대한 상담, 아이들을 위한 파티행사의 문제, 친구만나기 등도 포함되며 이 모든 일들이 상품화되어 개인들은 자신들만의 고유한 감정처리 문제를 아웃소싱하게 된다(Hochshcild, 2013). 결혼에서 중시되는 로맨스, 낭만은 상품화되고 상품은 로맨스화되는 경향이 나타난다. 로맨스 영역에서 벌어지는 애정경쟁은 자본주의 시장경쟁을 닮게 된다(노명우, 2013(a): 118). 남녀 간의 연애과정에서 낭만은 사치품의 사용을 동반하기도 한다. 로맨스를 위한 사치품 사용은 부의 상징적 낭비, 즉, 상실을 통해 강렬함과 즐거움을 경험하며 자신의 계급적 지위에서 벗어나 탈계급화된 소비에 만족하게 된다. 낭만과 연애는 남녀 간의 만남을 구조화하는 경제적 합리성을 벗어나지 못하게 된다(Illouz, 2014(a)).

이러한 상황 속에서 남녀 간의 섹스는 소비를 요구하여 소비문화를 촉진하는 수단이 되기도 한다. 섹시하기를 원하는 사람은 운동하고 체력을 단련하며 멋을 내기 위해 화장품과 옷에 아낌없는 투자를 하며 성행위 보조수단을 구입하고 값비싼 음식을 사먹기도 한다. 현대의 섹스는 자신이 원하는 상대를 찾아 쾌락적 행위에 몰입시키는 여러 가지 방법 중 적당한 것을 골라내는 능력의 각축장이 된다(Illous, 2014(b): 52). 사랑과 감정도 자기계발의 한 품목으로 변화하게 된다. 자기계발은 사람들로 하여금 감정과 육체를 가진 욕망의 주체임을 인정하게 하고, 이들 간의 감정적 상호작용을 관리할 수 있는 주체를 형성시키도록 한다. 사회생활과 사적 생활 영역 간의 구분이 모호해지면서 감정과 사랑은 자기계발 프로젝트의 주요 대상이 되었다. 주체들은 자신의 욕망과 능력을 성취하고 자아를 형성하기 위해 자기계

가 심화된다. 이러한 가운데 신문에서는 우울증, 자살 등의 기사가 빈번하게 등장한다. 신문기사들은 개인의 정서적 혼란상태를 집중적으로 논의하면서 정서적 건강회복을 통한 불안의 극복 가능성을 찾을 것을 권유한다. 이것은 결과적으로 사회경제적 비판을 치유에 관한 논의로 대체하는 치유의 통치가 한국 사회에 자리잡아 가고 있음을 보여준다(김수미, 2014: 131-141).

발에 몰두하고 성적 매력, 섹시함조차도 사회적 관계를 유지하는 중요한 자본이 되고 있다(이재현, 2014: 54-55).

이와 같이 스펙문화가 범람하듯이 결혼시장에서 승자가 되고 성공하는 자들은 스펙에 맞추어 상대를 고르게 되고, 결혼이라는 과정을 통과하게 되면 그 낭만은 이제 약화되고 결혼과정에서의 감정, 애정 문제가 상담이나 상품의 영역으로 진입하게 된다. 사생활의 상품화와 가족해체, 공동체의 붕괴는 결국 인간관계의 비인간화를 가져오고 개인들은 고립되고 정신적 고독과 정서의 황폐화에 직면하게 된다. 이러할 때 나타나는 치료담론은 개인들의 정서적 안정과 행복을 심리적이고 내면적인 문제로 전환시킨다. 한편 각종 외모와 심리적 관계 실용서와 '삶의 지침서,' 심리 치료에 관한 전문서적 등은 개인들로 하여금 자아를 반성하고 판단하고 새로운 자아를 기획하게 하는 기술이다.[51] 즉, 푸코가 말한 자기를 스스로 돌보고 훈육하는 '자아의 테크놀로지'인 것이다(정승화, 2012: 181).

20세기의 치료 문화는 감정생활을 생활의 중심에 놓음으로써 남녀의 경계와 공사의 경계를 약화시키고 교란시켰다. 이때부터 심리학자들은 지식전문가로 나섰고 인간관계들을 개선하며 개인들을 위로하고 치유하는 전문가가 되었다. 의료 전문가들은 개인의 몸이나 심리 상태에 대해 무엇이 바람직하며 무엇은 금해야 하는지를 결정하는 권한을 사회로부터 부여받은 집단들이다. 결국 치유문화의 열풍은 의사, 의료전문가에 비해 상대적으로 열세에 있었던 각종 심리 분야 전문가들에게 개인의 웰빙과 관련해 결정권을 행사할 수 있는 권한 획득의 기회를 가져다주었다(양정혜, 2012: 133).

이러한 문화 속에서 감정은 텍스트에 기록될 수 있고 고정된 대상으로

---

51) 최근 국내의 출판계를 보면 최근 5년간 12~1월 판매 동향에서 자기계발서와 다이어트 관련 등 일종의 결심서적이 15.5% 성장하였다. 2013년 1월에 결심서적은 44만권이 팔렸고 액수로는 49억 원어치였다. 2013년 1월 현재 '자기관리 및 계발' 분야 베스트셀러 1위는 김미경의 『드림온』, 2위 『습관의 힘』, 3위 『언니의 독설』, 4위 『어떻게 원하는 것을 얻는가』, 5위 『내가 알고 있는 걸 당신도 알게 된다면』 등의 순서였다(『조선일보』, 2013/02/09: A18).

파악될 수 있다는 생각, 즉 감정을 자아와 분리시켜 관찰, 조작, 조절하는 것도 가능하다는 생각이 생겨나게 되었다(Illouz, 2010: 73). 자아를 완성하지 못한 개인들은 보살핌과 치료학의 대상이 되었다. 한국 사회에서도 복지정책이 신자유주의 시대에 매우 중시되면서 각종 사회적·제도적 주체들이 자아실현, 건강, 병리를 정의하고 감정건강은 새로운 상품으로 생산, 유통된다. 가령 복지체계는 노숙인, 부랑인을 감정위계의 밑바닥에 위치한 사람들로 재분류하면서 이들을 보살핌과 치료학이 필요한 사람들로 규정한다. 이때 자존감의 회복, 자신감 갖기, 자립심 등은 자활의 중요한 감정 자본으로 취급된다. 그렇기 때문에 신자유주의 복지체계는 통치대상들의 감정을 관리하면서 지속적으로 주체를 통치하는 것이다(정수남, 2013: 150-155).[52]

이러한 치료학이 미국문화 안에 정착하는 데 영향을 미쳤던 최초의 제도적 거점은 국가였다. 국가가 치료 담론을 다량으로 차용했던 것은 사회적응 및 복지후생 문제에 관심이 높았던 전후 분위기와 관련이 있었다. 이때부터 심리학 담론은 개인주의에서 가장 핵심적인 모델 중 하나가 되었고, 국가는 이를 차용, 유포하기 시작하였다(Illouz, 2010: 117). 국가는 사회복지, 교도, 교육, 재판 등에 치료학을 사용함으로써 국가권력을 공고히 했고 사생활의 정치화를 통해 영향력을 확장했던 페미니즘이 심리학에 의존하게 되었다(Illouz, 2010: 222). 각종 사회적·제도적 작용주체들이 자아실현, 건강, 병리를 정의하기 위해 경쟁함에 따라, 감정건강은 여러 사회적·경제적 거점들로 구성되는 하나의 장에서 생산, 유통, 재활용되는 새로운 상품이 되었다.

개인을 기업가적 자아로 구성하면서 기술, 역량, 기질을 계발해야 한다는 신자유주의적 규범이 확산되고 개인들은 정신뿐만 아니라 몸도 거기에 맞게 변모시키고 세련되게 가꾸어야 한다는 의식을 갖게 된다. 일종의 '새로운 몸 프로젝트'가 구축된다. 모든 삶에 의료행위가 개입되도록 하며 자유롭고

---

52) 김대중 정부는 노숙인 관리를 위해 취업이 가능할 것으로 여겨지는 '자격이 있는 노숙인'과 정처없이 떠도는 노숙인이라고 하는 '자격이 없는 노숙인'으로 분류해 사회공학적 차원에서 신자유주의 통치방식을 정교화하였다. 이들에 대한 상세한 통치과정의 분석은 송제숙의 연구(2016)를 참조하라.

향상된 자아를 표현하는 것으로서의 몸 인식을 강화하는 것이다. 미용성형을 통한 '자아존중감' 회복 논리는 자신의 몸과 자아를 돌보아야 할 자유와 선택을 강조하는 신자유주의적인 문화적 논리가 확장된다(태희원, 2012: 164). 몸을 포함한 모든 것이 개인의 자산이 되며 개인들은 신자유주의의 경제적 통치를 비판 없이 받아들이면서 자신의 모든 것을 자본화한다. 개인이 스스로 기업가가 되는 것이다. 치밀한 자기경영, 자기관리, 자기마케팅, 자기과시, 자기기획 등이 삶의 주요 목표가 되고 사회 전반에 퍼져 있는 효율성, 실용성, 능률성을 내면화하면서 개인의 주체성을 시장원리에 맞추어 만들어 나간다. 이러한 자아는 극단적으로 소비를 추구하거나 자기를 착취하고 소진시킨다.

개인의 자아존중감 결여는 스스로 주체가 되어 능동적인 삶을 살아갈 수 있는 능력에 장애물이 된다는 믿음이 사회 전반에 걸쳐 작동하고 있다는 것을 보여준다. 심지어 성형을 통해서라도 자아존중감은 반드시 복구해야 하는 것이라는 동의가 사회 전반에 널리 퍼지게 된다. 이러한 현상을 신자유주의적 미의 통치로 설명하기도 한다(한병철, 2016: 86). 미의 통치는 강제성을 낳고 이것은 테러와 유사하다. 이에 따라 현대인들은 그 통치에 의해 성형수술, 체형관리를 자발적으로 하게 된다.

자신을 돌볼 역량과 자율성, 자유를 부여받은 개인들은 경쟁사회에서 패배와 도태의 위험에 대처하기 위해 신중하고 계산적인 태도를 취하는 기업가적인 개인이 된다. 미용성형은 자신의 삶을 통제하고 기획하는 준비이자 계기이다(태희원, 2012: 184).

외모 가꾸기는 여성들의 능력 및 경제력이 상승하고 외모가 자기계발에서 차지하는 비중이 증가하면서 남성들에게도 중요한 자기관리 영역이 되고 있다.[53] 신자유주의는 개인을 합리적이고 계산적인 존재로서 자신을 책임

53) 현대사회에서 시간과 돈과 에너지를 자신에게 투자하며 사는 삶을 지향하고 자기애가 강한 초식남의 등장은 이와 관련되어 있다. 이들은 사회적 관계를 줄이면서 자기몰입에 빠져들게 된다. 결국 원자화 현상이 더욱 확산된다(김고연주, 2012: 157).

지는 능력을 지닌 기업가적 자아로 규정한다(김고연주, 2012: 142). 개인들은 특별한 자아와 상품성 있는 외모를 통해 다른 사람과 구분짓는다. 구별짓기는 주관적인 것이기 때문에 자신이 원하는 자아상과 이미지에 도달하기 위해서 끊임없이 자기관리와 자기투자를 해야 한다. 결국 개인들은 개인주의 또는 개인의 자유로운 선택이라는 신자유주의 이데올로기에 의해 사회적·경제적·정치적 문제들에 대한 비판을 망각하고 상품 형태에 포섭되어 버리는 것이다(김고연주, 2012: 150). 이것은 개인주의가 과도하게 팽창된 초개인주의로 설명되기도 한다. 초개인주의는 자아의 기획, 자율성, 독창성, 성취성을 극대화하고 유동적 정체성을 강조하면서 고도의 자유를 추구한다(이영자, 2011: 110).

한국 사회에 만연된 외모중심주의는 10대들에게도 광범위하게 퍼져 있고 그것은 10대들에게 성형에 대한 욕망을 강화시키고, 외모의 중요성을 일상적으로 환기시키는 또래친구나 부모, 교사 등의 일상문화가 된다. 완벽과 신기술에 대한 대가로 성형소비자들에게 고가의 수술비를 당연하도록 여기는 의료관행이 늘어난다(나윤경, 2009). 이러한 것들은 자신의 이미지를 정교하게 가꾸는 것이 자신의 상품가치를 높이는 것이라는 인식에 바탕을 두고 있다. 이미지 강화는 자기 지배의 일부이며 노동시장에서 우위를 차지하려는 소망이다. 그럼에도 불구하고 신자유주의의 통치를 극복하기 위해서는 개인이 스스로를 창조하고 자신이 주인인 삶을 창조해야 한다. 개인은 독립적이고 자율적이어야 한다. 이것이 바로 진정성(authencity)이다(McGee, 2011: 266).

제 2 부

민주화 이후 한국의 대통령과 통치성

김영삼 정부의 통치와 신자유주의

I. 김영삼 대통령 리더십의 특징

3당 합당이라는 비정상적인 정치통합에 의해 여당을 장악한 김영삼 대통령은, 라이벌인 김대중 후보를 누르고 대권을 장악하였다. 3당 합당은 1987년 민주화 이후 중산층의 안정과 성장에 대한 바람을 충족시켜줄 수 있다는 희망으로 보이기도 하였다. 김영삼 대통령은 자신의 개혁프로그램이 성장과 발전을 가져올 것이라고 기대하였다(김희민, 2013: 75). 그러나 3당 합당은 김영삼 정부 초기 개혁의 장점을 희석시키는 역할을 하였다. 3당 합당을 통해 김대중을 지역적으로 고립화시키는 데는 성공했지만, 3당 합당이라는 연합 내부에 존재하는 이질성을 극복하지는 못하였다. 그 내부의 분열과 갈등은 개혁의 의미를 퇴색시켰고 김영삼 대통령은 외부의 적이 아닌 내부의 적을 처리하는 문제로 많은 시간을 보내야 했다(최바실리, 2007: 29).

김영삼 정부는 군부독재를 종식시키고 군사잔재를 청산한다는 의미에서 자신의 정부를 문민정부로 호칭하였다. 집권 초기 실시된 군개혁은 짧은 시간 내에 광범위한 범위로 이루어졌다. 먼저 12.12사태 관련 장성들과 비리 연루자에 대한 대규모 숙군을 실시하였다. 전두환 정권 시절 48.5%에 이르던 국영기업에서의 군출신 점유율이 김영삼 정부 때는 12.4%로 축소되었고 군사령관급의 62%, 사단장급의 39%가 인사조치되었다. 이로 인해 장군 19명, 영관급 29명이 해임 또는 전보조치되고 장군 20명과 영관 6명은 전역되었다(최바실리, 2007: 34).

취임 때 김영삼 대통령은 '신한국'을 강조하면서 한국병의 치유를 통해 건강한 신한국을 회복하자고 주장하였다. 신한국은 국가기강이 확립되고 경제가 회생하며 부정부패가 없는 선진국가로서의 도덕국가를 의미하였다. 이와 함께 김영삼 대통령은 세계화, 역사바로세우기 등을 내세우면서 강력한 개혁드라이브를 실천하였다. 역사바로세우기 과제는 전임 대통령들에 대한 처벌로 이어졌다. 특별법을 통해 전두환, 노태우 전 대통령들을 구속수감하였다. 역사바로세우기는 당시 지지율이 급락하고 시민사회의 광주 문제 해결 요구가 거세지는 상황에서 고도의 정치적 계산 아래 지지율 회복과 집권세력 헤게모니 강화라는 목적을 두고 있었다(임혁백, 2014: 666). 그러나 얼마 되지 않아 두 대통령은 석방되었고, 5.18항쟁에 대한 중요한 사실은 규명되지도 못하였다(김동춘, 2013: 152). 이러한 중요한 일들이 김영삼 대통령의 정치적 판단에 따라 결정되었다는 사실은, '깜짝쇼'로 표현되는 즉흥적이고 근시안적인 정책판단을 했음을 보여준 것이었다.

김영삼 정부는 1993년 금융실명제를 실시하면서 개혁정치를 내세웠다. 금융실명제는 누구도 예상하지 못한 기습적인 정책이었다. 극비리에 진행된 금융실명제는 김영삼 정부가 내세우는 대표적인 정책 가운데 하나이다. 기득권 세력의 반발과 시장의 동요를 막기 위해 대통령 긴급명령을 통해 금융실명제를 실시하였다. 김영삼 대통령은 금융실명제를 통해 개혁과 경제활성화를 동시에 이루고자 했다. 그 결과 그해 말 실명확인율 87.3%, 가명계좌의 실명전환도 97.6%에 이르렀다(김삼웅, 2016: 571).

오랜 기간 동안 민주화투쟁을 통해 김영삼 대통령은 여론의 집중적인 관심과 지지를 매우 중시하였다. 특히 높은 도덕성과 투쟁의 참신성 및 일관성이 매우 중요함을 스스로 깨달았다. 김영삼 대통령은 역대 어느 대통령보다도 청교도적인 생활을 유지하였다. 이른 아침부터 조깅을 한다든지 칼국수 등 소식(小食)을 하는 스타일은 종교적인 스타일과 유사하였다. 그의 개혁적인 정치 스타일은 이념적이거나 정치적 철학에서 나왔다기보다는, 청교도적인 생활에 근거한 것이라는 평가가 제시될 정도로 매우 엄격한 개인생활을 강조하였다(백중현, 2014: 166). 그의 여론중시 성향은 다른 한편으로는 여론에 대한 강박관념과 과시적 충동에 매몰되는 점을 지니고 있었다. 때로는 정치를 이벤트 정치로 추락시키거나 상징조작도 감행할 위험도 내포하고 있었다(김형준, 2007). 반독재민주화투쟁의 경험은 강력한 지도력을 요구하였고 이는 자연스럽게 권력집중과 수직적 리더십을 가져왔다(김영명, 2009: 23). 이러한 강력한 카리스마는 정당정치, 대화와 타협의 정치과정 등을 대통령 개인에 의한 인치로 전락시켜버린 부작용을 낳았다. 때문에 법치주의, 3권분립에 기반한 문민정부의 이미지와는 동떨어진 제왕적 대통령제의 관행이 확립된 시기였다는 혹평을 받았다(김비환, 2016: 388).

김영삼 대통령은 권위적 여론과시형으로 분류되기도 한다. 오랜 기간 동안의 반독재민주화투쟁과정은 보스중심적인 수직적 조직관리를 요구했고 이에 따라 김영삼 대통령은 카리스마적인 권위를 지니게 되었다. 이것은 의사결정과정의 폐쇄성과 비공개성향을 가져왔다. 김영삼 대통령은 여론수렴과 정보수집과정에서는 다양한 통로를 이용하지만, 최종결정에서는 독자적인 판단을 중시하였다. 주요 문제에 대해서는 집단적인 토론과정을 거치는 경우는 없었고, 소수의 측근들만이 참여하여 결정하는 성향이 강했다. 이러한 점은 보안 문제 때문이기도 했고 그의 특징인 '깜짝쇼'와도 관련되어 있었다.

김영삼 대통령은 인사정책에서도 리더십을 제대로 구현하지 못했다는 평가를 받았다. 전문성과 경험보다는 참신성과 개혁성을 중시하였고, 때로는 자신에 대한 의리와 충성심도 중시하여 객관성을 잃기도 하였다. 신경제회의, 세계화추진회의, 농어촌대책회의, 경제장관회의는 연 2~3회에 불과하였고 내각을 통해 국정운영을 하기보다는 청와대 비서를 통한 비서정치를 더 선호하였다. 장관들에게 책임과 권한을 위임하지 않았지만, 국정현안을 제대로 파악하지 못했기 때문에 장관들을 장악하지 못하는 결과를 가져오기도 하였다. 김영삼 대통령은 인치를 강조했고 자신이 독단적 결론을 내리는 경우가 많아서 집권당과 행정부는 대통령의 고독한 결단을 따르는 위치로 전락하기도 하였다(김충남, 2006: 568-573). 결국 대통령과 국회가 민주적으로 구성되었지만 권력이 행사되고 정책이 입안, 집행되는 방식에서는 과거의 군사권위주의시대의 유산을 탈피하지 못하였다. 이 때문에 '문민독재'라는 비판을 받기도 하였다. 이는 민주주의 발전을 방해하였고 개혁 작업을 파행시키는 원인이 되기도 하였다(김영명, 2013: 289).

II. 세계화와 금융화정책

김영삼 정부는 안정과 개혁을 통해 민주주의를 심화시키고 지속적인 경제발전을 도모하였다. 혹자들은 김영삼 정부 시대는 국내의 정치개혁이라는 움직임과 세계화·개방화라는 세계변화에 적응하기 위한 국가 차원의 성장통 시기에 존재한 정부라고 규정하기도 한다(박영규, 2014: 366). 그 정도로 김영삼 정부는 대내외적으로 과거와는 다른 새로운 과제를 해결해야 하는 정치적 부담을 가지고 있었다. 집권 초기 경제기획원을 해체하고 5개년 경제계획을 폐지하고 세계화에 맞추어 대외경제를 개방하는 체제를 열었지만, 이러한 변화들이 한국 경제에 무엇을 의미하는지 김영삼 대통령은 제대로 이해하지 못하였다(이장규, 2012: 305).

김 대통령은 "개혁의 성패를 좌우하는 것은 개혁을 추진하는 강력한 리더십과 국민적 지지이며, 개혁 주체가 반개혁적 도전세력을 제압할 수 있는 힘과 의지를 지녀야 하며, 국민들은 자신에게 돌아올 고통을 기꺼이 분담하고자 하는 의지와 동의가 있어야 한다"고 주장하였다(김영삼, 2001a: 175-176). 이와 같이 김영삼 대통령은 초기에는 개혁에 대한 강한 자신감을 가지고 있었고 국민들의 절대적 지지 속에 경제발전도 충분히 이룰 수 있다는 낙관론적인 시각을 가지고 있었다. 그러나 김영삼 정부는 민주화를 위해 개혁을 시도했지만, 확고한 사상적 리더십과 일관된 정책실천이 부족하여서 정치적 부패와 사회혼란만 가중시켰다는 비판을 받았다(김충남, 2006: 533).

김영삼 정부는 '신한국 건설'을 모토로 출범하였다. 신한국이란 말은 김영삼 대통령이 처음으로 언론에 공개하였지만 그것은 주요 브레인들에 의해 작성된 일종의 로드맵이었다. 당시 신한국 건설 논리에 참여했던 이각범 전 청와대 정책수석은 다음과 같이 진술하였다.

> "신한국이라 함은 낡은 군사독재의 잔재를 뿌리 뽑고 공정한 사회, 합리적인 사회 그리고 정상적인 사회, 국가로서 만들어가는 것이 신한국 국가다. 그리고 이 과정에서 부정부패가 척결이 되고 투명한 사회를 만들자. 그래서 신한국의 세 가지 요점은 정상화, 투명화, 합리화에 있다. 그렇게 해야지만 우리가 어려운 경제를, 여건을 타파하고 새로운 21세기를 향한 도약의 발판을 마련할 수 있다."[1]

김영삼 정부가 주장한 신한국은 과거 군사독재의 유산을 청산하고 합리적이고 투명한 사회를 말한다. 즉 사회의 정상화, 투명화, 합리화가 그 중심 개념이다. 정상화는 법치주의를 말하며 투명화는 금융실명제의 예에서 보듯이 부정부패를 일소하자는 의미를 담고 있었다. 이와 같이 신한국 건설의 목표는 경제를 활성화하고 21세기 미래사회로 향한 발전에 있었다. 신한국은 과거청산을 통해 성장과 발전을 지향한다는 의미를 내포하고 있었다.

> "정상화하겠다는 것은 뭔가요? 자유 민주국가에서 정치란 삼권분립의 원칙에 의해서, 법에 의해서 통치를 한다, 법치를 한다, 이게 군의 어떤 인맥이나 이런

---

1) 전 청와대 정책수석 이각범 구술 인터뷰(2012.2.23).

것에 의해서, 인치를 하는 것이 아니라 법치를 하겠다, 이게 신한국의 제일 첫 번째인 정상화예요. 투명화가 뭐예요? 만연해 있는 부정부패를 뿌리 뽑고 그 가장 큰 기관을 만들기 위해서 금융실명제를 실시한 거죠. 집권 프로그램에 다 나와 있어요. 집권 프로그램에 다 예정된 코스 그대로인 거예요."[2]

"세계화정책이라는 것을, 우리 문을 그냥 열어서 세계에 개방해준다 이렇게 이해하는 사람들이 많은데요. 세계화란 세계적인 개방의 압력이 너무 거세서 우리도 이제는 세계적으로 경쟁할 수밖에 없어요. 세계의 표준 다시 말하면 글로벌 스탠더드에 우리나라의 산업과 교육과 복지와 환경과 이 중요한 모든 여러 부분을 글로벌 스탠더드에 맞추도록 한다, 이게 세계화거든요. 우물 안 개구리 식으로 우리가 쳐놓은 보호벽 안에서 우리끼리 살던 시대는 지나갔다, 이제는 개방의 파워가 이렇게 밀려오고 있으니까 여기에 우리가 적극적으로 대응해서 글로벌 스탠더드를 택하도록 하자, 이게 세계화거든요. 그래서 그런 의미에서 우리가 굉장히 많은 개방의 압력에 대처할 수밖에 없었어요. 지금 그 당시 상황에서 외국시장에 빨리 개방을 해버렸다, 이렇게 하는 것은 그 당시의 쌀 개방 문제 그게 얼마나 되느냐, 몇 톤까지 외국에다가 쌀 시장을 개방하느냐, 그래서 우리가 지금도 의무적으로 외국에서 사오고 있거든요. 그 비율을 얼마나 낮추느냐 거기에 WTO 회의의 모두가 집중이 됐어요. 언론에서는 그것 외에 다루질 않았어요. 농민들은 죽겠다 그랬죠."[3]

김영삼 대통령은 1993년 APEC 회의에 참석하면서 세계화에 대한 강한 열망을 가지게 되었다고 회고하였다. 그는 "한국이 살아남는 길은 광역의 블럭에 주도적으로 참여하는 것이며, 세계 속에서 다른 나라들과 거래하기 위해서는 우리도 세계의 일원으로 생각하고 말하고 활동하는 것을 시급히 익히지 않으면 안 되겠다고 나는 생각했다. 우리에게 국제화는 이제 절체절명의 과제라는 인식이 내 머리에 강하게 자리 잡았다. 나는 내가 만난 외국의 정상들이 과연 무슨 생각을 하고 있으며 그들의 주요 관심사가 무엇인지를 실감하게 되었다. 세계가 무엇을 위해 어디로 가고 있는지를 나는 분명

2) 전 청와대 정책수석 이각범 구술 인터뷰(2012.2.23).
3) 전 청와대 정책수석 이각범 구술 인터뷰(2012.3.15).

히 느꼈다. 그리고 거기에 대응해서 우리가 무엇을 어떻게 해야 할 것인지에 대해서 나는 많은 생각을 하게 되었다"(김영삼, 2001a: 209).

김영삼 대통령은 민주화의 법적·제도적 정치가 마련되었기 때문에 이제 미래지향을 위한 세계화 개혁에 박차를 가해야 한다고 보았다. 그는 개혁과 세계화는 분리되는 개념이 아니며 국내민주개혁 → 국가경쟁력강화 → 세계화로 자연스럽게 이어지고 과거 청산적 1단계 개혁을 미래 창조적 2단계 개혁으로 확대, 심화시키기 위한 전략이 바로 세계화라고 선언하였다. 또한 김영삼 정부는 위의 인터뷰에서 보듯이 세계화를 무엇보다도 글로벌 스탠더드의 수용으로 이해하였다. 그러나 김영삼 대통령 개인은 글로벌 스탠더드의 의미보다는 이를 통해 자신의 리더십을 확인하고 국내 정치개혁을 추진하는 수단으로만 이해하였다. 김영삼 정부는 사회 전반의 모든 영역들을 글로벌 스탠더드에 맞추고 그에 따라 사회발전을 추구한다는 논리를 보여주었다. 이는 결국 신자유주의의 논리를 사회 전반에 확장하겠다는 것에 다름 아니었다.

김영삼 정부는 세계화를 새로운 국제환경 속에서 한국의 국가경쟁력을 높이고 국민의 삶의 수준을 도약하게 하고 무한경쟁 시대에 한국이 살아남을 수 있는 유일한 길이라고 판단하였다. 그러나 이것은 철저하게 친노동적인 정책, 친서민적인 정책에 의존하기보다는 친대기업적이며 친시장적인 패러다임에 의존하였다. 국가경쟁력이란 말은 김영삼 정부 시기에만 확산된 개념은 아니었다. 한국 사회에서 자본주의에 대한 대안의 부재, 자본주의 소비문화의 확산 등으로 인해 진보와 보수세력 모두 국가경쟁력, 기업경쟁력이란 말은 중요한 가치를 지니는 것으로 인식하였다. 비물질적 가치와 연대 등의 개념에 대한 인식은 취약할 수밖에 없었고, 자본주의 물신숭배라는 이념적 획일성이 강화되었다(김영명, 2016: 87). 이러한 현상은 결국 좌우나 진보와 보수로 나눌 수 있는 사회경제적 이념에 대한 내용이 미천한 것과 관련되어 있다.

김영삼 정부는 세계화정책을 추진하면서 경제정책의 집행을 위해 기술관료와 기업의 패권적 정책패러다임에 의존하였다. 김영삼 정부의 강력한 개혁드라이브정책은 권위주의와의 단절을 가져오고 민주주의의 발전에 기여하였지만, 사회경제적 민주화를 가져온 것은 아니었다. 오히려 사회경제정책에 대한 주도권은 관료집단과 일부 학자집단으로 넘어갔다(조찬수, 2014: 184).

세계화담론은 국제경쟁에서의 승리를 중요한 목표로 삼고 있고 국제경쟁이라는 상황이 김영삼 정부의 모든 정책의 배경이자 국정목표가 정해지는 중요한 우선순위의 배경이 되었다. 자본주의 사회에서 경쟁은 세계자본을 만들어 내기 위해 국가의 경계를 벗어날 것을 요구한다. 자본은 스스로 세계경쟁에 뛰어들게 되며 세계시장은 자연스럽게 형성되는 것이다.

김영삼 정부의 세계화 담론과 정책은 신한국 창조의 개념과 맞물려 있었다. 이 논의는 몇몇 인사들이 주도했다고 김영삼 대통령의 측근인 김덕룡 전 의원은 구술하였다.

> "한완상, 김정남, 이경재 이런 분들이 노력을 했죠. 신한국 창조가 문민 시대, 민주 시대를 만드는 거라고 보았어요. 그 당시 신한국 창조란 개념과 함께 캐치프레이즈는 변화와 개혁이었어요. 그래서 문민 시대, 민주 시대의 개막, 군사문화의 청산, 신한국 창조라는 큰 틀에서 변화와 개혁을 통해 새로운 시대를 만들어야 한다는 것이 정부의 방향이고 목표였죠."[4]

세계화정책을 김영삼 정부는 개혁으로 치환하여 이해하였다. 세계화담론을 통해 김영삼 정부는 민족들, 국가들 사이의 무한경쟁으로 해석하여 국민대중이 경쟁력 강화의 논리에 동의하도록 하였다. 민족과 국가는 개인과 동일시되었고, 개인의 경쟁력 강화가 국가경쟁력 강화로 해석되었다(김영범, 2003: 410). 그러한 점은 다음의 김영삼 대통령의 담화내용을 보면 알 수 있다.

> "WTO 체제의 출범은 우리 경제에 도전이 될 것이나 그만큼 도약의 기회도 제공해주고 있습니다. 국제화를 향한 체질개선의 호기이자 선진국으로 도약하

4) 전 정무장관 김덕룡 구술 인터뷰(2014.7.8).

기 위한 절호의 기회로 삼아야 합니다. 개방을 두려워한 결과 국제사회에서 뒤떨어져 버린 1세기 전의 경험을 더 이상 되풀이해서는 안 될 것입니다."[5]

"세계화는 우리를 '21세기 일류국가' 건설로 이끄는 지름길입니다. 제가 세계화의 구상을 밝히고, 정부가 총력을 기울여 이를 추진하고 있는 것도 이 때문입니다. 정치, 외교, 경제, 사회, 교육, 문화, 체육 등 모든 분야에서 세계화를 이루기 위한 것입니다. 그러기 위해서는 시야와 의식, 제도와 관행이 세계 수준으로 뛰어올라야 합니다. 세계화는 하루아침에 저절로 이루어지는 것이 아닙니다. 세계화는 우리 모두에게 피땀 어린 노력과 눈물겨운 인내, 그리고 진정한 용기를 요구합니다. 우리에게는 이 길만이 있을 뿐, 다른 선택은 없습니다. 이에 따라 저는 '세계화'를 올해의 국정목표로 제시하고자 합니다."[6]

"우리나라가 OECD에 가입하는 것은 세계경제질서의 형성 논의에 능동적으로 참여하여 국익을 지키고 각종 규범을 선진화하여 우리 경제의 효율성을 높이기 위해서입니다. 정부는 외환, 투자, 무역, 금융 등 각 분야에서 지속적으로 제도개선을 추진하여 선진 회원국 수준에 접근시키도록 노력할 것입니다."[7]

김영삼 정부는 세계화정책에 발맞추어 다양한 규제개혁을 시도하였다. 규제개혁은 세계화정책을 본격적으로 추진하기 전에 이미 마련되었다. 김영삼 정부는 경제적 규제는 철폐 내지는 완화하고, 환경·산업안전·보건의료 등 국민생활보호와 관련된 사회적 규제는 강화하고자 하였다. 이를 위해 1993년 대통령 직속으로 행정쇄신위원회를 설치하였고, 그 후 기업활동규제심의위원회(1993년), 행정규제합동심의회(1994년), 경제규제개혁위원회(1997년)를 설치하고 1997년 대통령 직속으로 규제개혁추진위원회를 설치하였다. 세계화에 따른 환경변화에 부응하기 위해 규제개혁을 실시한 김영삼 정부는, 행정개혁의 초석을 놓고 법과 제도의 기본틀을 마련했다는 긍정적 평가

5) http://www.pa.go.kr/online_contents/speech/speech02/1307970_6175.html
6) http://www.pa.go.kr/online_contents/speech/speech02/1308056_6175.html
7) http://www.pa.go.kr/online_contents/speech/speech02/1308275_6175.html

를 받기도 하였다. 그러나 각 부처에 규제개혁 기구를 설립하여 업무가 중복되고 강력한 리더십의 결여로 추진력이 분산되어 일관된 규제개혁을 실시하지 못했다는 평가를 받았다(최유성·이종한, 2008: 509).

김영삼 정부가 주창한 세계화정책은 과거 군부독재시절 국가가 시장을 규제하고 억압하는 것으로부터 벗어나, 시장을 자유롭게 하고 시장에서 무한 경쟁하는 것이 개인과 국가 발전의 원동력이라고 판단한 것과 같은 것이었다. 이를 위해 많은 부문에서 규제완화를 실시했고 공기업을 민영화했다. 그럼에도 불구하고 고용보험을 전격적으로 도입하였지만 국가복지의 목표를 국민기본선의 충족에 한정하고 그 이상의 것은 민간부문에 책임을 둔다는 불완전한 복지를 실시하였다. 또한 노동법 개정을 통해 기업이 원하는 정책을 실시하도록 하였다. 이러한 시도들은 김영삼 정부의 한계를 잘 보여주는 사건들이었다. 김영삼 정부의 경제자유화정책, 세계화정책은 정치적·사회적 형평성보다는 경제적 효율성을 강조하는 측면이 강하였고 이 때문에 특히 대기업에 대한 규제완화가 본격적으로 시도되었다.[8] 규제완화는 결국 대기업의 책임이 면제되고 권리는 증대되는 결과를 가져왔다. 규제완화는 개방과 함께 진행되었고 시장을 감독하고 관리해야 할 정부의 역할과 능력은 감퇴하였다(이연호, 2013(b): 140-141).

이는 군사정권하에서 재벌의 경제적 집중력을 막기 위하여 실시되었던 공정거래제도, 업종전문화제도, 여신관리제도의 강도가 약화되는 결과를 가져왔다. 김영삼 정부의 규제완화 조치 등은 자본거래 자유화와 세계화에 대한 대응책의 성격이 강하였다. 이로 인해 기업은 정부에 의존하기 않고서도 해외에서 시장 활동의 재원을 조달할 수 있게 되었다. 과거 전통적인 정부-

8) 김영삼 정부의 세계화정책은 '삶의 질의 세계화'도 정책상으로는 추구하였다. 이를 위해 국민복지기획단을 출범시키고 새로운 복지패러다임을 제시하였다, 최저수준보장의 원칙, 생산적 복지의 원칙, 공동체적 복지의 원칙, 정보화와 효율화의 원칙, 안전중시의 원칙 등을 주요 원칙으로 하고 4대보험의 전체 근로자 적용 확대, 사회적 취약계층에 대한 지원 확대, 민간부문의 복지참여 확대, 복지재정의 확충을 추구하였다(양재진, 2008: 475).

기업관계는 변화되기 시작하였고 때로는 호혜적 유착관계로부터 상호불신과 대립, 갈등의 관계로 발전하기도 하였다(윤홍근, 2009: 564).

김영삼 정부의 세계화정책은 국가경쟁력 강화, 세계중심 경영국가의 담론과 연결되었다. 이는 무한경쟁 시대 속에서 시장자유의 절대적 특권화는 민주주의의 발전을 가로막는 역할을 하였다. 국내가 아니라 세계가 한국인들의 삶의 무대가 되었고, 세계시장에서의 경쟁력 제고를 위한 생산성을 높이는 정치가 강조되었다. 분배보다는 성장, 규제보다는 탈규제, 노동보다는 기업이 우선시되는 정책 속에서 자연스럽게 노동과 농민, 저소득층은 배제될 수밖에 없었다. 이로 인해 김영삼 정부의 정치적·경제적 목적에 잘 부합하고 세계화정책을 선도할 대상으로 대기업이 부상하게 된 것은 자연스러운 일이었다. 동시에 세계화를 본격적으로 추진하기 위해 외국인투자개방 확대, 국내기업의 해외투자 진흥 등을 추진하였고 1997년 해외투자 장려정책으로써 자기자본 조달의무조건을 폐지하였다(이연호, 2013(b): 146).

이러한 경영담론은 개인들의 업무와 활동내용을 평가하여 성과를 통해 상벌을 부과하는 것이었다. 이 담론은 권력이 주체들을 동원하고 규율하는 실제적인 실천의 테크닉이라는 평가를 받았다(서동진, 2011: 91). 이는 신자유주의 시기의 통치성의 전형적인 모습이었다. 세계화정책을 도입한 이후 김영삼 정부는 행정쇄신, 경쟁력강화라는 이름으로 각종 개혁을 추진하였고 이는 행정조직에도 적용되어 민간경영기법을 과감하게 도입하였다.

김영삼 정부는 OECD 가입과 WTO 체제의 출범을 계기로 본격적으로 사회의 다양한 영역의 자유화를 추진하였다. 김영삼 정부의 주요 경제 관료였던 홍재형 전 재무장관은 OECD 가입이 자본자유화를 촉진할 것이고 자본자유화는 한국 경제의 경쟁력을 키우는 데 도움이 된다고 생각하고 있었다.[9] OECD 가입은 OECD 경제제도와 규칙을 받아들이는 것을 의미하며 이를 위해서는 자본시장 자유화, 서비스시장 규제완화, 정부 규제완화 등

9) 국회사무처, "IMF환란원인규명과 경제위기진상조사를 위한 국정조사특별위원회회의록," 『15대 국회 국정조사회의록』, 제200회 제10차 회의(1999.1.25).

제도적인 변화가 필요했다(신광영, 2015: 161). 김영삼 정부는 OECD 가입을 위해 먼저 관치금융의 약화와 외환관리 방식을 고정환율제에서 변동환율제로 바꾸었다. 이후 차입을 통한 투자로 기업의 부채도 급증하였다. 부채의존적 기업경영은 변화되지 않았다. 1995년부터 1997년까지의 경기침체에도 불구하고 차입자금의 증가율은 연평균 81.6%로 자금조달이 이루어졌고 5대 재벌의 자금조달 가운데 자기자본은 41.6%, 차입자금은 58.6%였다. 외환위기는 대기업의 연쇄부도로 인해 외화시장이 냉각되면서 달러 가격의 폭등으로 나타났다(신광영, 2006: 22).

OECD 가입을 앞두고 정부는 수출의존도가 큰 상황에서 원화를 평가절상하여 환율을 낮게 유지하려는 정책을 폈다. 원화의 평가절상을 통해 1인당 GDP를 1만 달러로 유지하려고 하였다.[10] 또한 당시 기업은 부동산 투자 등 비생산적 부분에 집중하거나 혹은 생산설비를 해외로 이전하는 노력을 했을 뿐 기술혁신을 위한 노력을 하지 않았다. 이 과정에서 경제성장률의 후퇴가 이어지자 외채를 동원한 투자로 성장잠재력을 회복시키려고 하였다. 이는 결국 1997년 경제위기의 촉발요인이 되었다(박진, 2012: 306).

OECD에 가입하기 위해서는 OECD가 요구하는 178개의 요구사항을 받아들여야 했다. 당시 한국 사회는 경상무역거래, 통상무역, 자본이동에서 매우 낮은 자유화지수를 기록하고 있었다. 따라서 김영삼 정부는 가입을 승인받기 위해 다양한 자유화계획안을 제출해야 했다. 이것이 바로 한국 사회가 본격적인 신자유주의로 접어들게 되는 시점이었다(박형준, 2013: 322).

---

10) 쿠즈네츠 등이 개발한 GDP는 국내에서 일정 기간 동안 생산된 재화와 서비스의 가치로 측정된다. 이 가치는 생산물의 시장가격으로 측정되며 GDP=소비+투자+정부지출+수출-수입으로 계산된다. 그러나 이것은 외형적인 양적 수준으로만 그 국가의 부와 능력을 측정했기 때문에 많은 한계를 지니고 있다. GDP는 단순한 통계치가 아니라 강력한 정치적 도구이자 그 이면에는 권력이 숨겨져 있다는 비판을 받고 있다. 최근에는 국민소득이 개인의 행복과 연관되어 있지 않기 때문에 국민총행복지수를 의미하는 GHN 개념을 사용하기도 한다. 이것은 좋은 거버넌스, 지속가능한 사회와 경제발전, 문화유산의 보전과 전통, 환경보전으로 구성된다. GDP에 대해서는 모든 것이 가격을 가지며, 모든 돈이 가장 높은 가치라는 것을 내포하고 있다고 비판하기도 한다(Lorenzo, 2016).

김영삼 정부는 대외적 금융개방 이전에 대내적으로 건전한 금융산업과 효과적인 금융감독기능이 갖추어져야 한다는 사실을 간과하였다.[11] 금융감독이 부실한 상태에서 금융규제완화가 이루어졌고 종금사나 은행들은 규제완화로 인해 경쟁이 격화되자 외형성장에 치중했다. 종금사는 도매금융업과 신용대출을 통해 수익을 올렸고 특히 거대기업을 상대로 안일한 대출을 늘려 영업이익을 늘리기 시작하였다. 홍재형 부총리는 종금사가 국내시중은행 및 한국은행으로부터 많은 지원을 받는 등 방만한 경영으로 인해 외환위기 문제에 어느 정도 영향을 주었다고 평가하였다.[12] 후에 종금사로 전환된 투자금융사들은 기존 어음할인업무 외에 국제업무, 리스업무 등을 구가하여 영세한 자본금에도 불구하고 해외차입, 투기를 하기도 하였다.

이는 금융위기의 원인이 되었고 정부는 금융업을 제대로 관리하지 못하였다.[13] 대형화 경쟁 속에서 금융산업에 대한 위험관리는 부실해졌고 대규모 대출확장을 위해 금융권은 기업들에게 대출해주었다. 또한 외형적 성장은 개인가처분소득의 증가로 이어지지 못했고 조세부담률도 높지 않았다. 이는 결국 외환위기 이후 소득분배 악화를 가져온 원인이 되기도 하였다(홍종학, 2008).

김영삼 정부 말에 설립된 금융개혁위원회는 관치금융에 따른 금융산업 규제를 풀어주고 금융업종 간 칸막이식의 진입장벽을 철폐함으로써 금융산

---

11) 그러나 이와 반대로 김영삼 정부하에서 이루어진 금융거래시스템 선진화는 한국 경제의 투명화와 금융선진화의 토대를 구축한 개혁적 시도로 평가받기도 하였다(김동호, 2012: 281).

12) 국회사무처, "IMF환란원인규명과 경제위기진상조사를 위한 국정조사특별위원회회의록," 『15대 국회 국정조사회의록』, 제200회 제16차 회의(1999.2.2).

13) 금융위기의 간접적 원인 중 하나를 박정희 시대의 관치금융에서 찾는 시각도 있다. 1972년 8.3조치는 관치금융의 대표적 사례로써 이는 1997년 금융위기를 불러온 하나의 원인이라는 것이다. 8.3조치는 고속성장 과정에서 나타난 모순을 정치적 힘을 동원하여 해결한 방식이고, 사채시장 및 그 투자자들을 희생시키고 대신 대기업을 구제해준 조치였다. 이는 시장원칙에 어긋나는 조치였고 기업들이 그 후 중화학공업으로 진입할 수 있는 여건을 만들어주었지만, 결국 기업들이 자금을 손쉽게 빌리는 관습을 만들어 특혜대출에 의존하는 문제를 야기했다는 것이다(김광희, 2008: 195-197).

업의 경쟁력을 키우는 조치들을 시행하였다. 과거 자금배분은 청와대와 재무부의 가이드라인에 따라 정해졌고 금융권인사도 관치로 이루어졌다. 이러한 후진적인 금융권에 대한 경영방식이 외환위기의 한 원인이 되기도 하였다(김동호, 2012: 297).[14] 그리고 금융개혁위원회는 현지금융제한제도의 폐지, 해외직접투자확대방안마련, 외국인투자환경개선 종합대책 등을 마련하였다. 과거에는 해외 현지에서 차입 시 기업은 차입규모에 대한 규제와 함께 차입의 필요성과 조건 등에 대해 외환은행장으로부터 인증을 받았지만 이 제도로 인해 그것이 면제되었다.

해외직접투자 확대방안은 해외직접투자 금지대상을 최소한으로 축소하고 그 절차를 대폭 간소화하였다. 금융자유화조치는 대기업에게 해외저금리자금 도입과 금리수익의 확대를 보장해주었다. 제2금융권은 종합금융회사로 변화하면서 해외차입을 늘려 나갔고, 이를 바탕으로 국내 대출과 해외투자를 확대하여 수익을 올릴 수 있었다. 더 중요한 것은 대기업들이 금융자유화를 통해 여신독점이라는 비판을 받지 않으면서 해외로부터 저리의 자금을 조달할 수 있었다는 점이었다(박찬종, 2014: 27).

또한 대내적인 정책을 마련하지 않은 채 OECD 가입을 앞당기기 위해 서둘러 금융시장을 자유화하고 개방하였다. 이와 함께 일부 전문가들은 당시까지 한국 경제를 총체적으로 지휘했던 경제기획원을 해체한 것이 경제위기의 한 원인이라고 보기도 하였다. 전문가 등용에서도 김영삼 정부는 개혁과 참신성만을 강조하여 전문성과 경험을 낮게 보았고 정부에 대한 충성심과 의리를 강조하기도 하였다.

실제로 세계화와 탈규제정책은 삼성그룹의 자동차 진출과 현대그룹에 대한 금융제재 해제를 가져왔고 거대한 재정원을 탄생시켰다. 기획원과 재무

---

14) 이의 일환으로 김영삼 정부는 1997년 금융개혁법안을 추진하였지만 국회에서 통과되지 못하였다. 김영삼 정부는 금융개혁법안의 좌절이 결국 IMF 협상조건을 마련하는데 불리하게 작용하였고 금융개혁의지에 대한 IMF 평가를 악화시키는 계기로 작용했다고 보았다(국회사무처, “IMF환란원인규명과 경제위기진상조사를 위한 국정조사특별위원회회의록,” 『15대 국회 국정조사회의록』, 제200회 제12차 회의(1999.1.28)).

부 간의 견제와 균형이 사라진 상황에서 재경원은 독주하였고 일부 소수의 경제관료들이 경제정책의 전체적인 부분을 총괄하는 폐쇄적인 체제가 만들어졌다.

김영삼 정부는 경제 및 금융 개방에 대한 대비책을 세우기보다는 과거 정권과의 단절을 통한 차별성 확립에 역점을 두었다. 1994년 외환시장 개방은 대외적인 압력에 반응하여 개방정책을 추진하였지만 국내무대에서의 보상이나 반대세력에 대한 설득이 거의 생략됨으로써 반쪽짜리 개방으로 추락하였다. 외환시장 개방이나 농산물시장 개방에 있어서 모두 공통적으로 다양한 국내 이해관계 세력의 충돌을 조정하고, 대외적 압력을 국내 현실에 맞추어 조정하면서 정치적으로 지속가능한 정책대안을 만들어내는 민주적 정치과정은 거의 작동하지 않았다(장훈, 2012: 163). 김영삼 정부는 경제개발 5개년 계획과 산업정책의 폐지, 경제기획원의 폐지 등 과거 발전국가 정책과의 단절을 통해 문민정부와 과거 권위주의적 정권과의 차별만을 강조하였다(국민호, 2012: 71).

김영삼 정부의 경제개혁은 장기적인 전망이 부재했기 때문에 국가경쟁력 강화를 포함한 개혁에 대한 철학과 청사진이 부족하였다. 결국 기업이 원하는 방향으로 경제개혁이 이루어졌고, 재벌로 하여금 문어발식 기업확장을 가능하게 하였다(김충남, 2006: 525). 세계화와 관련하여서도 김영삼 정부는 세계화에 수반되는 위험성과 부작용에 대해서는 잘 알지 못했고 관심도 기울이지 못하였다. 김영삼 대통령은 '신한국 창조', '세계화'라는 구호를 내세웠지만 그것을 실천할 수 있는 정책팀과 보좌진을 구축하지 못하였고 정책을 효과적으로 집행하지 못하였다.

III. 김영삼 정부의 통치성 문제 및 특징: 외환위기를 중심으로

1997년 외환위기의 중요한 원인 중 하나로 금융자본주의로의 전환과 투기자본의 급성장을 들 수 있다. 금융자유화는 발전국가의 시대가 지나가고 기업과 자본의 시대가 오는 분기점이었다. 전두환 정권 때부터 시장화, 사유화의 논리로 시작된 신자유주의정책은 정부의 경제경책에 근본적인 변화를 일으켰고 정부와 대기업 사이의 권력이동이 발생하도록 하였다. 금융기관의 자유화와 공기업의 사유화는 국가의 기능, 역량을 약화시키고 대기업의 자율성을 신장시켰다.

1997년 이후 한국 사회에서 자유화, 규제완화, 사유화, 유연화 등은 급속도록 추진되었고 한국의 대자본과 글로벌 자본이 유기적으로 결합하기 시작하였다. 이는 신자유주의적 자본주의로의 전환으로 설명할 수 있다. 가족소유 자본주의, 재벌 자본주의 담론이 약화되고 시장경쟁원리, 이윤극대화, 탈규제, 시장개방, 민영화 등 공적 영역에 대한 사적 영역의 우위, 시장경쟁을 강조하는 신자유주의적 담론이 자리를 잡게 되었다. 이에 따라 공공성이 실종되고 부르주아지의 영역이 공적 시민의 영역을 압도하고 국가에서 시장으로 권력의 중심축이 넘어가게 되었다(임혁백, 2014: 644-645). 또한 법과 정책이 글로벌 스탠더드에 순응하도록 바뀌기 시작하였고 한국의 금융시장은 독자성을 상실하고 세계금융시장의 절대적인 영향력을 받게 되었다(박형준, 2013: 369).

또한 신자유주의 이데올로기를 추종하는 경제 관료들은 대기업의 경제집중을 방관하고 기업경영이 자유롭게 이루어져야 한다는 믿음을 고집했다. 민간경제를 통제하는 정책수단의 쇠퇴는 대기업의 국가에 대한 의존도가 약화되고 있음을 의미하는 것이었다(김윤태, 2012: 227). 그러한 사실과 함께 신자유주의하에서 경제권력과 정치권력은 서로 전환되며 대기업은 부를 정치적 영향력으로 전환할 수 있고 다양한 전략을 통해 정치적 목적을 추구하는 정치행위자가 될 수 있다(Crouch, 2012: 107). 외환위기도 이러한 선상에서 비판적으로 바라볼 수 있다.[15] 당시 김영삼 정부는 정권 말기의 정치안정을 위해 국민들에게 1만 달러 국민소득의 환상을 심어줄 필요가 있었고, 재임 중 IMF 관리체제로 간다는 것 자체가 정권위기였기 때문에 경제위기 상황을 제대로 국민들에게 밝히지 않음으로써 위기가 심화되었다는 해석도 있었다.[16] 당시 한국은행총재 등 일부 관료들은 1997년 11월 상황에서 주식시장, 환율, 이자율의 불안정한 상황을 설명하고 국가부도위기 사태가 심각하게 전개될 수 있음을 경고하고 있었다.[17] 이들은 이미 1997년 초부터 외환위기의 징후를 감지하고 있었다. 그럼에도 불구하고 주요 경제부처 관료들과 김영삼 대통령은 문제의 심각성을 너무 늦게 깨달았다.[18]

김영삼 정부 당시 경제부처 주요 관료들은 외환위기의 주범을 기업으로 생각하고 있었다. 외환위기라기보다는 기업부도라는 의미로 생각하였다. 주요 관료들은 보유외환만 어느 정도 확보되면 일시적 유동성 위기였기 때문에 극복할 수 있다고 생각하고 있었다(강경식, 2010: 27).[19] 이러한 생각을

15) 외환위기의 원인을 신자유주의자들은 국가주도 개발모델 때문이라고 주장하고 자유시장 중심의 재편이 필요함을 역설한다. 이들에 의하면 개발국가 모델은 사이비 자본주의로서 타락한 산업정책을 가져왔고 결국에는 외환위기를 일으켰다고 보고 있다. 따라서 철저한 자유시장 원리에 따라 보다 개방적이 기업지배구조를 만들어야 한다고 주장한다. 반면 개발국가 이론가들은 한국의 경제성장의 원동력은 국가의 산업정책이며 외환위기는 국가의 지나친 개입 때문이 아니라 준비되지 않은 금융시장의 탈규제와 자유화 때문이라고 주장한다(권형기, 2009: 597-598).

16) 국회사무처, "IMF환란원인규명과 경제위기진상조사를 위한 국정조사특별위원회회의록," 『15대 국회 국정조사회의록』, 제200회 제4차 회의(1999.1.18).

17) 국회사무처, "IMF환란원인규명과 경제위기진상조사를 위한 국정조사특별위원회회의록," 『15대 국회 국정조사회의록』, 제200회 제10차 회의(1999.1.25).

18) IMF는 채무위기에 빠진 국가에 대해 융자할 때는 단기적으로 몇 가지 경제안정화 정책을 요구한다. 첫째, 금융 면에서는 금리인상, 통화공급억제, 둘째, 재정 면에서는 경비 삭감, 보조금 삭감, 증세 등에 의한 수지균형, 셋째, 국제수지 면에서는 환율인하, 수입억제와 수출촉진 등에 의한 수지균형을 요구한다(카네코 후미오, 1998: 33).

19) 1997년 11월 중순 김영삼 대통령은 위기극복을 위해 경제부처관료들을 교체하게 된다. 신임 경제부총리로 임명된 임창열 부총리는 후에 진술에서 임명받을 당시 외환위기 상황을 전혀 전임자로부터 보고받지 못했고 통화도 하지 못했다고 한다. 그리고

갖고 있던 관료는 윤진식 전 대통령비서실 조세금융비서관이 1997년 11월 초 회의 때 IMF 구제금융신청 문제를 거론하자 질책하였다.[20] 이 상황을 보면 김영삼 정부의 주요 관료들이 1997년 11월 상황에도 문제의 심각성을 크게 깨닫지 못하고 있었음을 알 수 있다. 즉, 김영삼 정부의 관료 일부가 IMF 관리체제의 문제를 단순히 정치적 부담의 문제로만 인식하고 있었다는 것이다. 그런데 김영삼 대통령은 당시 이러한 사고를 하던 관료들을 배제하고 일부 관료들에게는 앞으로는 그 관료들의 지시를 받지 말고 자신의 지시를 직접 받으라고 지시를 내렸고 1997년 11월 중순 IMF 관리체제로 가겠다는 결정을 내렸다.[21]

이러한 사실은 김영삼 정부 내부에서 위기극복을 둘러싼 이견이 상당히 존재하였고, 김영삼 대통령은 확고한 신념과 냉철한 분석력을 가진 관료들의 지원을 받지 못하는 상황 속에서 급작스럽게 IMF 체제로 이행했다는 점을 보여준다. 또한 후임 부총리와 경제수석에게 전임자들은 당시 상황에 대해 구체적인 인수인계나 상황을 설명하지 않아 혼선을 빚기도 하였다. IMF 관리체제로 가는 결정을 발표하는 시점에서 김영삼 대통령은 개각을 발표해 혼선을 더욱 증폭시켰고, 신임 부총리는 IMF 협상계획에 전혀 참여하지 않은 상태에서 외환위기 대책을 발표하는 등 인사시스템의 문제를 보여주기도 하였다.[22] 당시 경제수석은 외환위기를 국가부도로 인식하지 않았고, 관료들은 금융계와 기업의 안이한 사고와 경영방식이 문제였다고 보았다.

이미 김영삼 대통령이 IMF 관리체제로 간다고 결정한 사항을 모르고 있었다고 한다. 1997년 11월 19일 IMF행으로 가라는 발표를 하도록 지시도 받지 못했으며 당시 취임 발표 때도 IMF 지원협조요청 문제도 거론하지 않았다(국회사무처, "IMF환란원인규명과 경제위기진상조사를 위한 국정조사특별위원회회의록," 『15대 국회 국정조사회의록』, 제200회 제10차 회의(1999.1.25)).

20) 국회사무처, "IMF환란원인규명과 경제위기진상조사를 위한 국정조사특별위원회회의록," 『15대 국회 국정조사회의록』, 제200회 제10차 회의(1999.1.25).

21) 국회사무처, "IMF환란원인규명과 경제위기진상조사를 위한 국정조사특별위원회회의록," 『15대 국회 국정조사회의록』, 제200회 제11차 회의(1999.1.26).

22) 국회사무처, "IMF환란원인규명과 경제위기진상조사를 위한 국정조사특별위원회회의록," 『15대 국회 국정조사회의록』, 제200회 제22차 회의(1999.2.10).

"우리나라는 다른 나라 같이 정부가 빚져서 위기가 온 게 아니예요. 따라서 정확하게 이야기하면 국가부도가 아니지요. 기업부도이고, 금융부도이지요. 다만 기업과 금융이 부도가 나는데 정부가 너희가 알아서 해라 하고 모른 체할 수 없으니까 정부가 가진 외환보유고로 틀어막았죠. 금융이나 기업들이 외환을 못 빌리니까, 정부 외환보유고를 빌려줘서 외환보유고가 줄어든 것이지, 외환을 낭비해서 없어진 것이 아니죠. 남미 국가들의 부도와는 근본이 다른 것이지요. 그 나라들은 문자 그대로 국가부도였지요. 그렇기 때문에 그 뒤에 김대중 정부가 그런 건전한 재정을 바탕으로 외환위기 수습정책을 써 나갈 수 있었던 거예요. 우리가 그전까지 재정을 안정적으로 운영했기 때문에 가능했던 거죠."[23)]

"IMF가 와서 쓴 두 가지 거시정책, 즉 재정운영에 있어서 초긴축 재정정책을 쓰고 금융에서 고금리정책을 썼습니다. 그 부분이 우리나라 현실에 안 맞는 것이었어요. 왜냐하면 그 당시 주로 IMF에 간 나라들 특히 남미의 여러 나라들은 결국은 재정이 펑크가 나서 IMF로 가게 되었거든요. 그러니까 그런 나라에서는 재정 긴축을 해야 되죠. 또 기업에 대한 방만한 자금 대출이 금리가 낮아서 그랬다고 생각을 한 거지요. 그런데 우리나라는 이들 나라와는 전연 달리 건전재정을 유지하고 있었고 기업의 차입금리도 충분히 높은 수준이었습니다. 그러니 이 나라들과는 전연 사정이 다른데 같은 정책을 요구하는 잘못을 저질렀고, 그 이후 극심한 경기후퇴를 가져오게 되고 사실 IMF의 고통이라고 대부분의 국민이 인식하는 바로 그런 사태의 배경이었습니다."[24)]

이러한 위기는 발전국가가 해체되어 나타난 결과인지, 아니면 발전국가의 근본적인 문제의 결과인지를 둘러싸고 논란이 있다. 1990년대 들어 한국사회에서는 발전국가의 시대가 종막을 내리고 국가와 기업 사이의 조절과 협조를 토대로 국가의 경제정책을 실시하는 탈발전국가 시대로 접어들게 된다. 발전국가가 근본적으로 공동체의 목표를 우선시하는 가치에 기반을 둔다면 신자유주의는 국가의 간섭을 축소함으로써 개인의 자유와 이익이 증진될 수 있는 사회를 목표로 한다. 발전국가는 국가가 전략적 간섭을 통해

23) 전 청와대 경제수석 김인호 구술 인터뷰(2012.4.10).
24) 전 청와대 경제수석 김인호 구술 인터뷰(2012.4.10).

시장을 지도함으로써 압축적 경제성장을 달성하는 발전양식이며, 간섭은 정부가 민간기업의 사적결정에 영향을 미치거나 시장의 자원분배에 개입하여 가격을 의도적으로 왜곡하고 전략적으로 중요하다고 여겨지는 산업을 보호하며 나아가 보조금 등 각종 지원정책을 통해 육성하는 것을 말한다(이연호, 2013(a): 92).

한국의 발전모델은 동아시아 발전모델의 한 부분이다. 동아시아 발전모델은 전략적 산업정책을 중시한다. 전략적 산업정책은 다양한 인센티브, 규제수단 등을 제공하여 성공적인 산업전환을 가능하게 했고 경제성장을 위해 전략을 계획하고 이를 성공적으로 수행할 수 있는 자율적 역량이 있는 제도가 있었다. 즉, 어느 정도 관료의 자율성이 허용되었고 경제발전의 파트너와 유대, 협력관계를 맺는 연계된 자율성을 가지고 있다. 동아시아 국가들의 성장을 가능하게 했던 요소 중 국제적 요인, 즉 냉전이라는 국제환경도 중요한 역할을 했지만 그 국가의 내부구조와 정치적인 선택도 매우 중요한 영향을 미친 요인이었다. 한국을 비롯한 동아시아 발전국가의 성공은 환경에 대한 정확인 인식, 국가의 내생적 구조가 조화될 수 있는 정책적 선택에서 찾아볼 수 있다(임혜란, 2013).

이러한 한국의 발전국가적 속성을 강조하는 논자들은 국가의 효율적인 시장개입을 통해 시장의 발전이 조속히 달성되어 한국의 경제 기적을 달성했다고 주장한다. 발전국가의 주요 관심사는 자율적 시장의 수립 및 확대를 위한 국가의 역할에 있다.[25] 혹자들은 신자유주의도 발전주의적 목표를 위한 하위 차원의 이념, 담론으로 규정해야 한다고 본다(김종태, 2014: 169). 신자유주의가 강화되는 시점에서 나타난 세계화, 선진화 담론들도 결국은 발전주의의 담론이며 발전국가가 신자유주의를 자율적으로 수용하여 담론

25) 신자유주의적인 통치도 사회에 개입해야 한다. 사회의 모든 층위에서 경쟁 메커니즘이 조절적 기능을 수행하도록 사회에 개입해야 하는 것이다. 신자유주의 통치는 사회에 대한 조절자로서 보편적 시장의 구성이라는 목표를 달성하게 된다. 이때 통치는 단순한 경제적 통치가 아니라 그 이상의 의미를 갖는 사회의 통치를 말한다(Foucault, 2012: 219).

적 수단으로 활용하고 있다는 시각도 있다.

그러나 중요한 것은 담론적 수준이 아니라 발전국가의 본질적 속성이 신자유주의하에서 변형되거나 상실되고 있고 신자유주의는 발전국가와는 다른 규제완화, 민영화, 금융화, 자본의 자유화를 본질로 한다는 점이다. 신자유주의국가에서 중요한 정책은 규제를 완화하고 기업의 자유로운 경제활동을 보장하는 것에 있다. 한국은 1990년대에 들어가면서 발전국가의 틀을 서서히 벗어나기 시작하였고, 신자유주의라는 큰 틀 속에서 필요에 따라 국가가 다양한 경제정책에 개입하면서 금융자본과 대기업의 활동을 보장하였다. 발전국가는 권위주의를 통해 정치사회적 요구로 인해 성장에 지장이 있는 환경을 없애고 시민사회 및 시장의 극단적인 이기적 요구를 억압하고 정치적·사회적으로 안정적인 질서를 추구하였다.

이러한 국가의 역할은 발전국가에서만 나타나는 것은 아니고 현대자본주의 국가의 일반적인 특징이다. 자본주의의 비예측성, 무절제성으로 인한 비용을 국가는 스스로 떠안아 자본주의의 위기는 극복될 수 있었다. 국가는 기업들이 외부화하는 비용을 처리해주고 자본주의 발전을 돕기도 하고 실업, 질병 등 위험들을 관리함으로써 대중들을 보호하기도 한다. 실업이 늘어나고 환경, 공공의료 등의 과제에 대처하지 못하면 자본주의는 발전할 수 없다(Calhoun, 2014: 324-328). 그 정도로 국가는 자본주의 발전과 성장을 위한 보호자, 수호자의 역할을 하였다. 마찬가지로 발전국가는 시민사회와 시장을 지도하는 행정관리적 국가이다. 근본적으로 발전국가는 정치와 시민사회가 수평적으로 소통하고 협조하는 정치가 정착되기에는 어려운 조건을 지니고 있다(이연호, 2013(a): 104).

그러나 서구의 경우 신자유주의가 신보수주의와 결합하여 강력한 국가를 표방하기도 하였다. 미국의 신보수주의는 국내안보를 악마론에서 차용하였고 자국 내의 기독교 우파와 동맹을 맺었다. 미국의 기독교 우파는 경제문제에 대한 강조보다는 동성애, 낙태, 헌법수호, 이주자 문제, 순교, 총기소유 문제 등에 있어 더 적극적으로 의견을 표출한다. 이들은 뉴스를 말하고 법을 해석하고 영화를 만든다. 자신들의 주장을 적극적으로 관철시키기 위해 투표를 행사하고 모든 것을 던져 보수주의 정치가, 기업가들의 이익에 도움이 되는 길을 찾는다. 그러나 그러한 투표행위가 실제로 자신의 삶에 얼마나 이익이 되는지 모르며 그것을 정의로운 행위, 애국, 순교로 생각한다(Frank, 2012). 이들은 종교적 종말론을 흡수하고 끊임없이 내·외부에서 적을 생산해냈다. 그것은 지속적인 군사행동으로 표출되었다. 악의 축에 속하는 국가는 국제질서에 역행하는 국가로 간주되었고 더 이상 안전보장의 전제조건이 현실적으로 성립되지 않는다고 판단하였다.

미국의 정책결정자들에게 있어 9.11테러는 단순한 범죄가 아니었고 전쟁이었다. 부시 정부의 체니 부통령은 걸프전 당시 국방장관이었고 국방장관 럼스펠드는 포드 정부에서 국방장관을 지냈으며 파월 국무장관, 부장관 모두 직업군인출신이었다. 부시 정부의 안정보장 문제를 자문한 전문가그룹은 신보수주의로 무장되었고 클린턴 정부의 대외정책을 비판하면서 미국이 냉전 이후에도 국제적인 주도권을 강하게 발휘할 것을 주장하였다(이가라시 다케시, 2014: 202-205). 미국의 영향으로 독일에서는 아프가니스탄 정부 재건에 대한 회의가 개최되었고 일본에서는 부흥지원에 대한 국제회의가 개최될 정도로 미국의 악의 축에 대한 인식은 다른 선진국가들이 거부할 수 없는 의제가 되었다.

미국의 신보수주의 세력들은 미국의 최고의 근대체제, 즉 모든 국가들이 모방해야 할 체제라고 생각하였고 어느 나라도 따라올 수 없는 독특한 국가라고 생각하였다(Gray, 2011: 176). 그리고 이들은 기독교 우파 및 자유주의 지식인 분파와 동맹을 맺어 미국의 권력을 장악해 나갔다. 때로는 이러한 자신감이 악에 맞서 싸우는 전 지구적 전쟁을 부추겼고, 고문과 폭력도 용인하는 비도덕적인 측면도 보여주었다. 이러한 현상은 역사적으로 보면 미국의 팽창정책과 연관되어 있다. 미국은 과거 정보기관을 확충하여 안정보장국가로 확대하였고 다른 국가의 국지전에도 깊이 개입하기도 하였다. 때로는 국제연맹, 국제연합, 브레튼우즈체제, IMF와 세계은행을 전방위적으로 미국의 팽창을 위해 활용하기도 하였다.

이러한 목표하에서 브레튼우즈체제는 자본주의에 대한 믿음, 케인즈주의에 대한 신뢰를 보여주었다. 미국은 브레튼우즈를 통해 다양한 기구들을 미국의 특수한 목적과 목표를 지원하는 외교정책수단으로 활용하고자 하였다(Peet, 2007: 92-97). 뉴딜 시기[26]에는 IMF를 중심으로 고정환율제를 채택하여 미국의 경제적 힘을 키웠고, 1970년대에는 변동환율제를 채택하여 미국의 금융상품을 전 세계로 확장하였다. 특히 1980년대에 들어서는 글로벌화 현상이 신보수주의와 연관되면서 강력한 국가를 바탕으로 신자유주의 질서는 더욱 전 세계를 지배하게 되었다. 과거 영국의 대처 총리는 개인주의 정신을 강조했지만 자유로운 시장에 맞는 저축이나 미래에 대한 계획은 더 이상 미덕이 아니라고 보았다. 신보수주의와 결합한 신자유주의자들은 자유시장의 진전을 멈출 수 없는 역사적 과정이라고 생각했다(Gray, 2011: 117). 자유시장은 개인의 자유를 보장하는 중요한 조건이었고 정부영역은 엄격히 제한되어야 했다. 민주주의는 시장의 자유를 보장하기 위해 제한될 수도 있는 것이었다. 자유시장은 이들에게 있어서 경제를 조직하는 가장 효율적이고 평화로운 질서였다.

반면 한국의 경우 민주화 과정을 거치면서 시민사회 및 시장, 기업에 대하여 억압적이며 절대적인 권력을 행사하거나 권위주의를 통해 일방적으로 지배할 수 있는 가능성이 줄어들게 되었다. 신자유주의 성향 관료들의 힘과 지속적인 경제자유화정책의 실행은 대기업을 통제하고 규제하는 국가권력의 약화를 가져왔다.[27] 이것은 결국 한국 경제의 전 지구화와 금융산업의 탈규제화와 함께 금융, 신용체제의 변화를 가져온 것이었다. 전 지구화는

---

26) 뉴딜정책을 시작한 프랭클린 루즈벨트 대통령은 긴급은행법, 농업조정법, 전국산업부흥법과 함께 노동시간 단축, 최저임금 인상 등 친노동적인 정책을 실시하였다. 그는 케인즈주의를 신뢰하였고 경제정의 사상을 받아들여 국민에게 결핍으로부터의 자유를 실현하겠다고 약속하였다. 1935년도에는 다양한 사회보장법을 만들었고 시민들의 경제적 권리를 증진시키기 위한 노력을 하였다. 1930년대부터 1950년대를 일반적으로 미국인들은 가장 위대한 세대의 미국인으로 부른다(가오렌쿠이, 2015: 120-121).

27) 한국 정부는 신자유주의가 본격적으로 확산되면서 해외투자에 대한 폭넓은 기업에 제공하고, 국제금융기구를 통해 국내기업들이 해외금융시장에서 더 많은 자금을 얻어올 수 있도록 하고, 국내기업들이 외국기업의 선진기술을 습득할 수 있도록 지원하였다(김윤태, 2012: 305).

경제관료들의 사고의 핵심적 원리였고 불가피한 정책선택의 배경이었다. 경제자유화와 금융시장의 자유화가 이루어지면서 해외자본의 자유로운 이동이 촉진되었고, 대기업들의 경제위기 돌파구로써 해외직접투자도 활발하게 이루어졌다.

앞에서 보았듯이 1997년 경제위기는 당시 정부관료들의 미성숙한 판단에 기인하는 측면도 있다.[28] 그리고 1997년 외환위기는 단기간에 급속히 불어난 대외부채, 단기외채가 큰 원인이었다. 1990년에서 1993년까지 단기외채의 비중은 37%였는데 1994년부터 1996년 중에는 62%로 약 2배 증대하였다. 1997년 6월 말 현재는 외환보유액 대비 단기외채 비율이 300%에 달하였다. 이러한 상황에서 단기자본 도입의 감시 및 감독이 위기관리의 중요한 과제 중의 하나였지만, 김영삼 정부는 어떠한 형태의 정부개입도 비생산적·비효율적이라고 판단하였다(이병천, 1999). 이 때문에 제2금융권은 과잉팽창하였고 상호 과당경쟁을 벌이면서 대기업의 자금공급에 중요한 역할을 하였다. 기업들은 제2금융권에 진출하여 이를 자금조달 창구로 이용한 것이다.

제2금융권 팽창은 전두환 정권 때부터 나타났다. 과거 전두환 정권은 유휴자금의 저수지였던 사금융시장을 공금융시장으로 양성화시켜서 자금조달의 위기를 돌파하고자 하였고, 대기업들은 제2금융기관을 인수하거나 설립함으로써 수익을 창출하고 자금조달창구로 활용하고자 하였다. 특히 상호신용금고는 사금융시장에 대한 자금수요를 흡수하면서 동시에 은행이 제공하지 못했던 부채에 대한 접근성을 확대시켜주면서 급속히 성장하였다(박찬

---

28) 외환위기의 원인을 자기책임원리가 작동하지 않는 사회경제체제의 문제로 보는 논자도 있다. 좁혀서 보면 관치금융이 외환위기의 최대 주범이라는 시각이다. 관치금융하에서 금융기관들은 피동적 입장에서 기회주의적으로 행동하게 되고 차입경영이나 경영부실화의 악순환에 빠져들게 된다. 따라서 정부는 무엇이 정부의 역할이고 정부가 해서는 안 되는 일이 무엇인지 깨달아야 하며, 한국 사회는 근본적으로 개인의 자유로운 활동에 기반을 둔 경쟁질서에 의해서 운영되는 패러다임으로의 전환이 필요하다는 것이다. 세부적으로는 금융개혁, 재벌개혁, 정부개혁(감독 역할에서 탈피하여 규칙의 준수여부를 감시하는 심판자 역할로의 전환), 민주적 시장경제 확립이 필요하다고 주장한다(이성섭, 2000).

종, 2014: 13). 제2금융권은 은행권보다 더 자유로운 환경에서 영업활동을 전개하여 많은 수익을 올리게 되었고 이를 기반으로 기존 은행이 담당하던 업무영역으로도 사업을 확장시켜 나갔다.

김영삼 정부는 1994년 9개 지방 투금사를, 1996년에는 15개 투금사를 종금사로 전환시켰고, 이들 투금사들은 국제 업무를 허가받아 단기외화를 차입하여 국내 대기업에 장기로 대부해주었다(이병천, 1999: 113). 그러나 당시 김영삼 정부의 주요 관료들은 외환위기가, 1997년 11월 IMF와 합의한 내용을 김영삼 대통령을 비롯 몇몇 관료들이 합의내용을 번복하고 경제부처를 개각하면서 위기가 심화되었다고 판단하였다. 김영삼 대통령의 합의번복은 대외신인도 하락을 가져왔고 미국과의 신뢰를 와해시켰다(강경식, 2013: 157-158). 당시 김영삼 정부는 위기극복을 위해 근본적인 처방보다는 근시안적인 대책을 통해 위기를 극복하고자 하였다. 예를 들어, 재경원차관보는 1997년 11월 정부의 지시를 받고 일본에 건너가 상환을 연기하고 자금지원 요청을 하기도 하였다.

이 제안은 일본의 거부로 실행되지 못하였고, 미국과 일본 모두 한국이 IMF 체제로 들어가는 틀 속에서는 지원을 해줄 수 있지만 그 틀을 벗어나서는 지원하지 못한다는 입장을 밝혔다.[29] IMF 관리체제 이후 한국은 미국이 자신들만의 이익을 추구하며 자신의 이해관계를 전적으로 월스트리트와 금융자본의 입장에서 추구한다는 것을 알게 되었다. 월스트리트-미국재무부-IMF 연합은 투기적 자본이 한국에서 활발하게 활동하도록 지원하였고 시간이 흘러가면서 한국에서 유입된 이익이 월스트리트로 향하게 되었다. 그 결과 미국의 엘리트 계급권력의 힘은 더욱 강하게 되었다. 반대로 기업구조조정 전문회사와 투기자본이 주도하는 흡수합병은 한국의 재벌권력을 재편하기 시작하였다. 동시에 한국 사회에서 소득불평등과 빈곤이 증가하기 시작하였고 노동의 유연화는 점차 강화되기 시작하였다(Harvey, 2007: 140-141).

29) 국회사무처, "IMF환란원인규명과 경제위기진상조사를 위한 국정조사특별위원회회의록," 『15대 국회 국정조사회의록』, 제200회 제10차 회의(1999.1.25).

세계화의 진전에 따라 국가의 경제에 대한 감시 및 견제기능이 약화되는 등 국가의 자율성이 크게 상실되면서 사회는 점차 갈등의 장으로 바뀌었다. 신자유주의가 시장을 강화하면 할수록 개인의 자유주의적 이상과 충돌하게 되고 기업과 개인 간의 권력관계에서 비대칭성이 강화된다. 신자유주의 국가는 자본축적을 제약하는 모든 형태의 사회적 결속에 대해 적대적이다(국민호, 2012: 305). 이에 따라 성공한 개인은 무한한 축복을 누리지만 개인의 실패는 주로 그 개인 자신의 잘못 탓으로 간주하게 된다. 신자유주의는 작은 정부를 모토로 시장을 위해 규제 철폐를 주장하지만 시장은 경제위기 시 국가에 철저하게 의존한다. 국가는 은행과 대기업들의 부도를 막기 위해 대규모 공적자금을 투입하지만 그 과정에서 각종 규제를 철폐하고 공기업 민영화를 추진함으로써 신자유주의자들의 요구사항을 주도하였다. 신자유주의하에서 국가는 점차 민주적 절차와 헌정질서를 보증하고 국민의 권리를 보호하는 대신 시장질서를 강화하고 자본과 대자본을 보호하는 역할에 중점

〈표 20〉 단기외채 비율의 나라별 비교(1997년 6월 기준)

국명	단기외채/총외채(%)	단기외채/외환보유액(%)
한국	67	300
인도네시아	24	160
말레이시아	39	55
필리핀	19	66
태국	46	107
아르헨티나	23	108
브라질	23	69
칠레	25	44
콜롬비아	19	57
멕시코	16	126

* 출처: 이병천(1999)

을 두는데 한국도 예외는 아니었다.

IV. 김영삼 정부의 정치사회학적 함의: 한국 정치사회에 대한 이해

김영삼 정부의 통치 키워드는 신한국 건설, 세계화, 개혁정치였다. 김영삼 정부가 말한 신한국은 과거 군사독재를 청산하고 부패를 일소하며 사회 모든 것을 정상화·투명화시키는 것이었다. 이를 위해 12.12와 광주항쟁에 대한 처벌자 처리가 실시되고 금융실명제와 OECD 가입 등이 이루어졌다. 그리고 당내의 구세력들 가운데 친김영삼계를 제외한 구민정계세력과 군부출신세력들을 공직자 재산공개과정을 통해 자연스럽게 정치일선에서 물러나게 했고 3당 합당의 주역이었던 김종필을 세계화정책에 맞지 않는 구세력으로 몰아붙이면서 탈당을 유도하여 당내 친위세력을 견고하게 구축하였다(박영규, 2014: 362).

김영삼 정부는 3당 합당을 통해 권력을 획득한 정권이었다. 그 중심에는 한국 사회의 보수핵심세력들이 있었다. 이들은 보수를 자유민주주의의 핵심이념으로 규정하였다. 근대화, 선진화, 산업화, 민주화의 핵심에 자신들이 있었고 보수는 개혁과 온건의 수식어로 표현될 수 있는 세력이었다. 그러나 김종필 등이 이탈하여 자민련을 만들자, 이들을 사이비보수로 공격하였다. 개혁과 온건, 중도를 표방한 김영삼 정부의 여당인 신한국당이 진정한 보수라고 주장하였다. 김영삼 정부의 보수는 개혁, 중도, 온건을 표방하면서 수구이미지와 결별하기 시작하였다(권용립, 2015: 273-282).

김영삼 정부의 모든 정책들의 목표는 성장과 발전에 있었다. 특히 세계화는 한국의 고유한 역사적 조건과 문화적 특수성, 한국의 주체적 발전과정을 도외시한 채 글로벌 스탠더드를 강조하고 개방, 경쟁, 탈규제만을 세계화의 전략으로 삼았다. 특히 김영삼 대통령은 개혁과 개방, 세계화를 동일시하였고 개혁은 국가경쟁력을 강화시키고 이것은 세계화로 나가서 한국의 위상을 높일 것이라고 낙관론적으로 생각하였다. 어떻게 보면 개혁은 신자유주의의 수용과 일치하는 것이었다.

신자유주의의 흐름이 세계화정책과 맞물려 한국 사회에 점차적으로 강화되면서 기업, 대학에서도 성공과 도전, 인재개발 등의 담론이 우세하기 시작하였다. 삼성경제연구소는 서태지와 아이들의 신화를 배움으로써 기업경영을 성공적으로 운영할 것을 보고서를 통해 제안하였다. 이 보고서에서는 서태지의 천재성에 주목하면서 '한 명의 천재가 세상을 이끌어가는' 소프트 시대에는 기업들이 천재들을 포용해야 성공할 수 있다고 강조하였다(『한겨레신문』, 1997/09/11: 8).

기업들도 이러한 신자유주의적 흐름과 병행하여 기업문화를 변화시키려는 시도를 하였다. '10분 일찍 출근하기', '10분 늦게 퇴근하기' 운동이 시도되었고 무한경쟁 인사제일주의원칙을 통해 기존의 인사원칙을 파괴시키는 현상이 늘어나기 시작하였다. 고과(考課)다면평가를 도입하고 근무평정을 상사와 동료, 부하직원들로부터 받도록 하였다. 이것은 조직원들 간의 경쟁을 강화시킴으로써 노동강도가 강화되고 과로사를 유발하기도 하였다(『국민일보』, 1995/03/16: 8). 기업의 채용방식도 변화하기 시작하였다. '미래형 인재선발'이라는 명목으로 창의력과 인성을 우선시하는 평가방식을 도입하였다. 삼성그룹은 필기시험보다는 잠재능력을 평가하고 면접을 중시하는 제도를 도입하였고 '삼성직무적성검사(Samsung Attitude Test)'를 실시하여 종합적인 자질과 능력을 평가하고자 하였다. LG 그룹도 '기초직무능력평가(Freshmen Attitude Synthetic Test)'를 도입하여 언어수리능력, 상황판단력, 사회적 상식 등을 측정하는 종합인성평가시스템을 실시하였다(『경향신문』, 1995/08/29: 27).

당시 이러한 내용들은 김영삼 정부의 세계화 담론에서도 찾아볼 수 있었다. 김영삼 대통령은 세계화 구상을 설명하면서 사회 구성원의 창의성과 생산성을 강조하였다. 청와대는 세계화정책을 추진하기 위한 지침을 설명하고 모든 사회 분야에 '경쟁'이 가장 중요하며 세계화정책에 맞지 않는 의식, 관행, 제도, 법률에 대한 대폭적인 개혁이 진행되어야 한다고 강조하였다. 특히 사회 전반의 경쟁력 강화를 위해서는 무엇보다도 경쟁력을 갖춘 인재를 발탁하고 기업의 경쟁력 강화와 규제완화가 필요함을 역설하였다(『동아일보』, 1994/11/23: 5).

이때부터 김영삼 정부는 신자유주의에 근거한 성장과 경쟁지상주의의 노선을 걷게 되었다. 이러한 과정은 과거 개발독재가 그러했듯이 노동과 농민, 소외계층을 도외시할 수밖에 없었다. 더 중요한 문제는 이러한 개혁과 개방이 장기적인 정책 비전과 안목 없이 즉흥적으로 이루어졌다는 점이다. 따라서 기존 전문 관료나 대기업이 개방정책의 주도권을 쥐게 되었고, 대기업의 영향력이 더욱 확대되는 계기가 되었다. 이것은 결국 그 후 외환위기의 출발점이 되기도 하였다. 기업을 감시하고 규제해야 할 관료들도 외환위기의 위험성을 자각하지 못했고 자신들의 권한을 제대로 행사하지도 못하였다. 경제자유화, 금융시장자유화가 경제정책의 핵심적 원리가 되었고, 이것들이 관료들의 사고를 지배하였다. 한국 사회가 발전국가로부터 벗어나 탈발전국가로 가는 단계가 김영삼 정부였고, 그 핵심에는 경제자유화와 금융시장 개방이 있었다.

김영삼 정부는 과거 독재정권 시기의 발전과 성장모델과 단절하고 정치개혁 등을 통해 권위주의적 정권과 차별화하면서 문민정부의 위상과 그 의미를 강조하였다. 그러나 단절만 강조했지 차별의 궁극적 의미와 그 차이점이 실제로 국민들에게 피부에 와 닿는 정책개발과 장기적인 비전은 부족하였다. 김영삼 정부의 개혁과 개방정책이 신자유주의의 흐름을 강화하면서 국가도 탈발전국가의 모습을 취하기보다는 적극적으로 대기업을 지원하고 노동을 배제하는 정책을 강화하였다. 이에 따라 신자유주의, 세계화 담론이 한국 사회를 압도하였고 무한경쟁과 성장, 일류국가 등이 개인의 일상사나 사고를 지배하는 주요 개념, 논리가 되었다. 김영삼 정부의 세계화는 제도와 정책뿐만 아니라 개인의 의식, 행동도 일류화하는 것이었고 신자유주의 틀 속에 적합한 유형으로 전환시키는 것이었다.

김영삼 정부의 세계화정책은 행정조직을 개편하고 사법과 교육개혁 등 몇 가지 개혁을 추진하여 성과를 얻은 면도 있지만, 국민통합을 주축으로 한 개혁은 아니었고 철저한 준비가 결여된 즉흥적인 개혁이라는 비판을 모면하기 어려웠다. 김영삼 정부의 개혁은 정치세력 간의 합의나 집권당과 세력 간의 합의에 의한 것이라기보다는 김영삼 대통령의 개인적 특성과 대중적 인기에 의해 추진된 면이 강하였다. 이러한 개혁은 개혁을 위한 법령정비와 제도화가 부족했다는 것을 의미하며, 개혁을 지속적으로 추진할 수 있는 강력한 원동력을 가지고 있지 않음을 보여주는 것이었다(김영명, 2013: 298). 법제화와 제도화의 부족은 결국 개혁에 대한 국민적 통합과 지지를 끌어내지 못하게 하였고, 정부의 개혁 의지도 꺾을 수 있는 요인이었다.

김대중 정부의 통치와 신자유주의

Ⅰ. 김대중 대통령 리더십의 특징

최초로 여여 간의 평화적 정권 교체를 이룬 김대중 대통령의 당선은 군사정권이나 과거의 권위주의 정권으로 돌아갈 가능성이 사라졌음을 의미한다. 동시에 과거 지배세력의 연합체제가 약화되고 민주주의의 공고화가 실질적으로 실현되고 있다는 것을 의미하는 것이었다(김영명, 2013: 302). 그럼에도 불구하고 김대중 정부는 인위적인 결합, 즉 김종필 등 보수세력과의 연대(DJP연합)에 의해 탄생한 태생적 약점을 가지고 있었다. 여소야대에서 시작한 김대중 정부는 전국을 기반으로 한 정당으로 집권당을 변화시키고 '국민의 정부'에 맞는 의회의 의석수를 차지하고자 하였다. 그러나 정상적인 선거로는 불가능한 것이 현실이었고, 1998년 이후 인위적인 정계개편과 합당 등을 통해 과반수 이상의 집권여당을 만들었다. 이것은 1996년의 총선결과를 무효화시키는 것이었고 김대중 정부로서는 안정적인 의석확보를 통해 그 이후의 정치개혁을 도모할 수 있는 입지를 구축하는 것이었다(김희민, 2013). 김대중 정부는 보수나 진보의 연합체로 보였지만 사실은 양쪽에서 확실한 지지세력은 나타나지 않았다. 호남만이 든든한 우호세력이었다.

김대중 대통령은 국민의 정부를 표방하면서 외환위기극복과 경제활성화, 남북관계개선, 민주주의의 진전을 3대 목표로 내세웠다.[1] 김대중 정부의 경제·사회정책은 위기관리에 초점을 맞추어야만 했다. 경제위기상황은 복지기반을 확대해야 한다는 사회적 논의를 활성화시켰고 서구의 복지국가 수준은 아니더라도 기존의 복지내용을 대폭 확충해야 한다는 과제를 가지고 있었다.

김대중 대통령은 첫째, 민주, 인권국가를 구현하고 정치참여의 확장을 위한 개혁입법을 통해 민주주의를 강화하며, 둘째, 4대 개혁을 기반으로 하여 정보화사회에서 국가경쟁력을 강화하기 위한 지식정보강국의 실현을 가져오고, 셋째, 국민기초생활보장법[2] 및 4대보험 내실화를 비롯 주택, 교육 문제 등의 개선을 통한 생산적 복지를 실현하고, 넷째, 지역감정을 극복하고 국민화합을 위한 선거제도, 정당명부제도입 등 제도개혁에 노력하며, 다섯째, 지속적인 포용정책 및 경제협력으로 남북한 평화협력체제를 구축한다는 정책을 제시하였다. 당시 지식정보사회에 대한 강조는 임기 말에도 계속되

---

1) 당시 김대중 대통령은 당선 직후 위기극복을 위하여 IMF 총재, 세계은행 총재, 조지 소로스 회장, 사우디아라비아 왕자 등 국제적인 큰 손들을 초청해 한국에 대한 투자를 요청했고 대통령 부부가 가지고 있던 200돈이 넘는 금을 '금모으기 운동'에 헌납하기도 하였다(김삼웅, 2010: 312).

2) 국민기초생활보장법은 1999년 제정되어 2000년 10월부터 시행되었다. 이 법은 모든 국민의 생존권에 대한 구체적인 국가의무를 명시하고 있고 정부재량에 따라 보호가 아니라 최저생계비를 계측해 급여기준으로 삼고 있으며 근로빈곤층에 대한 소득보장을 강화하고 시민사회의 주도적 참여를 통해 법이 만들어졌다는 의미를 가지고 있다(김윤태·서재욱, 2013: 330-331). 이 법은 과거 생활보호법을 대체한 것이다. 국민기초생활보장법은 근로능력을 지원대상자의 기준에서 제외한 점에서 이전 법과 차이가 있다. 국민기초생활보장법은 '주거급여를 신설해 주거안정을 위한 수급품을 제공한다'라고 규정하고 있고 자활지원계획을 통해 근로능력자의 경우 이에 대한 지원을 포함하고 있어 생활보호법과 차이를 보여주고 있다(김영범, 2001: 345).

었다. 임기 말인 2002년도에는 "5천 년 역사에 처음 있는 세계일류국가 도약의 기회입니다. 지금까지 이룬 성과를 토대로 계속 노력해 나가면 가까운 장래에 세계 일류 국가의 꿈은 반드시 실현될 것입니다. 우리 모두 자신감을 가집시다. 세계 최선두의 지식경제 강국을 향하여 흔들림 없이 나갑시다."라고 언급하며 지식정보 강국을 통한 선진국 도약의 꿈을 제시하였다(김대중, 2010: 442).[3)]

김대중 정부는 외환위기극복과 경제활성화, 남북관계개선, 민주주의진전 등을 주요 목표로 삼았다. 그러나 대북정책에 상대적으로 많은 시간과 자원을 투자하면서 국내의 정치·경제 문제에 집중하지 못하는 결과를 낳기도 하였다. 이것은 결국 정치적·사회적 대립을 심화시키고 한미관계를 악화시켰다는 비판을 받았다(김충남, 2006: 655). 김대중 정부의 경제정책은 전반기와 후반기로 나누어볼 수 있다.

전반기에는 주로 외환위기의 극복에 역점을 두었고 후반기는 IMF 관리체제에서 벗어나 구조조정보다 경기부양에 집중한 시기이다(김기원, 2009: 81). 전반기의 주요 경제정책은 청와대 경제수석을 중심으로 재경부 장관, 기획예산처장 장관, 청와대 정책기획수석, 경제특별보좌관의 회의에서 다루어졌다. 실질적인 정책결정은 재경부 장관을 의장으로 하는 경제정책조정회의의 회의에서 결정되었다. 정책기획수석은 정책, 예산, 인사의 임무를 가지고 있었다. 기획재정부를 재정경제부와 기획예산처로 분리해서 특히 정책기획수

---

3) 김대중 대통령은 민주화에 대한 신념이 강하며 가치합리적 행동을 추구하고 의사소통 능력을 소비한 지도자로 평가받기도 한다(김충남, 2006: 439). 혹은 강한 카리스마를 가지고 있지만 민주주의와 평화통일이라는 신념윤리에 충실했다고 평가하기도 한다. 또한 신념에 따라 행동하면서도 그 결과에 책임을 지는 책임윤리를 보유한 지도자로 평가받기도 하였다(임혁백, 2014: 702). 김대중 대통령은 역대 어느 대통령보다 준비된 대통령이라는 평가를 받았고 풍부한 지식과 능숙한 영어소통능력이 장점이었다. 그는 관료나 비서진들에게 업무, 회담, 일정 등이 끝나면 인상이나 평가, 문제점을 보고하도록 하였다. 이 때문에 관료나 비서진은 맡은 일들을 정확하게 기록하고 분석해야 했다. 보고를 받을 때도 중간에 끊는 경우는 거의 없었고 충분히 보고할 수 있는 상황을 만들어주었다. 이러한 것들은 김대중 대통령이 가지고 있는 리더십의 특성 가운데 하나라고 볼 수 있다(김하중, 2015: 386-387).

석이 기획예산처를 관장하였다. 개혁정책과 인사정책은 정책기획수석이 예산처를 관장하는 등 정부예산 편성권한의 뒷받침이 있었기 때문에 가능한 것이었다는 평가가 있었다(김성재, 2016). 그러나 주요 사안은 재경부장관, 기획예산처장관, 국무조정실장, 공정거래위원회위원장, 금융감독위원장, 경제수석 등이 참여한 회의에서 결정되었다(김순영, 2011: 184-185).

두 시기에 김대중 정부는 빅딜과 같이 국가개입적인 정책을 실시하였고 성공은 거두지 못했지만 재벌개혁을 통해 시장질서를 바로잡고자 했다. 또한 해외시장개방, 금융자유화, 민영화, 노동유연화처럼 일종의 시장만능주의적인 입장을 보여주기도 하였다. 물론 김대중 정부가 민주주의와 시장경제의 병행발전을 강조했지만 점차적으로 개혁은 후퇴하고 민영화, 개방화처럼 신자유주의적인 속성을 강화시킨 것은 분명하다. 김대중 정부의 민주주의와 시장경제원칙은 자유경쟁과 공정경쟁을 강조하는 민주주의의 원칙을 강조한 것이었다. 김대중 정부가 밝힌 민주적 시장경제는 정부의 과도한 개입, 정경유착, 불공정 경쟁이 제거된 공정한 경쟁질서가 유지되는 시장경제였다. 이는 민주주의의 본질적 의미보다는 자유롭고 공정한 시장질서를 강조하는 원칙이었고 신자유주의의 시장질서 원리와 큰 차이가 없는 것이었다(김순영, 2011: 193).[4]

또한 김대중 정부는 인사 부문에서도 문제를 드러냈다. 김대중 대통령 자신은 경제 문제와 통일 문제의 전문가로 자처하고 나서 관료들을 선택할 때 때로는 지역안배나 충성심을 강조하기도 하였다. 김대중 대통령은 장관들에게 권한을 위임하지 않았고 측근들을 중심으로 정책을 준비하기도 하였다. 이 때문에 그의 리더십은 비조직적이고 비공식적이며 권위주의적이라는 비판을 받았다(김충남, 2006: 653). 정부의 업무를 민간의 영역에 넘기기도 하였고 개방형임용제, 계약직공무원제, 성과급제 등을 확대 실시하였다.[5]

---

4) 김대중 정부의 엘리트 구성원은 미국 유학파보다 유럽 유학파가 많았고 대학교수보다 연구원 출신이 많았기 때문에 김영삼 정부에 비해 교육배경 및 이념적 판단에서 차이가 있었고, 정책 구상에서도 자유주의적인 성향이 강했다는 분석이 있다(윤정석, 2015: 152).

5) 성과급은 노동자에게 매력적인 제도일 수도 있고 독이 될 수도 있다. 소득을 늘리는

개방형직위에는 고위공무원단 개방형지위와 3, 4급의 과장급 개방형직위가 있다. 김대중 정부 이후 차기 정부부터 점차 개방형직위제도가 제한적으로 운영되어 대부분의 인사가 내부에서 이루어지게 되었다. 2006년 고위공무원단 도입 이후 2007년 외부임용률은 56.1%였지만, 2014년도에는 33%까지 하락하였다(박길성, 2016: 39-40). 이는 공무원 조직의 폐쇄성이 더욱 강화되고 있음을 말해주는 것이었다.

김대중 정부는 성과중심의 행정관리를 도입하였고 100대 국정과제 중의 하나로 내세우기도 하였다. 또한 정부조직의 인사관리에 기업경영방식 도입과 경쟁과 인센티브제 도입 등으로 공직사회의 생산성제고를 규정하기도 하였다. 특히 민간기업경영방식을 과감하게 도입하겠다는 것은 성과급보수체계도입, 외부전문가 채용확대, 경상경비 예산절감 시 일정 부분을 소속 공무원에게 특별상여금으로 지급하는 것 등으로 구체화되었다(서동진, 2011: 92-93). 이의 연장선상 속에서 행정서비스를 고객서비스 개념으로 인식하고 고객헌장을 제정하는 등 시민과 정부의 관계를 고객과 기업의 관계라는 틀로 이해하였다(김영민, 2013: 25).

방편으로 성과급은 중요한 역할을 하지만 경쟁시스템에서 성과급을 얻으려면 스스로 노동강도를 강화시키고 노동시간을 연장할 수밖에 없다. 자본주의사회에서 성과급은 소득을 극대화하려는 노동자의 이해와 공장을 지속적으로 가동하려는 자본가의 이해가 일치하는 지점이다. 즉 성과급은 자본가에게 유연성을 높이는 효과적인 장치가 될 수 있다(김영선, 2013: 66-67). 한국 사회에서 외환위기 이후 본격적으로 도입된 기업의 성과주의 보수체계는 임금불평등을 확대시킨 원인 중의 하나였다. 대기업에 영미식 기업지배구조가 도입되고 외국인 투자자가 늘어나면서 전문경영인들의 역할이 중시되었다. 기업소유자는 경영을 전문경영인에게 일임하고, 그 성과를 평가하고 보상하는 방식으로 그들을 통제하였다(김낙년, 2015: 146).

II. 외환위기와 그 대처방안의 문제

김대중 대통령은 외환위기를 극복하는 데 필요한 어느 정도의 지적 능력과 지도력을 가지고 있었다.[6] 김대중 대통령은 대통령에 당선된 후 당선 회견에서 "그동안 권력은 아무런 반성 없이 자기도취에 빠져 있다가 결국 국가부도라는 치욕의 벼랑 끝에서 국제통화기금의 긴급구제금융을 받게 되었다. 우리는 모든 기업을 권력의 사슬로부터 그리고 권력의 비호로부터 완전히 해방시킬 것이다. 앞으로는 시장경제에 적응해서 세계적 경쟁 속에서 이겨내는 기업만 살아남을 것이다. 그것이 세계화 시대의 현실이다"라고 밝혔다(김삼웅, 2010: 310). 자유롭고 공개적이며 투명한 기업이 새로운 정부 하에서 살아남을 수 있다는 메시지였다.

그러한 연장선상 속에서 김대중 대통령은 금융감독위원회를 설립하여 기업회계기준과 회계관리업무는 물론 자본시장의 불공정거래조사도 담당하게 하였다. 김대중 정부는 금융감독제도를 강화하기 위하여 금융감독기능을 통폐합하였고, 그 결과 금융감독위원회가 등장하였다. 금융감독위원회는 재정경제부가 수행하고 있는 금융 관련 법령의 개정 및 금융시장안정 관련 업무를 제외한 모든 금융감독업무를 담당하여 막강한 권한을 갖게 되었다. 그러나 금융감독위원회의 사무국이 거대 관료조직으로 커지면서 금융감독원과 업무가 중복되고 역할분담이 모호해지는 문제가 발생하였다. 더군다나 금융감독위원회에 대한 외부견제와 균형이 차단되어 권력기관화되었고 그 조직인들은 관료화되기 시작하였다(이동걸, 2015: 170).

---

6) 이와는 반대의 시각에서 당시 외환위기를 평가하기도 한다. 한때 외환위기의 주범으로 몰렸던 강경식 부총리는 1997년 말 대통령선거를 앞둔 시점에서 금융개혁법안을 통과시켜 경제안정을 도모하고자 하였지만 김대중 후보가 '준비된 후보'라는 말이 무색하게 무엇을 준비하고 있었는지 모를 정도로 입법통과를 방해했다고 판단하였다. 오히려 이러한 일들이 은행감독업무를 소홀하게 한 원인이었다는 진단이다. 그렇기 때문에 당시 구조개혁을 방해한 정치권이 외환위기의 책임을 져야 한다는 시각을 갖게 된다(강경식, 2010: 135-177).

이 조직을 통해 금융회사 전체의 약 24%가 폐쇄되거나 인수, 합병되었다(이연호, 2013(b): 185). 이헌재 금융감독위원장은 부실 금융회사와 부실기업 정리와 함께 금융감독 체계를 신속하게 구축하였다(김동호, 2012: 329). 이러한 부실기업정리는 철저하게 시장원리에 의해 진행한다는 것이 김대중 정부의 원칙이었다. 이헌재 위원장은 국회에서 시장경제원칙에 따라 경제를 새롭게 재구축할 것이며 이 원칙하에서 기업의 퇴출 및 정리를 할 것임을 밝혔다.[7)]

김대중 정부는 금융개혁, 규제완화 등을 통해 금융자유화를 위한 기반을 닦아 나갔다. 국가부도라는 위기에 직면해 김대중 정부는 외자유치를 위해 금융시장을 개방하고 외환위기를 방지할 수 있는 각종 정책을 만들었다. 한국은행 독립, 금융통화위원회 강화를 통해 금융기관을 재정비하고 워크아웃을 통해 기업구조조정을 주도하였다. 금융개혁을 통해 김대중 정부는 금융건전성과 수익성을 중시하면서 금융기관들을 외국인들에게 매각하였다. 이때부터 펀드, 연금, 보험가입이 급증했고 파생상품 거래규모가 커지기 시작하였다. 그 후 외국인 주식소유는 점차 증가하기 시작하였다. 1997년 14.6%였던 외국인 주식소유 비중은 2000년도에 30.1%, 2002년도에 36%, 2004년도에는 42%를 기록하였다(김창수, 2014: 150).[8)]

---

7) 15대 국회 경제구조개혁 및 실업대책특별위원회, 206회 제7차 회의록(1999.8.11).

8) 파생상품은 통제하지 않으면 매우 위험한 상품이다. 파생상품은 최소한의 자본투입으로 최대한의 투기를 하는 데 이용됨으로써 금융위기를 만들어낼 뿐만 아니라 이 위기를 전 세계로 확장시킨다. 왜냐하면 모든 은행이 장외거래를 함으로써 서로 얽혀 있기 때문이다. 2001년 미국 정부는 위기에 빠진 IT 관련 기업에 풍부한 자금을 공급했지만 이 자금의 일부가 부동산시장에 흘러들어가면서 본격적으로 모기지(주택담보대출)가 늘어나기 시작하였다. 이후 주택가격은 급상승했고 정보산업에 대한 투기에서 주택에 대한 투기로 바뀌기 시작하였다. 이 과정에서 모기지 대출인수회사는 국제신용평가회사로부터 등급을 승인받아 모기지담보증권을 만들었다. 그러나 비우량모기지가 등장하고 위험성이 더욱 커지면서 2007년부터 결국 모기지담보증권이 폭락하고 모기지 대출은행이 파산하기 시작하였다. 2008년에는 미국의 4위 투자은행인 리먼브러더스가 파산하면서 세계금융위기로 확산되었다(김수행, 2012: 28-30). 파생상품이 본격적으로 등장한 것은 1999년 글래스-스티걸법 폐기와 2000년 상품선물현대화법에 의해서이다. 이로써 신용부도스와프 같은 파생상품이 정부규제와 감독을 받지 않는 장외파생상품

김대중 정부는 국제경쟁의 강화를 매우 중시하였다. 국제경쟁담론을 적용할 때 김대중 정부는 해외투자 유치를 강조하였다. 이를 위해서는 해외자본이 한국 경제를 바라보는 시선을 긍정적으로 바꾸어야 했고 해외투자와 관련된 제도개선은 당연한 것이었다. 김대중 정부는 이를 위해 기업개혁, 노동개혁, 금융개혁, 정부개혁과 정치개혁으로 구체화시켰다. 기업개혁을 위해서는 기업경영의 투명성제고, 상호지급보증해소, 재무구조의 획기적 개선, 핵심부문 선정, 지배주주 및 경영진의 책임강화 등을 강조하고 제2금융권의 경영지배구조개선, 순환출자의 억제, 부당내부거래의 차단을 추가하였다.

재벌개혁 가운데는 기업의 인수 및 합병 시장을 개방하고 상호출자나 채무보증을 금지하며 사외이사제도를 강화하고 소액주주 권한을 강화하였다. 금융개혁은 부실금융기관을 정리하며 공적자금을 통해 부실채권을 정리하고 해외자본에 대해 금융시장을 개방하는 것을 주 내용으로 하고 있다.[9] 1997년 12월 채권시장이 개방되었고 이어 주식시장도 전면 개방되었다. 또한 선물시장, 옵션투자, 단기금융상품도 허용되었다.[10] 이러한 현상은 전

시장에서 거래될 수 있었다. 이 법들을 주도적으로 만든 재무장관 가이트너는 뉴욕연방준비은행 총재 재직 시 버냉키, 폴슨과 함께 AIG는 구제하고 리먼브러더스는 파산시키는 결정을 내렸다(Engdahl, 2015: 540). 그 후 2012년 미국 은행들은 파생상품으로 490억 달러를 벌었고, 2012년 장외에서 거래된 파생상품은 632조 달러였다. 현재는 어떤 은행이 파생상품을 거래하는지 알기 힘들고 그 위기는 전 세계로 쉽게 확산될 수 있다(Hermann, 2014: 252).

9) 금융시장 개방논의는 1980년 초부터 진행되었다. 1980년 당시 경제기획원과 재무부 사이에는 금융자율화와 개방을 둘러싸고 논쟁이 진행되었다. 김재익 경제수석은 금융규제철폐, 은행민영화, 금융시장개방화를 주장한 반면, 재무부는 선 금융시장 구축, 후 자율화를 주장하였다. 전두환 대통령은 김재익의 손을 들어주었고 그 후 경제기획원 출신 강경식이 재무부장관으로 취임하면서 금융시장 민영화와 자율화가 급속도로 추진되었다. 그 결과 1981년 이후 7개 은행이 민영화되었고 1982~1983년 사이에 2개의 시중은행, 12개의 투자금융회사, 58개의 상호신용금고, 1개의 투자신탁회사의 설립이 허용되었다. 그러나 그 후 무더기로 금융기관이 생겨나면서 탐욕적 시장과 시장실패의 덫이 나타났고 은행은 여전히 민영화되었지만 정부와 정치권에 예속되는 기현상이 벌어졌다(육성으로 듣는 경제기적 편찬위원회, 2014: 43-45).

10) 2009년 말 기준으로 한국주식시장에서 외국인의 주식소유 비중은 약 32%에 이른다.

세계적인 현상이었다. 선물시장 중 가장 먼저 발명된 것은 선물증권이었다. 거대기업들은 자산운용을 통해 새로운 수익을 창출할 수 있는 기회를 갖게 되었다. 이는 금융의 탈규제를 필요로 하였다.[11)]

김대중 정부는 경제위기 돌파와 세계화에 대한 흐름을 잘 활용하기 위해서는 재벌개혁이 필요하다고 보았다. 재벌개혁은 재벌해체나 재벌의 약화를 의미하는 것이 아니라 상품과 자본, 서비스의 자유로운 이동을 가능하게 하는 재벌구조의 개편을 의미하는 것이었다. 이러한 담론은 개혁에 대하여 정당성을 제공하는 것으로 이용되었다. 김대중 정부는 경제위기를 극복하기 위해서는 국제경쟁을 극대화해야 하며, 이를 위해서는 경쟁을 방해하는 정치·경제적 관행과 제도를 개혁해야 한다고 보았다(김영범, 2003: 424). 그러나 그 결과는 개혁이라기보다는 대기업에 대한 규제를 완화하고 그들의 활동범위를 넓혀주는 것으로 귀결되었다.

예를 들어 1999년 일반지주회사제도 도입, 2000년 금융지주회사제도 도입, 1998년 출자총액제한제도 폐지, 2000년 지주회사에 익금불신입제도 도입, 1999년 자사주취득한도완전폐지 등을 들 수 있다(이병천, 2013: 159). 과거의 국가와 재벌의 지배연합은 해체되었지만 국가-재벌-은행 연계체제는 자유화되고 전면 개방된 금융시장이 재벌을 규율하는 형태로 변화했고 자본시장이 주가 등락을 중심으로 재벌과 대기업을 규율하기 시작하였다. 재벌체제는 여전히 계열사 간 출자로 연결되어 있었고 계열사 간 출자는 증대했으며 국가-금융-산업의 연계 관계는 해체되고 대신 신자유주의의 지배가 더욱

삼성전자의 경우 약 50% 지분이 외국인 소유이며, 포스코는 50%, 4대 시중은행은 약 60%에 이른다(박형준, 2013: 240).

11) 미국은 이를 위해 1999년 '그램리치 블라일리법'을 도입했다. 이 법은 은행업과 보험업을 통합할 수 있는 길을 열어주었고, 씨티뱅크의 지주회사는 막대한 수익을 올릴 수 있었다(Sapir, 2012: 139). 미국의 월스트리트 증시에서 주식시장은 1993년부터 급성장했고 총자산에서 주식이 차지하는 비중은 크게 상승하였다. 주식은 금융투자자들에게 배당금과 막대한 시세차익을 가져다줄 수 있지만 국채처럼 수익이 절대적으로 보장된 것은 아니었다. 이러한 이유 때문에 공공채권시장이 글로벌 금융시장의 핵으로 등장했다. 전 세계 기관투자자들의 금융자산 총액의 약 38% 정도는 공채의 형태로 보유되고 있는데, 공채는 안정적이고 유동적인 수익을 보장했다(Chesnais, 2003: 58).

강화되었다(이병천, 2013: 176-178).

김대중 정부는 산업발전 대신 금융논리를 우선시하였고 경제의사결정과정에서 국가보다 대기업 등 자본의 힘이 강화된 신자유주의 국가의 모습을 드러냈다(지주형, 2013). BIS 비율 8% 미만인 12개 은행에 대한 평가를 실시하여 5개 은행을 퇴출시키고 16개 종금사, 2개 증권사, 1개 투신사, 5개 상호신용금고, 17개 신협을 인가취소하고 4개 증권사, 4개 보험사, 1개 투신사, 12개 상호신용금고, 29개 신협을 영업정지 처분하였다. 자서전을 보면 당시 김대중 대통령은 이러한 생각을 가지고 금융구조조정을 실시하였다.

> "나는 금감위원장에게 어떤 경우에도 흔들리지 말고 원칙대로 처리하라고 강조했다. 나는 2차 공적자금을 조성하면서 부실기업주나 부실기관 임직원을 철저히 조사해 엄중히 대처하라고 몇 차례나 강조했다. 실제로 464개 금융기관을 조사해 1,300여 명을 검찰에 고발하도록 조치했다. 많은 논란이 있었지만 금융시스템의 붕괴를 막기 위한 공적자금은 그 손실을 예상하고 조성된 것이었다. … 나는 공기업 민영화 업무를 총괄할 진념 기획예산위원장에게 과거 정부의 수차례 시도에도 성과가 없음을 상기시키며 단단히 당부했다. 국민의 정부는 공기업 민영화를 더 과감하게, 일관성을 가지고 철저히 진행하시오."
>
> _김대중, 2010

김대중 대통령은 은행구조조정, 민영화정책에서 담당책임자에게 힘을 실어주고 원칙대로 일을 추진할 것을 강조하였다.[12] 그러나 실제 정책을 담당한 관료들은 그렇지 못하였다. 금융감독위원회는 산업자본의 금융지배를 지지하는 입장을 밝혔고 규제완화 등 재벌의 이해를 대변하는 입장도 보여주

12) 김대중 대통령은 은행구조조정을 위해 1998년 금융감독위원장으로 내정된 이헌재 위원장에게 전권을 맡겼다. 이 위원장은 내부에 '구조조정기획단'을 설치하여 35명의 중앙부처, 국책연구원 소속 엘리트들을 동원하였다. 이 조직은 1998년 11월 대통령 직속 조직이 되었고 김대중 정부의 1차, 2차 구조조정의 실무를 담당하였다. 은행구조조정의 경우 12명의 은행경영평가위원회를 설치하여 구조조정을 실시하였다. 이들은 외부와 차단된 채 업무를 진행했고 회의 내용은 모두 녹취되었다(이헌재, 2012: 87-99).

었다. 특히 김대중 정부 이후 재벌들은 관료들을 적극적으로 채용하는 등 강력하게 포섭하기 시작하였다. 관료들은 퇴임 후에도 자리가 보장되었다는 생각을 갖게 되면서 정부의 공식정책에 반기를 들 정도로 재벌의 입장을 대변하기도 하였다(이동걸, 2015: 176).

김대중 대통령은 공기업 개혁을 담당하는 기획예산위원회를 설립하여 공기업 41개사를 매각, 통폐합하였다. 공기업의 민영화 방침에 반발하는 공기업 때문에 공공부문 개혁은 저항에 직면하게 되었다. 김대중 정부는 재벌에 대한 개혁도 실행하였다. 기업경영투명성의 제고, 상호지급보증해소, 재무구조개선, 핵심업종 설정과 중소기업에 대한 협력, 경영자 책임성 확립이라는 원칙에 따라 개혁을 실시하여 55개의 기업이 퇴출되고, 81개 업체가 기업개선작업 대상이었고 공정거래위원회를 통한 부당내부거래에 대한 감독강화, 업종전문화를 위한 빅딜이 이루어졌다. 빅딜과정은 김대중 정부가 내부적으로 세운 세 가지 원칙하에서 진행되었다. 첫 번째는, 기업 스스로 하며, 둘째, 정부는 가이드라인만 제시하며, 셋째, '수단은 은행을 통해서 한다'라는 원칙이었다.

당시 김대중 대통령은 3원칙 외에 '지배주주 및 경영진의 책임 강화' 원칙을 추가하였다. 그러나 시스템에 의한 기업개혁의 일환으로 이 원칙은 전면에 내세우지 못하였다(이헌재, 2012: 60-62). 특히 5대 대기업 빅딜 가운데 주목받는 빅딜은 삼성, 현대, LG 간의 빅딜이었다. 소위 삼각빅딜은 정치권의 요구가 강하게 반영된 것이었고 이것은 '은행을 통해 구조조정을 한다'라는 원칙을 무너뜨리는 것이었다. 삼각빅딜을 보면 반도체와 자동차는 현대와 삼성에게 주고 석유화학은 LG에게 주는 것이었지만, 반도체 빅딜을 둘러싸고 진통을 겪게 되었다. 그 후 은행이나 시장을 통한 빅딜이 아니라 정치가 개입하는 빅딜이 됨으로써 기업과 시장 모두에게 피해가 가는 빅딜이 되었다(이헌재, 2012: 149-165).

이러한 정책은 자본의 입장에서 보면 재벌개혁, 빅딜 등은 시장의 원칙에 어긋나는 것이었다. 또한 노동자 등의 입장에서 보면 구조조정의 모든 부담을 서민에게 전가시키고 있는 것이었고 사회안전망이 매우 부족한 것이었다. 김대중 정부의 개혁은 경제계, 노동계에 적용되었지만 불가피하게 실직자를 양산하였다. 수량적 유연성에 기초한 구조조정으로 실업자가 늘어나고 취업자도 상시적 고용불안에 시달렸으며 대기업과 중소기업 간의 임금격차는 커졌다. 기업 또한 핵심인력이나 주요 사업부문이 아니면 유연성을 도입하고 계약직, 임시직, 하청, 용역 등의 비정규직을 선호하였다. 이는 결국 임금소득계층의 소득차를 낳는 요인이 되었다. 김대중 정부 당시 노동시장의 유연화정책은 비정규직의 신규고용을 증가시켰고 정규직과 비정규직 간의 임금격차를 크게 벌려 놓았다. 김대중 정부의 노동시장정책 가운데 적극적 노동시장정책과 소극적 노동시장정책을 보면 1998년과 1999년에는 그 액수가 증가했으나 2000년부터 하락하기 시작하였다. 특히 적극적 노동시장정책이 더 강화되었는데 이 가운데 고용보조의 비율이 매우 높게 나타났다. 반면 적극적 노동시장정책의 핵심인 훈련의 경우 점차적으로 하락하였고 그 비율이 상대적으로 낮았다. 사회민주주의 복지국가의 경우 훈련에 지출을 집중하고 보수주의 유형이 고용보조에 치우치고 있다는 점을 보면 김대중 정부의 고용에 관한 복지정책은 보수적인 성격에 가까웠다(김영범, 2001: 348).

또한 재벌개혁은 재벌체제의 핵심 문제를 건드리지 못하였고 국민의 부담으로 재벌총수들을 살려준다는 비판을 받기도 하였다.[13] 재벌개혁이 기업의 소유와 지배구조의 문제를 해결해야 했지만 기업, 언론, 정치인 등의 강한 반대에 직면하여 실효를 거두지 못했다. 실제로 핵심주력사업부문 선

---

13) 1997년 당시 5대 재벌 206개 계열사 자기자본 55.2조 원 중 26.4%는 계열사 사이의 출자로 만들어졌고 총수일가 순지분은 9.9%였지만 35.8%의 의결권을 행사하였다. 자본 대비 부채비율은 삼성이 3.71이었고 현대가 5.79였다. 재벌 200개 계열사의 부채총계는 221.1조 원인데 이것은 자본총계 46.7조 원의 4.73배였다(김진방, 2004). 2012년 말에는 삼성 이건희 회장의 지분은 0.69%로 재벌총수가 있는 다른 기업집단의 총 지분율 2.09%의 1/3 수준이었다. 이재용 부회장이 소유하고 있는 지분은 0.23%였다. 이재용의 경우에는 삼성전자, 삼성SDS, 삼성에버랜드, 삼성SNS, 삼성자산운용의 지분을 소유하고 있었고 이를 통해 계열사 전체를 지배할 수 있었고 계열사 간 거래에서 생기는 이익을 통해 큰 부를 차지할 수 있었다(송원근, 2014: 32-33).

정은 부실 계열사의 정리에 의한 업종단순화와 경영합리화에 불과했고 재무구조 개선방식도 정부 내지 국민의 부담에 의한 부채비율 축소에 불과하였다(조현연, 2009: 135). 현재 국내 가전제품시장 90% 이상이 엘지와 삼성으로 양분되어 있고, 이동통신시장은 3개의 기업으로 분할되어 있으며, 현대와 기아자동차가 자동차시장의 75%를 차지하고 있다는 점에서 재벌의 독과점은 매우 심각한 현상임은 분명하였다.

이러한 사실들로부터 볼 때 오늘날 말하고 있는 경제민주화의 첫 번째 작업은 재벌개혁일지도 모른다.[14] 경제민주화는 민주주의와 시장경제 간의 조응과 공존을 추구하는 것이지 한쪽만을 강조하는 것은 아니다. 모든 국가는 물가, 환율, 금리 등의 문제에 대해 정책결정을 할 수 있고 그 목표 달성을 위해 다양한 수단과 제도를 가지고 있다. 이 수단과 제도를 만들어 내는 것이 국가권력을 포함한 정치권력이고 그것은 경제적이면서도 정치적이며 민주주의적이어야 한다(유철규, 2013: 297).

헌법 119조 2항에는 "국가는 균형 있는 국민 경제의 성장 및 안정과 적정한 소득의 분배를 유지하고 시장의 지배와 경제력의 남용을 방지하며 경제주체 간의 조화를 통한 경제의 민주화를 위하여 경제에 관한 규제와 조정을 할 수 있다"라고 경제민주화를 규정하고 있다. 이 말은 경제적 강자의 권력을 통제하고 약자를 보호하기 위해 정부가 적극적인 역할을 해야 한다는 것으로 해석될 수 있다. 그런데 이를 폭넓게 해석하면 경제민주화는 "구성원들의 민주적 참여를 통한 경제운영, 구성원들의 형평성 보장, 재벌의 경제권력화 방지, 안정된 소득으로 자유스럽게 필요한 욕구를 충족하는 사회"로 정의된다(이강복, 2016: 20).

일반적으로 경제민주화는 개인의 이익과 공동의 이익을 동시에 추구하면

---

14) 한국 사회에서 경제민주화 논의가 본격적으로 진행된 것은 1987년 민주화 이후 신자유주의 득세에 따른 양극화에 대한 처방 문제의 고민으로 시작되었고, 그 후 1997년 외환위기, 2008년 세계 경제위기에 대한 대응방안으로 논의되기 시작하였다. 이때 경제민주화는 한국자본주의와 세계자본주의에 대한 비판담론의 성격을 지녔다(정일준, 2013: 258).

서 서로 조화를 이루는 상태를 말한다. 이것은 불평등을 양산하는 시장에 대한 사회개입이자 개인의 권리와 공동선의 가치를 시장뿐만 아니라 기업에까지 확산하는 노력이다. 동시에 경제민주화는 자원배분이 불공정하거나 자의적으로 이루어지는 상황을 극복하려는 국가의 시도를 의미한다(박종현, 2014: 272-279).[15)]

만약 김대중 정부 당시 재벌개혁이 실효성을 거두었다면 현재의 경제민주화의 작업은 앞당겨졌을지도 모른다. 경제민주화는 시장과 기업에 대한 권위주의적 통제와 개입을 해소하는 대신 시장자율성을 강조하는 것이 아니라 민주주의적 의사와 방식에 따른 시장개입, 즉 민주적 통제로 전환하는 일이 핵심이다. 다시 말해서 시장에 대한 민주적 통제를 구축함으로써 독과점 등 시장실패를 해결하고 경제불평등을 해소하는 일이다. 이것이 바로 재벌에 대한 민주적 통제인 것이다(김병권, 2013: 138).

이러한 과정이 때로는 이해당사자 간의 갈등과 충돌로 보일 수 있지만 경제민주화는 이해당사자들 각자의 일정한 기득권을 인정하고 이를 전제로 이루어지는 토론과 숙의, 타협의 과정을 전제로 한다. 그러한 면에서 경제민주화는 숙의민주주의의 발전과 함께 가는 것이다. 또한 경제민주화는 보다 진보적인 측면에서 보면 소유권에 대한 문제제기이자 경제와 기업에서의 노동자와 자본가의 공동결정권, 주요 산업과 금융기관의 사회화, 국가의 경제개입을 통한 완전고용과 사회보장, 재벌의 통제와 규제 등을 의미한다(김성구, 2014: 254-255).

그런데 김대중 정부 당시 이루어진 재벌개혁은 재벌과 자본 일반의 지배를 특징으로 하는 자본주의 생산관계의 핵심을 건드리지도 못했고 결국에는

---

15) 박근혜 정부는 당선 후 경제민주화 관련 의안들을 첫째, 경제적 약자의 권익보호, 둘째, 소비자 권익보호, 셋째, 실질적 피해구제를 위한 공정거래법 집행 체계 개선, 넷째, 대기업진단 지배주주의 사익편취 행위 근절, 다섯째, 기업지배구조 개선, 여섯째, 금융서비스의 공정경쟁 기반 구축 등으로 설명하였다. 박근혜 정부는 경제민주화를 '원칙이 바로선 시장경제질서의 확립'으로 압축해 설명했으며 협소한 시장지배 문제에 초점을 맞추어 경제권력 남용에만 중점을 두었다(이강복, 2016: 35).

전체 대자본의 안정적 지배체제의 구축을 지원하고 재벌들의 이익을 대변하는 것으로 그치고 말았다(송백석, 2007: 68). 김대중 정부는 참여민주주의, 경제민주화를 추진하고자 했지만 결과적으로 시장중심적 정책을 더 많이 추진하게 되었다. 따라서 김대중 정부의 경제민주화는 온건한 입장에서 보더라도 실패했다고 볼 수 있다.

김대중 정부는 기업의 구조조정에 개입하였고 시장기능의 보호와 경쟁과 자율의 논리를 모두 수용하였다. 신자유주의자들이 강조하는 자유로운 시장과 시장의 경쟁을 수용하는 동시에 시장질서와 공공성도 동시에 강조하였다. 그러면서 경제위기 이후 나타난 갈등과 불평등 문제를 해결하기 위하여 복지제도와 사회안전망을 도입하여 국가의 역할을 더욱 강조하기도 하였다. 김대중 정부는 개혁을 통해 IMF 지원금 195억 달러를 계획보다 앞당겨 2001년 전액 상환하였다. 외환보유액도 2002년 현재 1,000억 달러를 넘기기도 하였다. 경제성장률도 1999년 10.9%, 2000년 8.8%로 회복세를 보였고 2001년 이후에는 IT 강국의 면모를 갖추어 나갔다(정태환, 2009: 398). 그럼에도 불구하고 김대중 정부는 그 이념, 정책목표, 비전은 제도적 제약과 정책수단 간에 갈등을 보여주었다. 정책과 이념은 개혁적이고 변화지향적이었음에도 불구하고 보수 세력과의 연합, 관료체제에의 의존, 의회 내 다수파인 보수 세력의 견제는 개혁을 좌절시키는 하나의 요인이었다.

김대중 정부 초기는 외환위기 극복을 위해 구조조정을 실시하고 경제개혁을 실시하는 데 초점을 맞추었다. 그러나 시간이 흘러가면서 내수경제가 살아나지 않고 성장이 이루어지지 않고 재벌들의 불만이 제기되면서 경기활성화를 위한 성장정책과 재벌동원정책으로 선회하였다. 이러한 정책 밑바탕에는 금융자유화와 규제완화의 흐름이 있었다. 이에 따라 금융자유화 조치가 선택되었고 금융시장은 개방되기 시작하였다. 김대중 정부는 금융산업의 경쟁력을 높이고 효율성을 증진시키기 위해 금융시장에 대한 통제를 줄이고 자율과 경쟁을 유도하여 금융을 시장원리에 맞게 운영하는 방향으로 정책을 선택하였다. 신자유주의적 금융화와 자본의 세계화로 인해 은행은 이윤추구만을 목표로 삼았고 금융기관에 대한 정부의 통제력은 약화되었다(김순영,

2011b: 32-33).

자본주의는 효율성을 중요한 보편적 기준으로 채택한다. 효율성이 보편적 기준이 되면서 삶의 의미라는 문제는 부차적 문제가 되고 모든 의미를 탈전체화하는 사회경제적 질서를 추구한다(Žižek, 2010: 54). 자본주의, 세계화는 문명의 차이를 넘어 모든 문명에 적용될 수 있는 보편적 질서가 된다. 이를 위해 자본의 세계화는 먼저 대외적 경계를 철폐시키는 조치들을 필요로 한다. 외환유출입의 자유화, 외국인 운용자들에 대한 증권시장 개방, 외국기업에 대한 주식시장 개방 등이 그 예이다. 그리고 금융 유동성의 새로운 투자형태들의 창조와 비은행 금융기관들이 대부자로서 시장에 접근하는 기관투자자들의 등장이 필요하다(Chesnais, 2003: 52). 바로 김대중 정부의 금융정책이 이러한 점을 잘 보여주었다.

김대중 정부는 기업 및 금융구조조정과정에서 자산유동화라고 하는 증권화시장을 촉진하였고 이를 위해 자산유동화에 관한 법률을 도입하였다. 증권화시장은 주식시장, 채권시장과 함께 자본시장의 주요 축의 하나로서 비유동성 자산을 현금화하는 행위를 말한다. 대출채권, 매출채권, 주택저당채권 등의 자산을 유가증권 및 기타 채무증서의 형태로 전환하여 현금화하는 것을 의미한다(전창환, 2011).[16] 이러한 기조 아래 신용카드 활성화정책이 실시되었다. 그리고 신용카드에 대한 규제를 완화하였고 신용카드회사는 신용카드채권을 유동화하여 추가적인 자금조달과 유동성을 확보할 수 있었다. 김대중 정부는 소비자금융의 활성화와 규제 철폐, 금리하향 및 재정지출 확대 등의 경기활성화대책을 제시했는데 그 핵심에는 소비자금융 확대가 있었다. 그 일환으로 신용카드 활성화정책이 실시된 것이다(최철웅, 2013: 297).

16) 당시 한국 사회의 주택사정은 빈곤 문제의 하나의 원인이 되기도 하였다. 2003년도 통계에 의하면 자기 집을 보유한 832만 가구 가운데 집을 2채 이상 보유한 가구는 전체 가구의 16.5%였다. 다주택 소유자들이 가지고 있는 주택의 수는 전체 주택수의 거의 60%에 이르렀다. 3채 이상 보유한 사람들이 가진 주택수는 전체의 36.3%였고 전체 가구의 10분의 1도 안 되는 7%의 사람들이 전체 주택수의 1/3 이상을 소유하고 있었다(신명호, 2013: 164).

〈표 21〉 연도별 신용카드 이용실적

연도	카드 수(천 개)	이용금액(억 원)		
		물품	현금서비스	합계
1999	38,993	426,340	481,486	907,826
2000	57,881	796,923	1,453,158	2,249,081
2001	89,330	1,757,080	2,672,594	4,433,674
2002	104,807	2,652,122	3,576,962	6,229,084
2003	95,517	2,410,873	2,394,564	4,805,437

* 출처: 김순영(2011b)

2002년에는 신용카드채권이 전체 유동화증권의 55% 이상을 차지하기도 하였다(전창환, 2011: 81). 이러한 경기부양정책은 일시적 경제회생을 위해 사회적 비용을 장기화하고 구조조정을 중단하는 것이었다.

김대중 정부는 경제위기로 인해 GDP 대비 약 5%에 달하는 적자를 발생시켰기 때문에 세수확대를 통한 건전재정 확보를 중시하였다. 카드 활성화 정책은 단기간의 부양정책이었지만 그 파장과 영향은 한국 사회에 오랜 기간 동안 남게 되었다. 〈표 21〉은 김대중 정부 시기 카드 발급수와 이용액수의 변화과정을 보여주고 있다. 심지어는 주부, 학생 등 무자격자에게 카드가 남발되었음에도 불구하고 금융당국은 제재나 통제를 실시하지 않았고, 카드 이용금액을 막지 못한 개인들은 현금서비스를 통해 임시적으로 해결하는 등 개인파산의 길을 걷게 되었다. 2002년 1/4분기 카드이용실적은 전년 동기 대비 74%나 증가하였고, 카드대출이 신용카드 이용실적에서 차지하는 비중이 1998년 51%에서 2002년에는 64%로 증가하였다(전창환, 2004(a): 46). 이러한 현상들은 한편으로는 삼성카드, LG카드 등 재벌기업의 금융기관을 성장시키는 밑거름이 되기도 하였다.

경제를 활성화하기 위해 김대중 정부는 신용카드사업에 대한 규제를 완화하고 시장개방정책을 강화하여 신용카드사에 막대한 이득을 안겨다 주었다.

이는 결국 정부와 대기업 간의 유착을 강화하는 것이었다. 김대중 정부는 소비자금융을 확대한다는 명분하에 신용카드사용 활성화정책들을 추진하였다. 이러한 무분별한 정책은 그 후 신용카드사의 매출 중 현금서비스와 카드론이 전체 매출의 70% 이상을 차지하는 기현상을 만드는 원인이 되었다. 그러나 그 후 신용불량자가 급격히 늘어나 2001년 104만 명, 2002년에는 149만 명을 기록하였으며, 2003년도에는 신용불량자수가 370만 명을 넘어섰다(이동걸, 2015: 149).

특히 외환위기 이후 금융권이 서민들을 대상으로 한 담보대출을 줄이면서 서민들은 신용카드 대출이나 사금융 대부업체들을 통한 대출에 의존하였다. 2002년 정부와 국회는 '대부업 양성화론'에 기초해 대부업을 정부 인허가 없이 할 수 있도록 합법화시켰다. 이는 사채시장에 해외자본이 들어오게 하였고 사채업을 번창시키는 데 결정적 기여를 하였다. 동시에 1998년 이자제한법 규제가 풀려 사채시장을 더욱 활성화시켰고 러시앤캐시의 경우 설립 초기에 비해 10년 후 자본 총계가 43배나 증가하기도 하였다(장진호, 2014: 364-365). 김대중 정부는 경제위기에 직면하여 빠른 시간 내에 경제를 활성화해야 한다는 압박감 때문에 대기업의 힘을 이용한 것이었다(김순영, 2011b).

III. 남북 문제 및 이념갈등 관리

햇볕정책의 궁극적 목표는 북한체제 안정, 세계시장경제 편입, 경제난 극복, 남북경제협력 심화, 경제발전, 정치·사회 변화, 남북관계 개선, 그리고 종국에는 통일로 이어지는 선순환 및 확대순환이 가능하도록 여건을 조성하는 데 있었다. 미국의 개입주의정책과 맥을 같이 한다고 평가되는 햇볕정책은 화해와 협력을 추구함으로써 북한이 자발적으로 평화의 길로 나올 수 있는 환경을 조성하는 데 목적으로 두었다. 이를 위해서는 남북 간에 다방면에 걸친 교류협력의 확대가 필요하였다(김근식, 2015: 245). 햇볕정책의 안보적 목표는 단순히 현존하는 북한의 도발위협에만 국한되는 것이 아니라, 중·장기적 안목에서 남북교류·협력의 활성화를 위한 필수적 전제조건을 충족시키기 위한 것이기도 했다(김학성, 2012: 180). 또한 햇볕정책은 북한에 대한 우호적 메시지의 내용도 담겼지만 세계 각국에게 한반도의 평화를 강조하여 외국 투자가들이 한국에 투자하라는 적극적인 내용도 담겨 있었다. 즉, 경제적 내용도 내포하고 있었다(김하중, 2015: 637).

김대중 정부는 남북한 경제협력과 관련하여 정경분리원칙을 천명하였다. 남북경협을 통해 먼저 북한에게 경제적 실리를 주고 서서히 북한체제의 변화를 유도하겠다는 것이었다. 즉, 선공후득(先拱後得), 선경후정(先經後政)의 비대칭적 상호주의에 입각한 것이었다(유성옥, 2015: 235). 그 후 김대중 대통령은 세계 강대국들을 찾아가 민주주의와 시장경제를 강조하고 햇볕정책의 의미와 목적을 설명하였다. 이것은 한반도의 안전과 평화를 강조함으로써 외국인 투자를 적극적으로 유치하려는 의도도 가지고 있었다.

그러나 김대중 정부는 '햇볕정책(Sunshine Policy)'의 기조하에 일관되게 진보적인 대북정책을 펴면서 사실상 북한 문제를 방관하고 방치한 것으로 평가되기도 하였다. 김대중 정부가 수사적으로는 북핵 문제 해결을 정책의 우선순위에 올려놓았지만 실질적으로 이를 실현하기 위해서 전력투구한 것으로 보기 어렵기 때문이다(전성훈, 2012: 396). 북한이 핵개발 노력을 계속하고 있다는 구체적인 증거와 경고에 대해서 김대중 정부가 북한의 핵보유를 국가의 사활적인 문제로 인식하고 북한 정권에 대해 강력한 문제제기를 하면서 적극적으로 시정조치를 요구했다면 제2차 북핵위기가 발생하지 않았을 가능성도 있었다.

그러나 김대중 정부가 보기에 햇볕정책은 노태우 대통령 시기 때 시작한 대북정책의 발전적 계승의 측면이 있었다. 남북한의 화해협력의 구도를 통해 평화를 정착시키고 남북한의 협력을 증진하여 사실상의 통일을 추구하고자 한 것이었다. 또한 햇볕정책은 1994년 제네바 기본합의가 진전되고 있었고 북한이 조기에 붕괴할 가능성은 낮았으며, 북한에 경제적 이익을 제공하여 상호관계를 변화시켜 간다는 입장을 배경으로 하고 있었다(김하중, 2015: 650). 이것은 김대중 대통령의 3단계 통일론의 한 과정이었으며 국민의 정부에서 대북정책의 기초가 되었다. 즉, 화해와 협력이 통일을 위한 중요한 첫 과정이 되었다(김택근, 2012: 316).

이러한 화해협력정책의 결과로서 6.15공동선언을 이끌어낼 수 있었다. 여기에서 "남측의 연합제 안과 북측의 낮은 단계의 연방제 안이 서로 공통성이 있음을 인정하고 앞으로 이 방향에서 통일을 지향시켜 나가기로 하였다"라고 명시하였다. 분단 이후 이 문안은 통일방안과 관련하여 가장 의미 있는 합의라는 평가를 받았다(김근식, 2015: 253). 이는 북한이 국가연합을 현실적인 통일의 경로로 바라보기 시작하였다는 것을 말한다. 그러나 남북정상회담 이후 김대중 정부 출범부터 수세에 몰려 있던 보수세력들은 정상회담을 국가정체성의 위기로 인식하였다. 이들은 이를 명분으로 진보진영을 비판하고 본격적인 공세를 취하기 시작하였다. 특히 포용정책에 입각한 대북지원 문제, 핵 문제, 군사충돌 문제들을 계기로 보수세력은 남한 내의 이념갈등을 주도해 나갔다. 이는 단순히 대북 문제로 그치지 않고 한미동맹을 둘러싼 문제로 확산되었다. 즉 한미동맹, 대북 문제를 중심으로 남남갈등이라고 불리는 시민사회 내부의 갈등이 본격적으로 나타난 것이다(박순성, 2014). 가령 '반핵·반김', '반미·반전'이라는 구호가 시민사회의 구호로 등장하기 시작한 것이다.

보수세력은 클린턴 정부 당시 한미관계가 무난할 당시에는 침묵했지만 부시 정부 이후 한미관계가 난항을 겪고 북한과 미국의 관계가 악화되자 김대중 정부의 햇볕정책을 강하게 비판하고 나섰다(김준형, 2015: 287). 보수세력의 이러한 움직임에 대해 진보세력은 보수가 냉전, 반통일, 남북대결을 조장하고 있다고 비판하였다. 보수와 수구라는 말이 동일시되면서 북한에 대한 시대착오적 대결의식을 갖는 세력으로 진보세력에 의해 규정되었고 수구꼴통이라는 감정적 수사로 보수세력을 비판하기도 하였다(권용립, 2015: 299). 김대중 정부 시기에 보수세력은 과거와는 달리 NGO 단체, 언론사,

일부 기독교계가 중심이 되었다는 점이 특징이었다. 이들은 시민사회 속에서 진보진영과 이념적 대결을 강하게 전개하였다. 그럼으로써 이념갈등은 국가와 시민사회의 갈등뿐만 아니라 시민사회 대 시민사회의 갈등으로 다원화되었다(신종대, 2016: 23).

한미동맹을 축으로 보수와 진보 진영 간의 대립정치는 민주적 의사소통과 합의, 다원성을 방해하고 배제와 억압을 전면에 내세워 결국 한국 사회의 민주주의 발전을 후퇴시키는 일이었다. 지난 60년 동안 한국 사회에는 친미세력이 주요 엘리트의 많은 부분을 차지하고 친미인식이 체질화됨에 따라 동맹이 국익실현의 수단으로 실용화되고 세속화되지 못하였다(김준형, 2015: 306). 그 결과 진정한 의미의 성숙한 한미동맹관계가 성립되지 못하였다. 보수진영의 동맹정치는 한미동맹에 대해 의견이 다르거나 정치적 입장이 다른 세력을 배제하고 오로지 모든 사안을 대북 문제, 대미관으로 평가하는 정치였다. 또한 부시 대통령 시기 9.11테러 이후 대북관계는 악화되기 시작하였다. 이와 관련하여 김대중 대통령은 2008년도 일기에서 "한반도 문제는 2000년 6.15정상회담 이후 순풍에 돛단 듯 순항한 것을 2001년 부시가 들어서면서 지난 8년 동안 엉망을 만들었다. 부시는 철학도 일관된 정책도 없이 일을 어렵게 했다"라고 토로하였다(김택근, 2012: 365). 그러나 대북정책을 둘러싼 갈등은 부시 정부가 출범하면서 나타났다. 김대중 대통령은 부시 정부의 대북정책이 클린턴 정부와 큰 차이가 없을 것이라고 기대했고 대북 포용정책의 기조를 유지할 수 있을 것이라고 보았다. 그러나 부시 대통령은 이에 대해 무지했고 김대중 대통령에게 호감도 갖고 있지 않았다(박건영·정욱식, 2010: 175).

그런데 보수세력의 김대중 정부에 대한 공격의 내용과는 달리 김대중 정부와 클린턴 정부는 초기에는 긴밀한 협력관계에 있었다. 즉 한미동맹이 매우 견고하게 유지되고 있었다. IMF 위기 초기에 미국은 한국에 직접 구제금융을 제공하는 데 부정적이었지만 한국 정부에 대해 IMF의 지원을 요청하도록 제안하였고, 국제금융기관들이 한국 부채를 만기 연장하도록 다각적 지원을 제공하는 역할이 컸다는 시각도 있다(국방부 군사편찬연구소, 2013:

245). 미국방장관은 한국에 대한 이해를 바탕으로 관계 각료들과 국회를 설득하여 IMF 지원이 성사될 수 있도록 역할을 했다. 즉 한국 정부가 클린턴 정부의 지원 속에 IMF와의 협상을 성공적으로 타결하게 되었다는 것이다.

이와 같이 김대중 정부는 역대 어느 정부 못지않게 한미동맹을 견고하게 이끌어나갔다.[17] 그러나 이 동맹은 결과적으로 미국의 금융자본의 한국진출을 원활하게 하였고 미국이 원하는 방향으로 신자유주의적 개혁을 적극적으로 실행하도록 하였다.

IV. 김대중 정부의 통치성 문제 및 특징:
사회복지정책을 중심으로

"지금은 세계화 속에서 경제적 국경이 없는 가운데 무한경쟁을 하는 시대입니다. 세계와의 경쟁에서 이기면 희망이 있고, 지면 장래가 없습니다. 그런 점에서 수출증대와 투자유치를 위해 애쓴 여러분이야말로 진정한 애국자입니다."

_김대중 대통령 연설문 1권: 107

"민주의의와 시장경제는 동전의 양면이고 수레의 양바퀴입니다. 분리해서는 결코 성공할 수 없습니다. 나는 민주주의와 시장경제를 병행 발전시켜 우리 경제를 건강하게 되살리고, 세계 선진국 대열로 끌어올릴 것입니다."

_김대중 대통령 연설문 1권: 117

---

17) 2000년 남북정상회담 실현과 9.11테러사건 이후 한미동맹은 세 가지 관점에서 재검토되었다. 첫째, 주한미군기지 재배치, 주한미군감축, 전략적 유연성을 유지하기 위한 개념 발전 등 한미동맹의 질적 변화 요구, 둘째, 한·미·일 동맹과의 관계, 미사일방어체제 참여 등 동아시아에 있어서 한미동맹관계의 역할변화 필요, 셋째, 한미동맹관계를 군사관계 외에 더 포괄적 측면에서 검토할 필요성 등의 관점에서 한미동맹이 재검토되었다. 이를 바탕으로 노무현 정부 시기인 2003년부터 한미동맹을 보다 포괄적이며 호혜적인 관계로 발전시키기 위한 노력이 나타났다. 가령 북핵 문제 해결, 전시작전통제권 전환, 주한미군 기지이전 및 재배치에 중점을 두었다(국방부 군사편찬연구소, 2013: 268-269).

위의 연설내용에서 보듯이 김대중 정부는 민주주의 없는 시장경제가 정실자본주의를 낳았고 경제위기를 불러왔기 때문에 위기를 해결하기 위해서는 민주주의와 시장경제를 병행발전시켜야 한다고 보았다. 여기에서는 정치가 시장 문제에 적극 개입하는 것을 반대한다. 정치와 경제를 분리시킴으로써 경제위기가 극복될 수 있다는 것이다. 경쟁을 강화시킬수록 좋은 결과를 얻을 수 있고 경쟁을 강화하기 위해서는 국내시장에 대한 규제를 철폐하는 것이 필요하다고 김대중 정부는 보았다.

김대중 정부의 철학은 김대중 대통령의 대중경제론에 바탕을 두어 전개되어야 했지만 당시의 경제상황과 여러 가지 구조적 조건은 그것을 어렵게 했다. 자연스럽게 자유로운 시장경쟁의 강조와 발전국가 모델로부터의 탈피가 요구되었다. 이를 통해 김대중 정부는 자연스럽게 IMF의 권고사항을 받아들이면서 신자유주의로의 이행과 그 정체성을 담아내기 시작하였다. IMF는 정리해고제 실시, 노동시장유연성 제고, 외환관리법 개정 등 'IMF 플러스'라는 것을 요구하였고 실무단장을 서울에 상주시키면서 한국 정부의 약속이행을 감시하였다. 한편 미국은 월가 금융자본과 자국의 패권적 이익을 관철시키기 위해 김대중 정부에게 IMF 관리체제를 강화할 것을 요구하였다. 미국은 IMF 대표단의 한국 정부와의 협상을 지휘하였고 최초 IMF 협약에 없는 IMF 플러스의 개혁을 강제하기도 하였다. 이를 근거로 김대중 정부는 5대 재벌과는 재벌개혁 5원칙에 합의하였고, 노동 측과는 정리해고제 및 근로자파견제 도입에 대하여 합의를 이끌어냈다(이병천, 2013: 155).

신자유주의정책에 기초한 김대중 정부는 민주주의 발전 문제를 실질적 혹은 친노동이나 친대중적 민주주의로 보지 않고 형식적·절차적 민주주의로 이해하는 면이 강하였다(이광일, 2008a: 257). 가령 정경유착과 재벌 문제는 정치권력과 자본 사이의 공모인데 단순히 글로벌 자본에의 시장개방 등 시장투명성을 통해 해결될 수 있다고 보았다. 심지어 김대중 정부하의 다양한 복지정책도 신자유주의정책과 대립하는 것은 아니었으며, 악화된 대중의 삶을 관리하는 측면에서 수용한 면이 강하였다는 시각도 있었다.

김대중 정부에 참여했던 주요 인사들의 인식을 보면 당시 사회적·경제적·정치적 해법으로 신자유주의적인 정책을 선호했음을 알 수 있다. 당시 경제위기를 타개하기 위해서는 세계시장의 규칙, 관습, 규범을 따를 수밖에 없으며 외국자본을 유치하기 위해 주요 금융센터의 은행, 보험, 법률회사, 회계회사가 정한 조건을 받아들여야 한다고 주장하였다(임혁백·안석교 외, 2000: 36).

> "노동의 유연성을 갖추고 노동자의 권익을 보장해줘야 합니다. 노동의 권익도 보장하지만, 그 유연성도 노동계는 인정해야 합니다. 우리가 지난번에 정리해고제를 도입했는데, 되도록 실업자를 안 내는 게 목적이지만 불가피하면 정리해고를 해야 됩니다. 이래서 기업이 살아나야 합니다. 기업이 살아야 노동자도 일터가 있습니다. 기업이 죽고 나면 일터도 아무 것도 없습니다."
>
> _김대중 대통령 연설문 1권: 168

> "규제개혁을 통하여 정부의 시장개입을 원천적으로 봉쇄하고 민간의 경쟁을 촉진시켜 나감으로써 경제활동의 자율성을 신장하고 국민의 창의력이 최대한 발휘될 수 있도록 하겠습니다."
>
> _김대중 대통령 연설문 1권: 553

김대중 정부는 규제개혁의 차원에서 공정거래법의 적용을 확대하고 경제력 집중억제 원칙하에 재벌개혁을 동시에 추진하였다. 김대중 대통령은 집권 초기에 기존 규제의 50% 철폐를 목표로 설정하고 강력한 규제개혁을 실시하였다. 김대중 정부는 다원적 규제개혁 추진체계가 아니라 규제개혁위원회로 조직을 단일화하여 체계적인 추진체계를 가지고 있었다. 그러나 규제의 50% 철폐라는 목표를 달성하기 위한 방식에 치중하였고 획일적이고 강압적인 방식으로 실효성 있는 성과를 거두지 못했다는 비판을 받았다(최유성·이종한, 2008: 512).

노동시장의 유연화정책으로 인해 비정규직 노동자가 양산되면서 노동자 내부에서 임금격차가 심화되었고 이들 간의 임금경쟁이 치열해졌다. 실업자들은 하향이직을 하거나 비정규직으로 남기도 했고 때로는 비경제활동인구로 스스로 남기도 했다(안재홍, 2013: 463). 사실 노동자 내부의 격차심화는 김영삼 정부 때부터 예견된 일이었다. 김영삼 정부 당시 노사정 간의 합의에 의해 노동법을 개정하고자 했을 때 재계는 정리해고, 변형근로시간제, 파견근로제 등 노동시장유연화를 강력하게 요구하였다. 이때 한국노총, 민주노총은 파업에 돌입해 정리해고 등은 유예되었지만, 그 후 김대중 정부 때 노사정 합의를 통해 대기업과 대규모 사업장 노조 합의를 통해 정리해고 등에 대해 침묵했다. 이들은 고임금과 기업복지를 매개로 연대하게 되었고 반면 저임금 노동자, 비정규직 노동자들은 그 혜택에서 배제되었다. 노사정 위원회는 합의사항의 이행을 강제할 권한을 갖고 있지 않았고 합의내용의 실천은 정부의 정책의지에 따라 좌지우지되고 있었다. 김대중 정부의 관료들은 노사정이 합의를 도출하지 못해도 행정부 차원에서 정책을 입안하고 집행하는 데 문제가 없다고 생각하고 있었다(조찬수, 2014: 122). 따라서 친노동자적인 사안은 합의를 하더라도 법제화·제도화되는 경우는 드물었다(김성희, 2004: 430). 정부의 정책이 정당의 정책과 협의 속에서 뒷받침되어야 했지만 노동배제적 정당체제는 노사정의 실질적인 효과를 산출하는 데 방해가 되었다. 노동현장의 참여가 배제되고 정치적 대표체제 수준에서의 참여도 봉쇄되었기 때문에 노동정책은 신자유주의의 성격을 가질 수밖에 없었다(최장집, 2002: 170).

김대중 정부는 고통분담의 정치적 교환을 통한 공존과 생존의 전략이 아니라 경쟁과 배제와 불평등을 조장하는 신자유주의정책을 선택한 것이다. 그러나 이와는 달리 김영삼 정부 당시 노동법 파행에 대해 다른 시각이 존재하였다. 김영삼 정부에 참여했던 김덕룡 전 정무장관은 노동법 통과가 당시 야당에 의해 저지됨으로써 국제신뢰도가 추락하고 금융위기가 왔다고 진술하였다.

"노동법 파동이 1996년 12월 24일 크리스마스 이브 때 있었는데, 직전까지 제가 두 번째 정무장관을 하고 있었습니다. 며칠 전에 제가 정무장관에서 물러났는데 저는 노동법은 통과되어야 하지만 그렇게 우격다짐으로 밀어붙여선 안 된단 생각을 가지고 있었어요. 제가 정무장관을 하는 당시 대책회의를 여러 번

> 했어요. 그 당시 한은법개정, 노동법개정, 금융관련법개정, 기아자동차처리 문제 등 많은 쟁점이 있었습니다. 그러나 야당 측은 이 모든 것에 대해 여러 가지 이유를 들어 반대했습니다. 만약 그 당시 법을 개정했다면 국제시장에서 한국이 신뢰를 얻어서 절대로 금융위기는 오지 않았을 것이라고 믿습니다. 그런데 야당이 이걸 반대했기 때문에 통과를 못 시켜서 정리해고도 안 되고 결국 금융위기가 왔다고 생각했습니다."[18]

김대중 정부의 복지정책은 과거 정부와 단절된 것이 아니라 근로복지와 노동상품화정책을 유지하면서 때로는 국가의 적극적인 시장개입을 용인하고 성장을 강조하는 발전국가시절의 모습을 일부 그대로 보여주기도 하였다. 이것은 계층 간의 불평등을 낳고 노사 간의 갈등을 심화시키고 비정규직에 대한 차별과 배제를 강화할 수 있는 위험한 성격을 지니고 있었다. 일부는 이러한 김대중 정부의 복지가 민주화 이후 경제적 민주화, 삶의 질의 고양과는 관련 없이 복지국가에 대한 신자유주의적 공격을 피하기 위한 수사와 정책이었고 외환위기로 인해 양산된 피해자들에 대한 보상의 성격이 강하다고 바라보았다(조찬수, 2014: 124).

IMF 위기극복의 과제를 안고 탄생한 김대중 정부는 민주주의 문제보다는 권위적이고 관료적인 신자유주의정책을 통해 위기극복 문제에 집중하였다. 그것은 결국 민주주의의 위기 문제를 불러왔고 김대중 정부의 정당성을 훼손하였다. 또한 실업 문제, 양극화 문제가 나타나면서 지지세력의 이탈이 늘어났고 김대중 정부의 역량을 약화시켰다. 사회적 약자의 참여가 배제된 상태에서 기술관료에 의한 경제정책의 독점이 생겼고 이는 관료주도적인 신자유주의의 질서를 만들어내는 체제를 견고하게 하였다. 민주주의의 미완성, 관주도의 신자유주의는 정치에 대한 국민의 무관심을 가져왔고 시민사회의 자발적인 참여와 동원을 제한하였다(지주형, 2009: 197). 김대중 정부는 보수세력의 수구적이고 반노동적인 입장을 통제하고 비판하지 못했으며, 이로 인해 시민사회의 적극적인 지지를 이끌어내지 못하였다. 또한 김대중

---

18) 전 정무장관 김덕룡 구술 인터뷰(2014.7.8).

정부의 정책은 시민사회의 보수적 세력과 충돌하였고 정부와 진보적인 시민운동은 동시에 약화되었다(최장집, 2002: 194).

한편 실업대책을 보면 역대 어느 정부보다 많은 예산을 책정하고 전 사업장 근로자로 적용범위가 확대되었음에도 불구하고 효과는 미미하였다. 실업률은 줄어들지 않았고 실업급여의 임금대체율이 평균임금의 약 50%여서 저임금노동자의 경우 최저생계비 유지도 힘들었다. 초기 김대중 정부는 1998년부터 2년 동안 약 5조 원을 투입하여 284만 명에게 단기간 일자리를 만들어주었고 2000년도까지 직업안정기관을 149곳으로 확충하고 직업상담원을 1,919명으로 확대하였다. 또한 2000년 12월까지 채용장려금제도를 연장실시하고 실업급여의 조기재취직수당제도를 신설하였다.[19] 그러나 이러한 정책들은 근본적인 실업 문제를 해결하기에는 미흡한 것이었고, 근시안적인 노동정책의 성격이 강하다는 평가를 받기도 하였다.

위에서 보듯이 김대중 정부는 노동유연성의 도입과 정리해고제의 실시는 기업도 살리고 노동자도 살리는 상생의 길로 인식하였다. 그러나 그 가운데 기업의 활성화, 경쟁력 확보가 제일 우선순위의 과제였다. 노동의 권익보다는 유연한 고용제도의 도입이 더 시급한 과제였다고 인식하였다. 당시 김대중 정부의 실업 문제에 대한 정책은 과거 정부보다 개혁적인 면이 있었지만 주먹구구식의 정책도 있었음을 부인할 수 없다. 가령 정부실업통계는 정확성이 떨어졌고 이에 대한 예산배정도 체계적이지 못한 면이 있었다. 실업예산을 노동부가 관장하고 있었고 지방자치단체별로 체계적으로 실업자수가 예측되지 못하고 있었다. 이와 관련하여 당시 행정자치부장관은 국회에서 다음과 같이 발언하였다.

> "각 시도별 실업자수는 통계청에서 조사를 하고 있으니까 저희들이 이중으로 할 필요는 없습니다. 우리들이 하는 것은 도에 배정된 예산을 시군구별로 실업자수에 비례해서 나누어주기 위한 간이조사입니다."[20]

---

19) 16대 국회 실업대책특별위원회, 220회 제2차 회의록(2001.4.6).

김대중 정부의 노동 문제에 대한 인식은 철저하게 근로능력을 조건으로 한 정책이었다.

> "국민 모두가 신지식인이 되어 창의적인 지적 능력을 발휘함으로써 높은 부가가치를 실현하는 가운데 더 한층 자기의 소득을 가져올 수 있게 힐 것입니다."
> _김대중 대통령 연설문 2권: 603

> "근로능력이 있는 모든 국민에게는 고부가가치의 창출과 자기소득의 증대라는 두 가지 목적을 동시에 달성할 수 있는 인적 자원 개발(Human Resources Development)에 중점을 두고 있습니다. 이것이 생산적 복지의 핵심입니다."
> _김대중 대통령 연설문 3권: 265-266

위의 연설문에서 알 수 있는 것처럼, 김대중 대통령은 생산적 복지를 인적 자원 개발의 관점에서 바라보았고 근로능력이 있는 집단만을 배경으로 한 복지정책을 구상하였다. 이러한 구상의 연장선상에서 등장한 신지식인 개념도 경제적 부가가치를 창출하고 소득을 올린다는 경제적 차원의 개념에 불과한 것이었다. 당시 김대중 정부는 외환위기의 원인을 경제체계의 비합리성에서 찾았고 경제 문제를 부의 창출 문제로 국한시켜 보는 경향이 있었다. 이러한 사고방식 속에서 나타난 신지식인 개념은 부의 창출을 위한 것이었다. 이렇듯 신지식인은 시장 속에서 자신의 가치를 판단하고 더 나은 시장상품이 되기 위해 끊임없이 자기계발하는 지식노동자이다. 이들은 모든 것을 물질로 환원해 계산하고 부의 창출을 절대적으로 중시하는 태도를 지향한다. 그러나 신지식인은 경제적 부가가치 창출에 도움이 되지 않았고 경제, 과학, 지식, 교육질서를 왜곡하는 것이었다(김덕영, 2014: 238-239).

김대중 정부는 1999년 생산적 복지개념을 제시하였다. 민주주의와 시장경제의 병행에 추가하여 생산적 복지라는 개념을 들고 나왔다. 생산적 복지는 사회의 가장 불우한 위치에 있는 사람에게 최소한의 기초생활을 충족시켜

---

20) 15대 국회 경제구조개혁 및 실업대책특별위원회, 202회 제4차 회의록(1999.4.8).

이들이 공동체 내에서 삶의 의의를 확인하고 자발적으로 사회에 참여하게 하며 고용 및 인간개발에 의한 복지체계를 통하여 복지수혜자가 자립, 자조, 자활할 수 있도록 지원하여 개인의 창의성을 발휘하게 하여 국가생산성과 국민복지를 동시에 향상시키는 것을 의미한다(임혁백·안석교 외, 2000).

국민의 정부 초기에 외환위기 극복을 위한 긴급처방으로 이루어진 기업의 과도한 구조조정과 노동시장의 유연화정책과 함께 신자유주의 노선과 결부된 시장경제원칙의 무차별한 적용은 기업도산과 실업자가 양산되는 결과를 초래하였다. 신자유주의 문제점을 보완하기 위하여 새롭게 설정한 '생산적 복지'라는 목표는 '민주주의'와 '시장경제'라는 원칙과 조화시키기 힘들었고 동시에 달성할 수 있는 수월한 과제가 아니었다(박호성, 2012: 502). 물론 생산적 복지가 한국 사회가 어느 정도 민주화되었다는 가정하에서 분배와 성장을 동등한 순위로 파악하고 한국의 복지국가의 대전환을 전망할 수 있는 중요한 토대를 제공한 것은 부인할 수 없다. 이 개념은 세계화·탈산업화 경향과 복지 문제를 어떻게 조화시켜야 하는가 하는 과제를 안고 있었다(남찬섭, 2013: 26).

탈산업화 현상은 생산노동자와 사무직 노동자 간의 갈등을 일으키고 실업률, 재정적자, 소득불평등 간의 균형점을 찾아야 한다는 과제를 주고 있다. 그런데 세 가지 요인은 서로 상충하므로 정책결정자들은 딜레마를 갖게 된다. 경제성장을 통해 실업률을 줄이고 재정적자를 극복하며 소득불평등을 해결하는 것은 어렵다. 따라서 정책선택을 통해 세 가지 요인 중 특정 요인에 집중한 정책을 실시해야만 한다. 그 선택은 복지 정치 구조에 따라 달라진다(송호근·홍경준, 2006: 84-85).[21)]

---

21) 미국과 영국은 시장경쟁을 통해 긴축재정과 고용성장을 추구하는 정책을 펼쳤다. 일반적으로 복지국가는 그 나라의 역사적 경로의존성과 다양한 사회집단 간의 관계에 따라 상이한 경로를 거치면서 이루어진다. 따라서 복지정책의 결정은 대내외적 구조적 환경과 다양한 사회집단의 권력자원의 정도에 달려 있다. 복지국가는 보편적이고 효율적인 복지정책을 지지하는 다양한 사회집단의 전략과 그 선택에 달려 있는 것이다(김윤태, 2015(a): 63).

한국도 민주화 이후 이러한 딜레마에 놓여 있었다. 민주화 이후 사회적 갈등이 심화되고 있는 만큼 정책선택에서 사회적 합의를 도출할 수 있는 노력이 있어야 했다. 민주주의와 시장경제의 병행발전을 위해서는 민주주의를 심화시킬 수 있는 노력이 먼저 있어야 했고 사회세력, 집단 간 갈등을 조정할 수 있는 사회적 합의도출제도를 만드는 일이 시급했다. 김대중 정부는 이러한 과제를 심도 있게 실천하지 못하였다. 민주주의의 성숙은 사회세력의 자발적 참여를 유도할 수 있고 국가관리의 능력과 책임성, 효율성을 증진시킬 수 있다는 사실을 인식하지 못하였다(정무권, 2000).

김대중 정부가 제시한 생산적 복지의 세 가지 구성요소를 보면 다음과 같다. 첫째, 모든 국민이 시장경제 안에서 생산과 분배에 참여할 수 있는 균등기회를 향유하고 이를 통하여 삶의 질을 높일 수 있도록 하는 복지이념에 기반을 둔다. 둘째, 국가에 의한 재분배정책은 모든 국민이 빈곤과 소외 및 사회적 위험으로부터 벗어나 인간다운 삶을 누릴 수 있도록 기본적 생활을 보장한다. 셋째, 생산적 복지는 자활을 위한 사회적 투자의 요소를 갖는다. 이것은 사회적 약자층과 빈곤층이 사회적 소외와 빈곤구조로부터 탈피할 수 있도록 지원하는 것을 의미한다.

당시 김대중 정부의 생산적 복지 개념에 영향을 준 보고서 「국가경쟁력 제고를 위한 국정개혁방향」(1998)을 보면 민주주의와 시장경제의 병행발전을 위한 실천원리로서 자유와 정의, 효율을 중시하였다. 그런데 정의의 원리는 효율의 원리와 조화를 이루어야 하며 시장경제질서 확립을 위해서는 무엇보다도 경제적 자유의 보장과 엄격한 자기 책임이 필요함을 강조하였다. 경제주체들이 자신의 선택과 행위가 낳은 결과에 대해 스스로 책임을 지는 자기 책임의 원칙이 있어야 하며 내외국인을 차별하지 않는 시장개방을 강조하였다(류상영·전영재, 2001). 보고서에서 보듯이 민주주의와 시장경제의 병행발전은 사실은 후자에 더 초점을 맞추었고 자유로운 시장질서의 확립이라는 신자유주의의 흐름을 강조했음을 알 수 있다. 특히 당시 삼성경제연구소의 보고서는 김대중 정부의 전략에 큰 영향을 미쳤는데 당시 보고서의 내용을 보면 글로벌적인 차원에서 신자유주의정책의 도입을 강조하였다

(류상영, 2001). 보고서에서는 개방비용을 최소화하면서 외국인 직접투자를 활성화할 전략을 세워야 하고, 세계경제의 다극화와 지역화 흐름 속의 지역경제 블록 참여전략을 세우고 뉴라운드 등 신통상질서와 글로벌 스탠더드에 대한 대응전략이 시급함을 역설하였다.

김대중 정부가 생각한 생산적 복지는 인적 자원 개발의 성격이 매우 강하였다. 인적 자원을 개발하여 경제적 가치를 높이고 소득을 증대하는 것이 매우 중요한 과제였다. 그러나 생산적 복지는 근로를 하는 집단이 대상이었지 결코 실직자나 무직자는 대상이 아니었다. 김대중 정부는 개인의 진정한 복지는 국가에 의존함으로써가 아니라 스스로의 노동에 기초한 시장소득의 획득을 통해서만 가능하다고 보고 있었다. 이것은 복지비 지출과 복지급여의 수준이 낮고 소득재분배측면에서 국가개입이 최소화되었다는 점에서 자유주의적인 복지정책으로 분류될 수 있다(조영훈, 2002a: 91).

생산적 복지는 정부가 식량과 의복 같은 기초생필품을 보장하고 근로능력을 제고하기 위하여 교육 및 직업훈련을 제공하며 직업을 창출한다는 것이었다. 김대중 정부의 복지정책은 4대보험의 확대를 통해 복지국가의 틀을 마련하였고 세부적으로 보면 1999년 도시 자영업자 900만 명에게 연금이 확대되었고 국민연금이 전 국민으로 확대되었다. 당시 보건복지부는 전 정부인 김영삼 정부가 만들어 놓은 연금개혁안이 잘못된 것이라고 김대중 대통령에게 보고하였다. 기존 연금구조가 국민적 지지확보와 소득계층 간, 직종 간 사회통합에 유리하며 개혁은 도시자영업자로의 확대 이후 검토해야 한다고 주장하였다. 결국 보건복지부의 안이 받아들여져 김영삼 정부 때 만들어 놓은 연금개혁안은 폐기되었다(김순영, 2012: 295). 그런데 국민연금제도는 부분적 소득재분배의 가능성에도 불구하고 저소득층을 위한 탈상품화 잠재력은 매우 낮았고, 고소득층을 민간보험으로 유인하여 복지국가와는 전혀 다른 이원적 사회계층화를 재생산하는 데 기여하였다(고세훈, 2003: 112).

또한 국민연금기금 운용이 가입자의 의사와 관계없이 정부의 판단하에 공공자금 보완용으로 활용되어 오던 것을 가입자의 민주주의 원칙에 기초해 기금운용위원회와 실무평가위원회의 구성과 운영에 가입자 참여와 의사결정의 기회가 주어지게 되었다(이태수, 2014: 544). 이처럼 복지정책은 정치세력 간, 혹은 관련 부처들 간의 경쟁과 갈등 속에서 결정되는 문제였다.

김대중 정부하에서 이루어진 4대보험의 성과는 세계에서 유례를 찾아보기 힘들 정도로 빠른 속도로 진행된 결과물이었다. 사회보험[22]에서 제외된 최저생계비 이하의 빈민들을 위해서는 기초생활보장법을 마련하였다. 당시 보건복지부장관은 이 법을 "복지를 하는 사람이라면 꿈의 제도라할 만한, 세계 어디에 내놔도 손색이 없는 이 제도는 순전히 김 대통령의 결단이었습니다"라고 평가할 정도로 김대중 정부 복지정책 가운데 중심에 서 있는 제도였다(김대중, 2010: 343).

이 법은 최저생계비 이하의 모든 가구에게 연령이나 근로능력유무에 관계없이 기초생활을 보장하였다.[23] 2000년 10월 현재 그 수혜인구는 150만

---

22) 의료보험을 제외하면 한국의 사회보험은 민간보험과 비슷한 운영원리를 따르고 있고 소득재분배효과가 낮다. 특히 김대중 정부는 민간보험사의 개인연금에 대한 세금공제를 확대하였다. 공적연금과 비슷하게 노후소득을 보장해주는 개인연금은 과거 연간 납입금액의 40%만을 소득공제했지만 2001년부터는 240만 원 한도 내에서 100% 소득공제받도록 하였다. 이는 중산층 이상의 개인연금에 대한 관심을 늘렸고 민간생명보험 시장이 급성장하는 데 일조하였다. 생명보험사의 연간 수입보험료도 1997년 약 49조 원에서 2000년에는 57조 원으로 늘어나 사회보장지출 총액의 2배를 넘었고 GDP에 대한 생명보험 보유계약고의 비율은 1997년 166%에서 2000년에는 215%로 늘었다(조영훈, 2002b). 특히 민주화 과정 이후 보험업계에서 각종 보장성보험, 저축성보험 등이 급증한다. 예를 들어 변액보험, 종신보험 등이 그 예이다. 이 보험들은 자본시장의 불안정성 증가로 금융위기가 닥치자 보험회사들이 수익성을 확보하고 리스크의 위험을 가입자에게 전가하고자 하는 기획으로 만들어진 상품들이다(이지원·백승욱, 2012: 104-105). 보험사는 종신보험을 통해서는 생명을 경제적 자산으로 변액보험을 통해서는 생명보험 상품이 미래를 위한 투자의 성격을 지니는 것으로 선전하였다. 생명보험은 재테크 열풍과 함께 보장자산을 마련하는 수단으로 국민들에게 인식되었고 보장자산을 마련하지 않는 가장이나 개인들을 도덕적으로 무책임하고 문제있는 사람으로 낙인찍었다.

23) 김대중 정부의 의료보험 통합은 사회보험의 핵심이었다. 차흥봉 보건복지부장관은 군사정권 시절 의료보험 통합을 주장하다 정보기관으로부터 고문을 받기도 했고, 학계에서도 보건복지 분야의 개혁론자로서 활동하였다. 후임 최선정 장관은 보건복지 분야의 규제개혁을 주도했고 차관시절 의약분업 합의안을 도출해내기도 했다(행정부 공무원노동조합 정책연구소, 2016).

명으로 늘어났다. 1999년 소외계층을 지원하는 사회복지예산을 25.2% 증액하였지만 그 수치는 OECD 국가들의 기준과 비교했을 때 최하위의 수준에 머무는 것이었다. 복지예산을 증액하는 것도 중요하였지만 사회 각 분야의 복지수요에 대응할 수 있는 정책을 마련하고 한정된 자원을 효율적으로 집행하는 것도 문제였다.[24] 그러나 김대중 정부는 기초생활보장제도를 복지정책의 핵심으로 바라보았다. 이 정책이 빈곤에 대한 책임을 개인으로 이전시키는 것이 아니라 국가에 부여하고 있고 수혜자격을 완화함으로써 빈곤에 대한 사회적 책임을 더욱 확대했고 공공부조에 대한 빈민의 권리와 국가의 의무를 표현하고 있다는 점에서 신자유주의를 넘어선 국가책임이 강화되었다는 것으로 보았다(김연명, 2002a: 126). 공공부조제도의 개편과 노동연계복지가 나타났지만 그 이상으로 보편적 사회보험의 확대와 재편이 이루어졌기 때문에 신자유주의적 특징이나 자유주의적 특징 모두를 갖지 않는다고 보았다. 그러나 이러한 제도의 변화만으로 복지의 수준과 내용을 읽고 있고 복지정책의 핵심적 지표인 노동의 탈상품화, 시장과의 탈연계라는 변수를 간과한 주장이라고 볼 수 있다.

김대중 정부의 복지정책은 '생산에의 참여를 통한 복지'로 해석될 수 있다. 즉 생산적 복지는 노동을 통한 복지를 강조하며 이는 미국의 근로연계적 복지나 복지혜택의 대상자를 노동시장에 참여시키기 위해 정부가 교육훈련과 일자리를 제공하는 영국식의 복지로부터 근로로의 전환정책과 유사한 것이었다. 노동을 통한 복지는 노동의 상품화를 촉진하게 되어 있고, 국민들이 자신의 생활을 위해 더욱 시장에 의존하게 만든다는 취약점을 지니고 있다. 물론 생산적 복지는 지금까지의 복지개념을 뛰어넘어 거대한 개념적 틀을 보여주었다는 장점이 있다. 그러나 유연생산체제에서의 생존전략의 일환으로 주창되었고 고용을 통한 생산에의 복무, 즉 국가복지의 일차 책무가 빈곤해소나 불평등완화가 아니라 기술교육과 훈련을 통한 노동유연성과 경제효율성을 증진시키고자 한 것이었다. 따라서 복지국가의 기초인 탈상품화

---

24) 15대 국회 농어민 및 도시영세민대책특별위원회, 208회 제6차 회의록(1999.10.21).

〈표 22〉 사회복지 관련 비용의 변화 추이

구분	1997	1998	1999	2000	2001	2002	2003
중앙정부지출 (GDP 대비%)	20.4	23.7	24.8	24.6	24.9	24.5	24.3
조세부담률 (GDP 대비%)	19.5	19.1	19.5	21.8	22.5	21.8	22.3
보건복지부 세출예산 (전체 예산 대비%)	4.2	4.1	5.0	6.0	7.5	7.1	7.5
사회보장비 (GDP 대비%)	0.93	1.01	1.26	1.55	1.97	1.80	1.78
사회개발비 (GDP 대비%)	1.32	1.54	1.91	2.02	2.48	2.34	2.29

* 출처: 양재진(2003)

나 사회재계층화에는 큰 도움이 되지 못하였다(고세훈, 2003: 205-212).

또한 국가는 복지에만 전념하는 것이 아니라 시장경제 활성화에 초점을 맞추고, 개인은 능력에 맞는 대로 노동시장에 참여하여 자신과 가족의 복지를 향상시켜야 한다는 점을 강조한다. 복지급여의 수준과 내용은 노동 동기를 훼손하지 않는 수준에서 제공되고 자활의지를 향상시키는 방향에서 전개되어야 한다는 의미를 김대중 정부는 강조하였다(박용수, 2012: 3). 김대중 정부는 실업정책에 막대한 자금을 투입했고 지속적으로 사회지출비가 나아진 것도 이 때문이었다.

〈표 23〉을 보면 서구의 경우 사회보장지출 수준이 1980년대에 20%가 넘었지만 당시 김대중 정부 시기는 매우 낮은 수치를 보여주었다. 정부의 사회보장지출은 절대액에서 1997년 5조 2천억 원에서 2000년 7조 8천억 원으로 증가하였지만 사회보장지출총액에서 차지하는 비중의 측면에서는 31.2%에서 29.5%로 감소했다. 사회보험의 지출총액은 증가하고 있는데 이것은 정부재정이 늘어나서가 아니라 사회보험가입자의 보험료와 고용주의 분담금이 늘어났기 때문이었다(조영훈, 2002b: 280-281).

〈표 23〉 한국의 사회보장지출 추이

항목	1997	1998	1999	2000
GDP(A)	453.0	450.0	482.0	525.0
정부일반예산(B)	67.6	75.6	83.7	86.5
사회보장지출총액(C)	16.6	22.4	28.9	26.5
정부의 사회보장지출(D)	5.18	5.51	5.89	7.81
공공부조/사회서비스(E)[25]	4.09	4.35	4.57	5.98
정부의 사회보험지원비(F)	1.09	1.16	1.32	1.83
사회보험급여지출총액(G)	12.34	17.86	22.78	18.45
보건	0.78	0.96	1.08	1.39
C/A	3.80	5.15	5.89	4.90
D/C	31.2	24.6	20.4	29.5

* 출처: 조영훈(2002b)

또한 4대보험체제를 통해 국민들에게 안정적인 복지를 제공할 것이라고 약속하였다. 1997년과 2000년도를 비교하면 산재보험은 824만 명에서 886만 명으로, 고용보험은 430만 명에서 675만 명으로, 공적연금은 857만 명에서 1,172만 명으로 증가하였다. 이 증가는 사회적 위험에 노출되었을 경우 시장임금과 가족에 의존하던 사람들이 국가복지 영역으로 들어왔다는 긍정적 의미를 가지며, 김대중 정부의 국가복지 강화로도 평가받을 수도 있다(김연명, 2002b: 364).

그러나 이러한 정책들은 선거를 앞두고 성급하게 만들어진 측면이 강하다는 비판을 받았다. 더 큰 문제는 정책실시를 위한 예산확보에 대한 검토가 부족하였다는 사실이다(김일영, 2011: 364). 실업급여의 경우 임금 대체

25) 사회서비스는 GDP 대비 정부 의료지출과 비의료 서비스(노인, 장애인, 가족)를 말한다.

율이 평균임금의 50%로 저임금 노동자들의 경우 실업기간 동안 최저생계유지에 충분한 수준은 아니었다(정무권, 2000: 347).

복지정책의 주요 목적은 취약계층의 보호에 있다. 이 점에서 김대중 정부의 사회보험정책은 약점을 지니고 있었다. 사회보험이 전 국민으로 확대되었음에도 불구하고 보험료를 낼 수 없는 사회적 취약계층이 실질적으로 보호되지 못하는 결과를 낳았다. 특히 노동시장유연화정책으로 인해 비정규직이 사회적 보호에서 제외된다는 결정적인 한계를 가지고 있었다. 이는 비정규직 노동자들이 각종 보험에서 정규직 노동자에 비해 사회보험으로부터 제외되는 비율이 높다는 사실에서도 볼 수 있다. 취약계층이 보험에 적용될

〈표 24〉 OECD 국가의 GDP 대비 국민의료비와 공적재정부담

(단위: %)

	1990	1991	1992	1993	1994	1995	1996	1997	1998	1999	2000	2001
국민의료비	7.5	8.7	10.5	11.6	13.6	15.7	18.6	20.5	20.8	24.2	26.8	32.7
GDP 대비(%)	3.9	3.8	4	3.9	3.9	3.8	4	4	4.1	4.4	4.4	5
공공의료비	2.9	3.2	3.8	4.2	4.8	5.9	7.5	8.8	10	11.7	13.1	18.1
구성비(%)	38.8	36.4	36.1	36.6	35.6	37.6	40.5	43	47.9	48.5	49	55.3
민간의료비	4.6	5.6	6.7	7.4	8.8	9.8	11.1	11.7	10.8	12.5	13.7	14.6
구성비(%)	61.2	63.6	63.9	63.4	64.4	62.4	59.5	57	52.1	51.5	51	44.7

	2002	2003	2004	2005	2006	2007	2008	2009	2010	2011	2012
국민의료비	35.1	39.9	43.4	48.9	55.5	62.5	68.1	76.6	86.1	91.7	97.1
GDP 대비(%)	4.9	5.2	5.2	5.7	6.1	6.4	6.6	7.2	7.3	7.4	7.6
공공의료비	19	20.8	22.8	25.9	30.4	34.2	37.1	43.2	48.7	50.9	52.9
구성비(%)	54.2	52.2	52.6	53	54.7	54.7	54.5	56.5	56.6	55.5	54.5
민간의료비	16.1	19.1	20.6	23	25.1	28.3	31	33.3	37.3	40.8	44.2
구성비(%)	45.8	47.8	47.4	47	45.3	45.3	45.5	43.5	43.4	44.5	45.5

* 출처: 보건복지부, 『2012 국민의료비 및 국민보건계정』, OECD Health Data 2014

수 있도록 하지 않고 사회보험 확대적용만으로 복지정책의 실현이라고 평가하는 것은 무리가 있다. 어느 정도 급여가 보장되고 사회복지제도가 취약계층을 포함할 때 복지제도의 잔여적 성격을 탈피할 수 있을 것이다. 결국 김대중 정부의 사회복지정책은 신자유주의적인 노동정책과 보수적 재정운영, 소득불평등 심화라는 특징을 갖게 되었다(양재진, 2003: 425).

〈표 25〉를 보면 의료보험제도의 취약성이 다른 국가에 비해 더 약하다는 점을 알 수 있다. 공적재정부담도 2001년도 이후 50%대 이상으로 상승하였지만 OECD 국가들의 평균에 비해 여전히 낮은 수준임을 알 수 있다. 이는 개인부담 비중이 1990년대에 비해 낮아지고 있지만 다른 국가들에 비해 개인지출부담이 높다는 것을 보여주는 것이다. 물론 김대중 정부하에서 공공

〈표 25〉 GDP 대비 국민의료비 추이

(단위: 조 원, %)

국가	GDP 대비 국민의료비	국민의료비중			
		국민 1인당 의료비 순위 (191개국 중)	공적재정부담	사적비용부담 (민간보험, 본인직불)	수진시 본인직접지불
덴마크	8.0	8	84.3	15.7	15.7
노르웨이	6.5	16	82.0	18.0	18.0
스웨덴	9.2	7	78.0	22.0	22.0
프랑스	9.8	4	76.9	23.1	20.4
독일	10.5	3	77.5	22.5	11.3
영국	5.8	26	96.9	3.1	3.1
미국	13.7	1	44.1	55.9	16.6
일본	7.1	13	80.2	19.9	19.9
한국	6.7	31	37.8	62.2	43.0
OECD 평균	7.9	-	72.6	27.4	22.0

* 출처: 정무권(2002)

의료비가 상승한 것은 분명하지만, 민간의료비 구성이 크게 감소하지 않고 있다는 사실은 여전히 의료비에 대한 국민 개인의 부담이 줄어들지 않고 있다는 것을 말해준다.

또한 김대중 정부의 복지정책이 과거 정부보다 확대 실시되었고 정부의 적극적인 개입에 의해 확대되었다는 점에서 신자유주의와 동떨어진 것이라는 견해도 제시될 수 있다. 하지만 신자유주의적인 복지개혁이 반드시 국가개입의 축소만을 의미하는 것은 아니다. 신자유주의는 케인즈주의적인 혼합경제체제와 복지국가로의 이행이 서구경제의 위기라고 보기 때문에 기본적인 문제해결 방향으로 국가의 개입을 축소하고 시장의 기능을 회복하고자 하였다. 이와 함께 신자유주의는 복지 부문에서 시장경쟁 탈락자 문제를 제

〈표 26〉 연도별 주요 사회지표의 변화

연도	지니계수	비정규직노동자비율(%)	절대 빈곤지수(%)	상대 빈곤지수(%)
1990	0.295	45.8		
1991	0.287	44.5		
1992	0.284	42.6		
1993	0.281	41.1		
1994	0.285	42.1		
1995	0.284	41.9		
1996	0.291	43.2	5.91	7.65
1997	0.283	45.7		
1998	0.316	46.9		
1999	0.320	51.6		
2000	0.317	52.1	11.46	11.53
2001	0.319	50.1		
2002	0.312	51.6		

* 출처: 손호철(2006)

도적으로 해결하기 위해 최소한의 사회적 안전망의 필요성을 강조한다(정무권, 2002: 398). 따라서 김대중 정부의 국가개입 확대를 신자유주의적인 흐름과 반대로 나가는 정책이라고 평가해서는 안 될 것이다. 결국 중요한 것은 노동의 상품화, 노동(근로)복지 등의 원칙이 강조되고 복지급여가 시장에 의존하는 정도 등을 검토해야 신자유주의적인 복지정책의 성격을 파악할 수 있다는 점이다.

김대중 정부의 경제정책, 노동정책, 복지정책을 보면 복지적 요소도 있지만 전체적으로 보면 신자유주의적 속성이 강하며, 복지확대정책도 신자유주의 정책을 효과적으로 하는 데 기능적으로 필요했기 때문이라는 비판도 있다(손호철, 2006: 260). 왜냐하면 경제위기를 돌파하고 IMF를 극복하기 위해서는 신자유주의적 정책을 실시해야 했고, 이에 따른 사회갈등을 완화하기 위해 복지 확대가 필요했으며, 복지 확대가 신자유주의적 구조조정에 장애가 되지 않기 때문에 IMF 등도 이를 추천했기 때문이다. 그러나 이와는 달리 김대중 정부의 정책이 선진자본주의의 이익에 부합하는 정책을 전개했고 구조조정을 통해 기업의 가치증식활동을 지원했다는 점에서 신자유주의적이라고 볼 수 있지만 빅딜에서 보듯이 국가가 시장에 개입하여 개별 자본의 시장활동을 제한한 면에서는 국가는 자본에 대해 공세적 모습을 보인 것도 사실이다. 이러한 면에서 김대중 정부를 신자유주의국가라고 부를 수는 없다는 주장도 가능할 수 있다(송백석, 2006: 144).

또한 몇몇 복지정책에서는 시민사회세력, 노동세력과 연대하여 정책들을 관철하기도 하였다. 민주노총과 한국노총은 노사정위원회에 참여하여 복지개혁을 주장하였고 국민건강보험법의 법제화를 주도하여 의료통합의 법적 기초를 마련하기도 하였다. 이때 시민단체들은 건강보험정책과 운영방안을 위해 정부의 거버넌스에 참여하였다(권혁주, 2009: 619). 이를 코포라티즘적 실험이라고 보기도 하고 노동과 자본 간의 타협을 중재하고 노동을 정치제도권으로 진입시켰다는 점에서 사회적 조합주의로 볼 수 있지만 민간인의 경제정책결정과정에의 참여가 보장되지 않고 있다는 시각도 있다. 그러나 중요한 것은 실질적 민주주의가 발전할 수 있는 정책, 경제에서의 평등의 확보 등이다. 이러한 점을 결여하고 있다는 점에서 김대중 정부의 노사정정책은 한계를 지니고 있었다. 이러한 맥락에서 IMF 직후 김대중 정부가 비정부기구와 비영리단체에 대한 지원확대를 통해 실업자와 노숙인에 대한 관리를 확대하고자 한 점도 민관협력관계를 구축한 사례로 볼 수 있다. 이 사례는 진보적 시민단체 활동을 한 사람들의 지지를 얻어냈고 일종의 거버넌스를 통해 신자유주의적 사회정책을 펴기 위한 수단으로도 볼 수 있다(송제숙, 2016: 64).

국민기초생활보장법의 경우에는 참여연대, 경실련 등 30여 개 시민단체들이 발의하여 가능하게 된 경우이다. 이 법은 1994년 도입된 국민복지기본선 도입이라는 운동의 연장선상에 있고 최저생계비의 개념화를 통해 사회권 개념을 현실화했으며 근로능력이 있는 빈곤층을 기초생활보장의 대상으로 포함시켰다는 의미를 갖는다(노대명, 2016: 186). 이 법은 연령 등 자격요건을 철폐하고 소득과 자산을 기준으로 수혜집단을 정하고 최저생계비 개념을 도입했다는 의미를 갖고 있었다. 이 법의 통과를 위해 김대중 정부는 시민단체들의 협력을 이끌어냈고 시민단체들의 입장에서는 경제위기와 개혁적 정부 등장의 틈새에서 정부 정책 거버넌스에 참여할 기회를 갖게 되었다. 이 법이 정책결정단계에서는 시민단체보다는 김대중 대통령의 역할이 중요했다는 평가를 받는다(노대명, 2016: 187). 그러나 김대중 정부의 경제부처는 이 제도의 도입에 부정적이었고 최저생계비의 수준과 구성, 급여의 구성과 운영, 근로능력이 있는 수급자에 대한 급여와 조건부과 등이 기초생활보장제도의 기본정신을 훼손하는 것이라고 바라보고 있었다. 일부 정부부처의 반대에도 불구하고 김대중 대통령의 판단과 의지가 이 제도를 정착시키는데 일정 부분 기여했다.

이 시기에 국민연금, 건강보험, 기초생활보장 등 주요 복지정책은 관료집단이 중심이 되어 일방적으로 추진되기보다는 국가와 시민사회 사이의 네트워크에 의해 형성되는 경우가 많았다(과거사청산, 2015(a): 58). 시민단체들의 적극적 참여는 정부, 정당, 시민사회의 유기적인 협력체계 속에서 발전되었다기보다는 김대중 대통령의 리더십과 판단에 의한 점이 강했다. 또한 김대중 정부를 개혁의 동반자로 보는 시민단체 세력이 광범위하게 존재했다는 점, 즉 시민단체와 김대중 대통령의 정치적 정체성이 어느 정도 일치하는 측면도 중요하게 작용하였다(시미즈 도시유키, 2013: 262-264). 즉 정치사회와 시민사회 간 상호관계를 재설정하고 이를 통해 권력입지를 강화하고자 한 김대중 정부의 입장이 시민단체의 적극적 참여를 이끌어냈다.

그리고 김대중 정부의 사회보험 재정에 대한 지원은 보수적이었고 가입자의 보험료와 고용주의 부담금을 통해 이루어졌다. 고용연계성이 중심적 원리로 작동하였고 소득이전 효과가 미미했으며 교육과 의료 외에 사회서비스가 빈약하였다. 제도는 빠른 속도로 구성되었지만 그 제도의 내용은 유럽 복지국가의 수준에는 미치지 못하였고 소득재분배효과도 거의 없었다. 외환위기 이후 복지 지출비는 증가했지만 많은 부분이 기업과 노동자의 부담으로 충당했고 국가는 단순히 행정관리자의 역할에 머물러 탈상품화·사회재계층화라는 복지국가의 성격을 갖기에는 미흡하였다. 이러한 점은 김대중 정부의 복지정책이 위기관리의 정책의 일환으로 제시되었다는 사실에 기인한다. IMF는 실업과 빈곤 문제로 인한 대중들의 불만을 완화하기 위해 사회적 안전망의 확충을 한국 정부에 요구하였다. 그렇기 때문에 복지 등 사회정책 전반은 성공적인 구조조정을 위해 필요한 수준에서 위기관리를 하는 수준에서 진행되었다. 따라서 김대중 정부는 사회적 시민권을 확대하는 목적보다는 수단적인 차원에서 최소한의 복지를 제공하는 것에 만족하였다(신광영, 2015: 172).

김대중 정부의 복지정책은 점진적이었고 경제위기를 극복하고자 하는 위기관리의 타개책 성격이 강하였다. 그렇기 때문에 김대중 정부 시기에는 실업률은 감소했지만 임금불평등이 심화되었다. 민주주의의 신장과 복지국가의 실현, 지속적인 성장이라는 복합적이고 다층적인 과제를 지닌 김대중 정부는 보수세력과 진보세력 모두로부터 협공을 당하기도 하였다. 정치적 반대세력뿐만 아니라 사회적 반대세력과도 싸워야 했고 특히 보수세력이 수행해야 할 시장주의 개혁 또한 담당함으로써 지지기반을 축소시키는 결과를 낳기도 하였다. 그렇다고 해서 보수적 세력들로부터 지지를 확대하는 데 성공한 것도 아니었다(이종오, 2013: 46).

한편 국민기초생활보장법의 수급자는 2000년 9월 153만 명이었고 2002년에는 135만 명이었다. 이 법은 수급자의 근로능력이 있을 때는 자활사업의 참여를 조건으로 법이 정한 급여를 제공하게 되어 있다. 기초생활보장법의 대상자들은 소득 인정액을 제외한 액수만을 국가가 보장하는 보충성 원리에 따라 개별가구의 능력을 고려해 차등지원을 받게 되었다(김윤태·서재욱, 2013: 349). 이러한 내용들을 보면 김대중 정부의 복지정책은 신자유주의적이라고 규정하기 힘든 면이 있다. 그러나 복지정책은 다른 노동 및 경제정책과 분리되어 설명될 수 없고 그것은 때로는 구조적으로 연계되어 있거나 상호의존적이기도 하다. 몇몇 복지정책의 성격이 신자유주의적인 성향과 동떨어졌다고 해서 친노동적·반기업적이라고 일괄적으로 해석하는 것도 무리이다. 김대중 정부가 가지고 있는 대외적 조건, 계급적 조건, 정책결정구조 등을 복합적으로 보고 복지정책이 그러한 다양한 정책 메커니즘과 신자유쥬의 정치라는 틀 속에서 어떠한 역할을 수행하고 있고 어떤 의미를 갖는가를 총체적으로 분석하는 일이 더 중요한 일이 될 것이다.

V. 김대중 정부의 정치사회학적 함의: 한국 정치사회에 대한 이해

김대중 정부 시기의 IMF 관리체제는 신자유주의적 경제운영기조에 한국경제가 직접 노출되었고 IMF, 세계은행 등의 신자유주의적 개혁요구를 전면적으로 수용할 수밖에 없는 상황이었다. IMF 이행각서에는 긴축통화정책 및 재정정책, 금융산업의 구조조정과 자본 확충 및 투명성 제고, 기업의 지배구조 개선, 무역 및 자본시장 자유화, 노동시장 유연화 등이 명시되어 있었다(정태환, 2009: 397).

김대중 정부는 신자유주의적 정책을 견지하였지만 시장에 정책적으로 개입하기도 하였다. 구조조정, 워크아웃에서 보듯이 그 성과가 좋지 않았을지라도 때로는 시장제도의 대원칙을 거스르고 재량적으로 개입을 하였다. 이는 공적자금의 투입에서 보듯이 민간의 도덕적 해이와 시장질서 왜곡을 가져오는 위험을 지니고 있었지만 적극적인 시도를 하였다. 대기업의 구조조정의 경우 기업들이 자산매각 등을 통해 부채규모를 줄이기보다는 시가발행에 의한 유상증자와 자산재평가를 통해 규모를 줄이는 방식을 선택하였다. 따라서 기업들은 회사채발행, 유상증자 등에 의존할 수밖에 없었고 이때 투자신탁회사가 자금조달 창구역할을 하였다(전창환, 2004(a): 31).

1997년부터 2002년까지 조성된 공적자금은 총 156조 원이었다. 대우기업의 부실은 도덕적 해이의 측면이 강하였지만, 김대중 정부는 국민 경제적 파장을 고려하여 19조 원을 대우 보증채권의 환매를 보장하는 방식을 통해 투입하였다. 이는 은행이나 기업에 대한 국가의 직접적인 지배권이 강화된 결과였다. 또한 고용창출효과가 큰 산업을 집중 육성하고 선별적으로 산업정책으로 회귀하는 입장을 취하였다. 가령 벤처산업의 지정이 그 예이다. 벤처기업이 등장하면서 회계부정, 주가조작, 지분싸움 등 자본주의의 추악한 모습을 쉽게 지상에서 볼 수 있게 되었다. 김대중 정부는 이렇듯 신자유주의적 정책과 시장에 대한 국가개입, 즉 지도자본주의의 모습을 때로는 동시에 보여주기도 하였다(구현우, 2011).[26)]

---

26) 이와 관련하여 김대중 정부의 국가를 신자유주의적 국가로 보기에는 힘들고 여전히 발전국가의 틀을 가지고 있다는 시각도 있다. 김대중 정부의 국가-시장관계는 자유방임 모델보다는 발전국가적 모델에 입각해 있고, 재벌구조개혁을 위해 정부가 개입하는 것이 정당화될 뿐만 아니라 보다 효율적이라고 인식되고 있으며, 심지어 민간기업의 정책결정과정에 대통령이 직접 관여하고 있다는 증거를 제시한다. 김대중 정부는 대기업들에 대해서는 규제를 강화하지만 중소기업, 벤처산업, 지식정보산업 등에 대해서는 재정적 지원 및 시장보호를 강화하였다. 또한 전략산업통제에 관련하여 김대중 정부는 공기업민영화를 확대하고 기획예산위원회를 설립하여 공기업민영화 및 공공부문 개혁을 주도하였다. 마지막으로 공정한 시장운영을 담보할 수 있는 제도적 장치의 운영이 미흡하고 서비스업보다는 제조업을 육성하는 것을 지향하는 면을 보았을 때 발전국가의 모습을 여전히 지니고 있다는 것이다(이연호, 2001).

그러나 큰 틀에서는 신자유주의의 논리를 전면적으로 채택하고 이를 보다 효과적으로 사회에 투영하는 데 몰두하였다. 김대중 정부 시기에는 자유주의적인 정치를 지향하였지만 신자유주의적 정책으로 인해 경찰 등 물리력을 폭력적으로 동원하기도 하였다. 물론 교원노조합법화, 노조정치활동 허용 등이 있었지만 공무원노조합법화가 이루어지지 않았고 정리해고 합법화, 파견근로제 합법화 등이 나타났다. 김대중 정부 시기는 이와 같이 민주주의의 발전과 경제발전, 복지정책강화를 동시에 추진하고 인권과 대북정책에 있어서는 과거 정부와 차별적인 정책을 실시하여 실질적인 성과를 거두기도 하였다. 그렇지만 양극화와 불평등이 심화되고 성공과 부자에 대한 열망, 생산적 복지를 통해 사회약자층을 끌어들이고 정부의 정당성을 확보하고자 하는 시도 등은 신자유주의 정치의 틀을 벗어나지 못했음을 보여준다. 김대중 대통령은 김영삼 정부의 경제실패와 국가위기의 시기를 극복한 대통령으로서의 이미지가 강했다. 그는 철저하게 IMF 체제에 의존하였고 신자유주의의 외압을 극복하지 못하였다.

태생적으로 강력한 통치력 장악이 약한 정부라는 한계를 지니고 출발한 김대중 정부는 시민단체나 노동세력들을 연대세력으로 규합하지도 못하였다. 물론 청와대에 시민사회비서관직을 신설하고 비영리민간단체지원법을 제정했지만 그 결과는 만족스러운 것은 아니었다. 위에서 말한 바와 같이 정치공학적인 기술을 통해 과반수 여당을 만들었지만 많은 정책들은 정통적인 보수적 관료들의 손에서 이루어졌다. 김대중 정부는 과거 어떤 정부와는 달리 개혁적이고 진보적인 시민단체들을 우호적으로 끌어들이는 데 노력하였다. 정권 초기 진행된 제2건국운동의 경우 정부는 시민단체들을 국민운동으로 조직화하였다. 시민사회의 잠재력을 인정하고 그들의 도덕성을 높이 평가하여 일종의 수평적 거버넌스 확립이라는 차원에서 시민단체들을 포섭하고자 한 의도도 있었지만, 궁극적으로는 정권의 지지기반을 확대하고자 하는 의도가 내포되어 있었다. 그 일환으로 김대중 정부는 시민단체들에 대한 재정지원제도를 도입하였다. 1998년 8월 정부는 '민간운동지원에 관한 법률'을 확정하고 기존의 '관변단체특별법'을 폐지하였다. 이 법을 통해 관변단체에 대한 보조금액이 삭감되고 시민단체들에 대한 보조금액이 증가하였다(시즈미 도시유키, 2013). 또한 김대중 대통령은 시민사회와의 관계를 강화하고 복지정책의 실행을 위해 사회복지정책과 종교전문가를 민정수석비서관으로 임명하기도 하였다.

이러한 시민사회에 대한 김대중 정부의 정책은 총선연대가 추진하는 공천반대운동에 대한 암묵적·공개적 지지형태로 나타났다. 김대중 대통령은 기자회견을 통해 공천반대운동을 지지하기도 하였고 집권여당은 선거법 개정을 통해 시민단체의 선거운동을 합법화시키기도 하였다. 김대중 정부는 낙선운동에 대해 법개정을 통해 시민단체의 활동범위를 넓혀주었고, 법저촉행위에 대해서도 관대한 처벌을 내리기도 하였다(시미즈 도시유키, 2013).

김대중 정부 초기 정책 가운데 특징 있는 정책은 벤처기업에 대한 지원이다. 이 당시 벤처신화는 한국 사회에 광범위하게 전파되기 시작하였다. 금융위기를 어느 정도 극복한 상황에서 '벤처 천국'이라고 불릴 정도로 벤처산업에 대한 국민의 관심은 높아졌다. 1998년 2,042개였던 벤처기업이 2001년에는 11,392개로 늘어나게 된다. 김대중 정부는 벤처기업에 대해 소득세 감면, 인지세 면제, 등록세 및 취득세 면제, 재산세 감면, 근로소득세 및 양도소득세 면제 등의 혜택을 주고 벤처산업을 육성하기 위한 일종의 벤처캐피털인 창업투자회사에 대해서는 주식양도차익 비과세, 배당소득 비과세, 투융자손실준비금 손금산입, 주식의 저가 평가 특례, 법인세 원천지수대상 예외 인정 등의 혜택을 주었다(송원근, 2004: 258).

김대중 정부는 1999년 벤처산업에 대한 지원정책을 밝히면서, 창업자금 지원을 6천 억 증액하고 2천 개 이상의 기업에 저금리로 창업자금을 지원하며 기술신용보증기금을 활용할 것이라고 밝혔다.[27] 벤처호황과 함께 투자자들은 국가의 지원을 믿고 벤처투자의 위험을 간과하는 현상이 나타나기도 했고 각 정부 부처들은 경쟁적으로 벤처기업을 육성하기 위해 벤처지원에 몰두하였다. 이는 무분별한 벤처투자를 가져왔고 심지어는 대기업들이 벤처

27) 16대 국회 경제구조개혁 및 실업대책특별위원회, 203회 제6차 회의록(1999.4.9).

에 투자하여 기업을 문어발식으로 확장할 수 있는 기회를 주기도 했다. 결국 벤처기업들은 국가에 의존하여 로비에 집중하거나 경영실적이나 기술혁신보다는 코스닥 등록이나 증자를 통한 수익창출에만 관심을 갖게 되었다(송원근, 2004). 언론에서 경제를 이끌어가는 축으로 성장하기 위해 벤처기업인들이 노력해야 한다고 지적할 정도로 정보화산업의 주축으로 벤처기업은 인식되었다(『한국일보』, 2000/03/09: 39). 심지어는 벤처신화의 주인공이 여권의 영입교섭을 받을 정도로 성공신화의 주인공으로 벤처기업인들이 자주 언급되기도 하였다.

이러한 광풍에도 불구하고 벤처신화는 1~2년 만에 무너지기 시작하였고 김대중 정부의 벤처정책은 단순한 '머니게임'으로 격하되면서 한국 경제를 다시 위기에 빠지게 한 원인이 되기도 하였다. 당시 저금리 현상으로 인해 마땅한 투자처를 찾지 못했던 개인투자자들이 코스닥시장으로 몰리게 됨에 따라 벤처=코스닥시장의 붐이 사회 전반에 확산되었다(전창환, 2004(a): 39).[28] 개인의 삶이 불안정해졌음에도 불구하고 국민들은 더욱더 금융화와 주식시장에 몰리게 되었다. 특히 벤처기업인들의 비리와 도덕적 해이성이 드러나면서 초기에 98조 원이었던 시가총액이 2002년 말에는 37조 원대로 하락하기도 하였다(『한국일보』, 2003/02/04: 9).

김대중 정부의 벤처, 신용카드, 부동산정책은 경제를 활성화하는 데 기여할 것이라고 보았지만 거품이 꺼지면서 정치적 부담이 되었다. 세 가지의 거품이 동시에 터진 경우는 매우 드문 사례였다. 이러한 거품경제의 원인이 DJP 연합정권이 갖는 한계에 있다는 지적도 있었다. 그것은 노무현 정부의 경기회복과 경제성장에 큰 걸림돌이 되기도 하였다(이정우, 2015: 35).

---

28) 기관투자가가 급성장함에 따라 펀드 계좌수도 폭발적으로 증가하였다. 2005년도 개인투자자계좌수는 9백6십만여 개였고, 투자가구수는 1천5백만여 가구였지만, 2007년도에는 개인투자자계좌수가 1천2백만을 넘어섰고, 가구수도 1천6백만을 넘어섰다(유철규, 2008: 158). 외환위기 이후 주식투자 열풍이 불기 시작하였다. 2002년 397만 명이던 주식투자자는 2012년 500만을 넘어섰다. 시가총액은 2002년 296조 원에서 2012년 1,263조 원으로 상승하였다. 그러나 주식투자자의 1%가 보유한 시가총액은 전체 액수의 80% 이상을 차지하고 있었다(새로운사회를여는연구원, 2014: 210).

벤처신화와 함께 김대중 정부하에서 등장한 새로운 사회적 현상은 신지식인에 대한 강조였다. 정부는 신지식인은 부가가치의 원천이 노동과 자본에서 지식과 정보로 이전되는 지식기반경제에 대비하고 컴퓨터와 영어 사용능력을 바탕으로 초고속 정보통신망에서 부가가치가 높은 일을 하는 사람을 지칭한다고 설명하였다. 정보통신부는 신지식인의 기본이 되는 정보통신기술을 모든 국민이 습득할 수 있도록 컴퓨터 교육을 확대 실시하였고 각급 학교와 사회교육기관 등에 신지식인 프로그램을 도입할 것을 권장하였다(『세계일보』, 1999/01/07: 2).

정부와 지방단체들은 각 지역의 신지식인들을 선출해 포상을 하거나 홍보를 하였다. 정부의 제2건국위원회는 주부, 교사, 근로자 등 9개 분야에서 자신의 분야에서 창의적으로 일을 혁신한 신지식인을 발굴하기도 하였다. 경기도에서는 구두닦이, 중국집 주방장, 열쇠수리공, 순두부 제조 판매상 등을 신지식인으로 선출하여 인증서를 주기도 하였다(『문화일보』, 1999/06/10: 25). 정부는 실업 문제와 관련하여 벤처기업, 문화관광산업을 중심으로 일자리 창출을 진행할 것이며 이를 통해 모든 사람에게 신지식인화해 고부가가치를 창출하겠다고 선언하였다.

이와 관련하여 김대중 대통령은 1999년 8.15경축사에서 “21세기에 세계일류국가로 도약하기 위해서는 지식기반경제를 만들어야 합니다. … 지식경제시대에는 중소기업, 벤처기업과 문화관광산업과 같은 지식서비스산업의 발전이 필요합니다. … 지식을 활용한 농어민의 성공사례에서 본 바와 같이 전 국민 모두가 신지식인이 될 수 있도록 노력해야 할 것입니다”라는 축사를 하였다(『문화일보』, 1999/08/16: 5).

이와 같이 신지식인의 육성은 세계일류국가로 도약할 수 있는 방법 중 하나였고, 특정집단을 대상으로 한 것이 아니라 전 국민을 대상으로 하는 국민인력개발운동이었다. 또한 김대중 대통령은 ‘농업인의 날’ 행사에 참석하여 농업인이 신지식인이 되어 경쟁력을 높이고 수출에 힘쓰면 선진농업을 발전시킬 기회가 될 수 있음을 역설하였다. 뉴라운드 등 경제개방에 따른 위기를 신지식인육성을 통해 돌파하겠다는 표현이었다. 이에 따라 기업들도 앞다투어 사내에서 신지식인들을 발굴하는 데 노력했고 군, 도청, 군청, 경찰은 내부에서 신지식인을 뽑거나 승진에 도움이 되는 가산점을 주기도 하였다.

벤처에 대한 열풍은 한국 사회의 부자에 대한 신화와 연결되어 있다. 2002년도 설문조사에 의하면 한국인들은 10억 이상은 있어야 부자라고 생각하고 있었다. 한국인들은 정상적인 노력과 노동을 통해서는 부를 획득할 수 없었기 때문에 벤처신화와 같은 꿈에 매달리게 되었고 동시에 로또 등 복권에 의존하기도 하였다. 온 나라가 '로또 열풍'이라고 할 정도로 한탕주의가 만연되었고 정부는 이러한 광풍을 유발한 책임을 벗어날 수 없었다. 한국 국민에게 상대적 박탈감과 불평등을 가져다 준 책임을 져야 할 정부가 한탕주의 등 사회병리현상에 편승해 복권사업을 무책임하게 벌이고 있다는 비판을 받아야 했다(『동아일보』, 2003/02/06: 8).

부자담론이 번성하고 그것이 과거의 노동윤리나 근면윤리를 넘어서 사회적으로 확산된 것에는 부자가 되기 위해서는 스스로 변화되고 개조되어야만 한다는 의식이 있었다. 부자가 되기 위해서는 무엇보다도 그들에게 놓여 있는 리스크를 감수해야만 했다. 리스크의 감수는 실패의 위험성도 있었지만 반대로 성공의 가능성도 보여주는 것이었다. 이를 위해서는 재테크에 대한 지식, 식견, 예측력 등이 중요했고 리스크와 보상에 대한 합리적인 계산이 요구되었다(최민석, 2011: 88).

푸코식으로 말한다면 자기의 테크놀로지로서 재테크는 신자유주의 시대의 개인들의 주요 덕목이자 자기관리, 자기배려의 첫 번째 과제였다. 이러한 것들은 흔히 말하는 일상생활의 금융화와 관련되어 있었다. 경제적으로 성공하고 많은 돈을 모으고 합리적으로 투자하고 부를 늘리는 것이 자기배려의 중요한 과제였고, 자기 삶의 합리적인 조직화와 관리의 첫 번째 목표가 되었다. 개인들은 자본투자자가 되고 동시에 그 관리자가 됨으로써 신자유주의 구조는 더욱 견고해졌고 개인들은 그 질서에 암묵적 지지 내지 동의를 보내게 되었다. 재테크를 통해 부자가 되는 것이 중요한 사회적 목표가 되었고 불안한 노후에 대한 대비도 금융산업의 상품을 통해서만 해결되는 시대가 되었다(최철웅, 2013: 287). 개인들은 투자자, 미래의 부자, 자본관리자라는 이름으로 신자유주의 질서에 점차 포획되기 시작하였다.

이와 함께 김대중 정부 시기에는 자기계발이라는 새로운 사회적 담론이 확산되었다. 대학가에서는 복수전공, 다전공으로 경쟁력을 높이고자 하는 흐름이 나타났고 특히 취업과 직결된 학문을 찾는 학생수가 늘어났다. 김대중 대통령은 대학을 '21세기형 전문인력양성의 요람'으로 정의하고 대학의 실용성과 전문성을 강조하였다(『경향신문』, 2001/02/22: 2).

정부는 근로자의 학습휴가를 정부가 지원하기로 하고, 기업의 학습조직화를 유도하기 위해 인적 자원 우수기업 인증제를 도입하였다. 인증제 참여기업에 대해서는 컨설팅 비용과 교육훈련지원비를 상향 조정키로 하였다. 그리고 개인학습 계좌제를 실시하였다. 이 제도는 국가가 시도별로 평생교육센터를 설립해 희망하는 국민의 학력, 자격증, 봉사활동, 직장교육훈련내용 등을 종합적으로 관리하고 이에 대해 증명서를 발급하는 제도이다. 교육을 인증제와 동일시하면서 국민들의 모든 교육과정을 개인발전을 위해 관리, 지도하겠다는 계획이었다(『문화일보』, 2001/06/29: 30). 당시 직장인들은 대부분 자기계발을 필수적인 사항으로 인식하게 되었고, 주5일 근무가 실시되면서 토요일은 자신을 위한 투자시간이 되었다. 즉, 모든 사회 영역에서 신자유주의의 논리가 확대, 강화되기 시작하였다.

노무현 정부의 통치와 신자유주의

Ⅰ. 노무현 대통령 리더십의 특징

노무현의 등장은 전전세대에서 전후세대로의 리더십 교체라는 의미를 가지고 있다. 탈냉전, 탈민족주의, 지식정보화 시대, 거버넌스 시대에 맞는 리더십의 교체에 대한 요구가 반영된 것이 제16대 대통령선거였다. 언론은 노무현 정부의 탄생은 정치개혁에 대한 국민적 열망의 반영이자 민주당 내의 정당개혁을 둘러싼 대결의 산물이라고 평가하였다(강병익, 2014: 46). 노무현의 등장은 위계적이고 수직적인 리더십이 아니라, 수평적이며 협력적인 리더십을 요구받는 시대의 반영이었다. 참여정부의 등장은 또한 분열의 냉전 시대에서 통합의 탈냉전 시대를 이끌 정부의 등장을 의미하는 것으로 평가받기도 하였다. 그리고 참여정부의 등장은 소수 특권세력과 중앙이 권력과 자원을 독점하는 시대에서 분권과 분산의 시대로 바뀌었음을 의미하였다(임혁백, 2005).[1] 이러한 평가에서 보듯이 국민들은 노무현 정부의 등장에 대해 정치개혁, 사회개혁, 부정부패 일소, 지역주의 타파 등 많은 기대를 하였다.

노무현 정부는 참여정부의 의미를 '국민이 국정의 주인이고 국민의 참여를 기초로 국정을 운영하겠다는 원칙을 가지고 개혁과 통합, 선진국으로의 도약과 지속적 발전을 추진하겠다'라는 의미를 담고 있다고 신인하였다. 참여정부는 진정한 국민주권 시대, 국민권력의 시대를 창출하고 특권의 시대를 마감하겠다는 의지를 표명하였다.[2]

참여정부의 등장은 정치적인 세대교체이자 3김 정치문화에 대한 청산을 의미하는 것이었다. 또한 기존의 정당시스템이 아닌 국민의 지지로 대통령 후보가 되고 당선될 수 있다는 새로운 정치의 가능성을 보여주었다(임혁백, 2014: 709). 노무현 대통령의 등장은 과거 낡은 정치의 원인이었던 '3김 정치'의 종식을 의미하고 정치세력의 세대교체가 이루어지고 있음을 보여주는 것이었다(김영명, 2013: 319).

참여정부의 등장 이후 정당지도부와 엘리트정치인의 역할이 약화되고 대중의 정치참여와 영향력이 증대되기 시작하였다. 그 예가 노사모의 활동이다. 회원 50%가 30대였고, 20대 31%, 40대 16%를 차지하였다(이정재, 2016: 163). 이와 같이 노사모는 젊은 세대에 기초하고 있었고 기성 정치세력과는

---

1) 참여정부는 출범과 함께 임의기구로 정무, 고위직 인사를 위해 인사추천회의를 만들었다. 이 회의에는 대통령비서실장, 정책실장, 정무수석, 민정수석, 인사수석, 홍보수석이 참여했고 인사수석실에서 올린 추천안과 민정수석실에서 올린 검증안은 이 회의에서 처음으로 공개되었다. 추천자와 검증자가 서로 모르는 상태에서 작업을 해야 정실이 개입되는 것을 막을 수 있었다. 이 회의는 토론을 통해 인물을 결정하여 선정의 객관성과 투명성을 높이고자 하였다. 당시 노무현 대통령은 이 제도가 대통령의 권한을 제약하는 것이 아니라 강화하는 장치라고 보았다. 이 제도가 있음으로 해서 극소수 측근이 인사 문제에 개입하여 득세하는 것을 막을 수 있어서 대통령 권한이 훼손되는 것을 방지하였다(박남춘, 2013: 104-105). 노무현 대통령은 중앙인사위원회가 국가인재 DB를 체계적으로 구축하도록 지시하였다. 이후 인사조사 전담부서로 인재조사과가 설치되었고 DB에 실무자급까지도 기재될 수 있도록 하였다.

2) 참여정부는 노무현 대통령의 취임식에 참여할 2만 명의 국민들을 인터넷을 통해 선정하고, 대통령의 단상과 의자를 단상 위 인사들의 것과 같은 것으로 바꾸어 참여정부의 의미를 강조하였다(이강재, 2016: 171).

다른 정치적 색채를 보여주었다. 노사모는 기존 정치단체와는 달리 연고적 동원에 의존하지 않았고 회원들의 자율성, 자발성을 강조하였다. 놀이와 문화를 접합한 정치활동을 전개하였고 회원들 간의 다양한 취미활동을 통한 정서적 유대감도 강조하였다. 노사모는 한국 사회에 새로운 형태의 유권자와 정치사회 간의 연계모델을 보여주었다(김용호, 2015). 다른 한편으로는 민주세력들이 한나라당을 중심으로 한 보수세력을 비판하고 견제할 수 있는 세력으로 결집한 것을 의미하였다.[3)]

3김 시대 이후 민주주의 공고화를 위한 정치개혁의 발판을 마련하고, 한국 민주주의의 질적 발전을 위한 교두보를 만들라는 과제를 노무현 대통령은 안고 있었다. 노무현 정부는 과거 대통령들이 전임 정권의 가치와 철학을 부정하고 차별화하면서 동시에 전임 정부인 김대중 정부의 이념적 가치와 정책적 지향을 계승, 발전시키겠다고 천명하고 정권을 재창출하였다(이병완, 2009: 74-75). 이러한 것들은 분권형 국정운영 방식에서 나타났다.

노무현 정부는 총리 임명 등 국무위원 제청을 형식적으로 처리하지 않고 인사위원회를 설치하여 공정하게 처리하고자 하였다. 청와대 내부에 내부 인사위원회를 설치하여 비공식 장관 청문회를 실시하였다. 즉 총리, 비서실장, 민정수석, 인사보좌관 등이 면접을 실시하였다(고건, 2013: 88-89). 노무현 대통령은 분권형 국정운영을 위해 책임총리제를 도입하였다. 그는 평소 내각책임제에 대해서도 호의적이었고 연정에 대해서도 긍정적으로 평가하고 있었다. 노무현 대통령은 국무총리는 당에서 선출되어야 하며 총리가 국회권력을 대표해야 한다고 보았다(윤태영, 2015: 133). 노무현 대통령은 대통령 후보시절에 이미 이 구상을 가지고 있었다. 당시 노무현 후보는 대통령

3) 반면 한나라당은 민주 대 반민주의 균열구도가 결코 자신들에게 유리하지 않다는 점을 알았고, 이 때문에 새로운 담론의 대결구도를 원했다. 한나라당을 비롯한 보수세력은 반민주세력이라는 이미지에서 벗어나 자본주의 민주주의체제하에서 중시되었던 시장주의 담론을 끌어들였다. 즉 스스로를 시장주의자로 자처하면서 시장주의 대 반시장주의로 대결구도를 바꾸고자 하였다(이종보, 2010: 127). 이와 더불어 반공과 안보 이념을 끌어들여 친북과 반북의 담론도 주요 헤게모니 담론으로 수용하였다.

이 정당과 국회를 지배하는 것을 극복하고, 대통령이 국정의 균형 및 조정자가 되고 정부와 국회가 국정의 책임을 함께 지는 체제를 위해서 총선 결과를 통해 총리지명권을 다수당에 부여하는 안을 구상하였다(김상철, 2016: 167). 책임총리제는 대통령에 의해 정책적 방향이 결정되고 그 틀 속에서 총리실과 청와대가 대화를 통해 서로가 이해하는 구조 속에서 총리가 자신있게 국정을 운영할 수 있도록 하기 위해 도입된 것이었다. 실제로 2003년 5월부터 2006년 11월까지 162차례의 국정현안조정회의가 총리 주재로 개최되었고 이 기간에 총 532건의 안건을 논의하였다(국정홍보처, 2008d: 47). 노무현 대통령은 청와대비서실이 대통령 과제중심으로 업무를 추진하면서 총리가 개입을 요청하는 경우나 총리실에서 누락된 사안 등에 대해 지원역할을 하는 것이 본연의 임무임을 강조하였다(김병문, 2012: 146).

이러한 시도에 대해 참여정부는 책임총리제가 헌법에 맞게 국무총리제를 운영한 최초의 정부라고 평가하였다. 이 제도를 통해 각 부처 장관들은 독단적으로 판단을 내릴 수 있는 위험성을 줄이고 각 부문 간 이견조정을 통해 정책결정의 민주성과 투명성을 확보할 수 있는 기회를 갖게 되었다. 노무현 대통령도 회의를 직접 주재하면서 위원회에 힘을 실어주는 발언을 함으로써 보수적인 관료들을 견제하고 그들이 보다 역동적으로 일을 처리할 수 있는 환경을 만들고자 하였다.

분권형 국정운영은 대통령, 총리, 여당이 수직적·계층적·비대칭적 의사결정에서 벗어나 각자의 권한과 책임을 일치시키고 권력분산을 통해 국정운영의 책임을 공유하는 수평적 정부운영원리를 추구한다는 취지로 시작되었다. 노무현 대통령은 중장기 국가전략과제와 국정운영의 효율성을 높이기 위한 시스템 혁신에 집중하고자 하였다. 이 방식은 대통령-국정과제위원회-부처로 이루어진 삼각구도형 국정운영시스템이었다. 대통령이 국정방향을 제시하면 국정과제위원회는 중장기 계획을 수립하고 부처는 단기과제와 정책현안을 집행하는 삼각구도로 구상되었다(조재희, 2011: 288). 국정과제위원회는 국정과제 전체를 총괄, 조정하는 정책기획위원회와 12개의 국정과제위원회의 형태로 정비되었다. 노무현 정부는 참여형 국정운영을 위한 핵심

조직으로 국정과제위원회를 설치한 것이었다. 주요 정책과제는 실무TF, 전문위원회, 본위원회를 거쳐 대통령주재 '국정과제회의'를 통해 결정되었고 필요에 따라 간담회, 공청회를 통해 다양한 의견을 수렴하였다. 이 시스템에 대해 노무현 정부는 시민참여를 통한 국정운영이라는 거버넌스 패러다임을 반영한 체계라고 평가하였다(조재희, 2011: 389). 국정과제위원회를 활용함으로써 부처할거주의를 극복하고 횡적으로 부처들을 연결시키며 국정과제위원회를 통해 국가의 장기발전을 위한 거시적·종합적 틀을 마련하여 정부 내 권한과 결정의 유기적 분업구조를 구축하고자 하였다.

분권형 국정운영은 청와대 조직에서도 나타났다. 장관급에 해당되는 비서실장 외에 정책실장과 안보보좌관직을 두었고 비서실장은 총괄의 역할만 맡겼다. 또한 과거 청와대 수석비서관들이 부서 인사권을 가지고 부처들을 통제했던 것과는 달리 부처에 대한 권한 없이 업무를 추진하도록 하였다. 이것은 각 행정기관의 자율성 저하와 대통령이 수행해야 할 국가적 차원에서의 정책기획 업무가 소홀해지는 것을 방지하기 위한 것이었다.

이러한 기조하에서 노무현 정부는 3대 국정 목표를 설정하였다. 첫 번째는, 국민과 함께 하는 민주주의이다. 참여정부 출범과 함께 국민이 국정의 주인이 되는 참여민주주의를 만들겠다는 것이다. 둘째, 더불어 사는 균형발전사회의 건설이다. 세 번째는, 평화와 번영의 동북아 시대를 열겠다는 것이다. 이를 위해 국정관리 기조 5개를 제시하였다. 첫 번째는, 민주주의 심화, 발전이다. 두 번째는, 정부혁신을 통한 유능한 정부의 실현이다. 참여정부는 효율성도 중시하면서 동시에 국민과 공무원 모두의 참여와 정부에 대한 신뢰를 제고하고 정부의 투명성을 증진시키려는 의도에서 정부혁신을 시도하였다. 구체적으로는 효율적인 정부, 봉사하는 정부, 투명한 정부, 분권화된 정부, 함께하는 정부가 이에 해당된다. 참여정부는 '일 잘하고 책임을 다하는 정부'의 비전을 가지고 정부혁신을 추진하였다. 정부혁신의 구체적 목표는 효율, 봉사, 투명, 분권, 참여 등이었다. 이를 구현하기 위한 핵심적 수단으로는 성과중심의 행정시스템 구축, 행정서비스 전달체계 개선, 행정의 개방성 강화, 시민사회와 협치강화, 공직부패에 대한 체계적 대응, 정부기능과 조직의 재설계, 고객지향적 민원제도 개선, 행정행위의 투명성 제고, 공익활동 적극지원, 공직윤리의식 함양 등을 설정하였다(국정홍보처, 2008e: 45). 그리고 정부혁신이 추구해야 할 5대 목표를 제시하였다. 즉 효율적인 정부, 투명한 정부, 봉사하는 정부, 분권화된 정부(중앙권한의 지방이양, 중앙과 지방 간 재정의 조정 등과 같이 중앙정부와 지방자치단체 간의 권한과 자원을 재분배하는 것, 정부기구 내의 관리적 자율성을 향상시키는 것), 함께하는 정부 등이다. 세 번째는, 진보적 가치의 실현이다. 세부적으로는 시장연대와 사회적 연대를 동시에 추구하고 경제정책과 사회정책을 통합적으로 추진하며 유연한 진보와 개방적 진보를 추구하겠다는 것이다. 네 번째는, 혁신주도형 경제, 사회로의 전환이다. 마지막으로, 장기적 접근과 갈등과제에 대한 정면 대응이다.

이에 대해 참여정부는 임기 말 자체 평가를 통해 경제, 사회투자,[4] 균형발전, 정치행정 분야에서 역대 정부 중 최고의 성과를 올렸으며 민주주의의 심화와 발전에 기여했고 동반성장과 균형발전, 사회투자 등 3대 상생의 진보전략을 수립하여 독보적 업적을 이루었다고 자평하였다(대통령자문정책기획위원회, 2007b). 참여정부는 이러한 전략들을 '21세기형 국가발전전략'이라고 규정하였다. 노무현 대통령은 국가발전전략의 핵심은 시장을 넓히는 전략, 기업하기 좋은 환경을 만드는 전략, 지속가능한 기업환경을 만드는 전략, 시장친화적 사회라고 보았다("참여정부 평가포럼 강연," 2007.6.2, 『노무현대통령연설문집 5』). 이러한 인식하에서 노무현 대통령은 시장규제는 적으면 적을수록 좋으며, 투명하고 공정한 시장을 확립하는 일이 결국 기업하기 좋은 환경을 만드는 일이라고 생각하였다. 민주주의가 잘 실현되고 사회가 안정되며 시장친화적인 사회가 바로 참여정부 국가발전전략이 추구하

4) 사회투자는 사회성원들의 노동시장참여의 권리와 기회를 보장하기 위해 국가가 실시하는 인적 자본과 사회서비스에 대한 사회지출을 말한다. 이 정책을 통해 고용률이 높아지고 근로자의 생산성이 향상되며 경제성장의 잠재력이 커질 것이라고 예상하기도 한다. 또한 나아가 사회통합이 높아지고 사회정의감과 사회신뢰가 굳건해질 것이라고 바라보기도 한다(양재진, 2008: 479).

는 목표였다.

위에서 설명한 세부적인 전략 가운데 참여정부는 사회투자전략을 높게 평가하였다. 노무현 대통령이 사회투자국가론을 자주 역설한 것처럼 사회투자는 사회서비스에 대한 강조, 아동에 대한 선제적 투자, 고용복지의 강조 등을 내용으로 하였다. 사회투자국가를 통해 노무현 정부는 근로장려세제, 기초노령연금 등을 도입하였고 적극적 노동시장정책을 추진하였다. 또한 아동복지, 여성복지, 노인복지를 강화해 가족의 복지기능을 사회화하고자 하였다. 그 결과 2002년 정부재정지출 대비 20%였던 복지지출이 2006년에는 28%로 높아졌다(성경륭, 2015: 426-427). 기존의 복지지출이 단순한 소비지출이라고 한다면 지속가능한 경제를 위한 투자가 바로 사회투자전략이었다. 그렇기 때문에 노무현 정부는 사회투자전략을 지속가능한 성장을 위한 전략으로 규정하고 인적 자본에 대한 투자, 기회균등보장, 예방적 투자 등을 중시하였다("참여정부 평가포럼 강연," 2007.6.2, 『노무현대통령연설문집 5』).

사회투자는 사회정책에는 투자와 같은 효과가 있기 때문에 사회정책에 대한 지출이 궁극적으로는 개인과 사회의 성장잠재력을 높인다는 의미를 갖고 있다. 사회투자전략은 사회지출이 성장을 가로막는 소비적 비용이 아니라 미래를 향한 사회적 투자가 되도록 전환하고자 한 것이었다. 이 개념은 관료들을 설득하는 데도 도움이 되었다. 사회정책 실시를 위해 예산을 확보하고 추진하기 위해서는 관료들의 노력이 필요했는데 사회정책투자에 대한 경제적 접근논리로 사회투자라는 말을 사용하였다. 예를 들어, '보육은 투자'라는 말에서 보듯이 사회정책 예산을 확보하는 유용한 방식이었다는 증언도 있다(이진, 2012: 162).

노무현 정부는 국가경쟁력 강화라는 아젠다 대신 기득권세력의 약화를 통한 사회의 틀 바꾸기, 분배강화 등을 강조했지만 오히려 그러한 점들이 사회통합을 방해하기도 하였다. 참여를 사회 전반에 확대하였지만 노무현 정부가 국정목표로 표방한 사회안정과 사회통합보다는 오히려 사회분열을 증폭시키기도 하였다. 반대세력으로부터는 원칙과 신념을 중시해온 정치역정에 대한 도덕적 우월감, 그리고 어려운 환경에서도 대통령이라는 최고 지위에 올랐다는 생각이 오히려 자만심을 불러와 리더십 행사에 방해가 되기도 하였다는 비판을 받기도 하였다.[5] 도덕적 우월감은 진보진영이 보수진영보다 정치적으로 정당하고 보수진영을 역사적으로 심판할 수 있다는 자신감에서 나온 것이었다. 노무현 대통령을 둘러싼 386세대의 이상주의적 정치는 때로는 현실을 간과한 이상주의적·진보적 사고에 바탕을 두었고, 개혁정치의 역효과를 가져오기도 했다(조해경, 2016: 164). 그러나 자칭 진보라고 규정한 노무현 정부의 정치적 옳음, 정치적 목적론에 집착하면서 집권기간 내내 보수 대 진보의 진영논리를 재생산한 것은 문제였다. 정치적으로 옳음은 진보진영에서만 나오는 것은 아니며 진보가 정치적으로 유일한 진리가 아님에도 불구하고 그러한 신념을 통해 도덕적 우월성을 갖게 된 것은 집권세력의 자만이었다(김진석, 2015: 28). 그 결과 노무현 정부 출범 초기 70%대의 높은 국민지지를 받았지만 3개월 후 30%대로 추락하였고 임기 종료까지 20~30%대의 낮은 지지율을 받았다(이갑윤·이지호, 2015: 16).

또한 국정운영 경험이 전무했던 주요 정책결정자들이 정부 초기에 매우 실험적인 자세를 취할 수밖에 없었고 정책개발능력보다는 이상주의적인 국가관리를 할 수밖에 없었다는 비판도 받았다. 참여정부에 의해 세워진 원칙들은 절차 문제에 있어서 객관성과 공정성이 결여된 경우가 많았다. 특권층의 반칙과 불신을 제거하는 데 있어 사회적 합의보다는 정치적 이유에 의한 원칙제정이 이루어져서 신뢰구축에 실패한 경우도 있었다(양승함, 2005: 46).

이러한 리더십은 정치적·사회적 분열과 갈등을 낳았고 참여를 강조하면서도 상대적으로 정당과 국회를 무시했다는 평가를 받기도 하였다.[6] 때로는

---

5) 노무현 대통령 집권 기간 동안 보수언론이 '대통령사설'을 실은 빈도수를 보면 전임 대통령들보다 그 수가 제일 많았고, 긍정적인 내용보다는 부정적인 내용이 압도적으로 많았다. 노무현 대통령의 정책능력에 있어서는 갈등조장, 여론수렴부족, 정책몰이해 등으로 비판하였고 품성에 대한 평가에서는 오만과 경망, 책임전가로 규정하였다(이병완, 2009: 244-245).

6) 이러한 노무현 대통령 시기의 갈등을 이념갈등이나 정치갈등의 문제로 보지 않고 정서, 취향, 말투, 행동양식 등에 영향을 주는 연령, 출신배경 같은 객관적 요소와 이에 따른 상호인식이라는 주관적 요소들의 결합으로 나타난 성분갈등으로 설명하기도 한다(김

지도자가 아니라 투자가의 모습을 보여주어 정치갈등과 인기하락을 좌초하기도 하였다(김영명, 2013: 337). 그러나 노무현 정부 들어 시민사회 내에서 시민운동단체의 제도화 수준이 높아지고 전자적 공론장이 확장되어 온라인 회원조직의 활동이 활발해졌다는 점은 무시할 수 없는 사실이었다. 그 결과 권력을 개방하고 공론장을 넓히는 것이 오히려 노무현 정부의 입장에서는 부담이 될 수 있지만 국민에게 권력을 되돌림으로써 대의민주주의와 제도정치의 결함을 극복하고자 했다는 평가를 받았다(조대엽, 2014: 86-95).

혹자들은 노무현 대통령이 솔직한 마음과 감정을 여과 없이 드러내는 점은 소통을 위해 매우 중요한 요소이고 그것은 한국 사회의 무비판적 침묵사회, 토론 없는 획일적 사회의 틀을 청산하는 데 기여했다고 보았다. 노무현 화법은 기성문화에 대한 도전이었지만 그것이 과도하게 전술적 수단으로 사용되어 문제가 되기도 하였다. 노무현 대통령은 자신 안에 내재한 화를 다스려야 한다는 평가를 받기도 하였다(김충남, 2011: 480). 노무현 대통령 스스로도 정치적 중립이나 모호한 입장을 취하는 것을 배격하였다. 노무현 대통령은 대통령의 위치가 당연히 정치를 하는 위치이며, 말하지 않고는 정치를 수행할 수 없고 국정운영을 성공적으로 이끌어나갈 수 없다고 생각하였다(윤태영, 2014: 282).

노무현 대통령의 리더십은 다른 대통령에 비해 수평적 리더십의 측면이 강하게 나타났다. 수평적인 대화적 리더십은 대중의 자발적 활동을 동반, 감성적 공조를 통해 자발성이 더욱 활동성을 지니게 된다. 노무현의 지도력이 성공적으로 대중에게 다가갈 때는 감동적인 이벤트가 있고 대중의 적극적인 지지현상이 나타났다(김진호, 2012: 101). 이러한 점들은 노무현 대통령의 리더십이 갖는 장점이었다. 그러나 그것은 광범위한 대중들에게 호소력을 갖지는 못하였다.

노무현 대통령의 리더십이 비판받는 현상을 가져온 데에는 정치구조적인 문제도 개입되어 있었다. 민주화 이후 대통령의 소속 정당이 국회의 소수당

영명, 2013: 333-334).

이 되는, 즉 분점정부(divided government)가 되는 경우가 빈발하게 되면서 대화와 설득을 통해 타협을 이루어내는 정치적 관행이 정착되지 못하였다.[7] 물론 분점정부가 갈등의 주 원인은 아니지만 분점정부 상황에서 대통령의 리더십과 정당의 원활한 전략이 효과적으로 발휘되었으면 갈등이 줄어들 수 있었지만 오히려 이 당시에는 국회와 대통령 또는 행정부 간 대립이 심화되고 국정운영의 교착상태가 장기간 지속되는 일이 반복되었다(정진민, 2008: 168). 당시 법안가결현황을 보면 김대중 정부보다 가결률이 낮았다. 이는 분점정부였기 때문에 나타난 현상이라기보다는 대통령의 리더십이 부정적으로 작용했음을 보여주는 근거이기도 하다(오승용, 2009: 141).

노무현 정부 시기 탄핵소추안 4건 모두 분점정부하에서였다.[8] 또한 김두관 행자부장관에 대한 해임건의안이 가결되고 노무현 대통령이 거부한 사건은 대립적인 대통령-의회관계를 잘 보여주는 사건이었다. 특히 지역주의 청산과 새로운 정치개혁을 위해 민주당과 결별하고 열린우리당을 창당한 과정은 기회였을지도 모르지만 결론적으로는 위기를 심화시키는 요소로 작용하였다. 열린우리당이 창당할 당시 노무현 대통령은 창당선언문에 자신의 정치적 이상이 담겨져 있다고 생각하였고 자신의 목표가 앞으로 실현될 가능성이 높다고 판단하고 있었다(윤태영, 2015: 300).

그러나 열린우리당은 창당 후 민주당을 지역정당으로 몰아감으로써 호남의 지지를 약화시켰고 안정적인 개혁적·민주적 세력의 연합을 형성하지 못하였다.[9] 열린우리당은 호남 의존에서 탈피해 전국정당화해야 한다고 보았

7) 분점정부에 대한 정의는 다양하다. 먼저, 대통령을 배출한 정당 외의 다른 정당 혹은 정당연합이 의회 내 다수당이 될 경우만을 보는 시각이 있다. 두 번째는, 대통령이 속한 정당이 의회 내 제1당이 되지 못한 경우로 보는 시각이다. 세 번째는, 대통령이 속한 정당이 의회 내에서 과반수를 차지하는 못하는 경우를 분점정부로 보는 시각이다(김욱, 2002: 12).

8) 탄핵 당시 노무현 대통령은 국가안보 문제에 대해서는 국가안전보장회의로부터 친전형태로 일일보고를 받았다. 국정 전반에 대한 흐름은 정치색이 옅은 정책실장을 통해 보고를 받아 정치적 논란에 휩싸이지 않도록 하였다(고건, 2013: 46).

9) 한국 사회에서 지역주의가 갖는 폐해는 정치 문제의 상당 부분을 차지할 정도로 심각한

다. 이는 영남으로부터 지지를 얻어야 한다는 점과 동시에 호남과 거리를 두어야 한다는 것을 동시에 요구하는 것이었다. 그것은 당연히 노무현의 탈호남 전략과 일치하는 것이었다. 그러나 이러한 탈지역주의는 야권을 분열시키고 호남의 지지를 약화시키는 위험성이 있었다.

한편 정부와 국회의 대립이 심화되면서 국회가 본연의 기능과 역할을 수행하기보다는 행정부에 대한 비생산적인 견제가 과도하게 이루어졌다. 이는 대통령제도가 불안정하게 움직이게 하는 원인이 되기도 하였다. 다시 말하면 민주화 이후 민주적 대통령제 운영에 있어 가장 심각한 문제는 대통령의 소속 정당이 국회 내에서 다수 의석을 점하지 못하는 상황, 즉 분점정부 상황에서 국회와 대통령 또는 행정부 간 대립의 심화와 교착상태의 장기간 지속이 대통령의 리더십을 억제하는 것이었다.

그러나 노무현 대통령의 리더십은 대연정이나 원포인트 개헌 등에서 보듯이 현실에서 고립되는 면을 초래하기도 하였다. 노무현 대통령은 개헌안이 부결되는 경우 사임하고 다음 대통령과 차기 국회의원의 임기가 비슷하게 끝날 수 있도록 하자는 생각을 가지고 있었다. 그러나 참모들은 개헌제안을 추진하되 대통령 임기단축은 없어야 한다는 의견을 제시하였다(윤태영, 2014: 180). 대연정에 대해 노무현 대통령은 정치적으로 실책이라고 했듯이 정당 지도부와 사전 조율 없이 불시에 제안했다는 점에서 전략적으로 미숙한 면을 보이기도 하였다. 대연정에 대한 저항은 여당 자체 내에서도 강하게 표출되었다. 국민들은 대연정 제안이 국민의 뜻과 어긋나는 것으로 보았고, 노무현 대통령을 국민과 동떨어진 인식과 태도를 보여주는 안일한 권력으로 이해하였다(이갑윤·이지호, 2015: 86). 노무현 대통령은 대연정

문제이다. 지역주의에 기초해 선거가 이루어지면 정당은 지지 극대화를 위한 정책적 노력을 하지 않게 된다. 정당은 지역주의를 이용해 선거에서의 승리에 초점을 맞추게 된다. 정당은 대중이 원하는 정책과 자질 있는 지도자를 지명하기보다는 이길 수 있는 지역연합을 가져올 수 있는 정책과 후보자를 선택하게 된다(이갑윤·이혜영, 2014: 118). 이는 지역주의를 더욱 고착화시키고 한국 사회의 민주주의가 발전될 수 있는 길을 봉쇄할 위험성을 갖고 있다.

실패에 대해 "총알이 그냥 우리한테 날아오고 수류탄을 적을 향해 던졌는데 데굴데굴 굴러와 막 우리 진영에서 터져버렸어요. 그래서 아주 뼈아프게 생각합니다. 앞으로 수류탄은 함부로 던지지 말아야죠."라고 회고하였다(김삼웅, 2012: 347). 대연정의 실패는 노무현 대통령의 정치가 정점에 달하였음을 보여주는 것이자 남은 임기 동안 여야로부터 모두 공격을 받을 것이라는 것을 예고하는 것이었다(윤태영, 2015: 199).

일반적으로 당정분리 상황에서 대통령-의회관계에서의 집권당은 역할을 제대로 할 수 없고 대통령과 반대당의 직접적인 충돌만 격화된다. 당정분리 원칙은 노무현 정부 때 국회와 청와대의 관계를 개선하고자 나온 안이었다. 그러나 대통령이 여당을 지배하기가 어렵게 되고 여권 내의 분열, 국정운영의 어려움만 가져왔다. 대통령과 집권당의 분리는 대통령과 반대당의 긴장과 대립을 완충시켜줄 책임 있는 정당의 부재를 초래하고 정당의 해결능력을 하락시킨다. 당정분리는 정당정부 내지 책임 있는 정당질서와 때로는 대립할 수도 있고 집권당 내부의 성원들 간의 연대를 방해할 수도 있다(오승용, 2009: 155-156).

이러한 정치적 전략 말고도 참여정부는 당정분리의 원칙하에서 대통령이 총재직과 같은 당직 자체를 맡지 않고 여당의 공천, 인사, 예산에 개입하여 정당정치를 무력화시키는 것을 막기 위한 시도를 하였다. 즉, 여당의 자율적인 정당활동을 보장하고 야당을 협력정치의 파트너로 인식하고자 한 것이다(임혁백, 2005: 49). 정치개혁의 하나로 정치자금법 개정과 함께 정당후원회제도를 폐지하였다. 그러나 정당후원회제도의 폐지는 헌법 제8조 1항의 '정당설립의 자유'원칙에 위배되는 것이었다. 후원회는 인정하지 않았지만 정치인 개인이 후원금을 모금하도록 허용한 것은 기존 정당 이외에 새로운 정당의 등장을 어렵게 하는 것이었다. 기존 정당은 정당후원회를 대신하여 국고보조금 제도를 강화함으로써 손쉽게 정치자금을 모금할 수 있었다. 정당후원회 폐지는 기존의 거대 정당에게는 큰 손실이 없는 것이었지만, 신생정당이나 소수정당에게는 불리한 것이었고 기존 거대 정당의 기득권을 강화시키는 구실을 하였다(강원택, 2015(b)).

한편 당정분리와 함께 참여정부는 청와대 정무수석 비서관제를 폐지하면서 대국회관계, 특히 야당과의 관계를 집권여당에 일임하였다. 이러한 정책들에 대해 당내 민주화의 달성과 사당화된 정당구조의 혁신이라는 시대적 요구 속에서 시작된 정책이라고 참여정부는 평가하였다. 이 원칙은 대통령이 총재의 권력을 포기하고 당직 임명권과 공천권을 갖지 않는 것으로 당의 고유영역인 일상적 당무사항에 대통령이 개입하지 않겠다는 것이었다. 그러나 정당의 사당화를 막겠다는 의지에서 나타난 정무수석의 폐지는 대통령과 의회 간의 제도화된 통로를 간과하는 것이었다. 대통령도 정부정책을 결정, 집행하기 위해서는 여당, 야당과의 긴밀한 논의와 협조가 필요하다는 점을 인식해야 함에도 불구하고 노무현 대통령은 정무수석제를 폐지하는 것이 정당개혁의 핵심적 사항이라는 점만을 알고 있었다(임혁백, 2014: 718).

이후 부처별 당정청협의, 고위당정정책조정회의, 당정간담회 등이 수시로 개최되었고 2005년도 한 해는 고위당정회의 및 간담회가 43회 열렸었다(국정홍보처, 2008d: 52). 그러나 이것은 당, 정, 청 간의 상호이해의 폭을 좁힐 수도 있으며 청와대와 당 간의 갈등을 유발할 위험성도 내포하고 있었다. 정책조율과정에서 당정 간에 혼선이 실제 나타났으며, 여당의 정국주도권과 갈등조정력이 약화되었다는 비판을 받기도 하였다(김병문, 2013: 144).

한국 사회의 헌정질서는 대통령이 강력한 권한을 가지고 있고 행정수반의 역할을 한다. 따라서 대통령은 리더십을 통해 적은 사회비용으로 변화와 개혁을 실시할 수 있다. 이것은 장점이지만 대통령의 자질과 판단, 능력에 따라 좌절될 위험성도 지니고 있다. 대통령은 지지자들의 선택에 의해 당선되었기 때문에 그들의 이익을 대표하기도 하지만 국가의 지도자이므로 국가 전체의 이익을 대표해야 하고 국가의 공정한 관리자가 되어야 한다. 따라서 대통령이 리더십을 긍정적으로 발휘하는 것은 바로 지지자들의 이익과 국가의 이익을 균형 있게 만들어내고 이를 효과적으로 정책으로 실시하는 것이 매우 중요한 것이다(최장집, 2006: 94-95). 이것이 바로 리더십이 평가받을 수 있는 대표적인 기준이다. 또한 민주주의는 사회 전반의 영역과 소통하며 그들의 요구를 수용하고 반영하는 질서이다. 이 점도 대통령 리더십을 평가할 수 있는 주요 항목이다. 그런데 이러한 것이 가능하기 위해서는 정책을 만들어내고 대중의 요구를 수용하며 그들과 의사소통할 수 있는 정당의 기능이 정상화되어야 한다.[10] 바로 이러한 점들을 노무현 대통령은 간과했다는 점은 부인할 수 없는 사실이었다.

Ⅱ. 노무현 정부의 사회복지정책과 관료집단

한국의 관료는 복지국가의 성숙과 더불어 팽창해온 서구의 관료와는 달리 억압적이고 권위주의적인 성장지향적 국가를 형성하고 뒷받침하는 공권력의 일부로 성장해왔다. 복지국가를 강조했음에도 불구하고 실제로 그 업무를 담당하는 조직원들의 수는 늘어나지 않았다. 즉 형식적이고 명목적인 복지국가의 외형에만 안주한 측면이 강하였다. 〈표 27〉을 보면 그 단면을 볼 수 있다.

또한 관료세력들은 경제부처를 중심으로 집권 민주화세력에 대항하여 잃어버린 권력을 되찾고자 하였다. 참여정부 내부에는 이념적인 주도세력과 정책실행을 담당하는 관료집단 간에 이질성이 분명히 존재하였다. 과거 발전국가의 경제정책에 익숙한 관료들이 노무현 정부의 많은 사회경제정책을 담당하였다. 개혁성과 무관한 관료들이 대거 포진하게 되면 개혁성과 선명성을 확보하기 어렵게 된다(이재열·송호근, 2007: 305). 다시 이헌재가 재

---

10) 그러한 점에서 노무현 대통령의 리더십은 한계가 있다고 볼 수 있다. 가령 한미 FTA 문제에서 국민을 설득할 수 있는 충분한 사전준비 없이, 그리고 광범위한 공론화의 과정도 생략한 채 일방적으로 대통령이 추진하는 것은 민주주의적인 결정방식은 아니다. 그 정책에 반대하는 세력들을 소외시키고 소수 관료 내지 측근들이 정책을 결정하는 폐쇄적인 소통방식은 과거 권위주의체제에서 나타났던 비민주적 결정방식과 유사한 것이다(최장집, 2006: 98).

경부장관으로 임명되었다. 그의 임명은 친시장주의자의 등장이자 성장중심론자의 등장이었다. 그러나 노무현 대통령의 입장에서는 민주세력과 관료세력의 분열, 즉 파워블럭 내의 균열을 막고자 하였다. 이헌재는 초기부터 '경제성장론-시장주의-기업이 경제를 살린다'라는 담론을 전파하였다(이종보, 2010: 168). 그는 여당이 제출한 고수익아파트 분양권가 공개, 주식백지신탁제도를 사유권을 침해하는 정책이라고 비판하면서 야당과 언론, 기업을 연결하는 동맹세력을 보이지 않게 작동하는 힘으로 작용하게 하였다. 이러한 영향으로 인해 점차 여당 내 민주화세력 일부도 이러한 의견에 동조하였다. 특히 노무현 정부 출범 때부터 친밀한 관계를 형성하던 삼성재벌에 대한 여론의 비판을 누그러뜨리는 역할을 하기도 하였다.

이러한 현상은 재벌과 관련된 금융부문에서도 나타났다. 참여정부는 대주주와 금융계열사에 대한 금융감독 강화, 거래내역 공시 및 이사회 의결의무 확대, 비상장 금융회사에 대한 공시 및 금융감독 강화의 조치를 취하고자 하였다. 또한 공정거래법을 개정해 출자총액제한제도 강화도 실시하였다. 그러나 대주주 등에 대한 대출한도를 축소하여 재벌의 금융기관 사금고화를 방지하고 경쟁력과 수익성 있는 산업자본만 금융기관을 소유하게 하려던 계획은 재벌과 보수적 관료들의 반발로 이루어지지 못하였다(이동걸,

〈표 27〉 인구 천 명당 분야별 환산 공무원수 비교

(단위: 명)

구분	보건	치안	교육	사회복지	기타
OECD 15개국 평균	13.19	7.26	25.98	12.84	22.30
스웨덴, 덴마크, 노르웨이, 핀란드를 제외한 11개국 평균	6.74	7.32	22.16	4.32	21.38
일본	1.17	6.1	15.48	2.39	14.19
한국	0.45	3.06	8.03	1.09	10.97

* 출처: 고세훈(2013)

2015: 157).

노무현 정부 당시 주요 경제정책을 이끌었던 장관직을 보면 정치인이거나 민간전문인 출신보다는 전형적인 관료출신들이 대부분이었다. 〈표 28〉은 주요 경제부처의 관료출신 장관들의 명단이다. 이들 관료들은 전형적으로 성장논리에 편향되었고 이들이 주도하는 부처들이 복지 및 사회통합과 관련된 부처들을 압도하면서 신자유주의 논리가 정부정책에 강하게 반영되었다. 이들 부처들은 동질적 엘리트 집단에 의해 장악되었고 관련 이해집단의 이해를 반영하는 경우가 많았다(대통령자문정책기획위원회, 2007a). 그럼에도 불구하고 노무현 대통령은 민주주의의 성숙을 중요한 국가전략으로 보았고, 그다음으로 복지투자를 확충해 효율성을 높이는 것을 국가발전의 주요 전략으로 인식하였다. 이러한 인식의 일환으로써 노무현 대통령은 빈곤계층에 대한 교육지원, 의료지원 등 인적 자본 형성을 통한 복지지출을 강조하였다(변양균, 2013).

경제부처들의 핵심인사들은 발전국가, 성장중심 국가의 수혜자이자 구축자로서 자본친화적이고 노동규제적인 정서에 익숙하였고 분배, 균형, 정의 등과 같은 경제원리에는 친화적이지 못한 모습을 가진 세력이었다. 그러한 관료세력들이 민주화 이후에도 여전히 국가정책의 핵심세력으로 남아 있는 점은 관료 문제 이전에 통치 문제의 본질을 보여주는 한 단면이라고 할 수 있다.

참여정부는 '복지와 경제의 선순환관계론'과 '참여복지 5개년 계획론'을 제

〈표 28〉 경제부처 장관 명단

재정경제부	건설교통부	기획예산처
김진표(2000.03~2004.02)	최종찬(2003.02~2003.12)	박봉흠(2003.02~2004.01)
이헌재(2004.02~2005.03)	강동석(2003.12~2005.03)	김병일(2004.01~2005.01)
한덕수(2005.03~2006.07)	추병직(2005.04~2006.11)	변양균(2005.01~2006.07)
권오규(2006.07~2008.02)	이용섭(2006.11~2008.02)	장병완(2006.07~2008.02)

시하여 저출산, 고령화 및 양극화에 대응하기 위한 복지정책의 기본 기조를 밝혔다. 참여복지는 일반국민이나 복지수혜자 입장에서 적극적으로 복지정책을 디자인하자는 취지에서 만들어진 말이다. 참여복지는 모든 국가 구성원이 참여하여 경제성장과 분배의 조화 속에서 사회 안전망과 복지체계를 수립하고 그 성과와 혜택을 모든 구성원이 고르게 나누는 이념이었다(이진, 2012: 43). 이 용어는 참여정부 내내 사용되지는 않았다. 2004년 정책기획위원회, 재경부, KDI가 공동작업한 「역동과 기회의 한국」 보고서에서 참여복지라는 말이 공식적으로 사용되었다. 참여정부는 세 가지 관점에서 복지정책을 집행하였다. 첫째, 성장과 복지, 분배의 선순환이라는 동반성장의 관점에서 복지 문제 해결을 시도하였다. 둘째, 질병, 실업, 퇴직 등에 따른 소득상실이라는 구사회위험과 저출산, 고령화에 따른 출산, 양육, 노인돌봄 등 신사회위험에 동시에 대응할 수 있는 복지체제를 설계하고자 하였다. 셋째, 소득보장형 사회투자 복지국가를 추구하였다. 노무현 정부는 세계화와 금융위기로 인해 심화된 양극화와 빈곤 문제에 대응하기에는 국민기초생활보장제도에 의해 뒷받침되는 공공부조의 대상이 적고 급여수준이 낮으므로 이 제도를 확대하고 소득보장제도를 도입하고자 하였다(성경륭, 2014: 92-93).

'참여복지 5개년 계획론'의 목표는 전 국민에 대한 복지서비스를 제공하고 상대 빈곤을 완화시키며 풍요로운 삶의 질이 구현되는 참여복지공동체를 만드는 데 있었다. 이를 위해 첫째, 사회복지제도 내실화(기초보장체계의 정비, 복지서비스의 선진화, 사회보험의 성숙화 등), 둘째, 복지인프라 구축(복지전달체계의 구축, 복지재정의 확충 및 민간자원의 활성화 등), 셋째, 복지서비스 확대(문화기본권 신장, 정보격차 해소 및 저소득층 주거복지 확충) 등을 주요 추진과제로 설정하였다(김진우, 2012: 20). 2006년 7월에는 '저출산·고령화사회 기본계획'을 수립하였고 그해 8월에는 '함께 가는 희망한국 비전 2030'을 발표하였다. 당시 한국은 저출산이나 인구에 관한 예산 비용이 GDP 대비 0.08%로 일본의 0.47%, 프랑스의 2.5%보다 낮은 수준이었다.[11]

참여정부의 복지정책은 사회안전망 내실화, 사회복지서비스 확충, 저출산·고령화에 대응하기 위한 각종 제도개혁, 보육서비스 확충 등으로 나뉘어 실시되었다(국정홍보처, 2008b). 사회안정망을 견고히 하기 위해서 기초생활보장제도를 내실화하고 긴급복지지원제도와 근로장려세제를 도입하고 의료급여를 확대하였다. 노무현 정부는 2004년부터 차상위계층에 대한 의료급여지원을 확대하였다. 2003년 145만 명이었던 의료급여 수급자는 2007년 185만 명으로 증가하였다. 노무현 정부는 '건강보험혁신 TF'를 구성하여 보장성 강화와 급여체계개선을 시도하였다. 그 결과 건강보험보장률은 2007년 약 65%에 이르렀고, 중증고액질환인 암환자에 대한 보장률은 71%를 넘어섰다(김성재, 2014: 152-153). 특히 저출산·고령화 문제를 해결하기 위해 2004년 3월 고령화 및 미래사회위원회를 발족하고 3대 정책(인구·가족정책, 고용·인력정책, 보건·복지정책)과 5대 전략(육아지원, 인구노령인력의 경제활동참여, 전국민건강보장, 복지서비스확충, 고령친화산업)을 세웠다. 그리고 2005년 9월 '저출산·고령화사회기본법'을 제정하였고 대통령직속 저출산·고령사회위원회를 출범시켰다.

노무현 정부의 사회보험제도의 확대는 가시적으로 보면 성과가 있었다. 〈표 29〉를 보면 김대중 정부의 사회복지정책을 일정 부분 수용하면서 이를 확대한 내용을 확인할 수 있다.

이와 함께 참여정부는 비정규직 문제를 해결하기 위해 2006년 '비정규직 고용개선 종합대책'을 마련하였다. 이 계획은 비정규직 차별을 예방하고 정규직으로 전환될 수 있도록 직업능력 개발과 고용지원시스템을 강화하며 사회안정망을 확충하는 내용을 가지고 있다. 그리고 같은 해 비정규직 사용관행 정착과 확산을 위해 '공공기관 비정규직 종합대책'을 마련하였다(국정홍보처, 2008b).

그런데 노무현 정부의 노동정책은 많은 혼선과 사회적 갈등을 가져온 결과를 낳았다. 2003년 현대자동차아 현대중공업의 불법파견 투쟁, 화물연대와 철도노조파업 진압, 비정규직노조파업 증가에 맞서 노무현 정부는 자본

---

11) 17대 국회 저출산 및 고령화사회대책특별위원회, 255회 제2차 회의록(2005.8.18).

〈표 29〉 정부의 사회복지정책 변화

	외환위기 이전	김대중 정부	노무현 정부
사회보험	- 국민연금 도입(1988) - 전국민의료보험(1989) - 고용보험 도입(1995)	- 전국민국민연금(1999) - 고용보험(1998), 산재보험(2000) 전사업장 확대	- 국민연금 개혁추진 (2003) - 4대보험 적용, 징수통합 추진(2005)
취약계층 지원	- 장애수당 도입(1990)	- 경로연금 도입(1998) - 국민기초생활보장제도 도입(2000)	- 차상위층 자활사업 확대 (2004) - 차상위층 의료급여 확대 (2004) - 장애수당 확대(2005) - 긴급복지지원제도 도입 (2006)

* 출처: 정부·민간합동작업단(2006)

통합법 시행, 한미 FTA 추진 강행, '노사관계 로드맵' 발표 등으로 맞섰다. 로드맵에서는 '기업하기 좋은 환경'을 강조하였다. '기업하기 좋은 환경'은 투자확대에 장애가 되는 모든 경제규제를 제로베이스에서 재검토하고 임금과 근로시간의 조정, 배치전환의 원활화, 인력자원 개발을 위한 교육훈련을 실시하는 것 등을 포함한다.[12] '기업하기 좋은 나라'는 2004년 하반기에 지하철노조연대파업, GS칼텍스노조파업, 코오롱노조파업을 강경 진압했고 특별법을 통해 6급 이하 공무원만 노조에 가입할 수 있도록 하는 등 단체행동을 금지하였다(정병기, 2008: 221).

한편, 노무현 정부는 김대중 정부 때 발생한 카드대란의 위기를 그대로 이어 받았다. 신용불량자가 2003년 급속도로 불어나면서 가계대출은 늘어났고 금융권도 큰 부담을 갖게 되었다. 1999년에는 현금서비스 사용 한도를 폐지하였고 2001년에는 법인신용카드의 사용범위를 확대하였으며, 2002년에는 신용카드 수가 1억 장을 돌파하였다. 2002년 이용액은 1999년도에 비

12) http://blog.jinbo.net/DAHG/80(검색일: 2014.2.10).

해 6배 이상 늘어났고 신용카드 회사들은 흑자를 기록하였다. 그러나 신용카드 거품의 부작용을 줄이기 위해 각종 규제를 실시하면서 소비지출 감소 및 경제성장 둔화를 경험했고 결국 카드회사들의 당기순손실이 늘어나기 시작하였다(이정우, 2015: 28).

노무현 정부 시기 가계대출의 증가는 김대중 정부 시기의 경제위기의 영향 때문이기도 하였다. 김대중 정부 당시 경제위기 이후 내수시장을 확대하기 위하여 소비지출을 늘리고자 하였다. 이는 신용카드 증가, 가계대출 등으로 나타났지만 이 밑바탕에 실질임금 상승, 복지제도 확충이 있어야 했다. 그러나 오히려 실질임금이 하락하고 불안정고용이 확대되면서 가계부채 증대 등 부작용이 나타났다.[13] 사실 이 문제는 한국 경제의 고질적인 문제였다. 수출과 내수 간의 연관을 강화하고 대기업을 중심으로 하는 자본의 대외적 팽창을 중소기업의 발전을 희생시키지 않으면서 대중소비 기반의 확대를 가져올 수 있는 대책이 필요하였다(유철규, 2004: 83).

김대중 정부 이후 노무현 정부 5년간 가계대출은 약 215조 원 증가하였고, 이명박 정부 시기에는 약 278조 원 증가하였다(김성재, 2014: 67). 2004년 4월 신용불량자는 380만 명을 넘어섰고 신용불량자의 약 70%가 카드불량자였다. 신용카드 연체율은 10%를 넘었고, 카드대출 연체까지 합치면 약 30% 정도였다(이장규, 2012: 397). 외환위기 이후 서민금융기관의 숫자가 크게 줄었고, 은행도 신용등급이 낮은 시민들에 대한 대출 조건을 강화하면서 자연스럽게 서민들은 사금융 등을 통해 대출할 수밖에 없었다.[14]

---

13) 한국은 2015년도 기준으로 자산 대비 부채비율이 75% 이상인 가구 비율이 OECD 국가 평균 9.5%에 비해 4.7%로 낮은 편이다. 그러나 가처분소득 대비 부채비율이 소득기준의 3배를 넘는 고부채가구 비중은 23.5%로 매우 높은 편에 속한다(전병유, 2016: 58).

14) 노무현 정부는 이 문제로 위기에 빠진 집단을 구제하고 복지정책을 강화하기 위해 사회안전망 구축에 나섰다. 실업자와 노숙자가 증대하고 가족이 해체되는 등 사회안전망 구축 없이는 사회안정이 불가능하다는 진단이 내려졌다. 경제위기 이후 대량으로 늘어난 노숙인은 보호시설, 자활시설, 요양시설, 진료시설 등을 통해 보호를 받기도 하지만 불안감-공포감이라는 감정통치의 대상이기도 하였다. 이러한 장치를 통해 국가는 노숙인이 죄책감을 발견하고 자존감을 높이도록 하는 훈련을 받게 된다. 자활

또한 노무현 정부는 부동산가격 안정을 위해 종합부동산세를 도입하고 과제표준을 현실화하였고 총 부채상환비율을 도입하였다. 그러나 이러한 보유세 강화정책은 부동산시장을 투명하게 만들었지만 부동산시장을 위축하게 하는 결과를 초래하기도 하였다(김동호, 2012: 392). 일반적으로 노무현 정부의 세금정책 중 가장 대표적이라고 불리는 종합부동산세는 초기에 보유세 강화의 수단으로 했지만 이헌재 등의 재정경제부와 여당의 미온적 태도로 이 정책은 약화되었다. 그 결과 과세기준은 원안보다 올라가고 세 부담의 전년 대비 증가폭 상한선은 낮게 책정되었다. 그 후 8.31조치에 의해 종합부동산세의 과세 기준이 주택은 9억 원에서 6억 원으로 하락하고 토지도 공시지가 6억 원에서 3억 원으로 낮아졌다(전강수, 2015: 56-57).

노무현 정부는 집값 안정에 총력을 기울였지만 공급확대보다는 대출규제와 세금강화 등 수요억제에 초점을 맞추어 오히려 집값이 상승하였다. 실제로 노무현 대통령도 부동산정책의 실패를 인정하였다. 그는 "나는 부동산정책과 관련하여 유동성을 제대로 관리하지 못했다. 당연히 비판받아야 할 일이고 실제로 비판을 받았다. 2005년과 2006년에 유동성이 폭발적으로 증가하는 바람에 일시적으로 부동산 가격이 폭등했다. 강력한 유동성 규제는 다른 부작용이 있을 수 있기 때문에 일단은 다른 정책수단으로 관리하려고 했다. 그러다가 낭패를 본 것이다. 유동성 규제를 하지 않고도 부동산 가격 폭등을 막을 수 있는지, 부동산 시장에 이상 동향이 없는지, 너무나 걱정이 되어서 몇 차례나 경제보좌관과 관계부처 장관들에게 묻고 확인했다. 그때마다 문제가 없다는 대답을 들었다. 그것을 믿은 게 잘못이었다."라고 고백하였다(노무현재단, 2010: 221-222).

정권 초기 실업자가 늘어나고 불평등 현상이 악화되었지만 노무현 정부는 동북아 중심 시대라는 공허한 구호를 내세웠고 참여복지라는 말만 강조했을 뿐 피부에 와 닿는 정책을 제시하지 못했다는 비판을 받기도 하였다

기관들은 노숙인들이 건강한 감정을 회복하고 죄책감에서 벗어날 수 있는 운동회, 야유회, 희망심기 등 치유프로그램을 동원하기도 한다(정수남, 2014: 312).

(김일영, 2011: 372). FTA 정책이 시장효율성 제고와 시장경쟁력 강화를 통해 국가의 발전을 가져오고 동시에 사회 전체의 이익을 가져올 것이라고 전망한 노무현 정부의 시각은 불평등의 문제를 과소평가하고 있었다는 점을 보여주었다. 노무현 정부의 복지정책은 큰 틀에서 보면 김대중 정부가 만들어 놓은 복지제도를 토대로 삼았다.[15] 그러나 국가비전 2030 등 복지정책을 구체화시키기에는 현실적 조건이 좋지 않았다. 2002년 말부터 나타난 가계신용위기는 경제상황을 악화시킨 주요인이었다. 이에 대해서는 당시 정책결정에 참여했던 한 인사의 인터뷰를 통해 알 수 있다.

> "비전 2030도 그런 면에서는 비운의 정책 기획이라고 볼 수 있습니다. 그것이 훨씬 전에 나와야 되고, 좀 더 과감하게 그쪽을 해야 하는데 타이밍도 늦었고, 재원 조달 면에서도 많이 부족했고, 이렇게 되려면 사회세력 간의 정치세력 간의 일정한 합의가 되어야 하는데 그때 정치적인 여건도 별로 안 좋았습니다. 세금을 더 내자 하면, 항상 정치적으로는 사형을 각오하는 것이니까요. 세금은 종부세라는 것을 했는데, 그것이 엄청나게 역풍을 맞았으니까요. 그래서 전반기에, 정부 초기에 되었어도, 실행하기에는 어려웠을 수도 있는데, 중간 이후에 이것이 되었으니까 시행하는 데에는 시간이 부족했죠."[16]

비전 2030은 기획예산처 변양균 장관이 주도했다. 이 계획은 성장동력확충, 인적 자원 고도화, 사회복지 선진화, 사회적 자본확충, 능동적 세계화라는 5대 전략으로 설정하고 50대 핵심과제를 제시하였다. 변양균 장관의 말에 의하면 '비전 2030'은 선진화된 복지국가로 가기 위해 사전적으로 투자를

---

15) 노무현 정부는 2005년 기초생활보장제도를 보완하는 '근로장려세제'를 도입하기로 결정하였다. 이 제도는 준비기간을 거쳐 2008년도부터 시행되었다. 이 제도는 차상위계층을 지원하기 위한 것이었다. 준비기간에 최대 급여가 연간 80만 원에서 120만 원으로 상승하였고, 지원대상도 63만 가구로 확대되었다. 근로소득에 따라 산정된 근로장려금을 지급하여 근로유인을 높이고 실질소득을 지원하기 위한 근로연계형 소득지원제도인 근로장려세제는 근로의욕을 해치지 않으면서 차상위계층을 지원할 수 있는 장점을 가지고 있다(김윤태·서재욱, 2013: 358).

16) 전 청와대 정책실장 및 국가균형발전위원회위원장 성경륭 구술 인터뷰(2013.1.31).

얼마나 해야 하고 또한 제도개혁을 어느 정도 해야 하는가 등을 담고 있는 보고서였다(이진, 2012: 87). '비전 2030'은 저출산과 고령화, 저성장과 양극화 등 장기적·구조적 도전에 직면하여 종합적이고 체계적인 접근이 필요하고 국민적 역량을 결집하고 사회통합을 추진할 필요성에서 제시되었다. 이 계획은 정부와 민간 합동작업단이 작성, 발표한 최초의 국가장기종합전략 보고서라는 의미를 갖고 있다(정부·민간합동작업단, 2006: 1).

노무현 대통령은 이 계획을 실현하기 위해 무리한 부양책을 사용하지 않았다. 이에 대해 노무현 대통령은 추후 무리한 부양책을 사용하지 않은 결과 한국 경제가 투명하고 건강해졌으며 경제성장률이 호전되었다고 평가하였다(노무현재단, 2010: 217-218). 실제 2007년까지 1인당 명목 국민소득은 크게 증가하였고 연평균 경제성장률은 4.3%를 기록하였다. 노무현 정부는 당시는 경기침체기가 아니었으며 2005년부터 경기회복세가 나타나기 시작하여 연간 3~4%의 증가율을 회복했다고 평가하였다. 물가수준도 어느 정도 안정세를 유지하였다. 2003년 이후 연평균 3%대를 유지하여 역대 정부들보다 낮은 안정세를 유지하였다(국정홍보처, 2008a). 그리고 경상수지도 흑자를 보였고 2003년~2006년까지 누적기준으로 약 612억 달러 흑자를 기록하였다. 당시 외환보유액도 2006년도 기준으로 약 2,400억 달러를 기록하여 세계 5대 외환보유국이 되었다. 당시 외환보유액이 증가한 것은 수출증가에 힘입어 경상수지 흑자가 지속되고 국가신인도가 향상되어 외국인 투자가 확대되었기 때문이었다. 그리고 2007년 국민소득이 2만 달러를 상회하여 선진국 대열에 진입하였고 선진국에 진입한 만큼 신뢰, 원칙, 통합, 개방 등의 가치 위에서 사람에 대한 투자가 중요하며 소득 2만 달러 시대에는 새로운 패러다임을 전제로 국가발전전략을 세워야 한다고 노무현 정부는 평가하였다(국정홍보처, 2008a: 55).

그럼에도 불구하고 노무현 정부의 복지정책은 성장에 바탕을 둔 성장중심적 모델이라고 할 수 있었고 여당인 열린우리당의 정책입안자들은 어떠한 계층을 대변하여 개혁적 정책을 실시해야 되는가에 대한 인식이 부족하였다(김헌태, 2009: 48). 가령 사회경제적 가치보다는 지역주의에 의해 움직이는 당 엘리트들과 여당 프리미엄만 추구하는 당내 보수세력, 한국 사회에서 사회경제적 노선의 중요성을 인식하지 못한 정치인들로 인해 하위계층을 대변하는 역할을 제대로 수행하지 못하였다.

노무현 정부는 기술개발 및 연구에 대한 성과도 긍정적으로 평가하였다. 2003년 차세대 성장동력산업으로 10대 분야를 발굴, 선정하고 집중 육성한 결과 10대 산업 분야의 경쟁력이 급성장하였다. 노무현 정부는 또한 정보화를 촉진하고 정보통신산업 기반 조성, 초고속 정보통신망의 구축을 통해 정보화정책을 추진하였다. 국가의 정보화수준을 보여주는 정보화지수는 세계 50개국 중 3위를 기록하였다. 또한 정보기술로 국민참여를 확대하기 위한 전자적 참여지수는 2005년 세계 4위를 기록하기도 하였다(제16대 대통령비서실, 2009).

그러한 평가에도 불구하고 비전 2030의 계획은 막대한 재정을 요구하였다. '비전 2030' 전략은 노무현 정부가 저출산, 고령화, 양극화가 사회불균형을 초래하는 일을 막고 혁신주도형 경제로 성장잠재력을 높이며 사회투자를 통해 동반성장을 추구하고자 하는 전략이었다("진보진영 내 논쟁에 관한 기고문," 2007.2.17, 『노무현대통령연설문집 5』). 한 증언에 의하면 동반성장이란 말은 노무현 대통령이 국정과제회의에서 제안하여 채택된 말이었다. 이 전략은 양극화 해소와 일자리 창출을 함께 묶어 해결하는 정책이었고 그 핵심에는 성장과 복지의 선순환 구조를 구축하는 데 있었다. 동반성장에 대해 노무현 대통령은 2006년 11월 한 보고회에서 "성장과 복지가 선순환 구조를 갖는 동반성장으로서의 패러다임 전환이 필요합니다. 복지지출 증가가 성장의 걸림돌이라는 이분법적 사고를 극복해야 합니다. 이제 복지는 선진국 진입을 위한 성장전략입니다."라고 발언하였다(이진, 2012: 165에서 재인용). 동반성장은 성장과 분배가 상충한다는 이분법적 사고를 지양하고 복지와 경제의 상호 상승작용에 대한 새로운 사고의 확장을 가져온 것이었다(이진, 2012: 83).

앞에서 언급한 사회투자전략과 함께 동반성장 패러다임은 사회정책의 질적 개선과 양적 확대에 주력했고 사회복지서비스를 확충하고자 하였다. 동반성장 패러다임은 몇 가지 정책전환을 요구하였다. 먼저, 수출과 내수, 국내 투자 및 일자리를 함께 중시하는 정책의 요구다. 둘째, 제조업 일변도의 사고에서 일자리 창출능력이 높은 서비스산업을 함께 보는 균형된 시각이다. 셋째, 중국과의 공존을 위해 산업 간 분업의 시각에서 산업 내 분업으로의 인식전환이 요구된다. 넷째, 외국인직접투자에 대한 인식전환이 필요하다. 즉, 차세대성장 동력산업, 지식기반 서비스산업 등을 중심으로 투자환경 조성과 인센티브제도를 구축해야 한다(국민경제자문회의, 2006: 33-34). 이러한 정책전환을 통해 노무현 정부는 성장 → 소비, 투자증가 → 분배개선의 고리가 강화될 것이고 기대하였다. 과거 고성장기의 양적 위주 성장을 버리고 효율과 혁신, 글로벌경쟁력 배양 중심의 선진국형 성장전략으로 전환하고자 하였다. 이는 성장동력을 확보하고 양질의 일자리 창출을 가능하게 한다고 노무현 정부는 보았다.

그런데 이러한 정책을 위해서는 재정 문제를 고려하지 않을 수 없었다. 노무현 정부 4년간 새로 발생한 국가채무는 역대 정부에 비해 매우 큰 규모였다. 2006년 말 국가채무는 283조를 넘어서고 있었다. 세부적으로는 국가균형발전을 위해 사업비 66조가 필요하였고 신행정수도에는 45조, 국방개혁에는 67조의 예산이 필요하였다. 성장과 복지의 선순환 구조가 정착되어 국민 모두가 희망을 갖는 기회의 나라를 만들고자 한 것이다. 그럼에도 불구하고 '비전 2030'은 구체적인 미래상에 대한 제시보다는 현황에 대한 대처방안의 성격이 강하였다. 그리고 비전을 설정함에 있어 변화된 미래사회에 대한 인식이 부족하였다는 평가를 받았다. 즉, 경제적·사회적·기술적·국제역학적 변화를 고려하지 않고 미래비전을 제시했다는 비판을 받았다. 그러나 제시된 목표들을 보면 지나치게 양적인 변화만을 추구해 '양적 선진국'을 추구하는 것이 아니냐는 의문을 낳았다(대통령자문정책기획위원회, 2007a). 그러한 면들 때문에 노무현 정부의 복지정책은 재원충당방식이나 구체적인 청사진이 없이 진행되었고 복지발전을 위한 인프라 구축도 실패했다는 비판을 받았다(이종오, 2013: 45).

2005년도에는 사회복지서비스 재정의 지방이양이 시도되었다. 지방균형

발전이라는 큰 틀 속에서 시행된 복지재정분권은 재정지원을 매개로 보건복지부가 가지고 있던 지방에 대한 통제력의 근거를 제거하는 것이었고, 이는 중앙정부인 보건복지부가 사회복지서비스 확충을 추진할 수단을 상실하는 것이었다. 사회복지서비스 전달체계가 난맥상을 보인 가운데 참여정부의 복지서비스체계는 복지재정분권과 상충하는 방향으로 전개되었다. 사회서비스의 지방이양은 중앙의 특수법인에 의해 관리되는 바우처제도를 도입하게 하였고, 노인장기요양보험의 건강보험공간에 의한 관리운영을 가져왔다. 이것은 복지전달체계의 중앙관리를 강화하는 의미를 갖는 것이고 분권화의 집중화라는 모순적 성향을 보여준 것이었다(김영순, 2009: 178).

앞에서 설명했듯이 이러한 문제를 회복하기 위해 노무현 정부는 국가보조방식으로 운영되는 바우처를 도입하였다. 이것은 사회서비스관리센터라는 보건복지부 산하의 특수법인에 의해 관리되는 것으로 중앙집중적인 재정지원방식이었다. 이것은 민간 전달체계의 공공성 강화와는 반대 방향으로 나가는 것이었고 사회서비스의 권리성에 걸맞은 양질의 서비스를 누리는 데 방해가 되었다는 비판을 받았다. 이 사업은 보건복지부로부터 통제되고 규율되는 형태를 띠면서 분권 교부사업에서 지방정부의 권한을 대폭 인정하려고 했던 시도와는 배치되는 것이었다(이태수, 2014: 357). 바우처 방식은 공적 공급시설과 관련 인력의 확보가 없는 상태에서 도입되어 초기의 목적을 달성하기 어려웠고 공공복지에 대한 국민들의 불신과 불만을 키웠다. 바우처를 통한 민간공급업자의 경쟁유도는 서비스 질을 낮추게 만드는 위험을 지니고 있었다(김영순, 2009: 175). 가령 노인장기요양보험의 관리운영을 건강보험공단이 맡게 되어 서비스전달체계가 일관성을 잃게 되었다. 즉, 복지재정분권이 적용되는 전통적 사회복지서비스부문과 중앙에서 운영하는 바우처, 그리고 건강보험공단이 관리하는 노인요양보험의 3분야로 나뉘어졌다(남찬섭, 2013: 38-43).

한편 2005년도에 노무현 정부는 '경제회생, 한반도평화정착, 국민통합'을 국정지표로 정하고 경제회생을 위해 신자유주의적 개방화, 구조조정, 노동유연화 강화 등을 강조하고 경기부양책과 사회보장정책을 그 부작용을 최소화하는 정책으로 실행하였다. 노무현 정부는 한편으로는 민주노총, 한국노총을 압박하고 각종 비정규직 노동자들의 투쟁에 대해서는 압박을 강화하였고, 다른 한편으로는 노사정타협체계를 실현하고자 하였다. 그 결과 2006년 11월 '선진노사관계 로드맵' 입법을 강행하였다. 이 로드랩은 신자유주의정책의 정점을 보여주는 것이었다. 이 법에서는 전임자 임금지급 및 복수노조 허용의 3년 유예, 필수공입사업장에 대한 대체노동 허용, 해고규제 완화 등을 관철시켰다. 노무현 정부는 이 로드맵을 사회적 합의주의의 실천이라고 규정했지만 실제로는 민주노총을 배제한 노동자에 대한 공세의 성격이 강하였다.

2007년 6월 1일부터 시행된 '비정규직보호법'은 여러 가지 부작용을 낳았다. 이 법이 시행된 후 사용자들이 외주, 용역 등 비정규직을 늘렸고 이랜드, 홈에버 사업장에서 노사갈등이 시작되는 등 많은 혼란과 갈등을 낳게 하였다. 노무현 정부가 주도한 로드맵은 노사정위원회를 유지하면서 일부 노동세력만 흡수하고 민주노총을 배제하는 것이었다. 결국 노동자집단에 대한 분할지배의 성격을 지니는 것이었다. 이 점은 노동자쟁의 사업장에 대한 공권력투입, 손해배상청구소송, 형사처벌, 노조간부 비리에 대한 기획수사 등을 진행하고 다른 한편으로는 참여와 협력, 노동개혁을 강조하는 이중적인 모습을 잘 보여주는 것이었다(노중기, 2007).

Ⅲ. 금융과 자본시장정책

노무현 정부는 한국의 금융시장, 금융업을 발전시키고 기업들의 금융화를 지원할 수 있는 제도개선 및 구조조정을 실시하였다. 노무현 정부 초기 국가발전전략 보고서로 채택된 것 가운데 하나가 '서울파이낸셜 포럼'에서 2003년 내놓은 「아시아 국제 금융 중심지로서의 한국」이라는 보고서이다.

골드만삭스, 씨티뱅크, 우리금융지주 등 관계자들과 주요 증권 및 보험업, 전 관료들, 대학교수들이 참여한 이 포럼은 보고서에서 "한국이 추구해야 할 금융 중심지의 모습을 지역금융중개, 자산모집과 분배, 자산거래와 시장 조성, 글로벌 네트워크로의 통합, 투자자의 이익극대화를 최우선으로 하는 개혁, 기업하기 좋은 나라, 영국의 런던을 모델로 할 것" 등을 제시하였다. 이 보고서와 함께 재경부는 동북아 금융허브 추진전담 부서를 만들고 '자산운용업 특화 금융허브'를 소개하고 한국을 금융허브로 키울 것을 주장하였다. 세부적으로는 간접투자자산운용업법의 제정과 개정, 퇴직연금제도 도입(2005년), 자본시장통합법의 공포(2007년) 등을 들 수 있다. 이 가운데 자본시장통합법은 글로벌 투자은행 육성을 유도하고 한국 경제를 금융산업 중심의 구조로 재편하려는 의도를 담고 있었다(장진호, 2013: 21). 이 법은 파생금융상품이 금융시장에서 본격적으로 제조될 수 있도록 허용한 법이었고 결국 금융화를 더욱 촉진하는 요인으로 작용하였다(전창환, 2011: 100). 2007년 당시까지의 금융시장의 규모의 변화를 보면 다음과 같다. 〈표 30〉에서 보듯이 금융시장 규모는 2000년도 말과 비교했을 때 2007년 3월에는 100% 이상 증가하였다.

노무현 정부는 이러한 금융화 발전과 함께 위의 법을 기초로 한국이 2020

〈표 30〉 금융시장의 규모

(단위: 조 원)

	1995년 말	2000년 말	2003년 말	2006년 말	2007년 3월
단기금융시장	114(17%)	123(12.6%)	132(9.3%)	216(11.2%)	241(12%)
채권시장	140(20.8%)	294(30.2%)	504(35.5%)	690(35.8%)	715(35.6%)
파생금융시장			17(1.2%)	22(1.2%)	23(1.1%)
대출시장	418(62.2%)	558(57.3%)	769(54.1%)	1,001(51.9%)	1,029(51.2%)
합계	672	975	1,421	1,930	2,008

* 출처: 유철규(2008)

년 홍콩, 싱가포르와 함께 아시아의 3대 금융허브로 발전할 수 있다고 전망하였다. 이를 뒷받침하기 위해 노무현 정부는 2003년 한국투자공사(KIC)를 설립하기로 결정하고, 2005년 자산운용사의 국내 유치를 목표로 하였다. 또한 금융규제와 금융감독을 선진화하고 국내외 금융기관의 국내시장 참여를 촉진하며 국내 금융기관의 역량을 강화하는 정책을 실시하기로 하였다. 한국투자공사는 외국계 자산운용사를 국내로 끌어들이고자 하였고, 2012년까지 세계 50대 자산운용사 중 10~20개의 지역본부를 유치하고자 하였다. 그러나 한국투자공사의 경우 투자에 관한 내용을 견제할 제도적 장치가 없고, 거액의 손실을 낼 경우 그 책임을 물을 방법과 어떻게 충격을 감당할 것인가에 대한 대책이 없다는 비판을 받았다.

이와 함께 노무현 정부는 간접투자자산운용업법을 만들었다. 이 법은 투자대상의 정의를 유가증권 외에도 장내 및 장외 파생상품, 부동산, 실물자산[17] 등으로 확대하고 자산운용사의 범위도 은행, 보험회사 등으로 확대하였다.[18] 이 법은 증권투자신탁업법 및 증권투자회사법을 통합함으로써 동일한 자산운용행위에 대해 동일한 규제를 적용하고 투자자 보호장치를 강화해 자산운용산업에 대한 투자자의 신뢰를 회복할 수 있도록 하는 한편, 자산운용 대상의 확대 등 자산운용업에 대한 규제를 개선해 자산운용산업이 활성화되는 것을 목표로 삼았다(박종현, 2008: 105). 이 법 제정 이후에 금,

---

17) 금융자산을 제외한 비금융자산인 실물자산이 한국 사회에서 전체 자산 중 차지하는 비중은 약 73% 정도 된다. 2014년도 기준으로 상위층으로 갈수록 실물자산의 비중이 높아지고 있다. 상위 10%의 실물자산 비중은 78.9%이고 상위 5%는 80.2%, 상위 1%는 83.2%로 나타났다(전병유, 2016: 56).

18) 미국의 투자은행들은 모기지회사들에게 서브프라임 대출을 확대할 것을 요구하였고 일부 모기지회사들은 직접 매입하기도 하였다. 월스트리트는 변동금리 모기지를 확산시켰고 무원금대출과 소득증명서류를 제출하지 않는 대출도 늘렸다. 그 결과 월스트리는 금리가 높은 채권을 만들어내고 이를 투자자에게 판매하여 높은 수입을 올렸다(Ho, 2013: 435). 모기지는 문서로 작성한 일종의 채권으로 쉽게 투자자에게 양도할 수 있는 장점이 있다. 부동산은 움직이지 않고 증서 작성을 통해 부동산은 동산의 성격을 지닌 유가증권이 되어 전 세계로 유포되었다. 2001년 미국의 모기지 크기는 1.3조 달러였고, 2007년에는 10.5조 달러였다(Hermann, 2014: 222-234).

은, 영화, 부동산, 곡물 등 실물자산과 파생상품도 투자의 대상이 되었다(홍기빈, 2007). 즉, 자산운용 펀드 시장의 투자가 크게 확대되는 계기를 마련한 것이다.[19)]

한편 앞에서 본 자본시장통합법을 마련하여 금융산업의 대형화와 겸업화를 추진하고 각종 투자상품에 대한 규제를 철폐하여 모든 자원과 자산이 투자의 대상이 될 수 있도록 하였다(이현대, 2008: 310). 가령 2006년 현재 제일은행, 한미은행 소유권이 외국자본으로 넘어갔고 삼성전자(52.4%), SK텔레콤(62.26%), 국민은행(83.68%), 신한은행(62.75%) 등 국내의 주요 기업과 은행의 외국인지분율이 50%대를 넘어섰다(박용수, 2012: 112). 외국인 자본은 대부분 사모투자펀드나 헤지펀드와 같은 투기성 자본이었고 이들은 주주권행사에 방해되는 것과 주주이익 극대화에 걸림돌이 되는 각종 제도와 관행을 없애고 기업지배구조 개혁, 회계투명성 강화, 공시제도 강화 등의 제도 도입을 요구하였다.

재경부는 자본시장통합법이 자본시장과 이와 관련된 업종을 발전시킬 것이고 세계적 수준의 경쟁력을 갖춘 투자은행이 출현할 것이라고 낙관하였다. 이를 위해 관료들은 증권회사에 지급결제업무를 허용하고 증권업과 자산운용업을 회사 내부에서 겸업할 수 있도록 하였다. 이는 매우 위험한 정책이었지만 관료들은 세계 수준의 투자은행을 만들어줄 금융산업의 핵심이라고 주장하였다. 관료들은 이 정책이 동북아 금융 중심지 구상의 돌파구가 될 것이라고 노무현 대통령을 설득하였다. 또한 재벌이 증권업을 통해 은행업에 진출하고자 했고 이를 관료들이 앞장서서 추진하기도 하였다(이동걸, 2015: 180-181).

그리고 노무현 정부는 출자총액제한제도를 완화하여 기업들의 활동을 자유롭게 하고 지주회사 전환 요건을 완화하여 지주회사로 쉽게 전환할 수

---

19) 화폐 가치의 위험을 회피하는 데 도움을 주는 파생상품, 증권화 현상이 등장하게 된다. 연금이나 사회보장도 민간보험을 구매하는 것으로 대체되고 이러한 현상들은 위험과 불안을 덜어줄 것이라는 맹목적 믿음이 확산되면서 강화된다(서동진, 2014a: 25).

있게 하였다.[20] 출자총액제한제도는 노무현 정부가 개혁성을 띠고 추진했던 재벌금융사의 의결권 제한, 산업자본의 금융지배체제에 따른 폐해 차단 등에 대한 조치의 성격을 띤 제도였다. 이 사항은 '독점규제 및 공정거래에 관한 법률'과 '금융산업의 구조개선에 관한 법률(금산법)'과 관련되어 있었다. 시민운동세력들은 공정거래법과 금산법의 의결권 제한 내용이 개혁성의 수위에 있어 핵심이라고 보았다. 반면 기업이나 관료들은 금융회사 보유 계열사 주식에 대한 의결권 행사가 외국인의 적대적 M&A에 대한 방어를 위해 필수적임을 강조하였고 그러한 의미에서 출자총액제한제도의 예외 인정을 주장하였다(이종보, 2010: 293). 이러한 기업들의 논리는 결국 후에 삼성이 문제가 발생했을 때 삼성을 옹호하는 논리로 연결되었고 삼성이 전 방위적으로 로비를 전개하고 여당 내에서 지지세력을 확보하는 논리가 되기도 하였다.

결국 금산법은 절충이 되어 1997년 2월을 기준으로 삼성생명의 삼성전자 초과지분은 의결권만 제한하고, 그 이후 이루어진 삼성카드의 에버랜드 초과지분은 매각하는 것으로 되었다. 이와 함께 2007년 4월에는 자산규모 10조 원 이상 기업집단 중 2조 원 이상의 자산규모를 가진 계열회사만을 출자총액제한제도 적용 재벌로 규정하여 재벌규제개혁을 완화하기도 하였다(이종보, 2010: 322). 2007년 금산법이 개정되면서 국회는 삼성카드에 5년간

---

20) 미국의 경우 사법부를 통해 대기업의 계열분리를 명령하기도 한다. 미연방 대법원은 기업결합에 의해 스탠더드 오일이 탄생하자 이를 여러 개의 작은 회사로 분할하라는 명령을 내렸고, 브라운 슈라는 구두회사에 대해서는 보유하고 있는 다른 회사의 주식을 매각하라는 명령을 내렸다. 또한 도드 프랭크법을 시행하면서 미 연방준비제도에 위협이 될 수 있는 금융그룹에 대해서는 자산 또는 보유주식 매각을 명령할 수 있는 권한을 부여하여 이 제도를 성문화하기도 하였다(전인성, 2012). 미국의 연방준비제도는 1913년 의회에서 통과되었다. 연방준비제도는 독립적인 중앙은행으로 창설되었고 대통령은 연방준비제도이사회 의장과 12개 회원은행의 총재를 임명하고 상원의원이 임명을 인준한다. 중요한 점은 이 제도의 실세는 12개 민간연방준비은행의 총재들이라는 사실이다. 회원은행 이외의 주식 소유자들은 표결권을 가질 수가 없다. 연방준비은행은 미국의 화폐와 신용을 발행하고 통제한다. 이 은행은 전시에 신용을 유통시킴으로써 정부에 자금을 지원하는 은행 역할을 한다(Engdahl, 2015: 87-98).

지분매각을 위한 유예기간을 부여하였고 이에 따라 삼성카드는 2011년 12월 12일 보유 중인 에버랜드 지분 25.6% 중 17%를 KCC에 매각했고 이로써 이재용 부회장은 에버랜드의 최대 주주가 되었다(송원근, 2014: 42).[21)]

이와 같이 노무현 정부는 재벌개혁을 과감하게 추진할 수 없었고 민주주의의 문제를 시장주의와 병행해 사고하고 단순히 민주주의를 제도와 절차의 논리로만 이해하였다. 또한 그 중심에는 친시장주의의 관료들이 있었다. 이는 성장중심의 논리에 여전히 매몰되어 있는 민주화세력의 한계이자 한국사회 재벌기업의 막강한 파워의 면모였다. 이 문제는 재벌개혁과 함께 복지개혁정책을 실천하지 못하게 한 원인이었다. 노무현 정부 내에 복지정책을 끌고갈 집단이 부재했고 그 결과 세부 실행수단을 관련 부처와 관료들에게 의존하거나 위임하는 형태로 나갈 수밖에 없었다(이태수, 2014: 562).

IV. 한미 FTA 및 이라크 파병 문제

> "최근 한·미 간에 용산기지 이전과 미 2사단 재배치를 비롯한 주한미군 재조정 방안이 논의되고 있습니다. 양국은 한반도에서의 전쟁억제력을 약화시키지 않는 가운데, 공동의 이익이 증진될 수 있도록 긴밀히 협의해 나갈 것입니다. 한·미 간의 이러한 논의와 우리의 자주국방 계획을 바탕으로 장차 우리 군이 모든 전선에서 주도적 방어임무를 수행하고, 미국과 주한미군이 함께 새로운 관계로 발전시켜 나가야 합니다. 이를 위해 우리의 안보역량을 착실히 키워나가야 할 것입니다."

---

21) 에버랜드는 삼성계열사 가운데 노동통제에 대해서도 다양한 방법을 동원하고 있다. 에버랜드는 2011년 본사와 3개 사업부에 인사팀과는 별도로 신문화팀을 신설하고 이 팀이 노조결성 대응 전략을 실천하도록 했다. 서울 본사에는 신문화팀에만 17명이 근무하고 있고 이 팀은 노조활동가들을 감시하고 재판이나 집회에 쫓아다니고 기자회견을 방해하는 등 노동조합 대응 업무를 주로 수행하였다(조돈문, 2014: 187).

노무현 대통령은 이라크 파병 문제를 한미관계를 흔드는 군사외교정책의 쟁점이자 자신을 대통령으로 만들어준 지지층의 향배가 걸린 민감한 국내 정치 쟁점이라고 생각했다. 그는 그러나 이라크 파병은 옳지 않은 선택으로 역사에 기록될 것이라고 전망하였다. "옳다고 믿어서가 아니라 대통령을 맡은 사람으로서는 회피할 수 없는 선택이라서 파병한 것이다. 때로는 뻔히 알면서도 오류의 기록을 역사에 남겨야 하는 대통령자리, 참으로 어렵고 무거웠다."라고 회고하였다(노무현재단, 2010: 245).

노무현 대통령은 이라크 전쟁 발발 이후 미국으로부터 파병요청을 받은 후 국회연설을 통해 다음과 같이 밝혔다.

> "어려울 때 미국을 도와주고 한미관계를 돈독히 하는 것이 북핵 문제를 평화적으로 해결하는 길이 될 것이라고 결론내렸습니다."
>
> _『노무현대통령연설문집 1』

노무현 정부는 공병부대와 의료부대를 파병하기로 결정하고 2003년 4월 선발대를 파견하였다. 2004년 2월에는 추가 파병 전투부대인 자이툰부대가 창설되었다. 이라크 파병은 북핵 문제를 해결하기 위한 미국과의 공조 필요성 속에서 결정된 것이었다. 노무현 대통령은 파병 이후 한미관계에서 현안들이 발생할 때마다 이라크 파병이 정서적 지렛대 역할을 했다고 인식하였다. 즉, 이라크 파병은 한미 간에 갈등이나 이견이 생겼을 때 한국의 협상력을 높일 수 있는 요소로 활용되었다(김명섭·김주희, 2012: 127). 그러나 분단의 특수한 관계 속에서 노무현 정부가 이라크 파병을 수용하고 분단이 낳은 안보불안을 이유로 대북화해정책 등 노무현 정부의 대북정책을 비판한 보수세력과의 대결은 시민사회에 새로운 갈등을 양산하였다. 노무현 정부 시기에도 여전히 분단구조는 한국 정치에 영향을 발휘하고 있었다(전재호, 2016: 88).

당시 노무현 대통령은 미국을 이렇게 인식하고 있었다.

> "미국은 중요합니다. 그래서 앞으로도 국제적인 관계에서 우방국가이고 또 동북아시아에 있어서의 세력균형자로서 중요한 역할을 하는 관계로 가야 합니다. 또한 우리 한국은 어려운 일이 있을 때 동맹국으로서 서로 협력해 나가는 국가로 가는 것이 자연스러운 것이라고 봅니다." _『노무현대통령연설문집 2』

이러한 인식 속에서 노무현 대통령은 서로를 시장에서 배타적으로 우대해주는 것, 즉 미국시장에서 한국을 우대해주고 한국시장에서 미국을 우대해주는 것이 한미 FTA라고 보았다. 그러한 의미에서 노 대통령은 한미동맹의 개념으로 FTA를 이해하는 것에 대해 반대하였다. 노무현 대통령은 FTA를 국가의 장래를 위한 것이며 철저하게 '장사꾼 논리'로 협상해야 한다고 생각하였다(변양균, 2013: 219-229). 실제로 당시 정부는 한미 FTA 체결의 지연에 대해 우려하고 있었다. 한국은 다른 국가들에 앞서 미국시장을 선점해야 한다는 의식을 실무진들이 가지고 있었고, 지연되면 경쟁에 밀려 미국시장에서의 한국기업들이 점유우위를 상실할지 모른다고 생각하였다.[22] 한편 미국은 아시아 중시 외교와 함께 군사력뿐만 아니라 경제력과 외교력을 동시에 활용하겠다는 외교전략을 가지고 있었다. 미국은 한미동맹을 포함한 전통적 아시아 군사동맹을 안보, 경제, 환경 등 다양한 영역에서의 협력을 추진하였다. 미국은 상대적 국력쇠퇴와 국내 경제침체의 해법을 아시아지역에서 찾고 있었고, 한미 FTA는 그러한 전략의 일환으로 추진하였다(김규륜 외, 2013).

참여정부는 경제 각 분야에서 글로벌 스탠더드를 갖추고 해외투자 및 외국인투자를 활성화하며 개방친화적 사회 인프라가 형성된 국가를 만들기 위해 많은 FTA를 추진하였다. 그런데 참여정부가 준비한 한미 FTA는 신자유주의에 대한 신념과 이론으로 무장하였지만, 실제 추진과정은 일부 기업과 싱크탱크가 참여하였다. 그러나 실제로 정부의 관료들이 전 과정을 독점하여 정부주도의 신중상주의적 성격이 강하게 드러나기도 하였다(김진영, 2007:

---

22) 국회사무처, "한미자유무역협정체결대책특별위원회회의록," 제28호(2007.9.28).

152). FTA 준비과정에서 여론수렴이 부족했다는 점은 여러 가지 문제를 안고 있었다. 가령 경쟁력 강화와 국내개혁이란 장기적 효과를 거두기 전에 단기적 갈등과 비용 문제로 국가적 위기에 빠질 수도 있었다. 통상교섭본부가 합리성과 효율성을 중시하면서 한미 FTA 협상을 주도하여 신속한 타결을 보았지만 국내적 합의도출에는 실패하였다(최영종, 2010: 310).

노무현 정부는 한미 FTA 협상과정에서 200명이 넘는 민간자문단을 구성하였고 한미 FTA 민간대책위원회와 교수 연구모임 결성에 영향력을 행사하여 FTA에 대한 여론을 주도적으로 이끌고자 하였다. 또한 FTA에 참여한 통상관료들도 미국에서 학위를 이수한 사람이 가장 많았고 자유무역이념을 적극적으로 지지하는 관료들이 대부분이었다(서준섭, 2007: 88-89). 관료들은 한미 FTA 체결을 위한 사전검토 없이 FTA를 추진했고, 참여정부 인사들은 관료들의 신자유주의 노선을 제대로 통제하지도 못하였다(전창환, 2006: 164). 2007년 FTA가 타결되었을 때 700페이지가 넘는 영문 협정문을 국회에 공개하였지만 '국회의원에게 자료 외부 유출 금지 서약을 받을 것, 열람장 내에 감시용 CCTV를 설치할 것, 컴퓨터 모니터로만 열람할 것, 열람내용 메모 금지' 등의 조건을 내걸었다. 이 때문에 그 방대한 협정문을 제대로 읽은 국회의원, 전문가들은 없었다(김병로, 2015: 32).

참여정부는 2005년 4월 한국 경제가 대외 부문에서 지향해야 할 비전으로 '선진통상국가'로 설정하고 이것은 제2의 성장전략이라고 평가하였다. 선진통상국가의 5대 요소로 첫째, 노동, 금융, 경쟁 등 각 부분에서 국제기준을 마련하고, 둘째, 적극적 해외투자와 외국인투자 유치를 통한 국제네트워킹을 구축하며, 셋째, 강한 서비스산업과 부품, 소재 산업을 보유하고 IT 등 미래성장산업에 집중 투자하며, 넷째, 개방 친화적 인프라를 구축하며, 다섯째, 세계 일류 산업 육성 등을 들었다(유태환, 2008: 30).

이보다 앞서 노무현 정부는 2003년 'FTA 추진 로드맵'을 만들었다. 여기에서 경제적 타당성, 정치외교적 함의, 한국과의 FTA에 적극적인 국가, 거대선진경제권과의 FTA 추진에 도움이 되는 국가를 기준으로 추진 대상국을 선정할 것을 제안하였다. 노무현 정부는 FTA 추진 최종목표는 한국 경제

선진화와 경제이익을 극대화할 수 있는 거대선진 경제권과의 글로벌 네트워킹을 형성하는 것이었다(국정홍보처, 2008a: 259-261). 참여정부는 FTA를 단계적·순차적 방식이 아니라 동시 다발적 추진방식으로 진행하였다. 이는 그동안 지체된 FTA 체결 진도를 단시간 내에 만회하여 세계적인 FTA 확산 추세에 따른 한국 기업들의 기회비용을 줄이고 각 FTA별로 서로 다른 효과들을 상쇄, 보완하여 전체적 이익을 극대화시키기 위한 것이었다.

당시 FTA의 추진을 담당했던 김현종 본부장은 노 대통령이 사석에서 한미 FTA는 첫째, 전체적으로 이익이라는 관점에서 접근해야 하며, 둘째, 필요에 의해 한일 FTA를 시작했는데 한미 FTA가 더 유리하며, 셋째, 한미 FTA는 한국 경제의 마지막 승부수이고 이를 계기로 세계시장에서 도전하여 선진국으로 올라설 수 있으며, 마지막으로, 경제적으로 위험요소가 크지 않다는 점 등을 강조했다고 하였다(김현종, 2010: 92).

실제로 노무현 정부는 '한미 FTA 추진과정에서 협상의 목표를 양국 모두 수용 가능한 이익의 균형을 도출하고 공산품 등 경쟁 우위 분야의 미국시장 접근을 조기 확대하면서 경쟁 취약 분야는 피해가 최소화되고 구조조정을 촉진할 수 있는 방향으로 협상결과를 도출한다'라고 설정하였다. 그리고 FTA의 실질적 수혜자인 소비자의 혜택이 보장되는 협상결과를 도출하겠다는 의지를 표방하였다.[23)]

한미 FTA가 체결된 이후 김현종 외교통상부통상교섭본부장은 협상결과는 미국과 한국의 이익을 균형적으로 반영하고 있으며, 상품양허안에서 94%의 품목에 대해 3년 내 관세철폐를 달성하여 높은 수준의 개방도를 달성했다고 평가하였다.[24)] 그러한 평가에도 불구하고 FTA 추진과정에서 대통령을 비롯한 핵심 정책주체들과 김현종 본부장이 논의를 충분히 공유하지 못했다는 평가가 제기되었다. 한미 FTA는 동북아구상과 밀접한 연관성이 있음에도 불구하고 외교통상부도 동북아위원회와 긴밀히 교류하지 못하였

---

23) 국회사무처, "한미자유무역협정체결대책특별위원회회의록," 제1호(2006.7.31).
24) 국회사무처, "한미자유무역협정체결대책특별위원회회의록," 제20호(2007.4.6).

다. 노무현 대통령도 FTA를 동북아공동체의 실현의 매개체보다는 비즈니스 허브 구축을 위한 수단으로 파악하고 있었다. 외교통상부도 한미 FTA를 장기과제로 설정하고 FTA 정책과 동북아구상의 연계를 인식하지 못하였다(김양희, 2015: 309-310).

노무현 대통령은 미국과의 관계 정상화가 동북아시아 시대에 매우 중요하며 동맹국으로 미국을 여전히 인식하고 있었다. 노무현 정부의 FTA의 추진은 통상교섭본부의 국가경쟁력 강화에 대한 확신에 의해 영향을 받은 것도 있지만 미국과의 관계 악화로 인해 북한과 관계가 악화되고 동북아 허브로 도약이란 목표가 좌초될 위기에 대한 상황으로부터 더 큰 영향을 받은 면이 있었다(최영종, 2010: 312). 미국은 FTA 체결과 무역 문제를 신보수주의적 대외정책, 안보 문제와 연관시키는 입장을 취하였다. 한국을 비롯한 동아시아국가들이 동아시아연대와 협력을 형성하려는 징후가 보이자 미국은 동아시아국가들과 상무적인 방식으로 협력 및 동맹관계를 형성하여 자신들의 동아시아에 대한 주도권을 지키고자 하였다. 즉 미국은 FTA 체결을 통해 쌍무적인 정치·군사동맹관계의 강화라는 전략적 목표를 추구했다(전창환, 2006: 165).

한편 당시 대미관계는 동북아시대의 구상 속에서 일본과 중국을 견제하고 동북아지역에서 우위를 확보하고자 하는 정책 속에서 나온 결과였다. 북한 문제에 있어서도 노무현 정부는 남북한 문제를 한반도에 국한시켜 보지 않고, 동북아를 포함한 국제사회의 평화와 번영의 관점에서 보고자 하였다. 이에 따라 동북아경제중심국가건설이라는 목표를 제시하였고 통일외교안보 분야의 통합전략과 유기적인 연관성을 강조하였다(유성옥, 2015: 239). 노무현 정부는 집권 준비과정에서 한반도 평화체제 구축을 위한 로드맵을 작성하였다. 이 로드맵에서는 1단계 북한 핵 문제 해결과 평화증진 가속화, 2단계 남북협력 심화와 평화체제 토대 마련, 3단계 남북 평화협정 체결과 평화체제 구축을 밝혔다. 이는 한미관계의 발전과 자주국방 추진에 영향을 주며 그 성과에 바탕을 두어야 한다고 보았다(박선원, 2010: 201). 노무현 대통령은 자주국방을 주요 정책과제로 인식하였고 전시작전통제권 전환, 자주국방역량 확보방안, 국방개혁방안에 관한 구체적 계획을 세울 것을 지시하였다.

한미 FTA를 추진한 정부의 모호성은 사회적 갈등구도를 매우 복잡하게 만들었고, 실제 FTA의 측면과 동떨어진 반미 대 친미의 이념대립을 강화시켰다. 결과적으로 한미 FTA 추진과정에서 나타난 분열과 대립은 자기 정부에 큰 부담을 주는 것이었다. 노무현 대통령은 때로는 자주성을 강조하기도 하였다. 이러한 자주는 동맹과 배치되는 개념이 아니었다. 노무현 대통령은 자주와 동맹을 보완적 개념으로 이해하고 있었고 북한 핵 문제를 평화적으로 해결하고 역동적인 한미관계를 수립하고 자주적인 국방력을 확보하는 평화번영정책 속에서 받아들였다. 이러한 인식 속에서 한미 FTA가 추진되었는 평가도 있다. 노무현 대통령은 한미 FTA를 세계사의 흐름에서 균형자 이론으로 접근하였다. 세계와의 싸움, 경쟁에서 국민의 저력을 믿었고 친미나 종미가 결코 FTA는 아니었음을 강조하였다(변양균, 2013: 236).

"제가 좀 황당하다고 느끼는 게 있는데요. 한쪽에서는 참여정부[25]를 '신자유주의정부'라고 하고, 또 다른 한쪽에서는 '좌파정부' 아니냐고 자꾸 물어봅니다. 그래서 하도 답답해서 좌파정책할 것 하고 우파정책할 것 하는 '좌파 신자유주의 정부'라고 합니다. 이론적 틀 안에 자꾸 현실을 집어넣으려고 하지 말고 좌파이론이든 우파이론이든 현실의 문제를 해결하는 데 열쇠로써 써먹을 수 있는 대로 써먹자는 것이지요."[26]

"한미 FTA는 경제선진국을 향한 새로운 도전입니다. 양극화 해소와 동반성장은 복지한국을 향한 비전입니다. 자주국방은 한반도의 평화와 안전을 스스로

---

25) 노무현 정부는 참여정부를 강조하였다. 그러나 참여는 오히려 이견해소를 통한 사회통합으로 이어지지 못하고 국민들 사이의 갈등과 사회불안만 증진시켰다는 비판을 받았다. 참여의 증대가 오히려 정부의 정당성을 훼손하는 결과를 낳기도 했다. 참여의 증대는 민주주의 발전을 위해 매우 중요한 요소이지만 그와 함께 더 중요한 것은 정부의 통치능력과 책임성이다. 통치능력과 책임성이 뒷받침되지 않은 상태에서 참여증진은 사회혼란을 부추길 수도 있다는 지적도 가능하다(김일영, 2011: 377).

26) http://www.pa.go.kr/online_contents/speech/speech02/1309863_6175.html

의 힘으로 확고히 지켜나가자는 의지와 역량의 상징입니다. 국민의 힘을 하나로 모아 끊임없이 혁신하고 창조해 나가면, 참여정부가 마무리되는 2008년에는 국민소득 2만 달러 시대가 열릴 것입니다. 그리고 10년 안에 명실상부한 세계일류국가로 도약하게 될 것입니다"27)

노무현 대통령은 위의 연설에서 보듯이 한미 FTA는 선진국 도약을 위해 불가피한 길이며, 무엇보다도 국민소득 향상을 통한 세계일류국가로 발전할 발판이라고 주장하였다. 국민소득 2만 달러 시대는 삼성경제연구소의 보고서에 나온 것으로 과거 성장제일주의 사회의 구호와 유사하다. 노무현 정부는 출범 당시 경제 분야의 경험 있는 전문가가 없었기 때문에 초기에 삼성경제연구소의 조언을 받았고 그들이 만든 보고서를 전략을 세우는 데 활용해야만 했다(이장규, 2012: 401). 이러한 삼성의 영향력에 대해 일부는 노무현 정부가 집권엘리트-경제관료-삼성그룹 간의 결합체로서 정서적 급진주의라고 하는 스타일과 내용에서는 보수적 경제정책의 기묘한 결합에 불과한 정부라는 비판을 하기도 하였다(유종일, 2006: 310).

삼성 엑스파일 사건이 터진 후 고발자들은 법의 심판을 받았고 삼성의 공개사과로 일단락되었다. 사건 후 노무현 대통령은 불법도청으로 만들어진 정보공개는 어려운 판단의 문제이며, 정부가 중요하게 생각해야 할 것은 국가기관의 불법행위라고 지적하였다. 즉 불법정치자금제공, 뇌물공여가 문제가 아니라 도청이 본질적인 문제라고 생각한 것이다. 노무현 정부 시기에는 국무총리실, 기획예산처, 공정거래위원회, 금융감독위원회 등 핵심 부처 공무원들이 삼성인력개발원에서 교육을 받기도 하였다. 삼성의 막강한 사회적 영향력을 통제하지 못하고 그들의 불법적 영향력도 심판하지 못하고 오히려 삼성그룹의 파워에 편승하려던 참여정부의 무능력이 사실은 더 큰 문제였다(박갑주, 2014: 484-488).

한편 노무현 정부의 공약은 글로벌 경제에 대한 주도적 참여, 무역자유화

27) http://www.pa.go.kr/online_contents/speech/speech02/1309910_6175.html

등 자유무역협정에 대한 강조와 연결되었다. 이것은 전 정부인 김대중 정부 정책의 연장선상 속에 있는 것이었다. 노무현 정부는 2만 달러 시대를 강조하면서 개방형 통상국가라는 새로운 개념을 들고 나왔다(조찬수, 2014: 133). 사실 노무현 정부 5년 동안 평균 경제성장률은 4.3%로, 747공약을 내세운 이명박 정부의 평균 성장률 2%대보다 높은 수치였다. 또한 노무현 정부 당시 5년간 국민소득 증가액은 약 1만 달러에 육박하였지만, 이명박 정부 시기에는 증가분이 거의 없었다(김성재, 2014: 14-41). 삼성보고서에 기초해 노무현 정부가 바라본 한국 사회의 최종목표는 국민소득 증대를 통한 세계일류국가로의 도약에 있었다. 국민들 삶의 질 향상, 불평등과 빈곤의 해소라는 문제보다는 양적인 성장을 통한 복지국가의 도래가 무엇보다도 중요했고, 이를 통해 자연스럽게 불평등의 문제가 해결될 수 있을 것이라고 보았다.[28] 노무현 대통령은 한미 FTA가 체결되는 시점에서 "FTA는 한쪽이 득을 보면 다른 한쪽이 반드시 손해를 보는 구조가 아니라 각기 더 많은 이익을 얻을 수 있는 구조"라고 생각하였다. 그는 FTA가 정치 문제, 이념 문제가 결코 아니며 오로지 소신과 양심을 가지고 내린 결론임을 강조하였다("한미 FTA 협상 타결에 즈음하여 국민여러분께 드리는 말씀," 2007.4.2, 『노무현대통령연설문집 5』).

참여정부의 이러한 딜레마를 노무현 대통령은 좌파신자유주의라는 논리적으로 결합될 수 없는 단어들을 결합해 변론하였다. 일류국가로의 도약을 위해서는 자유로운 시장경제의 확립이 선결조건이었다. 시장이 활성화되면 경쟁이 활발하게 늘어나고 이는 자연스럽게 생산성 증대로 이어진다고 보았다. 특히 민영화, 탈규제, 유연화는 자유로운 시장을 위한 필수적인 조건이

28) 노무현 정부와 삼성과의 긴밀한 관계는 집권 이전부터 '삼성보고서'에 기초한 국가 아젠다 설정에서 엿볼 수 있었다. 특히 집권 중반기 실용주의를 내세우며 범삼성가인 홍석현 중앙일보 회장을 주미대사로 임명하였다. 노무현 정부는 홍 회장이 미국 조야와 친분관계가 돈독하고 미국의 언론주도층을 대상으로 한국에 대한 이해를 제고하는 데 능력이 있는 인물로 판단하였다. 그러나 2005년 소위 삼성X파일 사건으로 홍석현 대사는 취임 5개월 만에 낙마하게 된다(최광웅, 2016: 94-97).

〈표 31〉 빈곤율 변화 추이

(단위: %)

구분	정책 빈곤선		상대 빈곤선	
	최저생계비	중위소득 40%	중위소득 50%	중위소득 60%
1996	3.1	4.6	9.0	14.7
2000	8.2	8.2	13.4	19.4
2003	10.4	10.7	16.0	21.8
2006	11.6	11.9	16.7	22.4

* 주: 1분기와 2분기 자료만 사용
* 자료: 통계청, 가구소비실태조사(1996; 2000), 통계청, 가계조사(2006); 한국보건사회연구원, 국민생활실태조사원자료(2003)

었다. 이러한 논리만 본다면 노무현 정부의 시장논리는 신자유주의의 시장과 노동의 원리를 그대로 답습하고 있는 것이었다. 이 모든 것들은 김대중 정부와 마찬가지로 시장친화적인 관료들과 그 동맹세력에 의해 추진되었다. 즉 의회의 압력이나 견제, 시민사회의 동맹 없이 이전 발전국가 시대부터 존재했던 관료들의 주도로 성장과 발전에 바탕을 둔 신자유주의정책이 실천되었다.

이와 함께 노무현 대통령은 한미 FTA가 정치적으로는 손해지만 미래 국가산업의 발전을 위해 반드시 해결해야 할 과제라고 보았다. 당시 외교통상부 한미자유무역협상단 수석대표를 맡고 있던 김종훈은 국회에서 "한미 FTA가 되면 우리의 살아가는 모습이 보다 개방친화적이고 경쟁친화적인 모습이 될 것이다, 그러한 희망을 갖고 있습니다. 또 그렇게 가야 나라의 발전이 있을 것이라 하는 생각을 개인적으로 갖고 있습니다."라고 발언하기도 하였다.[29] 당시 실무진들도 FTA 체결을 통해 한국 사회의 상품생산의 질이 세계적 수준으로 업그레이드될 수 있다고 확신하고 있었다.[30] 노무현 대통

29) 국회사무처, "한미자유무역협정체결대책특별위원회회의록," 제10호(2006.11.8).

령은 산업화·민주화를 달성한 한국의 저력으로 볼 때 FTA에 내포된 위험과 불확실성을 감당해 갈 수 있다고 믿었다. 이러한 믿음이 FTA를 추진하게 된 배경이라고 스스로 생각하였다(김삼웅, 2012: 366).

노무현 정부에 있어서 한미 FTA는 소득증대를 통해 한국 경제 전체의 후생이 증대되고 외국인 투자와 국내 투자가 활성화되고 생산성이 향상될 수 있는 만능적인 해법이었다.[31] 이것은 과거 재무부 출신 관료들이 정책과정을 주도하면서 추진되었고, 소위 말하는 모피아가 등장한 사건이었다(조찬수, 2014: 219-231). 노무현 정부는 2003년도에 FTA 로드맵을 작성하였지만 미국과 본격적으로 협상이 시작된 2006년도에 구체적인 준비 없이 협상을 진행했다는 비판을 받기도 하였다.[32] 노무현 대통령은 한미 FTA가 자주적으로 추진된 것임을 강조하여 정당성을 확보하고자 하였고, 다른 한편으로는 한미동맹관계를 더욱 튼튼히 하고 군사를 포함한 모든 분야에서 한미 간에 관계가 깊어지는 데 몰두하였다. 자신들의 지지자들에게는 자주성을 강조하여 지지를 유지하고 동북아 시대에 중국, 일본 등 여타 국가들과의 경쟁에서 우위를 확보하고 한미동맹을 지속시킨다는 관점에서 이라크 파병이나 한미 FTA를 결정했다는 것을 보여주었다(김명섭·김주희, 2012: 136-137).

그러나 진보진영에서는 한미 FTA로 인해 전기, 가스, 수도 서비스가 민영화될 것이고 기초 의료비가 상승할 것이며 교육시장이 개방되어 공교육이 무너질 것이라고 우려하고 있었다. FTA 반대진영은 FTA가 발효되어 미국식의 경영합리화와 산업의 구조조정 바람이 확산되면 사회 내부의 소득불평등은 더욱 악화될 것이라고 예상하였다(김진영, 2007: 161). 정부에서는 공공서비스 분야는 미국이 관심을 가지고 있는 분야가 결코 아니며 교육 분야와 의료 등의 분야는 협상대상에서 제외될 것이라고 하였다. 그리고 전기,

---

30) 국회사무처, "한미자유무역협정체결대책특별위원회회의록," 제18호(2007.3.7).
31) 국회사무처, "한미자유무역협정체결대책특별위원회회의록," 제20호(2007.4.6).
32) 국회사무처, "한미자유무역협정체결대책특별위원회회의록," 제3호(2006.8.17).

가스, 수도 등에 대해 외국인투자가 허용되는 부분을 제외하고는 모든 요소를 유보사항인 'Annex II'에 포함하였다(김현종, 2010: 132-133).

노무현 정부의 경제정책의 성격의 일부를 읽을 수 있는 분야는 노동정책 분야이다. 노무현 정부는 2003년 5월 노사관계정책의 기본방향은 '경제정책의 보조적 수단에서 벗어나 신뢰와 참여, 책임에 입각한 사회통합적 노사관계를 구축'하는 데 있다고 밝혔다. 그러나 불법행위에 대해서는 법에 따라 엄정하게 처리하며 폭력파괴행위, 국가 경제 국민생활 침해행위에 대해서는 엄중처벌할 것임을 밝히고 불법파업에 대해 민사상 책임을 묻겠다는 원칙을 밝혔다(신원철, 2004: 123). 5대 불법행위로서는 생산, 주요시설 점거, 사업장 출입저지, 비조합원 등의 조업방해, 폭력 및 파괴 협박, 사용자의 부당노동행위 등을 들었다. 참여정부가 지향하는 '참여협력적 노사관계'는 결코 유럽식의 조합주의 모델은 아니었다. 왜냐하면 노동조합의 적극적인 참여와 정책타협을 이끌어내지 못하고 있고 고용창출과 생산성 증가라는 기능을 전혀 못하고 있기 때문이다.

> "자유로운 시장이 필요한 이유는 자유로운 경쟁이 창의를 자극하고 생산성을 높인다는 것이지요. 관치경제를 해소하고 민영화, 규제완화, 노동의 유연화가 필요합니다. 그 다음에 각종 정부의 지원과 보조정책은 시장친화적인 방법으로 바뀌어 가야 한다는 것입니다."[33]

이렇듯 노무현 정부의 노동정책은 공공부문 구조조정과정에서 보듯이 노조를 배제하고 노동시장의 유연화를 추구하는 신자유주의적 요소가 강하게 나타나는 것이었다.

---

33) http://www.pa.go.kr/online_contents/speech/speech02/1309984_6175.html

V. 노무현 정부의 통치성 문제 및 특징

노무현 정부의 명칭은 '참여정부'였다. 참여는 과거 권위주의 시대와는 달리 국민들이 자발적으로 정부나 국가에 의견을 표출할 수 있고 대의민주주의나 의회민주주의의 한계를 극복하고 새로운 시대에 국민들이 능동적으로 국정에 참여할 수 있다는 의지를 담은 것이었다. 참여정부란 명칭은 정부 출범 전 인수위에서 만들어졌다. 노무현 대통령은 민주주의에 대해서 다음과 같이 언급하였다고 측근은 증언하였다.

> "국민이라면 아무래도 권위주의 시대의 국가가 중심이고, 국의 민이니까요. 국가를 중심으로 한 그 용어를 피하는 것이 좋지 않으냐? 민주화시대이고, 우리는 낮은 권력을 지향하기 때문에 참여정부라고 하는 것이 어떻겠느냐? 그렇게 제안을 하였고, 노무현 대통령 당선자가 즉시 그것이 좋은 안이다. 그래서 민주주의도 일종의 정치적 민주주의, 대의 민주주의, 이것이 민주주의의 첫 출발이지만, 시간이 가면 갈수록 국민이 중심이 되고, 참여가 확대되는 것이 흐름이기 때문에, 그래서 참여정부, 이렇게 방향이 잡힌 것입니다."[34]

그리고 노무현 대통령은 민주주의를 다음과 같이 설명하였다.

> "민주주의가 제대로 되려면 그것은 진보적, 진보주의라야 한다, 저는 그렇게 생각합니다. 결국 민주주의는 진보의 사상으로 귀결됩니다. 자유, 평등, 인권, 국민주권 사상을 명실상부하게 실천하면 그것은 결국 진보의 사상이 됩니다."[35]

노무현 정부가 주장한 국민소득 2만 달러 시대, 매력 한국론, 동북아중심국가, 신성장 동력개발, 혁신주도형 경제, 국가균형발전 등은 삼성경제연구소의 보고서를 통해 발전된 것들이다. 정부의 정책이 대기업의 보고서를 통

---

34) 전 청와대 정책실장 및 국가균형발전위원회위원장 성경륭 구술 인터뷰(2013.1.31).
35) http://www.pa.go.kr/online_contents/speech/speech02/1310041_6175.html

해 그대로 반영된 것이었다. 노무현 정부 관료들은 삼성인력개발원에서 연수를 받기도 했고 삼성경제연구소는 노무현 정부 출발 즈음에 이미 국민소득 2만 달러의 중요성을 강조하기도 하였다. 2005년 당시 삼성에 취업하거나 사외이사로 영입된 전직 공무원의 수는 100여 명에 이르기도 하였다. 노무현 정부는 삼성의 보고서가 제안한 한미 자유무역지대를 급하게 추진하였고 그 결과 시민사회, 노동계와 충돌할 수밖에 없었다(하승우, 2014: 93).

이러한 정책들이 민주주의의 이름으로 신자유주의를 수용할 때 그 파괴력은 더욱 크다. 신자유주의 개혁이 지배적인 상황에서 보수세력에 의한 개혁담론에 대한 일종의 의미 전용이 이루어진다. 삼성 등 재벌의 이해관계가 사회 저변에 관철되면서 경제적 독점구조가 민주화 이후에 오히려 더욱 강화되고 있는 것이다(조현연, 2009: 159). 이러한 배경하에서 노무현 정부 시기에 발전담론이 광범위하게 확산되기도 하였다. 정부의 부처 및 국책연구소는 발전담론의 핵심조직들로서 한미 FTA의 협상을 진행하면서 국내 경제의 의사결정과정에 주도적으로 참여하였다. 외교통상부, 재정경제부, 산업자원부, 노동부, 농림부, 환경부 등이 이에 해당된다. 국책연구소에서 발간하는 관련 보고서는 한미 FTA 체결 이후에 미치는 부정적인 영향을 어떻게 효율적으로 극복할지에 대한 연구로서 한미 FTA에 대한 비판적 시각을 찾기는 어려웠다(장지호, 2007: 37). 이들은 세계의 다양한 제품과 서비스에 대한 선택의 폭이 확대되고 수입관세가 인하됨에 따라 수입제품의 가격이 하락하고 국내 물가도 하락한다는 발전에 대한 희망을 가지고 있었다. 그러나 이들은 한미 FTA가 성사되었을 때 나타날 수도 있는 부작용과 문제점을 면밀히 검토하고 이에 대한 대안을 제시하지 못하였다.

노무현 정부가 추진한 정책 가운데 중요한 정책 한 가지는 국가균형발전이다. 국가균형발전은 지역의 혁신역량 강화를 통해 모든 지역에서 발전의 기회와 잠재력을 증진함으로써 어느 지역에 거주하더라도 기본적인 삶의 기회를 향유하고 궁극적으로는 국가전체의 경쟁력을 극대화하는 것을 의미한다(국가균형발전위원회, 2004: 15). 당시 균형개발정책의 주 책임자이자 기획자였던 교수는 이렇게 증언하였다.

> "대한민국은 하나의 국가이지만, '원 네이션(one nation)'이 아니지요. 여러 가지로 '투 네이션(two nation)'이 될 수 있고, 남북으로 쪼개지지만, 우리 한 영토 안에서도 영남, 호남이 쪼개져 있고, 매번 그것 가지고 서로 정치인들은 득세하고, 정권을 그렇게 잘 만들어내고, 이것이 바람직하지 않다는 것입니다. 박정희 정부 시대에 성장과 발전이란 선택이라는 것이 그런 결과를 만들었고, 그 결과가 지역 간의 불평등이고, 그것이 계속 재생산되고 있고, 이것이 지역 간의 갈등을 일으키고, 국민 통합을 저해하고, 그래서 이것이 바람직하지 못하다, 정의롭지 못하다는 인식입니다. 이렇게 지역 간의 불평등이 과도하게 지금 누적이 되어왔고, 앞으로도 더욱 심화될 것이기 때문에, 이것을 어떻게든지 간에 바로잡는다는 것이 하나의 사회정의의 관점이기도 하고, 사회정의의 한 형태가 지역 정의, 지역 간 정의, 영어로는 이것을 '테리토리얼 저스티스(territorial justice)'라고 하는 것이지요. 지역 간의 격차가 너무 많기 때문에, 그 격차를 시정해야 한다. 사회정의의 하나의 하위 개념이라고 볼 수 있는데, 이것이 우리 헌법에 반영이 되어 있습니다."[36)]

참여정부는 선진화를 위하여 창신형 발전 전략, 다극분산형 균형발전 전략, 개방형 국가경영 전략, 세계화 전략을 국가경영 전략의 중심으로 삼고 전략 추진을 위해 국가균형발전정책을 핵심 정책과제로 선정하였다. 특히 참여정부는 수도권의 과밀을 해소하고 동시에 지방발전을 촉진시키기 위해 국가균형발전정책을 시급한 과제로 설정하였다고 밝혔다. 이는 세계화 시대의 새로운 성장동력을 지방화를 통한 지역경쟁력 강화에서 찾았음을 보여주는 것이었다(국정홍보처, 2008c: 22). 참여정부의 국정목표 중 하나로 선정된 '더불어 사는 균형발전사회'는 바로 국가균형발전에 대한 의지를 표명한 것이었다. '더불어 사는 균형발전사회'는 특권과 차별, 배제의 갈등구조를 없애고 집중·집권사회를 분산, 분권사회로 만들기 위한 국정목표였다.

이에 따라 2003년 4월 대통령령 17957호의 '국가균형발전위원회규정'에 의해 국가균형발전위원회가 대통령 자문기관으로 설립되었다. 2003년 6월 대구에서 열린 국정과제회의에서는 '국가균형발전을 위한 구상'이 소개되었

---

36) 전 청와대 정책실장 및 국가균형발전위원회위원장 성경륭 구술 인터뷰(2013.2.14).

고, 여기에서는 3대 원칙과 7대 과제가 제시되었다. 3대 원칙은 첫째, 국가개조의 차원에서 집권형 국가를 분권형 국가로 바꾸고 지방이 지니는 복합적 문제를 해소하기 위해 지방분권, 국가균형발전, 신행정수도건설 등 종합적 접근으로 지방화를 추진하며, 둘째, 자립형 지방화를 위한 지역혁신체계를 구축하고 이를 통해 지방경제를 혁신주도경제로 전환하며, 셋째, 지방을 우선적으로 육성하고 수도권의 계획적 관리를 통해 지방과 수도권이 상생발전할 수 있는 토대를 구축한다는 내용이었다. 7대 과제는 특별법제정, 공공기관 지방이전, R&D 지방지원 비율확대, 지역혁신체계 시범사업, 국가균형발전 5개년 계획, 지역특화발전특구설치, 낙후지역대책 등이다(국정홍보처, 2008c: 28-35).

노무현 정부는 국가균형발전정책을 추진하여 혁신주도형 경제를 정착시키고 수도권과 지방의 상생을 통하여 자립형 지방화의 달성 및 국가대도약을 이루어낼 것이라고 공언하였다. 그리고 추진과제로 신활력지역개발촉진, 지역혁신역량강화, 지역전략산업육성, 혁신도시건설, 신수도권발전정책 등 5대 추진과제를 설정하고 자립형 지방화를 통한 선진화 전략, 통합적 균형과 역동적 균형의 병행전략, 지역혁신전략 등을 주요 전략으로 채택하였다. 이를 위해 교육혁신, 과학기술혁신, 기업혁신, 정부혁신, 지역혁신 등 5개 부문의 혁신과제를 설정하였다. 여기에는 첨단지식 및 기술자본의 경쟁력 증진을 통해 지역균형발전을 추구하고 지역 간 격차를 줄이며 지역의 자생적 능력을 향상시킨다는 내용이 들어 있다. 당시 이 정책은 지역 간 불균등의 현상을 줄이기 위한 것이었지만, 공공기관이전이나 기업혁신정책 등은 오히려 지역 간 갈등을 유발할 위험성도 내포하고 있었다. 그러한 위험성을 줄이기 위한 다양한 전략이 시도되었다.

2003년 10월 정부는 '신행정수도건설을위한특별조치법안'을 제안하고 국회는 2003년 12월 29일 법률안을 통과시켰다. 2004년 5월에는 '신행정수도건설추진위원회'가 발족하였고 위원회는 중앙행정기관 18부 4처 3청을 신행정수도로 이전하고 국회 등 헌법기관은 자체적인 이전 요청이 있을 때 국회의 동의를 구하기로 하고 심의, 의결하였다. 그러나 헌법재판소는 헌법 제

130조의 절차를 따르지 않았기 때문에 위헌으로 규정하였다. 위헌 결정으로 2005년 '행정중심복합도시건설특별법'을 제정하여 신행정수도 이전 사업내용이 변경되었다. 신행정수도사업은 수도권과밀 문제를 해결하고 국토의 불균형 성장 문제를 해결하며 나아가서 지역 간 갈등을 줄여 국민통합을 높이며 동북아 중심 국가를 구현하기 위한 발판을 마련하고 국토의 효율적인 경영을 가능하게 한다는 목표를 가지고 있었다(나태준, 2005).

> "법인세나, 취득세나, 등록세나 이런 것에 대해서도 대폭 세목을 줄여주는 그런 상당히 큰 인센티브를 주는 것으로 기업도시를 했는데, 지나고 보니까 역시 기업들은 시장 가까운 곳에 무엇을 하는 것이지요. 예를 들어, 충주, 원주, 무주, 무안 이런 곳입니다. 또 한두 개 더 있는데, 이게 다 대도시하고는 멀리 떨어져 있기 때문에 이것은 기본적으로 기업들이 하겠다고 처음에 해놓고도, 지금은 원주는 잘 되고 있고요. … 서울하고, 몇몇 대도시부터 거리가 멀수록 인센티브를 더 올리는 쪽으로, 우리가 그렇게 설계를 당시에 했습니다. 그것이 2007년 마지막 해에 그것을 하다가, 그것은 사실은 설계는 하다가 실행은 못했는데, 그것을 우리가 대개 3개로 분류를 했습니다. 서울에서 수도권, 또 그리고 대도시에서부터 그 지역, 중간 단계 지역, 훨씬 더 먼 지역, 그렇게 해서 이것을 거리가 멀수록 인센티브를 더 늘리는 쪽으로 그렇게 당시에 설계를 했습니다. 그리고 먼 지역으로 갈 경우에는, 기업들이 도시개발을 할 수 있도록 굉장히 강력한 수단까지를 포함해서 했는데, 그것은 실행이 안 되기 때문에, 우리가 지금으로서는 그것이 당시에 실행이 되었다면 어떤 결과를 가져왔을까 하고 말씀드리기 힘든 상황입니다."[37]

노무현 정부의 국가균형발전전략은 과거 경제개발 5개년 계획을 변형시켜 국가균형발전 5개년 계획으로 자리 잡았다. 이 계획은 세계화정책을 충실히 수용하되 지방화와 세계화를 유기적으로 결합시켜 국가혁신과 국토개조를 목표로 하였다. 특히 지방화 전략은 분권과 자율을 바탕으로 지방의 자발성, 창의성을 증진시키는 전략이었다. 여기에서 분권은 분산적 분권화

37) 전 청와대 정책실장 및 국가균형발전위원회위원장 성경륭 구술 인터뷰(2013.2.14).

(민간기업의 지방분산, 공공기업의 지방분산), 특권적 분권화(지역별 전략산업군집 집중 육성, 지역별 특화산업을 중심으로 기술혁신시스템 구축), 자치적 분권화, 협동적 분권화(중앙정부와 지자체 간, 그리고 지자체 상호간 협력과 제휴), 공생적 분권화(수도권과 지방의 공동번영)를 의미한다(성경륭·박양호 외, 2003: 27-33). 그리고 국가균형발전은 세계화의 흐름을 수용하면서 다른 한편으로는 세계로 도약한다는 전략이었다(국가균형발전위원회, 2004: 27).

그러나 이러한 전략은 민주화, 탈냉전, 세계화, 정보화 시대에 적합한 전략이었지만 성장, 발전, 도약, 선진국 도입이라는 과거 발전주의 시대의 국가과제의 틀을 벗어나지는 못하였다. 균형발전은 방향이 옳았을지라도 보수진영의 반발이 컸고, 반대 중에서도 근거 없는 막연한 불안에서 나온 반대 등으로 인해 정책추진에 큰 어려움이 있었다(이정우, 2015: 72). 특히 자발적이고 창의적인 국민이 국정과정에 적극 참여할 수 있는 제도적 장치를 마련하고 인간가치와 사회정의가 존중되는 제도를 통해 참여민주주의의 이념과 이미지가 드러나도록 해야 함에도 불구하고, 수도이전 문제의 논의는 그러한 면이 매우 부족하였다. '무엇'을 이전할 것인가 '왜', '어디로' 이전할 것이라는 논의도 중요하지만 '어떻게', '어떤' 방향으로 국토를 만들어 나갈 것인가에 대한 진지한 고민이 부족하였다. 국정과제를 공론화하고 정책대안을 모색할 수 있는 대화의 장으로 네트워크를 만들고 이를 기초로 지역혁신, 지역균형 등을 창출할 수 있어야 했다(길병옥, 2005: 368-373).

특히 수도이전 문제에 대해 노무현 대통령은 하부기관에 과제를 위임하고 역사적 과업을 전면적으로 떠맡지 않음으로써 혼선과 비효율을 초래하기도 하였다. 주요 국가과제이고 국민적인 지지와 동의가 필요한 정책일 경우 대통령은 최고지도자이자 최종결재권자로서 과업을 리드하고 추진해야 함에도 불구하고 노무현 대통령은 그렇지 못함으로써 혼선을 드러냈다. 뚜렷한 비전을 국민들에게 보여주고 프로그램의 추진주체가 분명하게 될 때 리더십도 탄력을 받고 효율적으로 행사될 수 있는 것이다(정윤재, 2006). 또한 수도이전정책은 지방정부의 고유한 문화를 깨뜨리고 지방정부의 기업화를 가속화시켜 시장논리 속에 편입될 수 있었다. 이로 인해 지역들에서는 다양한 이벤트가 실시되었고 도시개발이 촉진되고 지역 간의 차이는 사라지고 획일화된 모습이 늘어났다. 이러한 것들은 성장과 발전, 자본과 시장으로의 포섭에 다름 아니라는 비판을 받기도 하였다(이광일, 2008a).

VI. 노무현 정부와 신자유주의의 문화

김대중 정부 말기부터 가시화되어 노무현 정부 당시 사회에 확산되기 시작한 불평등, 양극화 문제는 역으로 '부자'에 대한 갈망과 불안한 삶에 대한 심리를 강화시켰다. 예를 들어, 도서판매에서 『한국의 부자들』이라는 책이 베스트셀러가 되었다. 이 책은 한국의 부자들이 근검절약을 바탕으로 부동산을 중심으로 재테크를 하여 돈을 벌었다는 이야기를 싣고 있다. 이 책 이전에 나온 『부자 아빠 가난한 아빠』, 『백만장자 마인드』의 서적과 유사한 흐름을 보여주었다(『한겨레』, 2003/05/17: 25). 또한 『구두쇠는 부자가 될 수 없다』라는 책에서는, 부자는 10대에 결정되며 기업이 잘 되어야 나라가 발전하고 나라가 잘 되어야 우리 모두 부자가 된다는 주장을 하였다. 부자에 대한 열망은 금융권의 교양 특강에서도 빈번하게 강조되었다. 재테크 전문가가 진행한 '10억 원 만들기' 특강에는 많은 청중들이 모여 주식, 부동산, 금융 전문가들의 강연을 듣기도 하였다(『한국일보』, 2003/10/07: 40).

이러한 시대상황을 반영하듯 사람들 간에는 '안녕하세요'라는 인사 대신 '부자되세요'라는 말이 일상적인 용어가 되기 시작하였다. 심지어는 인터넷 공간 속에서도 부자되기 동호회가 우후죽순으로 늘어나기 시작하였다. 삼성경제연구소의 포럼 '부자의 특성 연구회'는 1년 만에 회원수가 4천 명이 되었고 오프라인 세미나에도 100명 이상이 참여하는 현상을 낳기도 하였다. 또한 다음 카페의 '선한 부자'는 회원수가 2만여 명을 넘어섰고 부자가 되기 위한 재테크방법, 성공담과 실패담, 전문가처방 등의 정보를 제공하였다. 미혼들만이 모인 부자되기 사이트의 회원수도 3만여 명에 근접하였다. 실제로 당시 설문조사에 의하면 직장인들이 올해 가장 이루고 싶은 꿈 1위는 '대박터지기'였고 2위는 가족건강, 3위는 승진 및 자아실현이었다(『내일신문』, 2004/01/29: 16).

이러한 현상은 대학가에서도 이어졌다. 사회과학동아리나 역사연구와 같은 학문적 동아리들의 회원수는 급감하고 취업에 관련된 동아리수가 폭발적으로 증가하였다. 일부 취업동아리는 학점과 토익점수 등 커트라인을 정해놓고 면접을 통해 회원을 뽑기도 하였고 동아리 가입 경쟁률이 10대 1을 넘기도 하였다(『세계일보』, 2004/10/27: 9).

이러한 성향은 대학가의 강의에도 반영되어 나타났다. 이러한 분위기와 맞물려 사회 전반에도 스펙 분위기는 줄어들지 않았다. 기업들이 인턴을 늘리면서 청년세대들은 스펙을 위해 인턴교육을 지원했고, 부당한 대우와 인격모독을 감내하면서 미래의 좋은 일자리에 대한 희망을 가졌다. 신자유주의하에서 청년 문제는 중요한 정치적 현안이 되고 있지만 정치적·도덕적인 주요 담론에서 배제되고 있다. 이들이 직면한 경제적·사회적·교육적 문제는 간과되고 있고 이들에 대한 미래의 투자는 철저한 경제적 논리로만 이해될 뿐 공동체의 일원으로서 인정되지 못하고 있다(Giroux, 2015: 32). 언제든지 상품화의 대상이 되었다가 용도폐기되는 일회용의 세대로 전락하고 있다. 청년들은 장기적인 공동체의 인적 자원이 아니라 병리적 대상이거나 사회적 부담으로 간주되고 경제를 악화시키는 잉여로 취급된다.

부자에 대한 열풍과 함께 직장인들의 자기계발 현상도 더욱 강화되었다. 한 조사에 의하면 직장인 73%가 경력관리를 하고 있었고 정부의 산하기관들도 직장인들을 위한 다양한 교육과정을 개발하였다(『서울신문』, 2003/03/26: 22). 자기계발에는 교육과정만 포함된 것이 아니라 주5일 근무제가 확산되면서 스포츠, 레저활동을 통한 자기계발도 늘어났다. 기업들은 복지카드를 제공하여 자유로운 레저활동을 장려하거나 외국어학습, 영화감상, 댄스강습 등의 비용을 전액지원하기도 하였다. 이러한 지원은 직장인들의 주말시간을 자기계발의 시간으로 변화시키면서 주말을 휴식이 아닌 계발과 학습의 개념으로 변화시켜 나갔다. 레저, 놀이, 여가 등은 상업화된 대중매체를 통해 확장되어 갔다. 스펙터클의 현상으로 표현되는 상업화된 문화현상은 소비자본주의를 확대하고 일반대중의 욕망을 더욱 강화시키고 그들의 저항성을 약화시켰다(류웅재 · 최은경 · 이영주, 2015: 50-51).[38)]

심지어는 자기계발에 성형수술이나 라식수술처럼 건강관리나 몸매가꾸기에 시간을 투자하는 직장인들도 늘어났다. 편안한 휴식보다는 남들보다 뒤처지지 않기 위해 무엇인가를 하고 습득하고 체화하고 가꾸어야 하는 시간개념, 즉 강박적인 개념으로 바뀌기 시작한 것이다. 이와 함께 아침형인간의 직장인도 늘어나기 시작해서 아침 일찍 출근하여 어학공부, 자격증 취득, 독서 등에 투자하는 새로운 풍속을 보여주기도 하였다. 당시 서적판매에서도 『설득의 심리학』, 『아침형 인간』 등 자기계발서가 베스트셀러가 되었고 『집 없어도 땅은 사라』, 『한국의 땅 부자들』과 같은 책도 꾸준히 판매되었다(『한국일보』, 2004/12/25: 20).

또한 다양한 학점은행제교육기관이나 사이버교육기관이 늘어나면서 주말학습, 평생학습의 새로운 교육양상이 등장하였다. 사이버대학에 재학 중인 학생들의 경우 30대, 40대가 가장 많았고 직장인들이 80% 이상을 차지하였다(『문화일보』, 2005/02/14: 9). 2004년 현재 사이버대학 학생수는 3만 5천여 명이었고 부동산이나 비즈니스, 사회복지 분야 등 실용주의 학문이 인기 있는 분야였다. 자기계발 분야로 학습 분야가 강화된 것은 경쟁과 스펙이 더욱 강화되어 가고 있는 사회상황과 무관치 않으며 실용주의적 지식을 강조하는 사회 분위기의 변화와 관련되어 있다. 특히 영어에 대한 강조는 공공기관에서도 나타났다. 서울시의 경우 '서울을 세계 초일류 도시화'한다

---

38) 소비자본주의를 주도하는 대형마트에 대한 사회학적 분석에 대해서는 신승철(2016)의 연구를 참조하라. 대형마트는 감정노동자를 양산하며 사랑과 연대, 나아가 공동체를 파괴하고 있다. 마트의 기호-흐름은 사랑과 욕망의 흐름이 아니라 이미지-영상의 흐름이며 환상경제의 흐름이다. 마트라는 공간 속에서는 소비자와 마트노동자가 인격적인 접촉은 불가능하고 침묵으로 가득한 공간으로 남을 뿐이다.

는 취지 아래 영어교육을 강화하고 행정문서에서 영문을 섞어 쓰도록 하고 간부회의를 영어로 진행한다는 계획을 세우기도 하였다. 외국어를 잘하는 공무원에게는 가산점을 주고 '영어체험마을'을 만든다는 구상도 세웠다(『한겨레』, 2004/04/26: 10).

VII. 노무현 정부의 정치사회학적 함의: 한국 정치사회에 대한 이해

노무현 정부가 출범한 16대 대선은 이전 정부의 정책을 어떻게 평가하고 극복·발전시킬 것인가 하는 과제를 앞두고 진행되었다. 특히 이전 정부인 김대중 정부의 개방화와 민영화의 부작용들을 극복하는 과제가 매우 중요하였다. 김대중 정부 말기에 반(反)DJ 정서와 반(反)신자유주의 정서를 잘 활용하여 대중적 지지를 확보할 수 있는 것이 16대 대선에서 승리를 가져올 수 있는 중요한 방향이었다. 민주화 과정을 거치면서 반공주의에 대한 부정적 영향력도 쇠퇴하고 지역주의도 과거에 비해 약해진 상황에서 노무현 대통령 후보는 그러한 분위기를 잘 활용할 수 있는 선거전략을 마련하였다. 노무현 후보는 사민주의와 신자유주의 중간에 위치한, 소위 제3의 길로 알려진 유럽식 중도좌파 노선이나 과거 미국의 루즈벨트, 케네디, 카터로 상징되어 온 미국식 리버럴좌파 이념에 가깝다는 평을 받기도 하였다(이준한, 2003: 125).

노무현 대통령은 출범 초기에는 광범위한 지지를 받았다. 그러나 정부 초기 강력한 지지를 받던 상황이 정부 중반부에 이르러 대중적 지지가 약화되었다. 여기에는 몇 가지 이유가 있다. 그 가운데 노무현 대통령이 양극화를 의제화하고 복지를 쟁점화함으로써 지지기반을 축소시켰다는 점이 있다. 사회경제적 개혁에 실패해서가 아니라 사회경제적 개혁을 적극적으로 시도함으로써 중산층의 지지기반을 상실했다는 점이다(조기숙, 2012: 56). 다른 하나는 복지주의 등장으로 발전주의 노선과 대립하면서 노선 간의 균열을 만들어냈다는 시각도 있다. 그러나 이러한 주장은 신자유주의가 과거 발전국가의 성장논리와 국가의 정책적 개입을 때로는 활용하고 때로는 친노동적인 정책도 전개할 수 있다는 가능성을 도외시한 주장이다. 노무현 정부가 만든 이념적 대립은 복지 문제를 둘러싼 논쟁에서 나왔다기보다는 4대 입법 추진과정에서 나타난 사회적 갈등과 대립, 그리고 분열, 지역 간 갈등으로 인해 보수세력으로부터 집중적인 공격을 받았고 의회와의 갈등이 격화됨으로써 여타 정책을 추진할 수 있는 기회를 상실한 측면이 강하였다.[39]

또한 노무현 정부 시기에 나타난 갈등은 한국 정치사에 전근대적인 지역 균열이 약화되고 근대적 의미의 좌우균열로의 이동이 시작되었다는 점을 의미하였다(조기숙, 2012: 57). 그러나 노무현 정부의 정책은 전통적인 TK 세력을 고립시키는 면이 강하였고 신자유주의적인 정책들이 진보적이고 친노동·친서민적인 정책이라고 볼 수 없었다. 그러한 점에서 한국 사회의 이념갈등을 서구사회처럼 우파와 사민주의세력, 급진세력이 나뉘어져 사회발전과 성장과 분배의 문제를 공론화하여 논쟁하는 구도를 만들어내지는 못하였다.

이라크 파병과 한미 FTA에서 보듯이 노무현 정부는 한미관계를 실용주의적인 관점에서 접근하였고, 자주와 동맹을 동시에 강조하면서 다양한 이념적 세력들을 동시에 포섭하고자 하였다. 그러나 기대와는 달리 FTA 추진과

---

39) 4대 입법과정의 실패를 보면 야당과 보수세력의 공격도 원인이었지만 여당의 정치적 취약성도 문제였다. 당시 참여정부에 참여했던 한 인사는 이렇게 진술하였다. "4대 입법은 하나하나 엄청나게 저항이 부딪히는 우리나라의 보수, 기득권 질서의 핵심을 건드리는 4대 개혁 입법을 하려고 하는데, 이때부터 이게 흔들거리고 무너지기 시작하는 것이지요. 왜냐하면 서서히 내분이 생기고, 떨어져 나가고, 그것이 오늘날까지 진행이 되는 것인데, 그러니까 152명이나 당선되었다는 것은 역사적으로 매우, 매우 예외적인 특수 상황에서 나타났고, 그때 민주당, 열린우리당의 지도부들이 이것을 어떻게, 어떤 시스템을 만들고, 어떤 조직 원리를 도입해야 이것이 붕괴되지 않고, 제대로 정당으로 존속할 수 있느냐를 많이 연구를 해야 하는데, 거기에 대한 노력이 부족한 상황에서 바깥하고, 엄청난 싸움을 한 것이지요(전 청와대 정책실장 및 국가균형발전위원회위원장 성경륭 구술 인터뷰(2013.1.31))."

정에서 지지세력의 동의와 이해를 충분히 구하지 않고 신자유주의적인 관료들을 동원해 전격적으로 추진하여 진보적인 지지세력의 이탈을 가져왔고 군사나 대북정책에서도 대미 자주성을 지나치게 강조하여 보수세력뿐만 아니라 의회 내의 여권세력으로부터도 비판을 받기도 하였다. 대북정책에서 노무현 정부는 김대중 정부의 햇볕정책을 승계한다고 했지만 부시 정부의 강경책을 의식하는 등 햇볕정책을 극복의 과제로 인식하였다. 김대중 정부의 대북지원정책에 대한 특검수용이 그 예이다. 특검수용은 남북관계와 통일문제에 대한 추동력을 약화시켰고 남북대화를 어렵게 했다(김택근, 2012: 384).

노무현 정부는 모두로부터 공격을 받았지만 스스로는 좌파도 아니고 신자유주의도 아닌 '개방형 복지국가'의 길을 지향한다고 규정하였다. 동반성장을 통해 성장과 분배를 조화시키고 대기업과 중소기업 상생의 기반을 다지고 양극화를 해소해야 한다고 보았다(국정홍보처, 2008a: 61). 그러나 실제로 그러한 자평은 설득력을 갖기 힘들었다. 경제정책에 있어서도 진보적인 정책도 아니고 시장만능주의도 아닌 이쪽과 저쪽을 갈팡질팡하는 태도를 보여주었고 일반대중의 삶의 질에 대해서는 실질적인 성과를 거두지 못했다는 비판을 받기도 하였다. 특히 출자총액제한제도를 유명무실화하고 지주회사 규제도 완화해 결국 재벌의 권력을 약화시키지도 못하였다는 점도 무시할 수 없었다(김기원, 2009).

그럼에도 불구하고 노무현 정부는 시민사회세력과 노동세력을 동원해 광범위한 지지를 획득하여 보수세력을 견제하고자 하였다. 그 결과 NGO 활동가들의 정부진출 및 정책연대가 활성화되었고 언론독점을 타파하기 위하여 진보적인 언론주변단체 출신인사들을 정부 주요 직책에 임명하기도 하였다.[40] 이에 따라 외부의 공직 경력이 없는 인사들이 발탁되면서 공직사회의

40) 시민단체 간부들의 정부진출 현상은 민주화 이후 보수세력이 공격하는 하나의 현상이 되었다. 전 세계적 차원에서 계급투쟁과 제국주의 투쟁에 기초한 급진적 개혁노선이 힘을 잃게 되자 보수적·중도적 시민단체의 간부들은 대규모 자본이나 국가권력의 지원을 받아 시민단체들을 탈정치화하는 데 성공하고 있다. 이들의 일부는 시민사회,

기강 해이와 공무원의 사기저하가 나타났다(조해경, 2016: 199). 그러나 이러한 시민사회에 대한 정책이 경제, 정치, 외교정책에 대한 지지를 감소시키고 사회의 다양한 영역에서의 이념갈등을 증폭시켜 사회통합에 실패한 측면도 무시할 수 없었다.

또한 노무현 대통령 개인의 소통방식도 문제가 되었다. 다양한 방식으로 국민들과 소통하고자 했지만 토론에서 이기려 했지 상대방의 말을 경청하지 않으려 했다는 비판을 받았다. 직설화법을 사용하여 국민에게 실망을 주기도 했고 보수적 언론을 적대시하여 지지세력을 규합하려고 하였지만 오히려 역풍을 맞기도 하였다. 대통령으로서 갖추어야 할 사려깊음, 절제, 인내의 리더십이 부족하였고 막말, 비어, 속어를 사용하여 대통령의 품격을 떨어뜨렸다는 비판을 받기도 하였다(임혁백, 2014: 726). 이것은 대통령 리더십의 위기의 한 단면이었다.

참여정부는 과거의 권위주의 유산을 비판하고 그것을 실질적으로 청산하기 위한 노력을 했다는 점은 매우 중요하게 평가받을 만하다. 그러나 권위주의를 타파하고 난 이후 탈권위주의적이면서 리더십을 지탱할 국민들로부터 인정받을 권위가 있어야 했다. 대통령의 '권위 없는 리더십'은 문제가 되었다(이재열·송호근, 2007: 306). 한국 헌정사에서 최초로 진보적인 정부를 자임하고 국민들의 자발적 참여를 강조한 노무현 정부는 진보를 표방했음에도 불구하고 신자유주의의 논리에서 벗어나지 못하였고, 진보적인 정책과 담론을 개발하여 진보세력을 규합하는 데도 실패하였으며, 최초로 여대야소의 정부가 되었음에도 불구하고 원활한 정당정치의 확립에도 실패하였다.

대통령은 중대 사안의 경우 최소한 국민적 토론을 벌이고 의견을 수렴하는 노력을 보여야 한다. 양극화 대책이나 이라크 파병, FTA 문제에서는 참여정부를 표방하였지만 이러한 노력을 보여주지 못하였다. 노무현 정부의

자유시장, 대안개발 논리를 주장하며 신자유주의체제 및 국제금융기구들과의 협력을 거부하지 않았다. 이들에 대해 일부 논자들은 국제주의라는 위장 아래 새로운 유형의 문화적·경제적 식민주의를 조장하고 있으며 계급정치를 회피하고 정체성정치를 추구한다고 보았다(Petras and Veltmeyer, 2008).

실책 가운데 하나는 한국의 발전모형에 대한 국민적 논의를 조직하고 만들어내는 작업을 하지 않았다는 데 있다(손호철, 2006: 362). 경제위기 시 미국식 신자유주의유형을 그대로 답습했고, 그 과정에서 양극화에 대한 우려를 표명하며 '좌파신자유주의'라 스스로 칭하는 모순을 보여주기도 하였다. 그러한 모순은 참여정부의 집권기간 내에 다양한 사회적·정치적 갈등의 원인이 되기도 하였고, 노무현 대통령의 권위와 리더십을 약화시키는 요소로 작용하였다.

이명박 정부의 통치와 신자유주의

I. 이명박 대통령 리더십의 특징

이명박 정부는 경제성장을 중시하는 유권자들의 지지를 받고 등장하였다. 많은 유권자들은 이명박 후보가 고용과 빈부격차를 완화할 것이라고 기대하였다. 이명박 후보가 승리한 배경에는 이명박 후보의 문제해결의사와 능력에 대한 유권자들이 신뢰뿐만 아니라 노무현 정부의 과거 실정에 대한 징벌적 투표의 요인이 개입되어 있었다(박찬욱, 2008: 227). 또한 젊은 세대와 진보세력은 자신들의 기대에 부응하지 못한 집권여당에 등을 돌렸다. 이는 이명박 후보의 압도적 지지를 가져온 또 하나의 요인이었다.[1] 특히 17대

---

1) 이명박 후보와 대결한 정동영 후보는 당시 집권세력으로부터 큰 지원을 받지 못하였다. 당시 청와대를 비롯한 친노세력들은 정동영 후보의 당선에 대해 회의적이었고, 자발적으로 정동영 후보진영에 참여하지도 않았다. 노무현 대통령의 임기 이후 각자의 길을 모색하는 데 청와대 참모진들은 집중하였다(김병로, 2015: 161). 17대 대선은

대선에서 많은 유권자들은 경제 문제에 대한 정부정책의 실효성을 중심으로 경제와 정치, 혹은 정부정책을 연계하고 있었다. 이에 따라 국민들은 성장을 통해 일시에 양극화, 실업 문제들을 해결하기를 원하였고, 과거 박정희 식의 개발독재를 회상시키는 인물을 원했다. 그 반사이익을 이명박 대통령이 차지하였다.[2)]

이명박 대통령 후보는 이러한 분위기를 잘 활용하였다. 많은 사안에 대해 실용적으로 접근하면서 이명박 대통령 후보는 '일 잘하는 경제 대통령'의 이미지를 부각시켜나갔고 이명박=경제 대통령이라는 브랜드를 성공적으로 국민들에게 각인시켰다. 이를 위해서 이명박 대통령 후보는 국가경영에 적합한 리더십, 개척과 도전정신을 강조하였다(이정재, 2016: 60-69).

이명박 정부의 등장은 김대중, 노무현의 개혁정부 10년 통치가 끝나고 보수적인 정치세력에게 권력이 이양되는 것을 의미하였다. 이는 한국 현대 정치사에서 '두 번의 정권교체 테스트'를 통과한 것으로 형식적으로는 한국 사회에 민주주의가 공고화되었다는 증거를 보여준 것이었다(임혁백, 2014: 730). 노무현 정부에 대한 비판 내지 심판도 이명박 대통령의 당선에 영향을 주었다. 선거 전부터 노무현 정부의 4대 개혁입법 및 행정수도 이전 등을 둘러싸고 범보수진영이 결집을 시작하였다. 2007년 대선에서 진보세력이 재집권하면 한국 사회의 주도세력이 근본적으로 뒤바뀌는 것이 아니냐는 불안감이 범보수진영을 결속시켰고 이것이 바로 대선의 표로 연결되었다(강정인, 2013: 173).[3)] 특히 이명박 대통령의 당선을 위해서 기독교계를 중심으

14대, 15대, 18대 대선과는 달리 이념의 변수가 유효하지 않았다. 즉 진보적인 영남지역 출신일수록 출신지역 정당 후보자를 선호하지 않았지만 17대 대선은 그렇지 않았다(장은영·엄기홍, 2016).

2) 반대로 개발시대에 건설업에서 성공한 사람이 같은 심성과 철학, 논리로 민주 시대의 정치지도자로 성공할 수 없으며, 그러한 인물은 모든 것을 탈정치의 색에서 바라보며, 정치를 기피하여 결국에는 소통부재를 가져온다는 비판을 하기도 한다(김영명, 2013: 345).

3) 당시 보수언론들은 노무현 대통령을 맹공격하였다. 한 신문은 사설에서 '대통령의 정신적 회로가 엉키고 있다'라고 보도하였고, 다른 신문은 '할 수만 있다면 대통령 직무정지

로 한 보수인사들이 기울인 노력도 큰 힘이 되었다. 대선 전부터 대형교회의 목사들은 설교 등을 통해 노골적으로 이명박 후보의 지지활동을 전개했다. 특히 뉴라이트와 한기총은 적극적으로 이명박 후보를 지지하였다. 뉴라이트의 리더 김진홍 목사는 이명박 후보와 오랜 친구 사이임을 강조하면서 방송 등을 통해 이명박 후보의 비리의혹을 옹호하는 발언을 공개적으로 하기도 하였다. 기독교인들이 이명박 후보를 적극적으로 지지한 것은 첫째, 독실한 개신교 장로 후보이고, 둘째, 사립학교법과 국가보안법 등 개신교의 공분을 자아내게 하는 이슈가 당시 있었고, 셋째, 이명박 후보의 이력이 신앙을 통한 성공 스토리를 잘 보여주었기 때문이었다(백중현, 2014: 242-247). 당시 기독교 세력들은 도시와 국가의 단체장을 선출하기 위해 개신교가 정치세력화함으로써 영토를 기독교화하겠다는 운동을 전개하였다. 이 구호 뒤에는 반공주의가 깊게 깔려 있었다. 1990년 이후 기독교계가 위축되었지만 한기총의 공격적 반공주의는 기독교계의 부활을 촉진시켰다. 한기총의 공격적 메시지는 개신교 신자에게 목표 의식과 생기를 불어넣었고 세상의 적을 뿌리 뽑기 위한 사역을 전개할 것을 명령하였다(김진호, 2014: 125-128).

마찬가지로 노무현 대통령의 국정운영 능력에 불만이 많은 사람일수록 이명박 후보를 지지하였다. 즉 노무현 대통령의 국정운영에 대한 평가가 부정적이고 노무현 정부 심판의 의미로 대통령선거를 바라본다는 입장이 강할수록 이명박 후보를 지지하는 성향이 강했다(강원택, 2010: 44). 17대 대선은 탈물질주의적 가치나 사회개혁 이슈보다는 '경제'가 주요 쟁점으로 부각되었다.[4] 즉 유권자들은 이명박 후보가 경제운영능력을 가지고 있다고 확신

가처분신청이라도 하고 싶은 심정'이라고 사설에 쓰기도 하였다(김상철, 2016: 85).

4) 탈물질주의 가치관은 개인참여, 환경에 대한 관심, 언론자유, 사회공존과 조화 등을 중시하는 태도이다. 한국 사회에서 탈물질주의 가치관은 베이비붐세대보다는 1979~1992년 사이에 태어난 에코세대에게서 더 강하게 나타나고 있다. 이들은 한국 사회의 과거에 비해 현재를, 현재에 비해 미래를 비판적으로 인식하며 개인생활에서는 긍정적이고 밝게 인식하는 태도를 보여주고 있다. 이들 에코세대는 다른 세대에 비해 정치적으로 무당파가 많으며 생태주의적이고 사회투명성을 강조하며 공정성을 강조하는 미래지향적 태도를 지니고 있다(이재열, 2014: 157-161).

하였다. 유권자들은 선거를 통해 여당에 경제에 대한 책임을 묻고, 자신들의 선택이 경제정책을 바꿀 수 있으며 지역주의 외의 쟁점이 투표선택의 중요한 요소가 될 수 있음을 보여주었다(류재성·송병권·홍지연, 2008: 284). 이 때문에 다른 가치보다는 경제적 이념가치를 중심으로 한국 사회에서 진보와 보수의 진영이 나뉘고 경제적 이념 이미지 집단(노동자 대 재벌, 성장 대 분배, 기업규제 대 자유시장)에서 이념갈등의 정치적 표출이 강하게 나타났다.[5] 노무현 정부의 경제 문제에 대한 정책적 실패를 강조한 이명박 대통령 후보는 그로부터 반사이익을 얻었다고 할 수 있다.[6] 이명박 대통령은 다음과 같이 말하였다.

> "이명박 정부는 출범부터 성숙한 세계국가를 국정지표로 삼았습니다. 세계일류국가 건설과 선진화의 문을 여는 정부, 이것이 바로 우리 정부의 역사적 정체성이자 책무입니다. 지구촌의 생존 번영을 국가의 생존 번영과 일치시키는 것이 바로 글로벌 리더십이자 성숙한 세계국가의 조건입니다."
>
> _『따듯한 사회를 위한 공생발전』: 141

이명박 정부는 창조적 실용주의를 정책기조로 삼았다. 출범 시 이명박 정부는 '선진화를 통한 세계일류국가 건설'이라는 국가비전을 제기하고 선진화를 위해 창의적으로 성과를 추구하는 것이 실용주의 핵심이라고 발표하였다. 이에 근거하여 섬기는 정부, 활기찬 시장경제, 인재대국, 성숙한 세계국가, 능동적 복지를 5대 국정목표로 제시하였다. 또한 잘사는 국민, 따듯한 사회, 강한 나라를 국가비전을 실천할 수 있는 3대 축으로 삼았다. 그리고

---

5) 한국 사회의 이념갈등은 다차원적 정책 이슈 경쟁에서 다양한 집단에 의해 증폭될 수 있으며 이념을 경제적 이미지로 생각하는 집단에서 정치적 갈등이 강하게 나타난다. 즉 한국 사회에서 점차로 경제적 정책 이슈에 대해 이념적 대립이 강화되고 있다(박경미·한정택·이지호, 2014).

6) 당시 집권여당은 완전국민경선제를 통해 후보자를 선출하였다. 그러나 선거인단 가운데 16.2%만 선거에 참여하였고 충분한 사전 준비 없이 시작하였고 경선 중간에 선출방법을 변경하지 않았기 때문에 국민경선의 핵심인 일반유권자의 참여가 낮았다(신명순, 2015: 117).

국가목표를 달성하는 수단으로 신발전체제를 제시하였다. 신발전체제는 첫째, 국가 주도 대신 국가와 사회가 협력하며, 둘째, 양적 성장 대신 질적 성장을 추구하고, 셋째, 일방적 명령 대신 헌법을 존중하는 법치를 강조하며, 넷째, 평균적 대량생산 대신 개성과 창의를 존중하는 다원주의를 추구하며, 다섯째, 민족주의 대신 세계가치와 민족가치의 조화를 추구하고, 여섯째, 저신뢰사회에서 고신뢰사회로의 전환을 추구한다. 이명박 정부는 '국가경쟁력강화위원회'를 설치하여 '기업하기 좋은 나라'를 만들겠다는 의지를 보여주었다. '비즈니스 프랜들리'라는 용어를 사용하며 정부의 역할을 기업을 지원하는 정부로 규정한 것은 과거 정부와는 다른 모습이었다(김인영, 2011: 81). 비즈니스 프랜들리는 국가의 탈규제를 동반하였다. 그러나 반자본적이고 반기업적인 행태에 대해서는 강력한 국가개입을 시도하기도 하였다. 탈규제는 때로는 탈정치를 가져와 정치의 고유한 목적을 상실하게 만들었고 기업의 무한한 성장과 지배를 강화하였다(김윤태, 2015(b): 176-177).

이러한 배경에도 불구하고 이명박 정부의 경제정책은 시장우선주의, 기업우선주의라는 평가를 받았다(장세진, 2012: 19). '7.4.7'공약도 이러한 기조 위에서 만들어진 것이었고, 이를 위해 법인세 및 종부세, 양도세 감세, 출자총액 폐지, 금산법 완화, 공기업의 민영화, 수도권 규제완화 등의 정책을 실시하였다. 글로벌 금융위기 이후 친서민실용주의로 노선을 전환하여 친기업정책으로부터 친서민으로 정책대상의 핵심을 바꾸었지만 그 밑바탕에 있는 신자유주의 노선을 변화시킨 것은 아니었다. 일부 논자들은 이명박 정부가 친서민정책을 강조하고 법치와 성장을 우선시했지 용산참사나 비정규직 문제, 한미 FTA 문제 등을 볼 때 서민의 고통과 애환을 제대로 보지 못하는 정부라고 비판하였다(박영규, 2014: 491).

이명박 정부 시기 10대 재벌 사내유보금은 2009년 288조 원에서 2013년 522조 원으로 80% 이상 증가하였다. 이것은 대기업들이 저임금의 비정규직 고용을 확대하고 유통시장을 장악하고 정부의 대기업 감세정책에 기인한 것이었다. 반면 10대 대기업 실물 투자액은 2009년 26조 원에서 2013년 7조 원으로 대폭 감소하였다(김낙년, 2015: 147). 한미 FTA에 대해 이명박 정부는 개방 후 경제영토가 확대되었고 2011년에는 무역 규모가 1조 달러를 넘어섰다고 자평하였다. 세계화 시대에 국경선은 더 이상 비즈니스를 제약하지 못하며 대한민국의 생존을 위해서는 더 많은 개방과 경제영토의 확보가 필요하다고 이명박 정부는 인식하고 있었다(백용호, 2014: 291-292).

이명박 정부는 일자리 창출, 서민생활 안정, 동반성장, 공생발전, 공정사회구현, 미래 성장동력 확충을 위한 규제개혁 과제 발굴 등을 추진하였다(권오성, 2012: 1002).[7] 2011년 세계은행이 조사한 기업환경평가보고서에 의하면 한국은 8위였다. 이것은 기업하기 편한 환경을 위해 이명박 정부가 국가경쟁력을 높이기 위한 일환으로서 규제개혁을 추진한 결과였다(백용호, 2014: 75). 이러한 이명박 정부의 노선을 동반성장이나 대기업 규제에서 보듯이 자본으로부터 일정한 자율성을 확보하고자 하였고 물가관리를 위해 각 부처에 지시했다는 점을 들어 발전국가의 틀을 벗어나지 못했다고 이해하기도 한다(김인영, 2011). 그러나 그러한 개입은 신자유주의 노선을 근본적으로 폐기하거나 약화시키는 것은 아니었고 신자유주의 노선을 유연하게 수용하고 그것을 정책적으로 뒷받침하고자 하는 노력이었다.

II. 녹색성장 문제와 4대강 개발[8]

경제성장에 대한 국민적 지지와 바람을 바탕으로 하여 등장한 이명박 정

---

7) 규제개혁의 내용으로는 첫째, 기업투자 환경개선 및 일자리 창출을 위한 규제개혁 추진, 둘째, 일반서민, 중소기업 지원 및 국민부담 경감을 위한 규제정비, 셋째, 미래 성장 동력 확충을 위한 규제개혁, 넷째, 발상의 전환으로 규제개혁 추진 기반 강화를 들 수 있다(권오성, 2012: 1041-1044).

8) 이 장은 윤민재, "녹색성장주의에 대한 재고찰," 『사회과학연구』 35집 2호(2011)에 기초하여 재구성한 것이다.

부는 매년 7%라는 경제성장률을 공약하였다. 이와 함께 이명박 정부는 '저탄소 녹색성장'이라는 새로운 성장전략을 제시하였다. 녹색성장정책은 2020년까지 세계 7대, 2050년까지 세계 5대 녹색강국에 진입한다는 국가비전하에서 3대 전략과 10대 정책으로 구성되어 있다. 이명박 대통령은 녹색성장을 새로운 성장모델로 규정하고 녹색성장을 통해 일자리 창출, 고속성장이 가능하다고 보았다. 녹색성장은 환경과 경제의 선순환구조를 지향하며 번영과 행복을 위한 불가피한 선택임을 이 대통령은 강조하였다.[9] 녹색성장과 함께 추진된 4대강살리기사업[10]도 환경개선과 경제위기 극복이라는 목적으로 추진되었다(이명박, 2015: 565).

> "저탄소 녹색성장은 신재생에너지 기술개발 등 녹색산업을 새로운 성장동력으로 육성하는 한편, 환경 개선을 통해 국민의 삶의 질을 높이고 지구적 기후변화에 적극 대응하려는 새로운 성장모델입니다. 녹색성장은 좋은 일자리를 많이 만들어 '일자리 없는 성장의 문제'를 치유할 것입니다. 신재생에너지산업은 기존 산업에 비해 몇 배나 더 많은 일자리를 창출할 것입니다. 정보화 시대에는 부의 격차가 벌어졌지만 녹색성장 시대에는 그 격차가 줄어들게 될 것입니다."
> _이명박 대통령 연설문 1권: 638

> "녹색성장은 환경이 경제를 살리고, 경제가 환경을 살리는 선순환구조를 만들어 내 지속가능한 성장을 이루자는 것입니다. 녹색성장은 첨단기술과 녹색기술을 융합시키고, 환경·기후변화·에너지 문제에 창조적으로 대응하기 위한 전략입니다. 녹색성장은 당대는 물론 미래 세대의 번영과 행복을 위한 선택입니다. 한국은 녹색국가 건설을 위해 '녹색성장기본법'을 만들고, 교통·건물에서부

---

9) 녹색성장이 2008년 이명박 대통령에 의해 제시되고 그 이듬해 대통령직속위원회가 발족하였다. 산업, 기업, 금융계에서 녹색성장에 대해 관심을 갖게 되자 이와 관련된 기업들의 주식가격이 상승하기 시작하였다. 그중 자전거와 관련된 모 기업의 주식가격이 10배 가까이 치솟았고 녹색성장 발표를 앞두고 청와대 인사들이 미리 이 주식을 매입해 이득을 챙겼다는 일화가 소개되기도 하였다(소중섭, 2014: 193).

10) 이명박 정부는 4대강사업 후 한반도를 강타한 주요 태풍과 호우에도 범람사고가 없었고 환경오염도 우려와는 달리 큰 문제가 된 적이 없다고 자평하였다(이명박, 2015: 576-578).

터 투자, 에너지 구조 개편, 교육에 이르기까지 종합적인 전략을 마련해서 강력하게 추진하고 있습니다." _이명박 대통령 연설문 2권: 289

녹색성장론을 자세히 들여다보면, 첫 번째 전략은, 기후변화 적응 및 에너지 자립이며 효율적 온실가스 감축, 탈석유·에너지 자립 강화, 기후변화 적응역량 강화로 정책이 구성되어 있다. 효율적 온실가스 감축부문에서는 '탄소를 줄여가는 사회구현', '저탄소 그린 한반도 구현'이 포함되어 있고, 탈석유·에너지 자립강화정책은 에너지 자립도를 2009년 32%에서 2020년 50%, 2050년 100%까지 증대시킨다는 목표를 세우고 있다. 그리고 기후변화 적응역량 강화부문에서는 기후감시 및 예측능력강화 등이 포함되어 있다.

두 번째 전략은, 신성장동력 창출이며 녹색기술 개발 및 성장동력화, 산업의 녹색화 및 녹색산업 육성, 산업구조의 고도화, 녹색경제 기반조성 등이 정책에 포함되어 있다. 이 부문은 주로 성장잠재력 확충정책에 포함되어 있으며, 특히 기존 산업의 포기가 아니라 기존 주력산업의 녹색화를 추진하는데 초점을 맞추고 있다.

세 번째 전략은, 삶의 질 개선과 국가위상 강화이며, 녹색국토·교통의 조성, 생활의 녹색혁명, 세계적인 녹색성장 모범국가 구현으로 구성된다. 현재의 양적 경제발전 우위에서 전환하여 질적 경제발전을 이루고, 이러한 경제발전 수준에 부합하는 국제적 역할을 하겠다는 정책의지가 담겨 있다.

그러나 한국의 저탄소 녹색성장전략은 근본적인 지속가능한 발전의 개념을 제대로 담아내지 못하고 있으며, 선명한 구호와는 달리 목표를 달성하기 위해 제시된 다양한 정책과 계획들이 다소 현실성이 떨어지는 방식으로 구성되어 있다.

이명박 정부는 출범 직후 '저탄소 녹색성장'을 새로운 국정목표의 키워드로 제시하고 이를 적극 추진하고 있다. 이를 위해 녹색성장위원회를 대통령 직속위원회로 만들고 사회, 정치, 경제, 문화, 산업 모든 분야에서 녹색성장에 맞는 세부과제를 설정하였다. 대신 기존의 지속가능발전위원회를 환경부장관 직속기구로 바꾸었다. 그러나 녹색성장위원회는 시민사회를 대표하는 환경주의자나 생태주의 시각을 가진 전문가들을 포함시키지 못하였고, 그 결과 환경을 경제적 관점으로만 접근하는 위원들이 다수를 차지하게 되었다. 즉, 환경 문제와 관련된 시민사회의 주요 성원들이 배제되는 결과를 가져왔다. 이에 따라서 정책의제선정, 정책추진 등 전 과정에 참여하는 시민대표는 축소되었고 이들의 의사와 주장이 반영되기 어려운 구조가 되었다. 이러한 점들은 정부정책을 둘러싼 갈등과 분쟁을 증가시킬 수 있는 원인이 되기도 하였다. 시민사회참여의 축소는 환경 문제를 행정적·절차적인 문제로만 풀어나갈 가능성을 높이게 된다. 이러한 현상은 관 주도의 정책추진과 경제논리, 행정논리로만 환경 문제를 접근하는 결과를 가져올 수 있다(조명래, 2011). 즉, 환경관리주의의 속성이 강하게 나타났다.

한편 이명박 정부의 녹색성장은 성장과 일자리 창출에 역점을 두고 있다는 비판을 받았다. 이명박 정부의 녹색성장이론의 기초를 마련한 미래기획위원회는 녹색성장을 지속가능한 발전을 위한 목표지향적인 행동과 정책을 제시하는 개념이며 경제적으로는 녹색기술과 녹색산업을 통해 성장동력을 얻고 일자리를 창출하며, 환경적으로는 지구온난화와 에너지위기에 대응하는 구체적인 행동을 전제로 한다고 규정하고 있다(미래기획위원회, 2009: 42). 이의 연장선상 속에서 이명박 정부는 4대강사업도 녹색뉴딜의 일환이며 일자리를 창출하고 투자를 확대하여 경제위기에 능동적으로 대응하는 경기부양사업임을 강조하였다. 이 사업에 대해 이명박 정부는 실용주의적 접근을 통해 홍수위를 낮추고 수량을 확보하며 생태주의적인 요구를 가능한 한 포괄하는 접근법임을 주장하였다. 이를 위해 '녹색성장 4개년 계획'을 발표하고 약 107조 원 규모의 예산을 책정하였다.

녹색성장의 기본 틀과 방향을 설정한 미래기획위원회는 녹색성장의 3대 축으로 녹색기술 및 녹색산업을 새로운 동력으로 신성장동력, 국민의 삶의 질을 한 단계 올리는 것, 기후변화에 적응하고 에너지 자립을 이루는 것 등을 들고 있다. 세부적으로 보면 신성장동력을 위해 녹색기술개발 및 성장동력화, 산업의 녹색화 및 녹색산업육성, 산업구조의 고도화를 들고 있고 기후변화 적응 및 에너지 자립을 위해서는 온실가스 감축, 에너지자립강화, 기후변화적응 역량강화를 들고 있다. 그리고 삶의 질 개선을 위해서는 녹색국토와 교통조성, 생활의 녹색혁명, 세계적 녹색성장 모범국가 구현 등을 제시하고 있다. 이명박 정부는 환경과 경제가 상충되는 개념이 아니라고 보았다(김상협, 2008: 10).

이명박 정부는 지속가능발전담론과 생태근대화론의 발선적 통합으로서 녹색성장담론을 제시하였다(녹색성장위, 2009: 39-40). 그러나 원래 지속가능성의 개념은 자연적·기술적·경제적 특성이 공존할 수 있는 사회를 말한다. 지속가능한 사회는 자연적·경제적·사회적 가치를 정의내리고 합리화시키는 신념, 가치, 패러다임의 문화를 요구한다. 지속가능한 사회는 환경적 지속가능성(환경친화성, 기후친화성), 경제적 지속가능성(공급 지속가능성과 경제성), 사회적 지속가능성(형평성, 평화, 민주성)을 추구하는 사회이다(윤순진, 2008; 정대연, 2010: 345). 지속가능발전은 산업주의와 자본주의적 경제성장을 지속시키면서 과학기술을 바탕으로 환경과 빈곤, 사회통합의 문제를 동시에 해결하는 담론이다. 일반적으로 지속가능성은 3E, 즉 경제(Economic), 생태(Ecology), 평등(Equity)으로 설명된다(하퍼, 2010). 이를 위해서는 다양한 사회주체들의 참여와 의사소통의 활성화가 매우 중요하다. 특히 국가의 역할이 강조된다(구도완, 2006).

이명박 정부의 녹색성장은 이론적으로는 지속가능발전 개념을 발전시키는 것이지만 현실적인 정책과 세부적인 사항을 들여다보면 경제성장과 효율성을 강조하는 담론의 성격이 강하다. 이명박 정부의 녹색성장담론 추진의 중추적 역할을 한 녹색성장환경비서관은 "'온실가스배출권 거래', '탄소거래제'정책이 녹색성장의 핵심사항이며 녹색성장정책은 환경정책이라기보다는 지속적인 경제성장을 위한 경제정책이다"라고 밝혔다(『조선일보』, 2010/12/27: B1).[11] 이와 같이 구체적인 정책내용을 보면 성장에 강조점을 두고

---

11) 탄소배출권 거래제도란 탄소를 배출할 수 있는 권리에 값을 매겨 사고파는 제도이다. 유럽연합은 2008년부터 2012년까지 탄소배출량을 1990년 수준보다 8% 감축할 예정이다. 유럽기후거래소에서 유럽배출허용량은 14달러에 거래되고 있다. 유럽기후거래소의 경우 2009년에만 약 142조 원의 탄소배출권을 사고팔았다. 세계탄소배출권 시장

있음을 알 수 있다. 현재의 녹색성장은 친환경기술을 통하여 환경보호와 경제성장을 동시에 달성할 수 있다고 보는 생태근대화론과 유사한 맥락에서 해석되기도 하였다.

녹색성장의 주제 가운데 성장은 매우 중요한 핵심적 개념이다. 이명박 대통령은 2008년 8.15기념축사에서 저탄소 녹색성장은 "온실가스와 환경오염을 줄이는 지속가능한 성장이며 녹색기술과 청정에너지로 신성장동력과 일자리를 창출하는 신국가 발전패러다임"이라고 소개하였다. 이러한 녹색성장은 새로운 발전패러다임으로 제기되었다. 녹색성장을 통해 한국 사회가 실업 문제와 경제위기를 극복할 수 있다는 확신을 보여주었다. 이명박 정부는 녹색성장의 주요 동력은 기술과 에너지이며, 이것은 과거의 반(反)환경적인 개발방식이 아니라 친(親)환경적인 개발방식인 점을 강조하였다. 그러나 그 후 전개되고 있는 이명박 정부의 녹색성장 방식을 보면 환경 문제를 과학기술 발전을 통해 조절하고 극복할 수 있다는 입장을 볼 수 있다. 이러한 구상하에서 이명박 대통령은 경기침체와 실업 문제 해결을 위해 신재생에너지산업 등 환경산업에 대한 공공투자를 추진하는 녹색뉴딜(Green New Deal)을 제안하였다. 물론 녹색뉴딜은 경제위기와 외환위기, 그리고 에너지위기에 직면하고 있는 현 시대에 새롭게 등장한 성장방식이자 친환경적인 발전전략을 추구한다는 점에서 높게 평가받을 수 있다. 그러나 생태학적 녹색성장이 추구하는 분배, 사회정의, 참여 등의 가치가 구체적으로 어떻게 실현되는가에 대한 의식과 전략이 부족하다는 평가를 받기도 하였다.

이명박 정부의 녹색성장이론의 기초를 마련한 미래기획위원회는 녹색성장을 지속가능한 발전을 위한 구체적이고 목표지향적인 행동과 정책을 제시하는 개념이라고 정의하였다. 경제적 측면에서 보면 이 개념은 녹색기술과 녹색산업을 통해 성장동력을 얻고 일자리를 창출하는 의미이며, 환경적 측

규모는 2008년 1,264억 달러였고 2010년에는 1,500억 달러가 예상된다(『조선일보』, 2010/07/31: A12). 탄소거래제는 기후 문제를 시장논리에 흡수하는 것이며 '탄소브랜드'화는 기후변화를 악화시키는 인간의 활동을 중립화하여 인간이 기후에 아무런 영향을 주지 않는 것처럼 보이게 한다고 비판받기도 한다(케빈 스미스, 2010: 27-28).

면에서는 지구온난화와 에너지 위기에 대응하는 구체적인 행동을 전제로 하는 개념이라고 보았다(미래기획위원회, 2009: 42). 이러한 기조 위에서 이명박 정부는 2013년까지 녹색산업 전문 중소기업을 1,000개 정도 육성하고 30대 그룹은 녹색성장 분야에 22조 4천억 원을 투자할 것이라고 밝혔다. 녹색전문 중소기업을 육성하기 위해 녹색벤처기업 창업촉진, 녹색금융 및 인력 강화, 녹색기술력 강화, 해외녹색시장진출 활성화 등을 제시하고 녹색신성장 분야 투자전문 펀드 규모를 2009년 1,050억에서 2013년에는 1조 1천억 원으로 늘리며 녹색경쟁력 확충을 위한 녹색연구개발 예산을 2008년의 1조 4천억 원에서 2013년에는 3조 5천억 원으로 증대한다고 밝혔다(『동아일보』, 2010/07/14: A2).

녹색성장의 5개년 계획이 끝나게 되면 2013년에 그린카 생산 4대 강국이 되고 녹색기술 제품의 세계시장 점유율이 8%에 이르게 되며 신재생에너지 보급률도 3.8% 정도 상승하고 2020년에는 세계 7대 녹색강국이 될 것이라고 전망하였다.[12] 이러한 정책안을 가진 녹색성장은 성장방식을 녹색화하자는 것으로 실용적인 성장전략의 성격을 갖게 되었다. 그러나 실용주의적인 성장방식은 생태적 수용가능성을 초과하는 방식이 될 위험성을 지니고 있기 때문에 '생태적 효율성(ecological efficiency)'보다는 '에너지 효율성'에 가깝다는 비판을 받기도 하였다(정대연, 2010: 391-392).

온실가스 감축노력은 기후변화 시대에 전 지구적 차원의 노력과 관심을 받고 있는 대표적인 환경정책이다. 1997년 교토의정서 채택 이후 38개 국가가 온실가스 감축을 위해 노력하였다.[13] 유럽연합의 경우 온실가스 배출권

---

12) 그러나 한국의 신재생에너지 공급량은 OECD 국가 가운데 최하위를 기록하고 있다. 신재생에너지는 태양광, 풍력, 바이오연료, 수소연료전지 등을 말하는데 세계시장 규모는 해마다 평균 28% 정도 성장하고 있다. 신재생에너지 비중은 OECD 평균 15.2%이지만 한국은 1.6%에 불과하다. 신재생에너지 비중 1위는 아이슬란드로 83.4%였고, 노르웨이는 46.2%였으며, 미국은 5.7%, 프랑스도 8.1%를 기록하였다(『문화일보』, 2010/09/07: 12).

13) 지구온난화 규제와 방지를 위한 국제협약으로 1997년 12월, 일본 교토에서 개최된 기후변화협약 제3차 당사국 총회에서 채택되어 2005년 2월 16일 공식 발효됐다. 선

거래제도를 통해 해결하고자 하였지만 오히려 온실가스가 증가하는 현상이 나타났다(박진희, 2010: 239). 온실가스를 실질적으로 감축하기 위해서는 화석에너지 시스템을 재생에너지로 전환해야 한다. 화석에너지는 환경과 인간의 건강에 치명적 영향을 주는 위기를 불러오고 사회적 비용을 강화하고 장기적으로는 경제 부담을 가중시킬 수 있기 때문이다.

원자력의 경우 방사성폐기물이라는 근본적인 문제를 가지고 있다. 문제는 사용 후 핵연료를 비롯한 방사성 폐기물 처분 기술개발을 위한 투자가 중요하다는 점이다. 국가에너지기본계획에서나 기후변화대응 종합계획에서나 원전발전기술개발에 대한 투자는 중요하게 취급되지만 사용 후 핵연료 처분기술개발에 대해서는 계획이 전무한 실정이다(윤순진, 2009: 186). 그동안 방사성 폐기물 관리 문제는 사실 중·저준위 방사성 폐기물 문제였다. 가장 위험한 고준위 방사성 폐기물, 즉 사용 후 핵연료는 원자력이 시작된 지 40년이 지난 이 시점까지도 전 세계 어떤 나라도 제대로 처리하지 못하고 있는 실정이다. 당시 발표에 의하면 원전의존율 1위는 프랑스로 75%였고, 2위는 31%인 한국이었다. 원전의존율 23%인 독일은 대체에너지 개발에 역점을 두어 현재 대체에너지 의존율이 17%이고, 2022년까지 모든 원전을 폐기하기로 결정하였다(『조선일보』, 2011/05/31: A16).

온실가스 감축 문제와 함께 고려해야 할 중요한 문제는 기후변화의 문제이다. 한국의 기후변화 대응에 대한 평가를 보면 OECD 국가 가운데 최하위로 나타났다. 특히 온실가스 감축과 탈석유 에너지자립강화, 기후변화 적응역량강화 등의 분야에서 하위권으로 나타났고, 신재생에너지공급 비중은 최하위를 기록하였다(『동아일보』, 2011/05/19: A5). 이명박 정부가 2011~2015

진국(38개국)은 1990년을 기준으로 2008~2012년까지 평균 5.2%의 온실가스를 감축해야 한다. 한국은 2002년 11월에 비준했으며 법적 의무는 부담하고 있지 않지만 OECD 회원국으로서 멕시코와 함께 온실가스 감축 압력을 받고 있다. 한국은 2차 의무감축 대상국이고 이에 따라 2013~2017년까지 온실가스를 감축해야 한다. 미국은 전 세계 이산화탄소 배출량의 28%를 차지하고 있지만, 자국의 산업보호를 위해 2001년 3월 탈퇴했다(강승진, 2005).

년을 국가기후변화 적응대책기간으로 설정하고 건강, 재난과 재해, 농업, 물관리, 산림, 해양수산업, 생태계 등 7개 부문별 적응대책을 세우고 있지만 현실적으로 실천가능한 종합적인 대책마련에는 실패하였다. 이는 거의 모든 부처에서 녹색성장과 관련된 정책을 내놓고 있는 데 비해 사업 주체들 간의 중복되거나 상충되는 사업들을 정책적으로 조율할 만한 책임기관이 부재하기 때문이다. 이러한 기후변화에 대한 능동적인 대책이 부족함에 따라 물피해, 식량피해, 건강훼손, 산림피해, 수자원고갈 등 2100년까지 2,800조 원의 손실을 입게 될 것이라고 예상하였다(『동아일보』, 2011/05/19: A5).

한편 '저탄소 녹색성장'을 위해 환경세로서 탄소세를 부과하고자 했지만 현재 세출에 대한 구체적인 계획은 미흡하였다. 우리나라 에너지 부문의 연간 총 보조금 규모를 보면 환경유해 보조금이 연간 약 4조 8,697억 원이고, 환경친화적인 보조금은 연간 약 4,208억 원에 달한다(강만옥 외, 2007). 즉, 에너지에 관련된 지출을 하면서도 결과적으로는 환경에 유해한 부문에 돈을 더 쓰고 있는 것이다.

녹색성장의 가장 기본적인 법인 저탄소녹색성장기본법(Framework Act On Law Carbon, Green Growth)을 보면 법의 목적을 "경제와 환경의 조화로운 발전을 위하여 저탄소 녹색성장에 필요한 기반을 조성하고 녹색기술과 녹색산업을 새로운 성장동력으로 활용함으로써 국민 경제의 발전을 도모하며 저탄소 사회구현을 통하여 국민의 삶의 질을 높이고 국제사회에서 책임을 다하는 성숙한 선진 일류국가로 도약하는 데 이바지함을 목적으로 한다"라고 밝히고 있다. 그리고 3조 조항에서는 "정부는 시장기능을 최대한 활성화하여 민간이 주도하는 저탄소 녹색성장을 추진한다. 정부는 녹색기술과 녹색산업을 경제성장의 핵심 동력으로 삼고 새로운 일자리를 창출, 확대할 수 있는 새로운 경제체제를 구축한다."라고 정의하고 있다.

저탄소녹색성장기본법은 법의 목적에서 밝히고 있듯이 녹색을 통해 경제발전을 추구하고 선진일류국가로 가는 것이 최종목표임을 밝히고 있다. 3조에서도 일자리 창출과 새로운 경제체제의 구축이 중요함을 역설하였다. 이와 같이 이 법은 녹색은 성장을 위한 수단이며 녹색성장의 최종목표는 경제발전임을 보여주고 있다. 일반적으로 녹색성장기본법은 3개의 기본계획이 규정되어 있다. 기후변화대응기본계획(40조), 에너지기본계획(41조), 지속가능발전기본계획(50조)이 그것이다. 그런데 녹색성장기본법의 기후변화대응기본계획은 종래 논의되어 왔던 기후변화대책기본법의 기후변화대책종합계획을 가져온 것이고, 에너지기본계획은 에너지기본법 6조의 국가 에너지기본계획을 가져와 규정한 것이며, 지속가능발전기본계획은 지속가능발전기본법 4조의 국가지속가능발전 기본전략의 수립에 관한 내용을 가져와 규정한 것이다. 녹색성장기본법의 3개 기본계획을 3개의 법률에서 가져와 규정하였기 때문에 녹색성장기본법이 각 분야에서 근간을 이루는 기본계획규정을 하나의 법 아래 두는 것이 과연 타당한가 하는 법적 논쟁이 일어날 수 있었다.

그리고 녹색성장기본법이 다른 법의 규정들을 제거하는 경우 기존 법률이 무력화되는 결과를 가져올 수 있고, 하나의 법에 여러 개의 기본계획을 두는 경우 기본계획들 상호간의 관계와 순위가 문제가 되었다(함태성, 2009: 172-176). 특히 저탄소녹색성장기본법 중 지속가능발전에 관한 내용은 6장의 49조, 50조에만 간략하게 소개되어 있을 뿐이다. 여기에서도 국토의 개발 및 관리, 녹색제품 생산, 토지이용과 생산시스템 정비 등을 강조하고 있다. 이러한 내용들은 결국에는 환경 관련법들을 무력화시켜 환경법 고유의 의미와 기능을 약화시킬 수 있다. 즉, 환경의 가치보다 성장의 가치가 우선시하는 경향을 녹색성장기본법은 보여주고 있고, 기존 환경법들이 가지고 있는 고유성을 약화시키고 있다.

또한 녹색성장기본법안은 대운하, 핵산업활성화, 국가기반시설에 대한 민간투자유치활성화 등을 담고 있어서 녹색으로 포장된 경제성장중심주의, 시장중심주의라는 비판을 받기도 하였다(길종백 · 정병걸, 2009: 60). 녹색성장기본법이 환경과 성장, 사회정의를 함께 고려하는 내용이라면 이에 대한 정책과 전망을 가진 내용들을 포함해야 했다.

III. 이명박 정부의 통치성 문제 및 특징

이명박 정부의 정책 가운데 그 본질을 잘 나타내주는 정책 가운데 하나가 노사정책이다. 이명박 정부는 노사관계정책에서 '노사관계 법치주의의 확립,' 노동시장정책에서 '노동유연성의 제고'와 '규제개혁'에 초점을 맞추었다. 그리고 노동정책의 기조를 '경제 살리기', '일자리 창출', '노사관계의 경쟁력 강화'로 규정하였다. 경쟁력 강화의 구체적 방안은 '노동시장의 유연성과 안정성 제고', '근로자 중심의 노동행정'을 설정하였다. 노사관계법치주의는 단호한 법적 대응을 통해 노조의 불법행동을 통제하고자 한 것이었다. 규제개혁안도 복수노조교섭창구 단일화, 유니언숍제도 삭제, 기간제와 파견제 사용기간 연장, 파견업종확대, 무노동무임금원칙, 노조전임자 임금지원금지 등 친기업적인 정책이 대부분이었다. 또한 3백만 개 일자리 창출, 청년실업 축소, 여성일자리 확대 등을 주요 노동정책 공약으로 내세웠다. 3백만 개 일자리 창출을 위해서는 7% 경제성장, 신성장산업육성, 분야별 취업촉진책 실시 등을 수단으로 하고 청년실업 축소를 위해서는 좋은 일자리 만들기, 직업인식 전환을 통한 중소기업 취업, 구직활동지원 체계구축을 추진수단으로 하였고, 마지막으로 여성일자리 확대를 위해서는 여성친화적 일자리발굴, 여성창업지원, 가족친화적 기업문화확산을 추진수단으로 하였다(조성봉 외, 2011a: 126).

혹자는 이러한 정책을 자본편향성과 노동자 배제성이 적나라하게 드러나는 정책이라고 평가하였다(노중기, 2009: 145). 노사관계의 법치주의는 주로 다양한 노사현장에서 보듯이 경찰력과 보안용역들의 무차별한 개입과 폭력행사에서 볼 수 있듯이 억압적인 정책으로 표출되었다.[14] 노동정책을 보

14) 이명박 정부가 경찰과 용역회사 등을 동원하여 노동현장, 철거민현장 등에 폭력적으로 개입한 내용은, 정재은의 논문 "노동현장에 투입되는 폭력컨설팅"(2012)과 김동춘의 저서 『대한민국잔혹사』(2013)를 참조하라. 이와 같이 민주화 이후에도 폭력이 공개적으로 동원되는 현상을 병영형 신자유주의로 설명하기도 한다. 군사문화의 낡은

면 2011년도에 복수노조 창구 단일화가 실시되어 교섭 창구 단일화를 강제함으로써 강력한 노동통제수단을 마련하였다. 또한 10만 명이 조합원으로 있는 공무원노조를 법외노조로 만들었고, 2010년에는 현대자동차 사내 하청노동자에 대한 불법 파견을 불법으로 확정했음에도 불구하고 현대자동차는 후속조치를 제대로 취하지 않았다. 오히려 현대자동차는 불법파업 등에 대해 손해배상을 청구했고 법원은 130억 원을 배상하라고 판결하기도 하였다(노중기, 2014: 109-110).

이러한 현상들을 치안정치로도 설명할 수 있다. 신자유주의가 강화되면서 사회로부터 배제된 삶들, 바우만이 말한 '쓰레기가 되는 삶들'이나 경쟁사회에서 탈락한 루저 등이 증가하면서 이들을 근본적으로 사회로부터 배제하고 그들의 권리와 요구를 철저히 무시하는 정치가 등장한다. 즉, 치안정치는 신자유주의하에서 국가가 이들을 공권력을 동원해 배제하고 제압하여 지배체제의 안정화를 꾀하는 통치를 말한다. 이 과정을 통해 이들 대중은 남아도는 과잉인구가 되며 정치질서는 지배질서 내부로 다수 성원들을 통합하고 포섭하는 논리를 작동시킨다. 대중의 삶이 불안정해질수록 신자유주의하에서 대중은 그러한 문제들을 자기계발의 논리로 무장하기도 하고 때로는 불안한 삶을 공권력이나 국가권력에 의탁하여 안정한 삶을 국가에 의존하기도 한다. 이때 치안정치는 국가가 사회적 약자들을 선정하고 이들을 힘으로 제압하여 구성원들로 하여금 감사하다는 마음을 갖게 만드는 정치이기도 하다(김성일, 2014: 205-210).

용역의 폭력 문제는 신자유주의 시대의 안전의 시장화 문제와 관련되어 있다. 미국이 9.11사건 이후 군비확장을 자본주의 성장의 동력으로 삼고 군산복합체를 강화한 것도 이러한 현상에서 파악될 수 있다. 신자유주의 시대에는 공적 권력과 사적 폭력 사이의 경계가 사라지고 다양한 영역에서 감시

폭력이 현재 사회 전반적으로 2등 시민, 비국민들을 대상으로 사용되고 있다. 그리고 일반시민들도 학교, 회사 등에서 극기훈련 등을 통해 폭력의 문화를 자발적으로 내면화하고 있다. 한국적 신자유주의는 개별화·원자화와 함께 과거 군사정권의 군사주의의 조합을 배가하고 있다(박노자, 2016).

및 경비산업이 발전한다. 공공기관뿐만 아니라 사적 공간과 시설에도 사설 경비원이 고용되고 민간 경비시스템이 앞 다투어 도입된다. 일상생활에서도 CCTV 등 보안장치들이 시민들의 저항이나 이의 없이 도입되고 치안유지의 강화가 억압이나 감시가 아니라 안전과 편의의 차원에서 수용된다. 일종의 안전의 자기책임화, 시장화, 상품화라는 생활안전경찰의 강화가 나타난다(이계수, 2012: 24). 사실 근대사회에서 감시를 추동하는 힘은 국민국가의 발전과 기업의 발전이었다. 이 두 조직의 발전과정은 인간, 물질, 조직, 제도에 대한 감시기제를 효율적으로 발전시켜왔다.

이러한 감시는 모두 관료조직을 통해 이루어졌고 프로파일링, 모형화 등 새로운 기술을 도입하였다. 개인들에 대한 다양한 지식체계를 축적하였다. 과학기술의 발전이 발전함에 따라 전자적인 감시시스템은 생체인식기술과 비디오기술까지 포함하는 다중심적이고 다각적인 네트워크를 형성하고 있다(Lyon, 2014: 273). 안전의 자기책임화는 결국 안전과 보안에서의 계층 간의 불평등을 가져온다. 이와 함께 국가는 노동자들의 파업과 저항을 법치주의라는 이름으로 강력하게 통제하기 시작하였다. 법치주의라는 명목으로 지금까지 없었던 새로운 통제방식은 노동자들의 저항을 국익에 반하고 공공질서를 훼손하며 집단이기주의에 매몰된 사회질서파괴분자로 낙인을 찍기 시작하였다.

이명박 정부의 노사관계정책이 이전 정부들과 다른 점은 노사정위원회 등 합의기구를 매개로 한 정책 실행이 사라지거나 그 의미가 축소되었다는 데 있다. 한편 노동시장유연화정책은 비정규직 확대와 제도화를 노린 기간제법과 파견법 개정, 시간제근로와 탄력적 근로시간제도 확대, 민간고용중개산업 육성, 상시적 구조조정 추진, 공공부문의 인력 감축 등이 핵심적인 내용이었다. 그리고 일자리 창출을 위해 4대강사업을 실시하면서 청년층을 대상으로 한 신규 일자리 창출과 사회적 일자리 창출정책을 펼쳤다. 그러나 청년인턴은 최저임금 수준의 일자리이자 6~10개월 정도의 한시적 일자리였기 때문에 비정규 단순노무직 일자리 창출이라는 비판을 받았다(노중기 · 전병유, 2011: 125). 또한 이명박 집권 2년 동안 350여 명의 노동자가 구속되

〈표 32〉 비정규직 노동자의 정부별 노동조건 추이

(단위: %)

	국민 연금	건강 보험	고용 보험	퇴직금	상여금	시간 외 수당	유급 휴가	주 5일제	서면 계약
김대중 정부	20.5	23.6	22.0	13.8	14.0	9.9			
노무현 정부	31.1.	32.7	29.8	19.0	17.5	13.5	16.8	21.0	27.3
이명박 정부	32.9	37.0	35.5	28.1	29.1	16.0	23.0	33.8	38.2

* 출처: 김유선(2014: 499)

고 정부의 사주를 받은 회사 측의 일방적 단체협약 해지로 인하여 노조가 반발하였고 파업이 발생한 철도파업의 경우처럼 노조활동을 원천적으로 봉쇄하거나 억압한 것이 이명박 정부의 노동정책이라는 비판을 받기도 하였다. 그러나 비정규직 노동자들의 노동조건이 과거 정부에 비해 상대적으로 개선된 점도 있다. 〈표 32〉를 보면 알 수 있다.

그런데 다음의 연설문에서 보듯이 이명박 대통령은 기업이 국가발전의 원동력이며 기업이 최대한 자유롭게 경제활동을 할 수 있도록 적극적으로 나서 제도적·행정적으로 지원할 것임을 분명히 밝혔다.

> "한·미 FTA는 더 많은 일자리를 만들고, 양국 간 투자를 더욱 확대시킬 것입니다. 동반성장을 강화하는 새로운 동력이 될 것이며, 양국 공동번영을 촉진해 나갈 것입니다. 한·미 FTA는 "두 나라에 모두 승리를 가져다주는 협정"이 되리라 확신합니다. 한미 양국 국민은 공동의 가치와 이상을 함께하기 위해 노력해 왔습니다. 민주주의, 자유, 인권 등 양국이 추구하는 가치는 안보동맹과 경제동맹을 더욱 공고히 하고, 양국 국민을 더욱 가깝게 이어주는 토대가 될 것입니다."[15]
>
> _이명박 대통령 연설문 4권: 352

"기업은 국부의 원천이요, 일자리 창출의 주역입니다. 누구나 쉽게 창업하고 공장을 지을 수 있어야 합니다. 기업인이 나서서 투자하고 신바람 나서 세계 시장을 누비도록 시장과 제도적 환경을 개선하겠습니다."

_이명박 대통령 연설문 1권: 38

이명박 정부의 노동정책은 신자유주의적 성격을 강화시키며 노동자 배제 전략을 대폭 사용하였다. 그러한 점에서 이전의 김대중, 노무현 정부와 본질적으로 큰 차이가 없다고 볼 수 있다. 한국 사회는 여전히 계급들 간의 타협 정치의 역사가 짧고, 여론이나 언론은 여전히 친기업적인 노동정책의 지지를 보내고 있기 때문에, 신자유주의적 노동정책과 노동자배제적인 정책을 약화시키기에는 어려운 면이 있다. 결국 1987년 노동운동을 비롯한 사회운동을 통해 개혁정치가 노동개혁에도 영향을 주었지만 이러한 흐름은 점차 사라져가고 있는 것이다(노중기, 2009: 152).

이명박 정부는 일종의 'MB 노믹스'를 통해 작은 정부, 공공부문 개혁, 규제완화 등을 내세웠다. 그리고 '비즈니스 프랜들리'를 내세워 대통령 자신을 기업의 CEO처럼 생각하였다. 국가경쟁력강화위원회를 통해 국내외 기업들이 한국에 투자할 때 겪는 장애를 없애주고 기업친화적인 국가를 만들어 나갔다. 재정부 장관에 '7.4.7'의 입안자인 강만수를 임명하였고 작은 정부, 민영화, 규제완화, 고도성장, 출자총액제 폐지, 법인세 및 종부세 감세, 금산

15) 이명박 대통령은 2008년 4월 미국에서 부시 대통령과 정상회담을 개최하고, 한미동맹을 전략적이고 미래지향적인 구조로 발전시켜 나가기로 합의하였다. 2009년도에는 오바마 대통령과 정상회담을 한 후 '한미동맹 공동비전'을 발표하였다. 여기에서는 한미 군사동맹을 포괄적인 전략동맹으로 발전시켜 나가기로 합의하였다. 그리고 양국 국방장관들은 '한미 국방협력지침'을 체결하였다. 이것은 한미동맹의 미래비전과 한미상호방위조약에 기반을 두고 한미동맹 강화, 한국연합방위, 지역 및 글로벌 안보도전, 그리고 이행 등으로 구성되어 있었다. 전작권 전환 이후에도 연합방위태세를 향상시키고 미국은 핵우산, 재래식 타격 및 미사일 방어능력 등 군사능력을 운용하여 한국에 확장억제를 제공하기로 합의하였다. 또한 2011년 한미정상회담을 통해 한미자유무역협정 비준을 계기로 한미동맹을 기존의 군사, 안보 분야에서 경제 분야로 확대함으로써 한미관계를 한 단계 더 도약시킨다는 내용에 합의하였다. 이처럼 이명박 정부의 한미동맹은 다원적 전략동맹으로 발전하였다(국방부 군사편찬연구소, 2013: 301-303).

법 완화, 수도권 규제완화, 사회복지의 축소 등을 추진하였다. 종합부동산세 개편을 통해 과세기준이 6억 원에서 9억 원으로 상향조정되었고, 금융지주법(2009년)을 통해 비은행지주회사가 제조업체를 소유하는 것을 가능하게 하고 산업자본의 은행 지분 보유한도도 대폭 완화하였다.[16] 대기업을 위해서는 출자총액제를 폐지하고 지주회사제도의 규제를 완화하며 금산분리를 완화하였다.

이명박 정부는 한국 시장경제를 진일보시키기 위해서는 선진국에 없는 규제를 철폐하고 글로벌 스탠더드에 모든 것을 맞추고자 했다(조성봉 외, 2011a: 30). 총액출자제한 규제로 인해 기업들이 신성장산업으로의 진출이 어렵고 기업들의 투자를 제한하여 경제성장을 억제한다는 것이 이명박 정부의 인식이었다. 중소기업을 위해서는 창업환경개선, 혁신형기업육성, 금융부문의 강화, 중소기업구매 문제 해결 등이 필요했다고 주장하였다. 복지예산 중 2009년도에 추경예산 빈곤층 지원예산 1,200억 원을 삭감하고 제주도특별자치도회의에서 영리병원 도입안을 통과시켰다.[17] 〈표 33〉을 보면 이명박 출범 후 예상했던 실업 문제, 고용 문제는 개선되지 않았다. 오히려 금융위기를 겪으면서 악화된 모습을 보여주었다.

2009년 7월 15~29세 청년실업자는 약 40만 명으로 전체 실업자의 40.8%

---

16) 대기업이 은행을 통합하는 것은 기업에게 재산의 관리수단을 제공하고 소요 확장자금을 조달하며 대 고객신용을 조직하는 것, 그리고 금융서비스를 산업그룹의 다각화의 한 축으로 삼고자 하기 때문이다(Chesnais, 2003: 247).

17) 영리병원의 개설허가는 참여정부 당시 체결된 FTA의 부속문서에 있는 '경제자유구역과 제주도의 의료기관과 약국의 개방'의 내용에 따라 도입된 것이다. 이 안은 노무현 정부 당시 2005년 보험업법을 개정하여 생명보험회사도 실손 의료보험을 팔 수 있도록 허용한 데서 시작되었고 2008년 기준 전체 가구의 76%가 민간의료보험에 가입하게 되었다(김병로, 2015: 75). 이명박 정부 시기에는 참여정부 때부터 있었던 의료민영화 논란이 있었다. 이명박 정부는 의료민영화를 의료서비스 선진화 이름으로 추진했다가 사회단체의 반발을 사기도 했다. 강만수 기획재정부 장관이 의료서비스 선진화정책을 강력하게 실시하고자 했지만, 전재희 보건복지부 장관은 반대 입장에 섰고 대통령 앞에서 두 장관이 격렬히 논쟁을 벌이기도 했다(행정부공무원노동조합 정책연구소, 2016).

〈표 33〉 이명박 정부 출범 후 고용사정

(단위: 천 명, %)

구분	경제활동 인구	취업자	실업자	비경제활동 인구	경제활동 참가율	실업률	고용률
2007년	24,216	23,433	783	14,954	61.8	3.2	59.8
2008년	24,347	23,577	769	15,251	61.5	3.2	59.5
2009년	24,394	23,506	889	15,698	60.83.2	3.6	58.6

* 출처: 통계청 경제활동인구조사(2010)

를 차지하였다. 1997년 말 외환위기 이후 7%대로 고착되어 왔던 청년실업률이 8.5%로 상승하였고, 전체 평균 실업률의 2.3배에 달하였다. 2010년에는 공식 청년실업률이 9%였지만 잠재적 실업률은 18%에 달하였다. 즉, 전체 청년층 경제활동인구 가운데 1/5은 실업자였다(윤진호, 2010: 242). 2010년 기준으로 최근 15년 동안 20~24세 연령층에서 일자리 수가 150만 개 줄어들었다. 신자유주의가 본격화되면서 기업들은 핵심인력을 제외하고 주변 인력을 비정규직의 형태로 간접고용하면서 청년실업 문제는 더욱 악화되었다. 청년실업 문제가 악화되면서 동시에 대학등록금은 2013년 사립대의 겨우 연간 735만 원, 국공립대는 410만 원이 소요되어 도시 노동자 가구당 월평균 소득 444만 원을 넘는 수치를 보여주었다. 이와 함께 청년세대의 주거빈곤율의 경우 23.6%를 기록하였지만 한국 전체 주거빈곤율 13.1%보다 더 높은 수치였다(새로운사회를여는연구원, 2014: 57-65).

한편 경제성장 1%에 따라 고용이 몇 % 증가했는가를 보여주는 고용탄력성은 2000년대 후반에 최저치를 기록하였다. 1% 경제성장이 겨우 0.2%의 고용증가밖에 창출하지 못하는 상황이 되었다. 실업률의 증가와 함께 경제활동참가율도 줄어들었다. 2009년 6월 비경제활동인구가 15,151천 명으로 2008년도 동월 대비 297천 명이 늘어났다. 비경제활동인구가 증가한 것은 경기침체에 따른 일자리 감소로 취업을 연기하고 쉬거나 구직활동을 포기한 사람이 늘어났기 때문이다.[18] 또한 2009년도 최저생계비 미만의 절대 빈곤가구는 14.2%였고, 2008년도 절대 빈곤율 11.4%에 비하면 2009년도 절대 빈곤에 처한 가구 수는 2.8%가 늘어났고, 절대 빈곤율이 24.6% 증가하였다. 이에 따라 2009년도 기초생활수급자는 1,576,497명으로 2008년과 비교하여 46,558명이 증가하였다(신동면, 2009).

이러한 면들은 신자유주의적인 원리에 충실한 것이었고 때로는 국가가 적극적으로 시장 문제에 개입하는 모습을 잘 보여주고 있다. 가령 대기업의 투자에 기초한 경제성장, 4대강 개발, 새만금 개발 등 투입에 의한 성장도 주장하였다. 과거 발전국가의 모습을 보이기도 한 것이다(김인영, 2011). 특히 녹색성장정책을 중심으로 특정 분야의 산업발전 정책을 계획하고 동반성장의 정책에서 보듯이 국가가 나서서 대기업과 중소기업의 상생발전을 유도하기도 하였다. 이러한 점들은 이명박 정부를 신자유주의 정부로 규정하기 힘든 면이 있지만 본질적으로 시장만능주의, 친기업주의, 복지축소, 민영화 등을 지향하고 국가개입적인 정책들도 대자본이 시장을 지배하고 노동과 대중을 배제한 성장일변도의 정책을 추구했기 때문에 신자유주의적 정부라는 틀을 벗어나기는 힘들 것이다.

이명박 정부는 2009년에는 '친서민중도실용'으로 전환하였다. 이는 세계경제위기와 국내경기의 침체, 서민경제의 불황 등이 나타난 상황에서 나온 돌

18) 김혜경과 이순미의 연구에 의하면 노동패널조사 자료를 이용하여 노동시장 불확실성이 청년들의 사회경제적 위치에 따라 다르게 경험되며 성과 학력을 중심으로 한 계층화 현상이 심화되고 있다고 주장한다. 이 연구는 청년층의 불확실성이 증대되고 있고 특히 여성층년층의 내부 분화가 크게 발생하고 있다고 본다. 교육-취업-결혼이라는 근대적이고 표준적인 이행경로가 청년층의 불확실성이 커지는 가운데 여성고졸자들의 경우 교육-결혼-취업이라는 탈근대적이고 비표준화된 양상이 나타나고 있음을 밝혀주고 있다. 신자유주의적 경쟁이 확산되는 불확실성 속에서 계층별·교육별로 취약한 여성저학력 집단은 비표준화된 생애과정을 선택해 개인의 위험을 해결하고 있었다(김혜경·이순미, 2012). 이러한 학력주의는 학위, 졸업장 같은 것을 갖고 있는 사람들이 보수가 높은 일자리를 차지하고 동시에 경제적 기회에 접근할 수 있는 권한을 독점하는 현상과 관련되어 있다. 결국 신자유주의 시대에 경쟁이 심화됨에 따라 지적 역량이 필요하지 않은 부분에서도 과잉 학력을 요구하게 된다(McNamee, 2015: 76).

파구였다. 광우병 시위 이후 경기부양책, 성장성책이 비판을 받고 고용정책이나 양극화해소정책이 큰 성과를 거두지 못하자 이명박 정부는 기존의 정책 기조에서 벗어나 복지정책 강화 방안을 모색하였다. 이에 따라 이명박 정부의 정책도 '중도성향', '서민정책'의 원칙에 기초하여 진행되었다. 이의 일환으로 '미소금융', '햇살론' 등이 설립되었다. 이명박 대통령은 이 사업이 담보도 없이 대출을 해주는 사업이지만 대출을 받은 사람들이 반드시 부채를 상환할 것이라는 믿음을 가지고 시작했다고 언급하였다(이명박, 2015: 655).

그러나 이 사업은 신용불량위기에 빠진 서민들에게 10%대의 저금리로 대출을 해준다고 했지만 실제로는 대출의 문이 높아 실효성이 없었다. 2008년 3/4분기 저신용등급집단의 신규대출 비중이 전체의 25% 정도 되었지만, 2009년 2/4분기의 비중은 13.6%로 하락하였다. 금액상으로도 2008년 3/4분기 저신용등급집단의 신규대출 비중은 전체의 16%였지만 2009년 2/4분기에는 비중이 약 10%로 감소했다. 이는 금융소외집단의 금융서비스 접근이 매우 제한적이었음을 보여준다. 2012년 전국에 등록된 대부업체는 1만여 개가 넘었고, 이용자 수는 250만 명을 초과하였다. 자산 순위 상위 5대 대부업체의 대부 잔액은 3조 5천억 원이 넘었고, 이들의 매출액 대비 영업이익률은 평균 20%에 가까웠다(새로운사회를여는연구원, 2014: 179).

이러한 소액대출금융은 일반대중의 삶을 개선하는 것은 아니었다. 그것은 다른 국가들에서도 나타났다. 노벨평화상을 받은 소액금융대출 창시자도 처음에는 고리대금업을 막고 서민들에게 삶을 개선할 수 있는 기회를 소액금융이 줄 것이라고 예상하였지만 결국 고리대금업의 역할에 그치고 말았다고 판단한 말에서 그러한 사실을 엿볼 수 있다. 소액금융은 빈곤층에게 물고기를 건네는 대신 물고기 잡는 법을 가르치는 것이라고 주장한다. 이들은 빈곤층에게 감당하기 어려운 이자율을 부담시키면서도 그로 인해 빈곤을 퇴치할 수 있다고 믿는다. 그러나 해외 사례에서 보듯이 그것은 결국 주요 선진국의 금융투자자들의 이익을 늘리는 결과만을 낳았을 뿐이었다(Sinclair, 2015: 29-30).

〈표 34〉를 보면 3분위, 4분위, 5분위가 금융부채를 많이 지고 있으며 이

〈표 34〉 소득분위별 금융부채 비율

(단위: %)

	1분위	2분위	3분위	4분위	5분위	전체
2010년	23.6	51.3	60.2	66.5	66.6	53.6
2011년	28.3	54.2	62.2	69.6	68.7	56.4
2012년	26.8	56.1	69.2	73.8	72.9	59.5

* 출처: 배영목(2016)

들은 해마다 상승하고 있다. 그러나 저소득층인 1분위, 2분위는 상대적으로 금융부채비율이 작다. 즉 최저소득층은 금융시장에 접근하기 매우 어려운 금융소외층인 것이다.

한편 2002년부터 2010년 사이에 개인가처분소득은 연평균 5.8% 증가했지만 가계부채는 오히려 8.3% 상승하였다. 개인가처분소득 대비 가계부채의 규모는 2002년도에는 1.31배, 2003년도에는 1.27배였지만 2010년도에는 1.58배로 크게 높아졌다. 이는 OECD 국가의 평균치인 1.33배보다 높은 수치이다(김창수, 2014: 187-192).[19]

그러나 결국 중도성향의 성향으로의 회귀라는 정책도 실패하게 되었다. IMF 직전만 해도 한국 사회에서는 교육을 통해 계층적 상승이동을 하거나 주택 등의 소유를 통해 계층상승 열망을 추구할 수 있었지만, IMF 이후부터 그러한 열망은 실현되기 어렵게 되었다. 이들은 미래에 대해 낙관적으로 미래생활이 개선될 것이라 희망을 갖는다. 만약 실현되면 이러한 주관적 기대는 자기 개선의 희망과 의지의 강화로 이어질 수 있지만, 만약 실현되지 않았을 경우 실망감은 개인의 행복도 하락시키고 사회갈등도 증폭시킬 수 있다(김병연, 2014: 185). 그러나 그러한 희망과 기대와는 달리 중산층은 경쟁에서 살아남아 중산층 지위를 간신히 유지하거나 경쟁에서 탈락해 하류층으

19) 가처분소득은 모든 소득액에서 납세와 사회보험분담금을 제외한 금액을 말한다.

로 떨어지는 기로에 서게 되었다. 소수의 중산층은 안정된 지위를 누리며 상승이동을 꿈꿀 수 있지만 대다수는 하류층으로 추락할 것이라는 불안감, 공포감에 떨고 있는 것이 현실이었다(김현주, 2013: 180). 이러한 현상이 강화되면서 이명박 정부는 임기 말 친인척 및 측근 비리와 함께 더 이상 정치적 영향력을 갖기는 힘들게 되었다.

이명박 정부는 초기에 '능동적 복지'를 내세웠다. 능동적 복지는 사회적 위험의 예방과 해결을 위해 국가의 책임을 강화하고, 재기와 자립의 기회를 확대하기 위해 개인-사회-국가가 협력하며 국민기본생활을 보장하여 안정적이고 행복한 삶을 지지하는 복지라고 정의하였다. 이를 위해 세부전략으로 평생복지 기반 마련, 예방맞춤 통합형 복지, 시장기능을 활용한 서민생활 안정, 사회적 위험으로부터 안전한 사회 등을 들었다. 그러나 능동적 복지라는 말은 적극적·진취적이라는 의미를 갖지만 그 의미가 모호하다는 평가를 받았고 정부 부문의 실적 앞세우기나 권위주의적 관료주의의 타성으로 인해 역효과를 낳을 수도 있었다. 혹자들은 이명박 정부의 능동적 복지, 일하는 복지를 소비의 차원에서 바라보고 성장에 영향을 주지 않는 선에서 복지를 제공하고자 했던 김대중 정부의 생산적 복지와 차별성을 갖기 어렵다고 평가하기도 하였다(김순영, 2011a: 133). 이명박 정부의 친서민 복지정책은 공급중심적 근로복지의 성격이 강하였고 복지와 성장을 동시에 추진하겠다는 것이었지만 결국은 소득불평등과 사회양극화를 심화시키는 결과를 낳았다. 이는 이명박 정부가 강조한 공정사회와는 동떨어진 것이었다(임혁백, 2014: 745).

그렇기 때문에 이명박 정부의 복지개혁 변화는 복지제도 전반의 공급체계와 급여체계를 시장화하는 전략이라고 볼 수 있다. 시장친화적 복지 확대를 근거로 사회서비스공급의 측면에서 주로 민간의 공급에 의존하면서 바우처제도를 통해 민간공급자를 확대하고 서비스 질을 높이려는 전략이 바로 시장화전략이다(정무권, 2014: 249-250). 시장화전략의 또 하나의 모습은 국민연금기금 운용제도의 탈규제와 시장화에서 찾아볼 수 있다. 이명박 정부는 국민연금기금 운용체계의 지배구조와 기금운영방식의 변화를 통해 연금기금 투자의 자유와 효율성 확보를 추구했다. 이 전략은 연금의 재정고갈의 위험성을 지니고 있었다.

복지예산을 보면 2009년도에 대비 2010년도에는 2.86조 원의 증가가 있었는데 자연증가분과 보건의료 관련 시급성 예산을 포함한 2.28조 원을 제외하면 5천8백여억 원을 증액한 것이었다. 이 가운데 보육료 차등지원 증액분 3천여억 원을 구분하면 기타 복지예산은 거의 정체되었다. 능동적 복지는 2008년 말부터 시작된 글로벌 금융위기 시 정부가 급박하게 '친서민 중도실용주의'노선으로 선회하면서 나타난 것이다. 2009년 6월 '하반기 서민생활대책'을 보면 서민금융, 보육교육, 의료복지, 주거복지, 영세상인, 여성 등 6대 분야 15개 과제를 포함하며 모두 2조 원의 예산을 편성하였다. 그러나 이러한 정책들은 임기응변적 땜질식 처방이 많았고 영세자영업자를 위한 금융지원은 운영의 경직성과 관료적 접근으로 인해 문제를 노출시켰으며 희망근로프로젝트는 좋은 일자리보다는 한시적 긴급지원의 성격이 강하였다(최재성, 2010: 22).

한편 2008년도 세제개편안에 따른 감세규모는 〈표 35〉와 같다. 〈표 36〉에서 보듯이 한국은 유럽복지국가와는 달리 조세수입에서 소득세와 법인세의 비중이 낮고 조세부담률도 낮게 나타났다. 서구의 경우 소비세와 소득세 비중이 크고 재정지출을 통해 적극적인 재분배정책을 실시한다. 반면 한국은 소득세, 사회보장기여금의 비중이 낮은 편이다. 특히 소득세와 고용주의 사회보장기여금이 낮아 복지재정을 취약하게 만들고 있다(강병구, 2014: 182). 소비세가 높은 것이 한국의 조세구조의 특징인데, 2010년도를 비교하면 OECD 평균은 GDP 대비 10.7%였지만 한국은 8.5%였다. 소비세가 전체 조세에서 차지하는 비중은 OECD 평균보다 높게 나타났다(양재진, 2015: 183). 한국은 경제성장에 따라 GDP에 대한 조세의 비율인 조세부담률은 상승하는 것이 일반적인 현상이지만 이와 반대의 모습을 보여주고 있다. 조세부담률은 OECD 국가 평균보다 낮다. 특히 소득세의 경우 소득세 최고세율이 낮고 적용 소득구간은 높아 고소득자의 과세비중이 낮게 나타나고 있다. 이는 소득재분배효과를 떨어뜨리고 있고 고소득 자영업자를 중심으로

〈표 35〉 세제개편안에 따른 감세 규모

(단위: 조 원)

		2008년	2009년	2010년	합계
전년도 대비 감세규모	총 국세	-6.2	-10.2	-13.2	-29.6
	영구적	-1.8	-7.6	-10.7	-20.1
	일시적	-4.4	-2.6	-2.5	-9.5
기준연도 대비 감세규모	총 국세	-6.2	-12.0	-22.6	-40.8
	영구적	-1.8	-9.4	-20.1	-31.3
	일시적	-4.4	-2.6	-2.5	-9.5

* 출처: 권오성(2012: 845)

〈표 36〉 OECD 국가의 주요 세금목록 비교

(단위: GDP %, 2008년, 한국은 2009년)

	소득세	법인세	자산세	소비세	사회보장기여금			조세 부담률	국민 부담률
					고용주	피 고용자	계		
스웨덴	13.8	3.0	1.1	12.8	8.7	2.7	11.4	34.8	46.3
영국	10.7	3.6	4.2	10.3	3.9	2.6	6.5	28.9	35.7
독일	9.6	1.9	0.9	10.5	6.5	6.1	12.6	23.1	37.0
미국	9.9	1.8	3.2	4.6	3.3	2.9	6.2	19.5	26.1
룩셈부르크	7.7	5.1	2.6	9.9	4.3	4.6	8.9	25.5	35.5
일본	5.6	3.9	2.7	5.1	5.0	4.8	9.8	17.3	28.1
한국	3.6	3.7	3.2	8.4	2.6	2.4	5.0	19.8	25.6
OECD	9.0	3.5	1.8	10.8	5.2	3.3	9.3	25.8	34.8

* 출처: 오건호(2013: 298 자료 재구성)

탈세를 하도록 하였고 고소득자와 고액자산가에게 제공하는 비과세감면 혜택도 강화시키고 있다. 한국이 소득세 부담이 낮은 이유는 다양한 소득공제 제도를 도입한 데 있다. 또한 주기적으로 소득세 과제 구간을 상향 조정하고 감세정책을 실시한 데 그 원인이 있다(양재진, 2015: 187).

〈표 37〉을 보면 고용주가 부담하는 사회보험료는 OECD 평균에 못 미치는 수준이며 총 조세부담률도 27.9%로 OECD 평균보다 훨씬 낮은 수준이

〈표 37〉 개인소득세 및 법인세 실효세율의 국가별 비교(2012년)

(단위: %)

	개인소득세			법인세			
	개인 소득세	근로자 사회보험료	고용주 사회보험료	총 조세 부담률	법인세율	사회보험료	기타
한국	17.1	5.4	6.3	27.9	14.2	13.4	0.3
일본	15.2	13.1	13.8	49.7	27.2	17.9	4.5
미국	18.7	7.3	7.7	46.3	27.9	9.9	8.4
영국	24.1	7.3	12.2	34.0	21.6	10.6	1.7
스웨덴	36.3	0.0	31.4	52.0	16.0	35.5	0.6
덴마크	42.1	0.2	0.4	27.0	20.3	3.6	3.1
독일	28.3	15.5	14.8	49.4	23.0	21.8	4.6
프랑스	20.0	22.0	41.0	64.7	8.7	51.7	4.3
그리스	30.0	16.5	28.6	44.0	11.2	32.0	0.7
이탈리아	35.6	9.6	17.0	65.8	20.3	43.4	2.0
OECD 평균	26.0	8.3	16.7	41.8	16.3	23.5	2.1

주: 1) 개인소득세 및 사회보험 실효세율은 조세감면 전 과세대상 소득 대비 개인소득세 또는 사회보험료의 비율로 개인소득이 USD 10만 달러인 무자녀 독신자를 기준으로 산출
2) 실효법인세율은 IFC와 세계은행에서 조사한 중견기업(medium-sized firm)의 실효세율이며, 총 조세부담률은 기업이윤 대비 조세·사회보험료·강제기여금의 비율

* 출처: KPMG(2012); IFC and The World Bank(2013)

〈표 38〉 일반 정부의 기능별 총 지출 대비 재정지출(2011년)

(단위: %)

	일반 행정	국방	공공 질서	경제 사업	환경 보호	주택	보건	오락 문화	교육	사회 보호
스칸디나비아형	12.8	2.9	2.4	8.1	0.8	1.1	14.7	2.5	12.8	41.8
앵글로색슨형	11.8	5.9	4.8	10.4	1.3	1.8	17.8	1.6	13.3	31.3
서유럽형	12.9	2.3	3.4	9.6	1.8	1.5	15.5	2.4	10.9	39.7
남유럽형	17.9	3.2	4.0	8.3	1.5	1.1	13.5	2.0	9.9	38.6
동아시아형 (한국)	13.1 (15.1)	5.4 (8.6)	3.6 (4.2)	14.9 (20.1)	2.7 (2.4)	2.5 (3.3)	16.3 (15.2)	1.5 (2.2)	12.1 (15.8)	27.9 (13.1)
OECD 평균	13.6	3.5	3.8	10.4	1.6	1.5	14.4	2.7	12.4	36.0

* 출처: www.oecd.org/statistcs(2012)

다. 마찬가지로 고용주 사회보험료도 주요 국가들에 비해 매우 낮은 편이다. 개인소득세도 미국과 일본을 제외하고 유럽 국가들과 비교하여 볼 때 50% 정도의 수준밖에 되지 않고 있다. 또한 법인세수 비중이 OECD 평균에 비해 낮지 않은 이유는 낮은 노동소득 분배율, 대기업으로의 부의 집중, 법인의 선호 등으로 인한 법인세 과세 대상이 크기 때문이다(강병구, 2015: 33).

또한 위에서 본 바와 같이 개인소득세도 유럽국가에 비해 낮은 수치를 보여주고 있다. 이는 복지재원 마련에 어려움을 주고 있다. 동시에 정부의 재정지출 현황을 보면 상대적으로 국방비, 경제사업비 예산이 큰 비중을 차지하고 있다. 〈표 38〉과 같이 사회보호비용도 아시아국가에 비해 매우 낮은 수준을 보여주고 있다. 경제사업 비중이 큰 것은 토건 및 사회간접자본에 지출하는 비중이 크다는 것을 말해준다. 특히 한국의 사회간접자본 투자에 대한 효율성은 매우 낮게 평가되고 있다(강병구, 2014: 193).

기획예산처의 경제운용, 금융시장감독, 지식경제부의 산업정책을 통한 시장감독 등은 발전국가의 모습을 보여준 것이라고 주장하기도 한다.[20] 이러한 면에서 이명박 정부는 신자유주의정부가 아니라 발전국가의 연장선상 속

〈표 39〉 비정규직의 월평균 상대적 임금 수준

(단위: %)

		2002	2005	2007	2009	2011	2013	2014
정규직		100.0	100.0	100.0	100.0	100.0	**100.0**	100
비정규직		67.1	62.7	63.5	54.6	56.4	**56.1**	55.8
한시적 근로	한시근로	71.3	67.2	71.7	59.1	62.9	**62.9**	62.0
	기간제	72.5	68.2	70.6	59.6	61.3	**62.1**	60.8
	반복갱신	79.9	91.7	97.0	87.7	92.2	**94.8**	85.6
	기대불가	54.3	50.1	47.0	47.2	50.1	**48.5**	49.4
비전형 근로	비전형	67.0	58.5	55.4	54.1	56.3	**55.5**	58.2
	파견	78.9	71.3	66.8	64.3	53.8	**58.9**	58.6
	용역	59.2	51.4	51.0	50.5	51.3	**53.2**	53.1
	특수고용	82.3	77.1	70.8	69.5	75.0	**70.7**	79.6
	가내근로	36.4	30.7	28.3	27.3	21.8	**23.9**	23.2
	일일근로	54.2	46.6	44.4	43.3	44.2	**47.6**	48.9
시간제근로		34.3	28.3	27.9	24.3	25.3	**25.7**	25.4

주: 정규직 임금을 100으로 했을 경우의 상대 수준
* 출처: 한국노동연구원, 비정규직 노동 통계

에 있는 정부라고 볼 수 있다는 것이다. 그러나 시장과 기업에 대한 규제와 산업정책을 통한 통제는 세계경제위기와 신자유주의의 흐름에 대응하고 국민으로부터의 정당성을 확보하며 보다 안정적인 통치기반을 구축하기 위한

20) 이명박 정부가 실제로는 친재벌정책을 실시했음에도 불구하고 오히려 재벌의 영향력에 의해 압도당하는 상황에 직면하였다. 이러한 점은 시장자본주의가 진행된 한국의 경우 경제성장을 위해 경제적 자유화라는 요소의 강조가 불가피하지만 민주주의라는 요소를 발전시키지 않으면 재벌에 대한 규제와 자율성은 제한될 수밖에 없게 된다. 당시 기업에 대하여 매우 많은 혜택을 주었음에도 불구하고 정부의 영향력이 과거처럼 미치기는 힘들게 되었다(이연호, 2013(b): 277).

전략이었고 신자유주의의 큰 흐름인 민영화·유연화·개방화·탈규제 등의 대세를 극복하지는 못하였다. 그리고 더욱 중요한 것은 이러한 이명박 정부의 정책은 결국 비정규직 양산, 양극화 문제, 실업 문제, 빈곤 문제를 해결하지 못하고 오히려 악화시켰다는 점이다. 특히 〈표 39〉를 보면 비정규직의 임금불평등은 시간이 갈수록 해결되지 못하고 악화되고 있음을 알 수 있다. 이는 한국 사회의 빈곤과 불평등의 주요 원인이 되고 있다. 노무현 정부 시기에는 정규직 대비 비정규직의 임금수준이 60%대였지만 이명박 정부 시기에 50%대 중반으로 하락하고 있다. 이는 정규직과 비정규직 간의 임금격차가 더욱 커지고 있으며 한국 사회의 비정규직 문제 해결이 더욱 어려워지고 있음을 보여주고 있는 것이다.

이명박 정부가 중도강화를 위해 '서민살리기', '민생살리기'라는 구호를 내세운 것은 글로벌금융위기로 인해 중소영세업자와 노동자들이 겪는 고통과 부담이 늘어났기 때문이다. 이후로 빈곤과 불평등, 양극화가 중요한 사회문제가 되면서 시장중심적, 대기업 위주의 기조에서 벗어나 중도와 서민을 키워드로 하는 정책을 내놓기 시작하였다. 이는 보수의 가치를 벌리고 약자와 같은 소외계층을 보호하겠다는 것이었다. 그럼에도 불구하고 여전히 4대강사업과 감세정책 등은 유지되었다. 이명박 정부는 감세정책이 저소득층에게는 25% 세금감면 효과가 있고 고소득층에게는 5.7% 감면효과가 있음을 강조하였다. 법인세율 인하도 기업, 주주, 노동자, 협력업체 모두에게 혜택이 돌아가고 일자리를 창출하는 효과도 가지고 있음을 강조하였다(이명박, 2015: 695). 이명박 정부는 2008년 세제개편을 통해 소득세율 인하, 법인세율 인하, 종합부동산세 완화를 실시하였다. 이 정책은 소비세 비중이 높아지고 사회보험료 증가는 완화되었고 소득세, 법인세, 재산세 수입이 GDP에서 차지하는 비중이 감소하였다(양재진, 2015: 205).

한편 학자금대출을 받아 신용불량자가 된 대학생신용불량자는 2007년 3,785명에서 2008년 1만 250명, 2009년 2만 2,142명에서 다시 2010년에는 2만 6,000명으로 대폭 증가하였다.[21] 경기침체로 지방세를 체납해 신용불량자가 되는 수도 증가하였다. 신용불량자가 양산되면서 2010년 6월 정부에 등록된 대부업체만 1만 5,380개, 거래자는 189만 3,535명에 이르렀다. 사채공화국으로 불릴 정도로 파산자들이 속출하였다. 신용불량 문제는 은행과 제2금융권이 약탈적 대출시장을 선도하였기 때문이었고 이러한 공적 이익에 대해 무관심한 금융시장에 대한 규제 없이 사회복지정책은 의미를 갖기 어렵다(김순영, 2011a: 147-148).

이명박 정부는 사회투자 복지국가 모델로 상황을 돌파하고자 하였다. 물론 이명박 정부가 직업훈련, 고용정보서비스를 확충하고 적극적 노동시장정책의 지출을 확대하고, 노인들을 위한 사회적 일자리 창출과 함께 노인 돌봄서비스도 확대한 점은 분명하다. 그러나 이명박 정부는 성장을 중시하고 복지를 최소화하는 신자유주의 노선을 폐기한 것은 결코 아니었다. 이명박 정부는 경제상황 타개를 위해 재정지출확대를 실시하면서 빈민의 생계보장을 위한 공공부조 대상자와 예산 규모를 점진적으로 축소하는 면도 보여주었다

〈표 40〉 이명박 정부 시기의 복지예산 추이

(단위: 조 원, %)

	2007년	2008년	2009년	2009년 (추경예산 포함)	2010년
복지 관련 예산	61.4	67.7	74.6	80.4	81.2
정부 지출	237.1	262.8	284.5	301.8	292.8
복지예산증 가율	9.6	10.3	10.2	18.8	8.8
정부지출 대비 비중(%)	25.9	25.8	26.2	26.6	27.7
GDP 대비 비중	6.3	6.6	7.3	7.9	7.0

* 출처: 전병유(2010)

21) 미국의 학생 채무자 수는 약 4천만 명에 달하고 있고 매년 백만 명 정도가 채무불이행 상태에 놓여 있다. 대졸자 가운데 아프리카계 미국인 학생의 약 81%가 빚을 안고 졸업한 반면, 백인 학생은 64%가 빚을 지고 졸업하였고, 아프리카계 미국인 학생 채무자들의 채무불이행 비율은 백인 학생의 4배에 달하고 있다(Ross, 2016).

〈표 41〉 정부의 사회복지 지출 규모

(단위: 십억 원)

제도	소관부처(재원)		항목	2010년
공공부조 및 사회보상	보건복지부		생계급여, 주거급여, 해산장제급여, 긴급 복지지원 등	6,308
	보건복지부 등		의료급여 등	5,670
	교육과학기술부		병원학교운영, 방과후학교운영, 학비지원, 다문화가정지원 등	78
	여성가족부		일본군위안부 피해자 생활안정지원, 기념사업 등	1
	소방방재청		이재민구호, 주택피해복구비 등	166
	통일부		새터민 정착금, 새터민 교육훈련 등	74
	국가보훈처		보훈보상금군경 유족, 애국지사 및 그 유족, 상이군경 등	2,397
	복권위원회		재해재난대비긴급구호비 등	1
	지방정부		자체사업(기초생활보장운영지원, 국민기초생활보장복지급여지원, 보육시설운영지원, 보육사업 및 행사지원, 경로당 활성화 사업 등)	510
			중앙정부 매칭사업(생계급여, 주거급여, 해산장제급여, 지활 등)	2,159
			교육부 매칭사업비(장애아교육지원, 방과후학교운영, 유아교육비지원 등)	2,387
			중앙정부 매칭사업(의료급여 등)	1,166
사회복지서비스	노령 및 근로 무능력	보건복지부	노인[22] 및 장애인 복지서비스	831
		복권위원회	가사간병방문도우미사업, 장사시설현대화	34
		여성가족부	여성장애인사회참여확대지원사업	1
		국가보훈처	수송시설이용요금 감면	6
		문화재청	궁·릉 입장료 감면	3
		지방정부	노인 및 장애인 복지서비스	700
			복지부 관련 지방비(노인 및 장애인 복지서비스)	575
	가족	보건복지부	아동보호, 지역사회서비스투자사업 등	2,742
		교육과학기술부	유아교육지원	730
		농림수산부	영유아양육	41

	여성가족부	아동보호, 여성/아동폭력예방 및 보호지원, 청소년육성지원	137
	복권위원회	저소득가정지원	141
	지방정부	아동, 사회복지서비스	770
		복지부관련 지방비(아동보호, 지역사회 서비스투자사업 등)	2,436
주택 보급	국토해양부	공공임대주택건설비	3,084
	지방정부	공공임대주택지원	85
보건	보건복지부	자본형성	1,412
	교육과학기술부, 법무부, 국방부	집합보건의료	1,180
	지방비	복지부 md 관련 지방비(집합보건의료)	1,459
ALMP	고용노동부	공공고용서비스 및 행정	212

출처: 보건복지부(2011), 『2010년도 한국의 사회복지지출추계와 OECD 국가의 보건부분 지출 비교』

(성경륭, 2014: 105).

그러나 복지정책이 강화되었음에도 불구하고 2007년도 지니계수는 0.321이었고 2008년도에는 0.323, 2009년도에는 0.319가 되었다. 이는 이명박 정부의 정책이 불평등을 개선하고 빈곤을 완화하는 데 효과적이지 못하였음을 보여준다. 2010년 경제활동인구조사에서 계산한 지니계수는 0.352였고, 고용형태별 근로실태조사에서 계산한 지니계수가 0.373이었으나, 국세청 자료를 근거로 파악한 지니계수는 0.503으로 나타났다. 일용직과 비정규직 등

22) 이 당시 노인들의 복지수준은 매우 낮은 편이었다. 특히 노인빈곤 문제는 중요한 사회적 문제였다. 이명박 정부 당시 노인자살의 35% 정도가 빈곤이 원인이었다. 노인빈곤율은 45% 정도로 OECD 국가 약 13%보다 매우 높은 수준이었고 노인인구 40%가 월소득이 38만 원 미만으로 나타났다(18대 국회 연금제도개선특별위원회, 299회 제2차 회의록(2011.4.15). 이와 함께 노인고용률은 OECD 국가 중 최고를 기록하였다. 2011년 OECD 국가의 경우 65세 이상 남성노인 고용률은 17.4%, 여성은 8.4%였지만 한국은 남성 39.6%, 여성은 21.4%를 기록하여 한국의 노인들은 생계를 위해 노동현장에 참여해야 하는 경우가 많았다(새로운사회를여는연구원, 2014: 349).

을 포함할 경우 한국 사회의 지니계수는 매우 불평등하게 나타나고 있는 것이다(전병유, 2013: 20).

이명박 정부 시기 순사회복지 지출은 GDP 대비로 보았을 때 그 비율이

〈표 42〉 순사회복지 지출 추이

(단위: 십억 원, %)

	1995년	2000년	2005년	2007년	2008년	2009년	2010년	연평균 증가율		
								05/10	00/10	95/10
순사회복지 지출	22,942	46,036	79,160	104,500	115,665	131.170	139.321	12.0	11.7	12.8
요소 GDP 대비 비율	6.28	8.64	10.30	12.12	12.76	13.86	13.38			

* 출처: http://www.oecd-ilibrary.org/social-issues-migration-health/data/social-expenditure_els-socx-data-en

〈그림 2〉 OECD 국가 GDP 대비 사회복지 지출 규모(2014년)

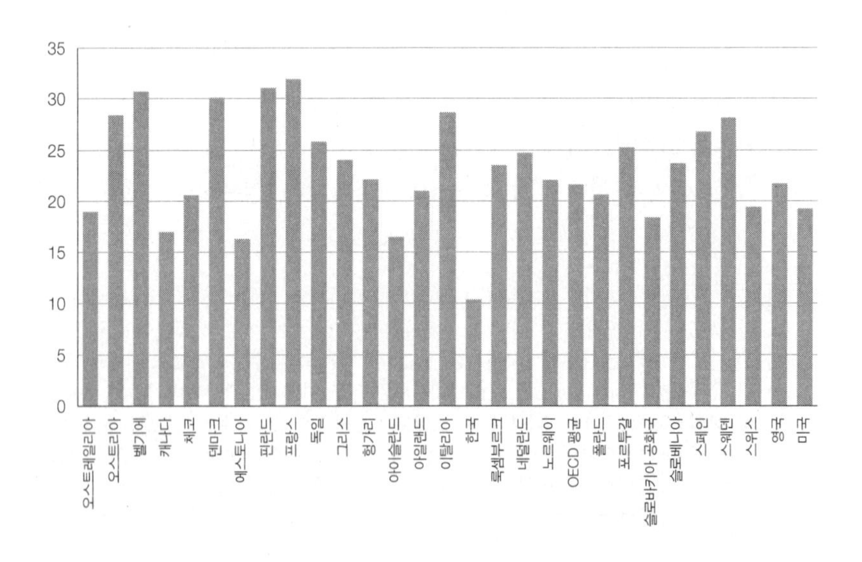

점차 증가하였다. 특히 2007년부터 크게 증가하여 노무현 정부 말기 때 증가했음을 알 수 있다. 그 후 이명박 정부 시기에는 그 규모나 비율이 더 증가하였다. 그러나 OECD 국가들과 비교했을 때 〈그림 2〉에서 보듯이 1990년부터 2010년의 시기의 경우 GDP 대비 사회복지 지출 규모는 최하위 수준을 기록하였다.

이명박 정부는 성장과 발전, 성공을 주요 담론으로 설정하였다. 이러한 차원에서 이명박 정부는 건국 60년을 '대한민국 성공신화'로 규정하였다. 분단과 전쟁, 근대화, 도시화, 갈등과 대립, 민주화 등의 한국 현대사의 역사를 '성공'이라는 하나의 단어로 정의하였다. 한강의 기적, 수출신화, 불굴의 산업전사라는 60, 70년대 근대화의 이미지가 새롭게 복원되었고 그 중심에는 국가와 대기업이 있었다. 시장친화적이고 대기업 중심적인 성공신화 속에서는 계급불평등, 빈부격차, 양극화, 실업 문제 등은 감추어지고 미래를 향한 성공만이 남게 되었다. 이명박 대통령은 연설 시 성공과 관련된 이야기를 할 때 자신의 경험담을 바탕으로 이야기하였다. 대통령 개인의 성공신화를 전 국민에게 확장시켜야 한다는 '국민성공시대'라는 표현으로 나타나기도 하였다. 이명박 대통령은 집권 초기 경제위기 극복을 위해 '공동체운동, 국민의식 선진화운동, 생활혁명운동' 등 선진화 3대 운동을 제안하였다. 이명박 대통령은 선진일류국가를 위한 제2, 제3의 새마을운동이 필요하다고 주장하고 새마을운동을 경제살리기 운동의 모범으로 들었다.

그러나 집권 초반에 촛불시위, 용산참사 등 역풍을 맞자 이명박 정부는 서민지향적인 단어들을 더 많이 구사하기 시작하였다. 용산참사는 생존권, 생명, 주권의 문제였지만 불법시위, 폭력, 이기주의 등으로 매도되기도 하였다. 즉, 보편적이고 도덕적인 시각에서 이 문제를 바라보기보다는 정치적이고 경제적인 시각에서 보수세력이 이 문제를 바라보기 시작하였다. 이는 언론권력과 문화권력의 힘이 작용한 결과이기도 하였다. 용산참사를 자기 문제, 공동체 문제, 약자의 문제로 바라보는 시각이 줄어들기 시작하였다(이철, 2014: 246).

그럼에도 불구하고 2009년 이후 대통령 연설에서 성장지향적인 단어와 미래지향적인 단어들은 20% 이상 줄어들고, 대신 서민지향적인 단어들의 사용이 늘어났다. 가령 소외, 균형, 따듯함, 배려 등의 단어 빈도수가 증가하였다(『동아일보』, 2009/08/13: 4). 성장은 이익을 획일적으로 사회에 부과하는 방식이 아니라 모든 성원들이 개인의 이익을 자유롭게 추구하고 개인의 권리가 평등하게 보장되는 상황 속에서 추구할 때 공동체 전체가 발전하는 것이다(고원, 2014). 이를 위해서는 정치개혁이 중요하며 시민이 공공성의 문제를 자각하고 이 문제를 위해 자발적으로 토론하고 비판하는 공간과 기회를 가져야 한다. 그러나 이명박 정부 시기에는 이러한 자각과 공공성에 대한 문제의식이 부재하였다.

IV. 신자유주의와 자기계발의 문화

이명박 정부 시기에도 자기계발과 관련된 서적의 판매량은 급증하였다. 『시크릿』의 판매부수가 출간된 지 8개월 만에 100만 부를 넘어섰고 『마시멜로 이야기』, 시크릿의 아류인 『부의 시크릿』, 『걸스 시크릿』 등도 인기를 끌었다. 이 책들의 주 구매자들은 20대, 30대들이었다. 자기계발에 대한 관심도 늘어났다. 공부하는 직장인이라는 개념인 '샐러던트'가 확산되어 직장인 96%가 하루 1시간 이상 자기계발에 투자한다는 조사결과가 발표되기도 하였다. 이들 대부분은 자기계발을 직업능력개발로 이해하였다(『문화일보』, 2009/09/07: 7). 기업들도 이러한 프로그램을 지원하였다. 그룹 STX는 임직원 80여 명을 MBA 교육을 받도록 하였고, 한화는 과장급을 대상으로 미국 30위 대학 MBA에 유학을 다녀오도록 지원하기도 하였다(『국민일보』, 2010/04/12: 14).

이러한 분위기와 맞물려 사회 전반에도 스펙 분위기는 줄어들지 않았다. 기업들이 인턴을 늘리면서 청년세대들은 스펙을 위해 인턴교육을 지원했고, 부당한 대우와 인격모독을 감내하면서 미래의 좋은 일자리에 대한 희망을 가졌다. 신자유주의하에서 청년 문제는 중요한 정치적 현안이 되고 있지만 정치적·도덕적인 주요 담론에서는 배제되고 있다. 이들이 직면한 경제적·사회적·교육적 문제는 간과되고 있고 이들에 대한 미래의 투자는 철저한 경제적 논리로만 이해될 뿐 공동체의 일원으로서 인정되지 못하고 있다(Giroux, 2015: 32).

한 조사에 의하면 대학생 90% 정도가 스펙 강박증에 시달리고 있었다(『동아일보』, 2009/01/29: 42). 스펙준비를 위해 휴학생도 급증하였다. 2007년도의 경우 여학생 11만 6천여 명이 휴학경험이 있었지만 2012년 5월 현재 그 수가 34만 9천여 명으로 증가하였다. 숫자도 증가하였고 휴학기간도 늘어났다(『서울신문』, 2012/07/30: 16). 심지어 스펙쌓기는 초중고로도 확산되었다. 중고생 사이에서는 봉사활동, 동아리활동도 스펙대상이었고 각종 경시대회 입상은 매우 중요한 스펙쌓기의 대상이었다. 입학사정관제가 확대되면서 학생들의 스펙에 대한 관심은 더욱 늘어났고 스펙전문 컨설팅 업체도 생겨났다(『문화일보』, 2009/08/11: 9). 특히 자기주도학습이 대입 등에서 핵심이 되면서 자기주도학습 습관을 기르면서 리더십과 자신감 향상 등을 목표로 하는 캠프가 늘어났다. 소위 스스로 공부하는 능력을 갖추었는지 평가하는 전형으로 내신과 면접이 주요 평가대상이 되면서 학생들은 캠프에 입소하여 발표력 강화, 불안감 극복훈련, 예절교육 등을 받았다. 이와 함께 자기소개서에 적을 만한 스펙쌓기의 일환으로 캠프가 주관하는 국토순례, 해병대체험, 봉사활동, 과학실험 등을 배우기도 하였다.

V. 이명박 정부의 정치사회학적 함의: 한국 정치사회에 대한 이해

이명박 정부는 경제성장과 선진국 도약을 기원했던 국민들의 지지를 받아 당선되어 출범하였다. 여기에는 물론 과거 참여정부에 대한 국민의 실망이 영향을 주었다. 참여정부에 실망을 느낀 국민들은 실천과 중용을 내세운 이명박 대통령을 지지하였다. 이명박 정부는 실용이라는 이름 아래 성장과 복지, 민주화와 산업화, 시장과 정부 등 대립적 가치들을 포용하였다. 이에 기초하여 이명박 정부는 '작고 일 잘하는 정부'를 내세웠다. 이명박 대통령은 민간과 협조를 통한 정책을 강조하고 정책수행에 효율성을 높이고 비용을 줄 일 수 있다는 주장을 하였다. 성장과 도약, 실용주의를 강조했던 이명박 정부의 정책은 친대기업주의, 시장우선주의, 성장중심주의, 탈규제와 민영화 논리에 기초하고 있었다.

이명박 정부는 실용=보수라는 등식을 자신들의 정체성을 드러내는 용어로 사용했지만 임기기간 동안 실용적이고 보수적인 정책을 통해서 어떠한 가치를 구현하겠다는 방향성을 갖지 못했다. 나아가 이명박 정부는 국가통치를 통해 실현시켜야 할 영속적인 가치나 이념의 실현을 위한 진지한 성찰의 노력은 없었다(양승태, 2013: 492). 실용주의에 대해 전임 대통령 김대중은 일기에서 "실용주의자를 자처한 대로 철학이나 비전은 거의 보이지 않는다. 정책이란 것도 무얼 하겠다는 나열이지 손에 잡히게 구체적인 방법은 별로 없다. 남북관계도 경제의 발전을 위해서는 언제든지 정상회담에 응하겠다는 것인데 적극적인 제안은 아니었다."라고 비판하였다(김택근, 2012: 396).

시장중심의 실용주의는 국가영역의 공공성과 사회구성을 포괄하는 공공성의 구조 모두를 불안하게 하는 것이었다. 이명박 정부의 실용주의는 실용주의가 가질 수 있는 규범적 공공성의 약화를 가져올 수 있는 불완전한 모습이었다(조대엽, 2014: 105). 이러한 공공성의 문제를 회복하고 공공성의 실현을 통해 사회통합을 높이는 문제는 정부만이 아니라 시장, 시민사회가 협치의 구조 속에서 연대를 추구함으로써 달성될 수 있는 문제였지만 이명박 정부는 그러한 시도가 부족하였다. 오히려 시민사회 내부의 갈등을 유발시키고 사회적 갈등을 방치하였고 그 문제를 해결하고자 하는 의지나 대안이 없었다.

이와 함께 출범 초 인사 문제로 곤혹을 치룬 이명박 정부는 특정 대학, 특정 종교, 특정 지역에 매몰된 정부로 국민들로부터 낙인찍히는 현상을 벗어나기 힘들었다. '고소영' 내각이라고 부를 정도로 이명박 정부의 주요 핵심은 특정 지역과 특정 종교, 특정 대학 출신들이 많았다. 정부 출범 이후 임명된 27개 공기업 감사 47명을 보면 한나라당-대선캠프-인수위-서울시를 최소한 하나 이상 가진 감사는 38명으로 그 비율은 약 80%였다. 김영삼 정부 37%, 김대중 정부 38%보다 높은 수치였다. 대통령과 출신과 경력에서 공통점이 있으면 계속 자리를 바꾸어가면서 고위직을 차지했고, 이명박 정부 시기 요직을 세 차례 지낸 사람은 22명에 달하였다(윤정석, 2015: 163-165). 이 때문에 출범 때부터 특권층 이미지를 국민들에게 심어주고 배타적이고 포용력 없는 정부라는 부정적 인식을 주게 되었다. 그것은 스스로 정부에 대한 신뢰의 위기를 자초하는 것이었다(김헌태, 2009: 125).

여기에 덧붙여 2008년도 촛불시위는 먹거리에 대한 불만에 그치지 않고 투명하지 못한 소통방식과 공권력을 통한 밀어붙이기에 대한 대중들의 분노를 촉발시켰다.[23] 소고기라는 먹거리 문제는 반민주주의, 독단, 부패, 인권

---

23) 촛불시위에 대한 다양한 평가가 존재하지만 그럼에도 불구하고 촛불시위는 다양한 집단이 참여한 시위였고 문화행사 등이 중심이 되기도 한 새로운 형식의 시위였다. 촛불시위는 비제도화된 갈등으로 전개되었고 비제도화된 갈등은 동원의 주체가 시민단체가 아니라 시민들의 자발적 결사체였다. 이들의 급진적 개인주의는 집합적 행동주의로 발전하였다(조대엽, 2014: 129). 또한 대중의 다양한 구성은 새로운 연대의 가능성을 보여주기도 했지만 이명박 정부의 본질적인 문제와 신자유주의의 한계를 폭로하고 규명하는 데까지는 나가지 못했다. 다양한 매체가 동원된 이 시위는 한국사회의 대중참여방식의 새로운 전환을 보여준 사건이었고 세계를 이해하고 정치참여가 무엇인지 그 의미를 받아들이고 사고방식에 있어서 특정하게 의미를 부여하는 방식이 대중적으로 확산되면서 참여군중이 급부상하게 된 계기였음은 부인할 수 없다

경시, 무책임을 상징하는 문제와 연관되어 있었다. 일종의 소고기협상은 성스러운 중심인 가치, 도덕, 신념, 정서 등을 위협하고 침범하는 것이었다(이철, 2014: 211). 공동체와의 호혜에 바탕을 둔 도덕감정은 타자에 대한 상상력과 성찰로서의 공감에서 비롯된다.[24)]

한편 이명박 정부는 출범 당시 국정홍보처를 폐지하여 국정에 대한 국내외 홍보 및 정부 내 홍보조정 업무 국정에 대한 여론 수렴 등의 업무를 원활하게 추진하지 못하였다. 국가정책을 국민들에게 알리고 비판여론도 흡수하여 분석하는 기능을 수행하지 못한 것이다(백용호, 2014: 155). 이러한 국민들의 분노는 광우병 문제에만 국한된 것이 아니라 서민과 중산층의 삶의 붕괴, 민생고, 계층 간 위화감에 대한 불만으로 발전되었다. 이 불만과 함께 이명박 정부는 정치반대세력이나 시민단체들을 배제하고 주변화하여 사회갈등을 더 유발한 측면도 있었다. 소위 '정치 없는 정치과정'을 통해 다양한 정치, 사회세력이 참여하는 소통의 과정을 붕괴시켰고 사회통합을 더욱 어렵게 하였다(조대엽, 2014: 141). 이명박 정부는 언론의 자유도 심각하게 훼손하였다는 비판을 받았다. 방송과 신문의 겸업을 허용하는 언론법을 통과시켰고 마스크금지법, 떼법방지법, 사이버모욕죄 등을 개정하여 국제사회

(김성일, 2014: 307). 촛불시위는 출범한 지 얼마 되지 않은 이명박 정부의 최대의 위기였다. 초기에는 단순한 시위로 생각했지만 참여인원이 늘어나고 시위강도가 거세지면서 이명박 정부는 중요한 위기관리의 과제로 인식하기 시작하였다. 촛불시위가 2008년 6월 10일 국민들의 대규모 행진으로 더욱 거세지면서 이명박 정부는 촛불시위의 핵심에는 노무현 전 대통령을 추종하는 세력들이 있다고 판단하였다. 이는 사정정국을 가져왔다. 검찰, 경찰, 국세청 등 사정기관이 총동원되어 과거 노무현 지지세력에 대한 조사와 분석이 실시되었다. 특히 촛불시위를 주도했던 시민단체들과 그들을 후원했던 포스코 등 대표적인 대기업들도 사정권에 들어오게 되었다. 2009년 포스코 회장의 교체는 과거 시민단체에 대한 지원을 비판적으로 보고 있었던 청와대의 보이지 않는 권력이 작용하고 있었다(소중섭, 2014: 95-96).

24) 도덕감정은 나만의 세계에 빠지지 않고 타자와의 관계 속에서 그의 입장을 통해 자신과 타인, 주변환경을 이해하고 파악하려는 공감의 정신에서 출발한다. 타자와의 관계성에 기초한 도덕감정은 타자에 대한 부채의식, 감사 등의 감정들이 깃들어 있다. 그러나 극단적 이기주의와 타자에 대한 무관심은 공동체의 호혜적 관계를 파괴하고 도덕감정을 약화시켜 무관심한 방관자들을 양산한다(김왕배, 2014: 77-78).

로부터 언론의 자유를 침해했다는 비판을 듣기도 하였다.

이명박 정부는 잘사는 국민, 강한 나라, 따듯한 사회를 3대 비전으로 설정하였다. 그리고 살아나는 경제, 중산층이 두터운 나라, 함께 번영하는 경제, 생애희망디딤돌복지, 안전한 사회, 그늘과 차별이 없는 사회, 소프트파워가 강한 나라, 아름답고 살고 싶은 국토 재창조, 당당한 외교와 평화로운 한반도, 일 잘하는 실용정부 등 10대 희망과제를 소개하였다(매일경제 경제부, 정치부, 2008: 263). 이명박 정부가 내세운 '선진화를 통한 세계일류국가건설'은 과거 개발독재시대나 민주화 이후의 시대에서 보여준 100억 달러 수출, 1만 달러 국민소득, 선진국 도약, OECD 가입, 세계화 등의 구호와 다를 바가 없었다. 즉, 과거 노무현 정부의 신자유주의적 정책들을 더욱 진화시켜 국정운영의 전반적인 색채를 신자유주의로 바꾸어 놓았다.

이 국정기조는 구체적으로 보면 녹색성장주의, 노사정책, 한미 FTA, 민영화정책, 세금정책 등을 통해 세부적으로 표현되었다. 이 밑바탕에는 거대한 글로벌 자본, 대자본의 이해관계를 중시하고 정치적으로 보수세력을 기반으로 하고 국가의 거대한 폭력기구나 사법기구를 동원하여 반대세력을 법치주의라는 이름으로 통치하겠다는 의지가 담겨져 있었다. 공공부문에서도 'MB노믹스'를 통해 규제완화, 출자총액제폐지, 세금감면, 수도권규제완화 등의 정책을 실시하고 녹색성장과 4대강 개발을 통해 저임금 불안정고용의 일자리 창출, 국토개발, 건설사업투자 등의 효과를 기대하였다. 그러나 실제로는 개발주의로 무장한 우파 신자유주의 정권, 신자유주의적 토건국가 정권으로 비판받기도 하였다(민주화를위한전국교수협의회 외, 2011). 즉 개발주의와 신자유주의, 성장지상주의를 결합시켜 불평등 문제, 환경 문제, 노동 문제, 양극화 문제를 양산하였다.

물론 녹색성장정책을 중심으로 특정 분야의 산업발전정책을 계획하고 동반성장의 정책에서 보여주었듯이 대기업과 중소기업의 상생발전을 유도하기도 하였다. 이러한 점들은 이명박 정부를 친대기업정부로 규정하기는 힘들지 모르지만 본질적으로 시장만능주의, 친기업주의, 복지축소, 민영화 등을 지향하였고 국가개입적인 정책들도 본질적으로는 대자본이 시장을 지배하고 노동과 대중을 배제한 성장일변도의 정책을 추구했기 때문에 반(反)노동적·반(反)서민적 신자유주의 정부로 규정되기에는 충분하였다.

이명박 정부는 경제살리기에 대한 기대를 안고 출범했지만 세계경제위기, 북핵 문제 등의 변수가 있었음에도 불구하고 그 기대를 충족시키지는 못하였다. 특히 한나라당을 축으로 하여 당선된 이명박 대통령은 의회의 다수석을 차지한 여당의 수장으로 의회의 지지를 받았지만, 2012년 새누리당이 창당되고 집권 후반기에 여당 내의 세력이 분화되고 측근들이 정치적 영향력을 상실하면서 의회를 원활하게 움직일 수 있는 힘을 갖지 못하였다. 대선과 총선이 다가오면서 야당의 공세도 거세지고 집권 초기에 실시했던 다양한 정책들이 성공적으로 추진되지 못하면서 국정 지지도는 점차 하락하였다. 대외관계에서는 주변국들에 대한 균형외교에서 탈피하여 친미적인 외교관계를 강화하고 대북정책에서도 강경책을 구사하여 보수정부로서의 한계를 보여주기도 하였다.

이명박 정부는 민주화 과정 이후 등장한 최초의 견고한 보수세력이 중심이 된 정부이다. 경제정책뿐만 아니라 외교, 사회 모든 분야에서 보수적인 정책을 실시했고 정책의 대부분의 기저에는 신자유주의 논리가 개입되어 있었다. 노무현 대통령의 서거와 추모 열기는 이명박 정부에 대한 거부와 지지의 철회, 혹은 보수주의에 대한 분노[25]로 표출되기도 하였지만 보수세력은 진보세력의 결집을 우려하면서 이들이 정치적 기반을 재구축하는 것을 바람직하지 못한 것으로 바라보았다(평화재단, 2013). 그것은 한국 사회의 이념갈등의 지점과 사회통합을 방해하는 요소가 무엇인지 잘 드러나게 하는 사건이었다.

이명박 정부의 통치성은 한국 정치사회를 갈등과 대립의 사회로 바꾸어

---

25) 분노는 어떠한 관념에 대한 반응이며 사회적인 것들이 객관적으로 잘못되었다고 판단했을 때 분노를 느낀다. 혹은 삶 속에서 주관적으로 경험하는 삶의 조건의 기준에서 갖게 되는 관념의 어긋남, 내면의 어긋남이 발생했을 때 분노를 느끼게 된다. 어긋남이 빈번해지면 분노는 활성화되며, 개인적 좌절과 불만이 정당한 관념과 결합하면 공적인 저항으로 발전하게 된다(정지우, 2014: 15-46).

놓았고 동반성장을 강조했음에도 불구하고 대자본과 세계금융자본, 기득권층이 사회의 주요 영역을 자유롭게 관할하고 통치할 수 있는 근간을 만들고자 했다는 점에서 민주주의의 기본 원리마저 훼손할 수 있는 위험성을 가진 통치성이었다고 볼 수 있다. 그는 성공한 CEO 대통령을 표방했지만 민주적 리더십을 보여주지 못했고 가신주의라는 전근대적 리더십을 보여주어 점차적으로 국민의 지지를 상실하였다. 결국 정치를 사유화하는 사인주의를 벗어나지 못했고 국가를 운영하고 책임지는 공적인 존재로서의 면모를 보여주지 못하였다(임혁백, 2014: 748).

결론

한국 현대사는 민주주의와 자본주의의 발전과정으로 요약될 수 있다. 근대화, 산업화, 민주화로 상징되는 현대사는 정치권력과 대통령, 의회와 정당의 정치사회와 노동계급, 농민계급, 중간계급 등 시민사회의 갈등과 대립, 협력의 시간이었다. 그러나 시민, 대중은 권위주의 시대에 통제와 동원의 대상으로 여겨졌을 뿐 아니라 민주화 과정 이후에도 주체로서 그 지위를 인정받지 못하는 굴절과 왜곡의 역사였다. 그럼에도 불구하고 우리는 한국 현대사를 민주화의 과정, 민주주의의 공고화로 설명한다. 이것은 일부는 맞고 일부는 잘못된 표현이다. 민주주의의 일부는 제도적·형식적으로 달성되었을지 모르지만, 여전히 제도와 법적인 측면에서 반민주적인 내용들이 있으며 대중의 삶 전체에서 민주주의, 공화주의의 본질이 실현되었다고는 보기 어려운 점들이 있다. 민주주의의 완성으로 가는 길이 험난한 것은 민주주의의 목표, 방향, 내용에 대한 합의가 어렵다는 점에 있다.

특히 박근혜 대통령에 대한 탄핵과 하야를 향한 촛불행진은 민주주의의 기본조차도 제대로 수행되지 않고 있는 우리사회의 한계점을 잘 보여주고 있다.[1] 광장민주주의는 단순히 그리스 공동체의 아고라의 복원을 말하는 것이 아니라 정치권력과 국가통치에 대한 근본적인 의문과 비판을 제기하는 것이다. 탄핵과 하야의 과정은 이를 위한 준비의 서곡에 불과하다. 앞으로 가야 할 길이 멀다는 것을 대중들은 일상적으로 한목소리로 들려주고 있다. 그렇다면 이를 경청하고 담아내어 제도적으로 민주주의를 완성의 길로 이끌어야 할 제도권 정치는 역사적 책임과 지혜를 가져야 한다. 그러나 탄핵 이후의 한국 정치사회의 전망은 밝지 않다. 그것은 과거 역사의 경험이 말해주고 있다. 아쉽게도 한국 정치사회의 정치인들과 정당, 정치권력의 행태를 보면 그 전망이 밝지 않음은 분명하다. 권력의 변화와 이동에만 국한된 정치가 정치사회에 만연될 때 그 결과는 역사의 변화와 발전이 아니라 인물 교체로 협소화되는, 역사도 아닌 역사될 가능성이 크다. 1987년 체제의 의미만큼 2016년 탄핵정국 이후의 흐름이 갖는 한국 현대사의 중요성은 매우 크다. 2016년 체제는 단순히 1987년 체제의 극복이 아니라 1997년 체제, 나아가 한국 현대사 질서의 기형적이고 반민주적인 질서를 극복하는 질서가 되어야 할 것이다.

민주화 이후 한국 사회는 전 지구적 자본주의의 급격한 변화, 탈냉전, 정보화시대의 도래, 남북관계의 불안정성으로 인하여 위기에 직면하고 있다. 그러나 개혁적인 문민정부의 등장과 사회주의권의 몰락은 이러한 위기의 인식을 둔화시켰다. 오히려 정세변화와 세계질서 변화를 성장과 도약의 기회로 간주하였다. 즉, 전 지구적 자본주의의 위세와 초국적 기업의 거대한 물결이 전 세계를 휩쓸 때 한국은 이것을 성장과 발전의 기회로 삼았다. 그 결과 개방화, 민영화, 유연화, 탈규제, 시장경쟁을 강조하는 담론들이 한국 사회를 뒤덮기 시작하였다. 이에 따라 세계화와 개방은 성장, 발전, 민주주의의 완성으로 인식되기 시작하였다. 자연스럽게 그 중심에는 정부와 대기

---

1) 최근 2016년 11월의 탄핵과 하야를 요구하는 광장의 평화적 시민운동에서 나타난 시민연대의 특징 — 희생과 소망의 연대, 참여와 나눔의 연대, 안전과 지속의 연대, 개방적 연대, 감성적 연대, 평화적 연대, 광장의 연대 — 에 대해서는 강수택(2016)의 연구를 참조하라.

업, 그리고 금융자본이 있었다. 이는 한국 사회에 신자유주의의 흐름을 무비판적으로 받아들이는 결과를 가져왔다. 신자유주의의 기조를 따르는 관료와 대기업, 금융자본은 국가의 경영담론에 기초하여 한국 사회를 시장논리로 개조하기 시작하였다. 그러나 그러한 개조는 개혁, 개방, 민주화로 포장되었다. 이에 따라 대중적·노동적 헤게모니는 약화되고 자본과 기업의 헤게모니가 우세하게 되었다. 정치적으로는 보수주의 세력의 저변이 확대되고 세계화·개방화를 주장하는 신보수주의, 그리고 2000년 중반 이후에는 뉴라이트 세력이 점차 득세하게 되었다. 신자유주의적 정책에 대항하고 시민사회 내에서 반신자유주의를 지지할 수 있는 대안세력이 견고한 정치적 위상을 확보할 수 없게 되었다. 결국 민주화 과정 이후 한국 사회의 정치지형은 보수주의 정치가 제도권 정치를 장악하게 되었고 오로지 지역연합과 3김정치의 대결만이 강화될 뿐이었다.

최초의 여야 간의 수평적 정권 교체 이후 10년간 온건개혁정부인 김대중, 노무현 정부가 들어섰지만 관료, 대기업, 금융자본의 신자유주의의 연합구도는 약화된 것은 아니었다. 민주주의의 공고화와 선진국으로의 도약이라는 명분을 바탕으로 영미식의 신자유주의 모델과 시장논리가 한국 사회를 지배하게 되었다. 이러한 신자유주의의 논리는 국가와 시장뿐만 아니라 대중들 개개인들의 변화를 함께 요구하는 경제적·정치적·사회적·문화적 질서였다. 이 질서는 민주화 이후 한국의 정치, 경제, 사회발전에 대한 장벽이었지만 정치사회는 그것을 오히려 성장과 발전의 열쇠로 인식하였다.

이 때문에 민주화 이후 나타난 정부들은 공통적으로 신자유주의 정책에 기초하였다. 그러나 신자유주의의 질서는 고용의 불안정, 비정규직의 양산, 소득격차확대, 양극화의 가속, 공공부문 축소 등을 초래하였다. 민주화 이후 한국 사회의 불평등은 단순히 국제질서의 영향이라고 설명될 수는 없다. 이에 대한 정부의 정책적 선택과 대통령의 인식, 그리고 대자본과 관료집단의 선택도 간과할 수 없는 중요한 요인이다. 민주화 이후 대통령제도의 문제는 민주적 대통령에 의해 시행된 많은 사회경제정책들이 민주적이지 못하고 반민주적이었거나 매우 보수적인 성향이 강했다는 데 있다. 이러한 사실은 한국 사회의 불평등과 양극화를 심화시켜 민주주의의 기초이자 토양인 사회경제적 조건과 역량을 쇠퇴시킴으로써 사회갈등을 악화시켰다. 그 결과 복지와 분배의 문제는 민주화 이후 각 정부들이 중시한 정책이었지만 신자유주의의 폐해를 극복하고 넘어서기보다는 국가 내의 갈등을 완충하는 장치에 불과하였다. 이러한 문제들을 해결하고 민주화 이후 실질적인 민주주의 남아낼 수 있는 정책과 이념, 정치적 기획이 무엇인지 진지하게 고민해야 함에도 불구하고 정치세력과 관료집단은 이에 대한 대안과 장기적인 전망이 부족했다.

이러한 사실에 비추어 볼 때 한국 정치사회에서 정당의 역할과 대통령의 리더십이 중요한 의미를 갖게 된다는 점은 분명하다. 민주화 이후 정치사회의 역할은 과거보다 더 민주적으로 제도화되었고, 이를 견제하고 감시할 제도적·법적 장치들이 강화되었다. 또한 시민사회의 갈등이 지속적으로 분출하고 있지만 이를 조정하고 수용하여 입법화·제도화하려는 정치사회의 노력이 민주주의를 신장하는 데 큰 역할을 하고 있음은 분명하다. 그럼에도 불구하고 한국의 정당들과 대통령은 이를 공정하고 효율적으로 수행하지 못하고 있다. 한국 사회에서는 과거 정부에 없었던 개혁적인 각 정책들이 국민들의 삶과 직결되어 있음에도 불구하고 공론화되어 논의되거나 사회적 합의의 과정을 거치지 못하였다. 정당들도 자신들의 노선과 지지계층의 이해관계에 맞는 정책을 당론으로 명시하는 경우도 드물었다. 여전히 복지는 국가나 행정부의 소관일 뿐이었다. 그것은 복지의 본질적인 문제의 해결을 방해하는 것이었다. 즉, 공공성의 상실 내지 파괴를 가져왔다. 상실된 공공성의 회복은 사회적 관계의 정상적인 복원을 요구한다.

이것은 신자유주의 질서에 대한 근본적인 성찰과 비판을 요구한다. 신자유주의 통치에서는 경제적인 것이 정치적 주권을 생산하고 경제가 국가정당성의 기초가 된다. 어떻게 보면 신자유주의 통치성은 '통치 없는 통치'의 완결형태였다. 신자유주의자들이 생각하는 국가는 신자유주의 통치를 통해 시장에 개입하여 게임의 규칙을 만들어내야 하고 법률과 제도에 개입하여 효과적인 경쟁을 생산해야 한다. 이렇게 볼 때 신자유주의는 법과 제도에 개입하며 경쟁원리를 사회전반에 도입하는 통치기술인 것이다.

이 때문에 푸코는 통치의 중요한 내용을 자유주의 통치실천의 정치적 문제들을 설명하고 도덕적·정치적 존재양식과 주체화과정을 검토하는 것이라고 본 것이다. 정치사회와 국가권력에 관한 연구는 일반적으로 행위자나 혹은 권력의 제도, 권력행사과정을 중심으로 논의가 진행되었다. 그러나 이러한 접근방식은 정치전략의 효과, 권력의 효과, 각 주체들의 형성과 자본주의와 자유주의의 관계, 신자유주의 통치의 본질을 파악하지 못한다. 그렇기 때문에 이 연구는 통치성 개념을 중요한 방법론적 개념으로 동원한 것이다. 통치성 개념을 통해 국가와 정치사회를 분석할 때 공과 사의 영역, 시민사회와 국가 사이의 경계를 규정하고 국가기구와 정치제도의 내적 구조를 결정하는 정치전략효과와 도구로서 국가를 파악할 수 있다. 가령 자유주의는 구속과 억압으로부터 벗어난다는 의미도 있지만, 국가는 개인들을 자유롭게 하면서 동시에 보이지 않게 억압하며 통제할 수 있는 보다 유연하고 고차원적인 통치기술을 확보하는 것이었다. 이때 지배의 주체로서 국가는 통치기술들의 효과이며 통치기술은 지배의 국가로 이끌 수 있는 권력관계의 체계화이다. 통치성의 문제를 종합적으로 분석할 때 오늘날 신자유주의 시대의 본질과 그것이 한국 사회에 던지는 함의, 해결책을 탐색할 수 있을 것이다. 이것은 작은 측면에서는 각 대통령들의 리더십의 차이와 특징, 본질을 도출하는 역할을 할 것이다. 결국 이러한 모든 작업들은 한국 정치사회에 대한 이해의 폭을 확장할 것이다. 푸코는 통치행위가 국가 권력자의 단순히 개인적인 경륜과 기술에 관한 문제가 아니라 총체적인 지식과 권력에 관한 것이며, 이러한 두 힘들이 통치장치들에 의해 실행되고 있다고 보았다. 그것들은 구체적으로 국가정책, 권력집단의 정치전략, 통치 이데올로기 등에서 발현된다.

민주화 이후 시행된 법과 제도, 특히 금융, 무역, 통화 등과 관련된 것들은 전방위적이고 매우 친자본적이고 보수적인 것이었다. 표면적으로는 과거 발전국가로 인해 훼손된 시장과 소유, 경영활동의 자유를 복원하고 공정한 사회를 만들기 위해 사회 전반에 경쟁원리를 도입하겠다는 것이었다. 이렇게 볼 때 민주화 이후 나타난 각종 탈규제, 개방, 자율은 신자유주의의 원리에 부합하는 것이었다. 신자유주의는 발전국가로 하여금 새로운 국가개입의 구조를 통해 국제경쟁에서 지위를 향상시킬 수 있도록 한다. 한국 사회에서 국가권력을 신자유주의 노선에 따라 순응하도록 하는 경향이 최근 등장하고 있다고 볼 수 있다. 한국의 1990년대 말의 현상이 바로 그것이다.

이렇듯 한국 사회에서 본격적으로 신자유주의가 출현한 것은 민주화 과정 이후이다. 정치적 자유가 실현되면서 경제적 자유는 신자유주의적인 모습을 보여주었다. 특히 민주화의 공고화 단계인 김대중 정부와 노무현 정부 당시 신자유주의적인 정책이 본격적으로 나타났다. 민주화 이후 한국의 정치상황은 민주적인 절차와 제도가 안착되고 있었지만 대중들의 삶의 질과 복지의 수준은 그렇지 못하였다. 경제는 자유화되고 있었지만 단순히 기업의 경쟁력 확보, 성장과 발전이라는 담론의 틀에 갇혀 있었다. 민주화 이후 모든 정부들은 발전과 성장을 주요 키워드로 삼았고, 노동배제와 복지배제나 약화의 정책을 채택하였다. 외환위기 이후나 민주화 이후 모든 정부들은 신자유주의를 본질로 하고 과거 발전국가적 형태를 수단으로 삼는 경우가 많았고, 신자유주의적인 정책을 통해 경제성장이 이루어지면 사회적·경제적 불평등과 빈곤 문제를 해결할 수 있다는 시각을 가지고 있었다. 그러한 낙관론적인 시각은 전 세계적인 경제위기와 함께 한국 사회의 경제상황을 더욱 악화시켰을 뿐이었다.

민주화 이후 본격적으로 경제부문에 자리 잡은 신자유주의 성향 관료들의 힘과 지속적인 경제자유화 정책의 실행은 대기업을 통제하고 규제하는 권력과는 동떨어진 것이었다. 이것은 결국 한국 경제의 전 지구화와 금융산업의 탈규제화와 함께 금융, 신용체제의 변화를 가져온 것이었다. 전 지구화는 경제관료들의 사고의 핵심적 원리였고 불가피한 정책선택의 배경이었다. 경제자유화와 금융시장의 자유화가 이루어지면서 해외자본의 자유로운 이동이 촉진되었고, 대기업들의 경제위기 돌파구로서 해외직접투자도 활발하게 이루어졌다. 신자유주의는 작은 정부를 모토로 각종 규제 철폐를 주장하지만 오히려 시장은 경제위기 시 국가에 철저하게 의존하는 역사를 보여주었다. 국가는 은행과 대기업들의 부도를 막기 위해 대규모 공적자금을 투입하지만 그 과정에서 국가는 각종 규제를 철폐하고 민영화를 추진함으로써 신자유주의자들의 요구사항을 주도하였다. 한국도 예외는 아니었다. 신자유주의하에서 한국은 점차 민주적 절차와 헌정질서를 보증하고 국민의 권리를 보호하는 대신 시장 질서를 강화하고 자본을 보호하는 역할에 중점을 두었다.

김영삼 정부의 개혁과 개방 정책은 신자유주의의 흐름을 강화하면서 국가도 탈발전국가의 모습을 취하기보다는 적극적으로 대기업을 지원하고 노동을 배제하는 정책을 강화하였다. 이에 따라 신자유주의, 세계화 담론이 한국 사회를 압도하였고 무한경쟁과 성장, 일류국가 등이 개인의 일상사나 사고를 지배하는 주요 개념, 논리가 되었다. 김영삼 정부의 세계화는 제도와 정책뿐만 아니라 개인의 의식, 행동도 일류화 하는 것이었고 신자유주의 틀 속에 한국 사회 전반을 이에 적합한 유형으로 전환시키는 것이었다.

외환위기를 경과하면서 김대중 정부는 빅딜과 같이 국가개입적인 정책을 실시하였고, 재벌개혁을 통해 과거 구질서에 의해 왜곡된 시장질서를 바로 잡고자 하였다. 또한 해외시장개방, 금융자유화, 민영화, 노동유연화처럼 일종의 시장만능주의적인 입장을 보여주기도 하였다. 물론 김대중 정부가 민주주의와 시장경제의 병행발전을 강조했지만, 개혁은 후퇴하고 민영화·개방화처럼 신자유주의적인 속성은 강화되었다. 김대중 정부의 민주주의와 시장경제원칙은 자유경쟁과 공정경쟁을 강조하는 민주주의의 원칙을 강조한 것이었다. 이는 민주주의의 본질적 의미보다는 자유롭고 공정한 시장질서를 강조하는 원칙이었고 신자유주의의 시장질서 원리와 큰 차이가 없는 것이었다. 민주주의의 발전과 경제발전, 복지정책강화를 동시에 추진하고 인권과 대북정책에 있어서는 과거 정부와 차별적인 정책을 실시하여 실질적인 성과를 거두기도 하였다. 김대중 대통령은 김영삼 정부의 경제실패와 국가위기의 시기를 극복한 대통령으로서의 이미지가 강했다. 그러나 김대중 정부는 철저하게 IMF 체제에 의존하였고 신자유주의의 외압을 극복하지 못하였다.

노무현의 참여정부는 국민주권시대, 국민권력의 시대를 창출하고 과거의 특권의 시대를 마감하겠다는 의지를 표명하였다. 참여정부의 출현은 정경유착이나 부정부패로 상징되던 구 정치질서를 타파하고 한국 사회의 정치발전, 민주주의의 공고화를 가져올 수 있는 중요한 전환점을 마련했다는 평가를 받기도 하였다. 노무현 정부 당시 경제정책을 이끌었던 관료들은 전형적으로 성장논리에 편향되어 있었다. 이들이 주도하는 부처들이 다른 복지 및 사회통합과 관련된 부처들을 압도하면서 신자유주의 논리가 정부정책에 강하게 반영되었다. 이들 부처들은 동질적 엘리트 집단에 의해 장악되었고 관련 이해집단의 이해를 반영하는 경우가 많았다.

이명박 정부는 'MB 노믹스'를 통해 작은 정부, 공공부문 개혁, 규제완화 등을 내세우고, '비즈니스 프랜들리'를 기초로 대통령 자신을 기업의 CEO처럼 생각하였다. 국가경쟁력강화위원회를 통해 국내외 기업들이 한국에 투자할 때 겪는 장애를 없애주고 기업친화적인 국가를 만들어 나갔다. 또한 작은 정부, 민영화, 규제완화, 고도성장, 출자총액제 폐지, 법인세 및 종부세 감세, 금산법 완화, 수도권규제완화, 사회복지의 축소 등을 추진하였다. 대기업을 위해서는 출자총액제를 폐지하고 지주회사제도의 규제를 완화하며 금산분리를 완화하였다. 이것들은 신자유주의적인 원리에 충실한 것이었고, 때로는 적극적으로 시장문제에 개입하는 모습을 보여주었다.

대기업의 투자에 기초한 경제성장, 4대강 개발, 새만금 개발 등 투입에 의한 성장도 주장하였다. 과거 발전국가의 모습을 보이기도 한 것이다. 본질적으로 이 정책들은 시장만능주의, 친기업주의, 복지축소, 민영화 등을 지향하였다. 이를 통해 대자본이 시장을 지배하고 노동과 대중을 배제한 성장 일변도의 정책이 더욱 강화되었다. 이명박 정부의 통치성은 한국 정치사회를 갈등과 대립의 사회로 바꾸어 놓았고 동반성장을 강조했음에도 불구하고 대자본과 세계금융자본, 기득권층이 사회의 주요 영역을 자유롭게 관할하고 통치할 수 있는 근간을 만들고자 했다는 점에서 민주주의의 기본원리마저 훼손할 수 있는 위험성을 가진 통치성이었다.

이러한 민주화 이후의 대통령들의 행적과 그 통치에 대한 분석을 볼 때 민주화 이후 과제는 무엇이며 대통령의 역할과 그 권력이 한계는 어떠한지에 관한 질문을 하게 된다. 독특한 성격을 지닌 한국 사회의 대통령제도는 여기에 덧붙여 '통치자'로서의 권위적인 모습이 더해져 정상적인 정치문화의 발전을 방해하고 있다. 정치발전은 건강한 정치문화, 시민문화와 밀접한 관련성이 있다는 사실은 멀리는 고대그리스 사회에서, 가깝게는 서구의 민주주의의 발전과정을 보면 쉽게 찾아 볼 수 있다. 다양한 갈등과 대립, 불평등과 사회배제, 비정규직과 청년실업 등 복합적인 위험사회 수준의 문제를 가지고 있는 사회에서 대통령의 판단력과 식견, 역사인식과 철학 등은 매우 중요하다. 이러한 문제는 단순히 대통령의 리더십 문제만으로는 해결될 수 없다.

중요한 점은 그러한 한국 사회의 질서를 관통하는 문제의 축과 그 본질을 읽어내고 푸코 식대로 표현하면 '비판'하는 능력이 필요하다. 비판은 단순히 다른 입장에 대한 객관적 반대, 논박이 아니라 권력 메커니즘을 통해 예속화하는 것에 대한 기술이다. 즉 자발적 불복종의 기술, 진실을 둘러싼 정치라고 하는 활동 속에서 탈예속화를 본질로 하는 것이다(Foucault, 2016). 한국 정치사회의 주요 축인 정치권력, 대통령의 통치에 대한 비판은 이러한 성격을 지향해야 할 것이다. 그 비판의 이론적 핵심에는 통치성의 문제가 있다. 이를 통해 민주주의의 문제뿐만 아니라 새로운 질서 혹은 통치성 속에서 새로운 종류의 자기 테크놀로지, 관계형성이 가능할 것이다.

결국 우리는 민주주의의 공고화를 위해서는 신자유주의의 통치성을 어떻게 바라볼 것인지, 그 대안은 가능한지, 가능하다면 현재 우리는 무엇을 해야 하는지에 대한 고민이 필요하다. 이를 위해서는 대통령의 통치, 그 권력의 역사, 그리고 한국 정치사회의 한계와 문제에 대한 비판적 이해가 필요하다. 이 작업이 중요한 이유는 이에 대한 분석이 민주주의의 미완의 과제와 밀접한 관련이 있기 때문이다. 권력의 본질을 이야기할 때 국민, 대중이 그 핵심으로 등장한다. 대통령의 권력은 국민의 권력이 위임된 권력이다. 그러나 한국의 현대 정치사는 대통령의 통치역사에서 국민과 대중이 생략된 통치권, 비상대권, 군통수권의 역사만 보여주었다. 대중이 헌정주의에 의해 올바르게 자리매김하고 국민이 통치의 주권을 되찾는 것은 현 정치권력에 대한 비판적 분석, 그리고 대통령 중심의 사회에서 숨어 있는 통치성의 문제를 끄집어내어 분석할 때 가능할 것이다. 더 나아가 민주화 과정을 거치고 있음에도 불구하고 신자유주의 질서 속에서 늘어나고 있는 불평등, 실업, 부채, 불안정한 삶 등 훼손된 민주주의를 수정하고 교정하기 위해선 이 질서를 넘어서는 전략, 혹은 새로운 통치성이 무엇인지에 대한 내용과 범위의 연구가 필요하다고 본다. 작게 보면 대통령제도가 유지된다고 할 때 이 문제를 해결할 수 있는 새로운 리더십은 무엇인지, 그리고 어떠한 정당질서와 정치사회가 형성되어야 하는지에 대한 학문적인 고민이 필요할 것이다. 이러할 때 민주주의는 더 이상 미완의 역사가 아니라 '다가올 미래', '가능성이 불용되지 않는 가능성의 역사'가 될 것이다.

참고문헌

가상준. 2015. “공공갈등에 대한 국민들의 인식: 갈등인식지수.” 가상준 외. 『공공갈등 국민에게 묻다』. 경기: 노스보스.

가오롄쿠이. 2015. 『복지사회와 그 적들』. 서울: 부키.

강경식. 2010. 『국가가 해야 할 일, 하지 말아야 할 일』. 경기: 김영사.

강내희. 2014. 『신자유주의 금융화와 문화정치경제』. 서울: 문화과학사.

강만옥 외. 2007. 『에너지·전력 부문 보조금의 환경 친화적 개편 방안과 파급 효과 연구(1)』. 한국환경정책평가연구원(KEI)정책 보고서.

강명세. 2014. 『민주주의 복지국가 그리고 재분배』. 서울: 선인.

강미라. 2013. 『미셸 푸코의 안전, 영토, 인구 읽기』. 서울: 세창미디어.

강병구. 2014. “복지재정의 현실과 대안.” 서울사회경제연구소 엮음. 『소득불평등 해소의 길』. 경기: 한울아카데미.

______. 2015. “우리나라 세금제도의 특징.” 『황해문화』 여름호.

강병익. 2014. “비판적 자유주의 정치세력의 등장과 헤게모니의 변화.” 『황해문화』 겨울호.

강선형. 2014. “푸코의 생명관리정치와 아감벤의 생명정치.” 『철학논총』 78집 4권.

강수돌. 2013. 『팔꿈치사회』. 서울: 갈라파고스.

강수돌·홀거 하이데. 2009. 『자본을 넘어, 노동을 넘어』. 서울: 이후.

강수택. 2016. 『연대의 억압과 시장화를 넘어』. 경남: 경상대학교 출판부.

강승진. 2005. “교토의정서 발효의 의미.” 에너지경제연구원. 『에너지포커스』.

강신구. 2012. "어떤 민주주의인가?" 『한국정당학회보』 11권 3호.
강신욱. 2014. "2000년대 후반 불평등 심화의 특징." 서울사회경제연구소 엮음. 『소득불평등 해소의 길』. 경기: 한울아카데미.
강원택. 2010. 『한국 선거정치의 변화와 지속』. 서울: 나남.
_____. 2011a. "한국에서 정치균열구조의 역사적 기원." 『한국과 국제정치』 27권 3호.
_____. 2011b. "참여 민주주의와 정당정치." 강원택·장덕진 엮음. 『노무현 정부의 실험』. 서울: 한울.
_____. 2015(a). "국민이 행복한 복지는 어떻게 실현되는가." 안상훈 외. 『복지 정치의 두 얼굴』. 경기: 21세기북스.
_____. 2015(b). "정치개혁 되돌아보기: 정당후원회 폐지의 정치적 결과." 윤종빈 외. 『정당이 살아야 민주주의가 산다』. 서울: 푸른길.
강원택 외. 2011. 『김대중을 생각한다』. 서울: 삼인.
강정인. 2013. "개혁적 민주정부 출범 이후 한국의 보수주의." 양승태 엮음. 『보수주의와 보수의 정치철학』. 서울: 이학사.
강현수. 2011. "참여정부 지역균형 발전 정책의 성과와 한계." 강원택·장덕진 엮음. 『노무현 정부의 실험』. 서울: 한울.
고 건. 2013. 『국정은 소통이더라』. 서울: 동방의 빛.
고세훈. 2003. 『국가와 복지』. 서울: 아연출판부.
_____. 2013. "복지국가, 정치, 관료." 『황해문화』 여름호.
_____. 2014. "공공성: 개념, 역사, 쟁점." 『황해문화』 겨울호.
고 원. 2011. "한국의 정치리더십에서 카리스마의 전환." 『내일을 여는 역사』 45.
_____. 2012. "역동적 저항-역동적 순응, 이중성의 정치 동학." 정근식·이병천 엮음. 『식민지 유산, 국가 형성, 한국 민주주의 1』. 서울: 책세상.
_____. 2014. "공공성의 재구성: 성장은 공공성을 실현시킬 수 있는가." 『황해문화』 겨울호.
곽건홍. 2014. 『아카이브와 민주주의』. 서울: 선인.
곽진영. 2003. "대통령리더십의 성공조건 탐색." 『한국정당학회보』 2(2).
구도완. 2006. "한국 환경운동의 담론." 『경제와 사회』 봄호.
구인회. 2011. "복지개혁." 강원택·장덕진 엮음. 『노무현 정부의 실험』. 서울: 한울.
구현우. 2011. "세계화, 신자유주의, 그리고 제도론적 함의." 『국정관리연구』 6권 2호.
국민경제자문회의. 2006. 『동반성장을 위한 새로운 비전과 전략』. 서울: 국민경제자문회의.

국민호. 2012. 『발전국가, 복지국가 그리고 신자유주의』. 광주광역시: 전남대 출판부.
국방부 군사편찬연구소. 2013. 『한미동맹 60년사』. 서울: 국방부 군사편찬연구소.
국정홍보처. 2008a. 『참여정부 국정운영백서: 경제』.
______. 2008b. 『참여정부 국정운영백서: 사회』.
______. 2008c. 『참여정부 국정운영백서: 균형발전』.
______. 2008d. 『참여정부 국정운영백서: 민주주의』.
권오성. 2012. 『이명박정부 주요정책의 성과와 과제 2』. 서울: 한국행정연구원.
권오헌. 2005. "IMF 이후 성공학 서적의 유행과 출판·독서 시장." 『한국사회』 7집 2호.
권용립. 2015. 『보수』. 서울: 소화.
권태준. 2006. 『한국의 세기 뛰어넘기』. 서울: 나남.
권혁주. 2009. "한국에서 발전형 복지국가의 성장과 변화: 재정비를 위한 정책과제." 이정복 편. 『21세기 한국정치 발전방향』. 서울: 서울대 출판부.
권형기. 2009. "세계화의 도전과 한국의 정치경제 재편." 이정복 편. 『21세기 한국정치 발전방향』. 서울: 서울대 출판부.
길병옥. 2005. "행정수도이전 위헌결정과 국가균형발전을 위한 정책적 비평." 양승함 편. 『한국사회의 주요 쟁점과 국가관리』. 서울: 연세대 국가관리연구원.
길종백·정병걸. 2009. "녹색성장과 환경경제의 통합." 『정부학연구』 15(2).
김경희·류임량. 2009. "여성운동과 일-가족 양립제도화." 강이수 엮음. 『일·가족·젠더』. 서울: 한울아카데미.
김고연주. 2010. "'나 주식회사'와 외모 관리." 김현미 외. 『친밀한 적』. 서울: 이후.
김광희. 2008. 『박정희와 개발독재』. 서울: 선인.
김규륜 외. 2013. 『한국의 FTA 전략과 한반도』. 서울: 통일연구원.
김근식. 2015. "김대중 정부 햇볕정책과 남북관계." 양성철·이상근 엮음. 『김대중 외교 비전과 유산』. 서울: 연세대 대학출판문화원.
김기원. 2009. "김대중-노무현 정권은 시장만능주의인가." 최태욱 엮음. 『신자유주의 대안론』. 경기: 창작과비평사.
김낙년. 2015. "한국의 소득 불평등." 이정우·이창곤 외 엮음. 『불평등 한국 복지국가를 꿈꾸다』. 서울: 후마니타스.
김대건. 2005. "정부조직혁신과 조직리더십." 『한국행정학회 하계학술대회발표논문집』.
김대중. 2010. 『김대중 자서전 2』. 서울: 삼인.
김덕영. 2014. 『환원근대』. 서울: 도서출판 길.

______. 2016. 『국가 이성 비판』. 서울: 다시봄.
김동춘. 2013. 『대한민국 잔혹사』. 서울: 한겨레출판사.
______. 2013. 『전쟁정치』. 서울: 도서출판 길.
김동호. 2012. 『대통령경제사, 1945~2012』. 서울: 책밭.
김민웅. 2014. "자본, 정치 그리고 소통." 정수복 외. 『사회를 말하는 사회』. 서울: 북바이북.
김병권. 2013. "신자유주의 위기와 한국의 경제민주화." 『시민과 세계』 22호.
김병로. 2015. 『친노는 왜 항상 실패하는가』. 서울: 리퍼블릭.
김병문. 2009. "한미의 대통령 연구비교." 『한국행정학보』 43권 2호.
______. 2012. "김영삼, 김대중, 노무현 정부의 개혁정책 비교." 『비교민주주의연구』 8집 1호.
김병연. 2014. "한국의 경제 계층화." 강원택 외. 『당신은 중산층입니까』. 경기: 21세기북스.
김보성. 2015. "장시간 노동사회에서 가족들의 생존기." 노동시간센터 기획. 『우리는 왜 이런 시간을 견디고 있는가』. 서울: 코난북스.
김비환. 2013. 『이것이 민주주의다』. 서울: 개마고원.
______. 2016. 『민주주의와 법의 지배』. 서울: 박영사.
김삼웅. 2010. 『김대중 평전 II』. 서울: 시대의 창.
______. 2012. 『노무현 평전』. 서울: 책으로보는세상.
______. 2016. 『김영삼 평전』. 서울: 깊은나무.
김상민. 2013. "잉여 미학." 김상민 외. 『속물과 잉여』. 서울: 지식공작소.
김상철. 2016. 『성공의 가치 좌절의 가치』. 경기: 아름다운사람들.
김상협. 2008. 『녹색성장포럼출범워크숍자료집』.
김선영. 2010. "노동시간과 여가시간의 증감 논쟁에 대한 비판." 『노동연구』 20집.
______. 2013. 『과로사회』. 서울: 이매진.
김성구. 2014. 『신자유주의와 공모자들』. 서울: 나름북스.
김성일. 2014. 『대중의 계보학』. 서울: 이매진.
김성재. 2014. 『민주정부가 유능한 33가지 지표』. 서울: 도모북스.
______. 2016. "김대중대통령의 국정리더십과 국민의 정부 정책." 연세대 국가관리연구원 전문가초청자문회의 발표문.
김성희. 2004. "왜곡된 제도화와 진전된 유연화." 전창환·김진방 외. 『위기 이후 한국자본주의』. 서울: 풀빛.
김세중. 2012. "박정희의 자아준거적 경국책." 『한국정치외교사학회 하계학술대회

발표집』.
김수미. 2014. “한국 치유 문화 작동의 정치학.” 『법률과 사회』 22(1).
김수행. 2012. 『마르크스가 예측한 미래사회』. 경기: 한울아카데미.
김순영. 2011a. “이명박 정부의 사회복지정책.” 『현대정치연구』 봄호.
______. 2011b. 『대출 권하는 사회』. 서울: 후마니타스.
______. 2012. “한국의 복지정치는 변화하고 있는가.” 한국복지국가연구회 엮음. 『한국 복지국가의 정치경제』. 서울: 아연출판부.
김양희. 2015. “동북아시대 구상과 한미 FTA.” 강철규 외. 『경국제민의 길』. 서울: 굿플러스북.
김연명. 2002a. “김대중 정부의 사회복지정책.” 김연명 편. 『한국복지국가 성격논쟁 I』. 서울: 인간과 복지.
______. 2002b. “국가복지강화론 비판에 대한 재비판과 쟁점.” 『한국복지국가 성격논쟁 I』. 서울: 인간과 복지.
김영란. 2011. “한국의 사회적 위험구조.” 『담론201』 14집 3호.
김영명. 2009. “한국의 정치발전: 일인지배에서 제도정치로?” 『비교민주주의연구』 5집 1호.
______. 2013. 『대한민국정치사』. 서울: 일조각.
______. 2016. 『한국 정치의 성격』. 서울: 도서출판 오름.
김영민. 2013. “한국 현대관료제의 형성과 특징.” 『황해문화』 여름호.
김영범. 2001. “한국의 사례: 자유주의와 보수주의의 갈림길.” 송호근 편. 『세계화와 복지국가』. 서울: 나남.
김영삼. 2001. 『김영삼 회고록』 상, 하. 서울: 조선일보사.
김영순. 2009. “노무현 정부의 복지정책.” 『경제와 사회』 여름호.
김 욱. 2002. “대통령-의회 관계와 정당의 역할.” 『의정연구』 8권 2호.
김왕배. 2014. “도덕감정.” 최기숙 외 엮음. 『감성사회』. 경기: 글항아리.
김용복. 2008. “민주화 이후 정당정치와 대통령리더십.” 『기억과 전망』 17호.
김용일. 2016. 『대통령과 정치』. 서울: 다비앤존.
김용호. 2015. “정보화시대 새로운 유권자-정치인 연계방식: 노사모의 특징.” 윤종빈 외. 『정당이 살아야 민주주의가 산다』. 서울: 푸른길.
김원식. 2015. 『배제, 무시, 물화』. 경기: 사월의책.
김유선. 2014. “민주정부 10년, 비정규직 규모와 실태.” 이병천·신진욱 엮음. 『민주정부 10년 무엇을 남겼나』. 서울: 후마니타스.
______. 2015. “한국의 임금 불평등.” 이정우·이창곤 외 엮음. 『불평등 한국 복지국

가를 꿈꾸다』. 서울: 후마니타스.
김윤태. 2012. 『한국의 재벌과 발전국가』. 서울: 한울.
______. 2014. "새로운 정치의 가치와 전략." 김윤태 엮음. 『한국정치, 어디로 가는가』. 경기: 한울아카데미.
______. 2015(a). "역사적 경로의존성을 중심으로." 『담론201』 18권 1호.
______. 2015(b). 『사회적 인간의 몰락』. 서울: 이학사.
______. 2015(c). 『복지국가의 변화와 빈곤정책』. 경기: 집문당.
김윤태·서재욱. 2013. 『빈곤』. 서울: 한울.
김은준. 2015. "초기 힐링담론의 자기통치프레임과 담론효과." 『한국언론정보학보』 74호.
김의영. 2014. 『거버넌스의 정치학』. 서울: 명인문화사.
김인영. 2011. "이명박 정부의 본질에 관한 고찰." 『비교민주주의 연구』 7집 2호.
김일영. 2011. 『한국현대정치사론』. 서울: 논형.
김재신. 2015. "공공갈등과 신뢰: 일반화된 타자, 정부, 시민단체." 가상준 외. 『공공갈등 국민에게 묻다』. 경기: 노스보스.
김재한·아렌트 레입하트. 1997. "합의제와 한국의 권력구조." 『한국정치학회보』 31집 1호.
김정한. 2014. "박근혜 정부의 통치전략." 『문화과학』 77호.
김종덕. 2011. "한국의 먹을거리 위험과 대응." 『민주사회와 정책연구』 20호.
김종일. 2001. 『복지에서 노동으로』. 서울: 일신사.
김종태. 2014. "한국 발전주의의 담론 구조." 『경제와 사회』 가을호.
김주환. 2012. "신자유주의 사회적 책임화의 계보학." 『경제와 사회』. 겨울호.
김준형. 2015. "김대중 시대의 한미관계: 성숙한 동반자관계의 역사와 현재적 함의." 양성철·이상근 엮음. 『김대중 외교 비전과 유산』. 서울: 연세대 대학출판문화원.
김진방. 2004. "한국 재벌의 소유와 지배." 전창환·김진방 외. 『위기 이후 한국자본주의』. 서울: 풀빛.
김진석. 2015. "왜 중도를 두려워하는가." 『황해문화』 가을호.
김진영. 2007. "신중상주의에서 신자유주의 통상국가로?" 『21세기정치학회보』 17집 2호.
김진우. 2012. 『참여정부 정책총서: 복지정책 파노라마, 새 지평을 열다』. 서울: 한국미래발전연구원.
김진호. 2012. "메시아주의, 한국 정치의 어떤 열망." 김상봉 외. 『당신들의 대통령』.

서울: 문주.
______. 2014. “한국 개신교 반공주의와 증오의 정치학.” 박권일 외. 『지금, 여기의 극우주의』. 서울: 자음과모음사.
김창수. 2014. “외환위기 이후 한국의 금융산업.” 연세대 빈곤문제국제개발연구원 엮음. 『외환위기 이후 한국사회의 변화』. 경기: 한울아카데미.
김철규. 2008. “신자유주의 세계화와 먹거리 정치.” 『한국사회』 9집 2호.
김철규·윤병선·김흥주. 2012. “먹거리 위험사회의 구조와 동학.” 『경제와 사회』 겨울호.
김충남. 2006. 『대통령과 국가경영: 이승만에서 김대중까지』. 서울: 서울대 출판부.
______. 2011. 『대통령과 국가경영 2』. 서울: 도서출판 오름.
김태일·김혜선. 2008. “노동정책.” 한국행정연구원. 『한국행정 60년 3: 공공정책』. 경기: 법문사.
김택근. 2012. 『새벽 김대중 평전』. 경기: 사계절.
김택환·전영기. 2010. 『다음 대통령』. 서울: 금요일.
김하중. 2015. 『증언: 외교를 통해 본 김대중 대통령』. 서울: 비전과리더십.
김학성. 2012. “남북화해 시대의 한미관계.” 김계동 외. 『한미관계론』. 서울: 명인문화사.
김 혁·가상준. 2005. “대통령의 리더십과 국정운영.” 『한국정당학회보』 4(1).
김헌태. 2009. 『분노한 대중의 사회』. 서울: 후마니타스.
김현종. 2010. 『김현종, 한미 FTA를 말하다』. 서울: 홍성사.
김현주. 1999. “대통령후보에 대한 이미지형성과 커뮤니케이션.” 『한국방송학보』 12(1).
______. 2013. 『입시가족: 중산층 가족의 입시사용법』. 서울: 새물결.
김형아. 2005. 신명주 역. 『박정희의 양날의 선택』. 일조각.
김형준. 2005. “제왕적 대통령제의 종언과 3권분립.” 양승함 편. 『노무현 정부의 국가관리 중간평가와 전망』. 서울: 연세대 국가관리연구원.
김혜경·이순미. 2012. “개인화와 위험.” 『페미니즘연구』 12권 1호.
김혜영. 2014. “일-생활 균형과 가족.” 김혜경 외. 『가족과 친밀성의 사회학』. 서울: 다산출판사.
______. 2015. “한국가족의 특징과 결혼문화: 개인화인가 계층화인가?” 한국경영학회·한국사회학회. 『결혼문화와 국민의식 심포지움 자료집』.
김호균. 2013. “복지지향적 경제정책을 위한 구상.” 이종오 외. 『어떤 복지국가인가』. 서울: 한울아카데미.

김호진. 2006. 『한국의 대통령과 리더십』. 서울: 청림출판.
김환석. 2014. “생명정치의 사회과학, 어떻게 할 것인가.” 김환석 편저. 『생명정치의 사회과학』. 서울: 알렙.
김희민. 2013. 『게임이론으로 푸는 한국의 민주주의』. 서울: 서울대출판문화원.
나윤경 외. 2009. “십대 여성의 외모중심 인식을 추동하는 일상과 성형의료사업.” 『한국여성학』 25권 4호.
나태준. 2005. “행정신도시건설의 사회적 쟁점과 대안.” 양승함 편. 『한국사회의 주요 쟁점과 국가관리』. 서울: 연세대 국가관리연구원.
나카야마 겐, 전혜리 역. 2016. 『현자와 목자』. 서울: 그린비.
남은영. 2015. “사회경제적 안정성: 사회적 위험의 관점에서.” 이재열 외. 『한국사회의 질』. 경기: 한울아카데미.
남찬섭. 2013. “한국복지국가, 회고와 전망.” 참여연대 사회복지위원회 기획·남찬섭 엮음. 『대한민국 복지국가 회고와 전망』. 서울: 나눔의 집.
노대명. 2016. “기초생활보장제도 개편을 둘러싼 정책결정과정.” 이현우 외. 『좋은 정부의 제도와 과정』. 서울: 도서출판 오름.
노명우. 2013(a). 『혼자 산다는 것에 대하여』. 경기: 사월의 책.
______. 2013(b). 『세상물정의 사회학』. 경기: 사계절.
노무현. 2002. 『노무현의 리더십 이야기』. 서울: 행복한 책읽기.
______. 2010. 『운명이다』. 서울: 돌베개.
노중기. 2007. “민주노조운동 20년과 사회적 합의주의.” 『동향과 전망』 71호.
______. 2009. “이명박 정부 출범 1년의 노동정책.” 『경제와 사회』 봄호.
______. 2014. “법질서와 노동통제: 이명박, 박근혜 정부를 중심으로.” 배성인 외. 『법질서와 안전사회』. 서울: 나름북스.
노중기·전병유. 2011. “시장친화와 노조파괴, 노동억압정책.” 민주화를 위한 교수협의회 외 엮음. 『독단과 퇴행, 이명박 정부 3년 백서』. 서울: 메디데이.
녹색성장위원회. 2009. 『녹색성장국가전략』.
다나카 다루지, 박해남 역. 2014. 『빈곤과 공화국—사회적 연대의 탄생』. 경기: 문학동네.
다카쿠와 가즈미. 2015. “인센티브란 무엇인가.” 세리가와 가즈야 엮음. 『푸코 이후』. 서울: 난장.
대통령자문정책기획위원회. 2007a. 『새로운 리더십 형성을 위한 시민사회 제언』.
______. 2007b. 『미래를 향한 도전 참여정부 국정리포트』. 서울: 아렌트.
도승연. 2014. “한국의 농업 이주여성노동자의 빈곤한 삶.” 제5회 여성주의 인문학연합학술 대회. 『빈곤과 여성: 근대 이후 여성빈곤에 대한 인문학적 성찰』.
류동민. 2014. “자본과 국가: 한국사회에서의 공공성 논의.” 『황해문화』 겨울호.
류상영. 2001. “21세 한국의 국가전략을 위하여.” 류상영 외. 『국가전략의 대전환』. 서울: 삼성경제연구소.
______. 2013. “한국 관료의 정치적 중립성: 이상과 현실.” 『황해문화』 여름호.
류상영·진영재. 2001. “한국: 국가전략의 쟁점과 방향.” 류상영 외. 『국가전략의 대전환』. 서울: 삼성경제연구소.
류석진. 2015. “권력의 미래, 미래의 권력 그리고 리더십.” 류석진 외. 『미래사회의 리더십과 선진국가의 엘리트 생성 메커니즘』. 서울: 아시아.
류웅재·최은경·이영주. 2015. 『고어텍스와 소나무』. 경기: 한울.
류재성·송병권·홍지연. 2008. “누가 경제투표를 하는가.” 박찬욱 편. 『제17대 대통령선거를 분석한다』. 서울: 생각의 나무.
류한소. 2012. “신자유주의적 위로, 치유문화.” 『문화과학』 69호.
매일경제 경제부·정치부. 2008. 『MB노믹스』. 서울: 매일경제신문사.
문강형준. 2012. “자기계발의 시대, 미세하고 부드러운.” 『문화과학』 69호.
문정인. 2010. “한국의 국가경제관리와 대통령 리더십.” 양승함 편. 『한국의 국가관리와 대통령 리더십 비교와 평가』. 서울: 연세대 국가관리연구원.
미래기획위원회. 2009. 『녹색성장의 길』. 서울: 중앙북스.
민가영. 2014. “신자유주의 개인화의 역설.” 『문화와 사회』 16권.
민주화를위한전국교수협의회 외. 2011. 『독단과 퇴행, 이명박 정부 3년 백서』. 서울: 메이데이.
박갑주. 2014. “삼성 엑스파일 사건을 통해 본 삼성의 사회적 지배.” 조돈문 외 엮음. 『위기의 삼성과 한국 사회의 선택』. 서울: 후마니타스.
박건영·정욱식. 2010. “미국 네오콘의 롤백과 한국 리버럴의 저항.” 역사비평 편집위원회 엮음. 『갈등하는 동맹—한미관계 60년』. 서울: 역사비평사.
박경미·한정택·이지호. 2014. “한국사회 이념갈등의 구성적 특성.” 이갑윤·이현우 편. 『한국의 정치균열 구조』. 서울: 도서출판 오름.
박길성. 2013. 『사회는 갈등을 만들고 갈등은 사회를 만든다』. 서울: 고려대 출판부.
______. 2016. “한국 행정관료의 전문성과 혁신.” 박길성 외. 『한국 행정관료의 혁신과 통일준비』. 경기: 아시아.
박남춘. 2013. 『대통령의 인사』. 서울: 책으로보는 세상.
박내회. 2002. 『조직행동론』. 서울: 박영사.
박노자. 2016. 『대한민국 주식회사』. 서울: 한겨레출판.

박상훈. 2013. 『민주주의의 재발견』. 서울: 후마니타스.

_____. 2015. 『정당의 발견』. 서울: 후마니타스.

박선미·김희순. 2015. 『빈곤의 연대기』. 서울: 갈라파고스.

박선원. 2010. “전면적 동맹 재조정을 위한 갈등과 협력.” 역사비평 편집위원회 엮음. 『갈등하는 동맹—한미관계 60년』. 서울: 역사비평사.

박순성. 2014. “한반도 분단체제와 한국의 민주주의.” 동국대 SSK 분단/탈분단연구단. 『분단/탈분단의 정치와 분단의 수행성 학술회의 자료집』.

박영규. 2014. 『대한민국 대통령실록』. 서울: 웅진지식하우스.

박영도. 2014. “신자유주의적 자유의 역설과 공공성의 위기.” 연세대 국학연구원 HK 사업단국제학술대회. 『공공성의 위기, 사회인문학의 응답과 도전』.

박용수. 2012. 『김대중, 노무현 정부의 복지정책에서 나타난 이론적 함의』. 경기: 한국학술정보.

박유진. 2009. 『현대사회의 조직과 리더십』. 서울: 양서각.

박재규. 2001. “신자유주의 경제정책과 노동자의 삶의 질 변화.” 『한국사회학』 35집 6호.

박재창. 2012. 『거버넌스 시대의 국정개조』. 서울: 리북.

박정훈. 2014. 『알바들의 유쾌한 반란』. 경기: 박종철출판사.

박종민. 2008. “우리나라 역대 대통령들의 리더십.” 『한국언론학보』 52(3).

박종현. 2008. “노무현 정부 금융정책의 비대칭성.” 『양극화 시대의 한국경제』. 서울: 후마니타스.

_____. 2014. “경제민주화에 관한 몇 가지 생각.” 김 균 엮음. 『반성된 미래』. 서울: 후마니타스.

_____. 2016. “신자유주의와 복지.” 김윤태 엮음. 『복지와 사상』. 경기: 한울아카데미.

박지웅. 2010. “신체훼손의 역사로 본 오늘날의 자본주의와 그 대안.” 최병두 외. 『신자유주의에 대하여』. 경북: 열린.

박 진. 2012. “세계화 시대 한국경제의 성장과 개방.” 박인휘 외 엮음. 『탈냉전사의 이인식』. 서울: 한길사.

박진희. 2010. “기후변화 위기의 시대, 무엇을 준비할 것인가.” 『실천문학』 97호.

박찬욱·정윤재·김남국. 1997. 『미래 한국인의 정치적 리더십』. 서울: 미래인력연구센터.

박찬욱·김경미·이승민. 2008. “제17대 대통령선거에서 유권자의 사회 경제적 특성과 이념 정향이 후보 선택에 미친 영향.” 박찬욱 편. 『제17대 대통령선거를 분석한다』. 서울: 생각의 나무.

박찬종. 2014. “신자유주의의 사회적 기원: 장기 1980년대의 금융을 둘러싼 갈등.” 한국학중앙연구원 현대한국학연구센터 학술회의. 『1980년대 한국의 사회, 문화변동』.

박태균. 2004. “1970, 80년대 경제정책 주체의 변화와 새로운 경제 담론.” 유철규 편. 『박정희 모델과 신자유주의 사이에서』. 서울: 함께읽는책.

박통희·이현주·양건모. 2006. “조직행동과 남성공직자의 리더십.” 『한국여성연구원 지구화시대의 현장 여성주의와 연대의 정치학 발표논문』.

박형준. 2013. 『재벌, 한국을 지배하는 초국적 자본』. 서울: 책세상.

박호성. 2014. 『지식인』. 경기: 글항아리.

배귀희. 2006. 『21C 새로운 거버넌스를 위한 리더십 연구』. 서울: 한국행정연구원.

배용목. 2016. “가계의 소득격차와 가계부채.” 서울사회경제연구소 엮음. 『경제불평등과 금융부채』. 경기: 한울아카데미.

백용호. 2014. 『백용호의 반전』. 경기: 김영사.

백종국. 2009. 『한국자본주의의 선택』. 경기: 한길사.

백중현. 2014. 『대통령과 종교』. 서울: 인물과 사상사.

변양균. 2013. 『노무현의 따듯한 경제학』. 서울: 바다출판사.

보건복지부. 2011. 『2010년도 한국의 사회복지지출추계와 OECD 국가의 보건부분 지출비교』. 서울: 보건복지부.

사이토 준이치, 이혜진 외 역. 2011. 『자유란 무엇인가』. 서울: 한울아카데미.

사카이 다카시, 오하나 역. 2011. 『통치성과 자유』. 서울: 그린비.

사토 요시유키, 김상운 역. 2014. 『신자유주의와 권력』. 서울: 후마니타스.

새로운사회를여는연구원. 2014. 『분노의 숫자』. 경기: 동녘.

서동진. 2009a. 『자유의 의지 자기계발의 의지』. 서울: 돌베개.

______. 2009b. “신자유주의 분석가로서의 푸코.” 『문화과학』 봄호. 서울: 문화과학사.

______. 2011. “혁신, 자율, 민주화, 그리고 경영.” 『경제와 사회』 봄호.

______. 2014(a). “정동의 경제, 경제의 정동.” 최기숙 외 엮음. 『감성사회』. 경기: 글항아리.

______. 2014(b). 『변증법의 낮잠』. 서울: 꾸리에북스.

서준섭. 2007. “한미 FTA 통상독재와 통상관료의 독주.” 『시민과 세계』 12호.

성경륭. 2014. “한국 복지국가 발전의 정치적 기제에 관한 연구.” 『한국사회학』 48집 1호.

______. 2015. “불평등에 대한 도전.” 이정우·이창곤 외 엮음. 『불평등 한국 복지국

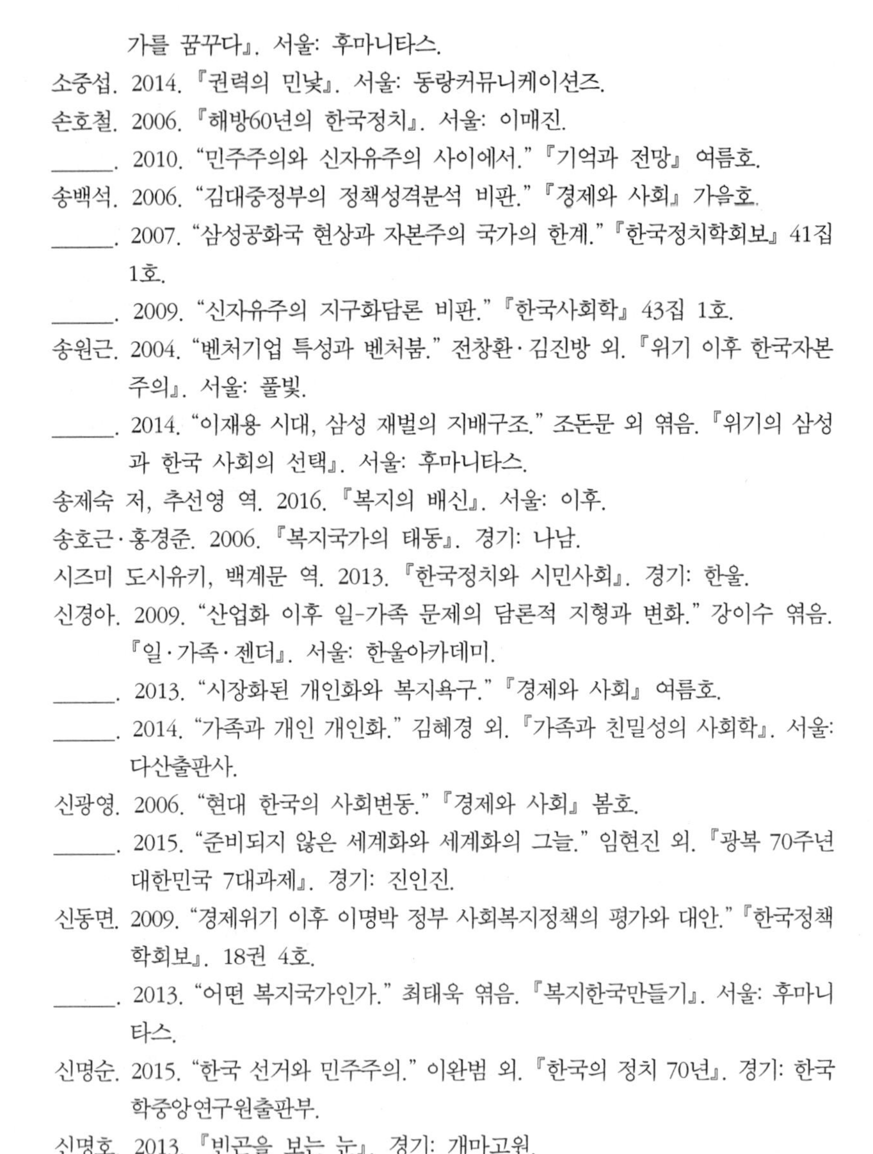

가를 꿈꾸다』. 서울: 후마니타스.
소중섭. 2014. 『권력의 민낯』. 서울: 동랑커뮤니케이션즈.
손호철. 2006. 『해방60년의 한국정치』. 서울: 이매진.
_____. 2010. "민주주의와 신자유주의 사이에서." 『기억과 전망』 여름호.
송백석. 2006. "김대중정부의 정책성격분석 비판." 『경제와 사회』 가을호.
_____. 2007. "삼성공화국 현상과 자본주의 국가의 한계." 『한국정치학회보』 41집 1호.
_____. 2009. "신자유주의 지구화담론 비판." 『한국사회학』 43집 1호.
송원근. 2004. "벤처기업 특성과 벤처붐." 전창환·김진방 외. 『위기 이후 한국자본주의』. 서울: 풀빛.
_____. 2014. "이재용 시대, 삼성 재벌의 지배구조." 조돈문 외 엮음. 『위기의 삼성과 한국 사회의 선택』. 서울: 후마니타스.
송제숙 저, 추선영 역. 2016. 『복지의 배신』. 서울: 이후.
송호근·홍경준. 2006. 『복지국가의 태동』. 경기: 나남.
시즈미 도시유키, 백계문 역. 2013. 『한국정치와 시민사회』. 경기: 한울.
신경아. 2009. "산업화 이후 일-가족 문제의 담론적 지형과 변화." 강이수 엮음. 『일·가족·젠더』. 서울: 한울아카데미.
_____. 2013. "시장화된 개인화와 복지욕구." 『경제와 사회』 여름호.
_____. 2014. "가족과 개인 개인화." 김혜경 외. 『가족과 친밀성의 사회학』. 서울: 다산출판사.
신광영. 2006. "현대 한국의 사회변동." 『경제와 사회』 봄호.
_____. 2015. "준비되지 않은 세계화와 세계화의 그늘." 임현진 외. 『광복 70주년 대한민국 7대과제』. 경기: 진인진.
신동면. 2009. "경제위기 이후 이명박 정부 사회복지정책의 평가와 대안." 『한국정책학회보』. 18권 4호.
_____. 2013. "어떤 복지국가인가." 최태욱 엮음. 『복지한국만들기』. 서울: 후마니타스.
신명순. 2015. "한국 선거와 민주주의." 이완범 외. 『한국의 정치 70년』. 경기: 한국학중앙연구원출판부.
신명호. 2013. 『빈곤을 보는 눈』. 경기: 개마고원.
신복룡. 2011. "박정희의 민족중흥의 논리의 사상적 기원." 한국정치외교사학회. 『5.16 50주년 학술행사논문집』.
신원철. 2004. "노무현 정부 노동정책의 평가와 전망." 『민주사회와 정책연구』 6호.

신종대. 2016. “한국 정치·사회의 분단요인 분석틀.” 신종대 외. 『분단 70년과 대한민국』. 대한민국역사박물관.

신충식. 2010. “국정관리의 원리로서 통치합리성에 관한 연구.” 한국행정학회. 『동계학술대회발표집』.

심재원. 2008. “미셸 푸꼬와 자유주의.” 『철학』 96집.

안병영. 2000. “21세기 국가역할의 변화와 국정관리.” 『계간사상』 봄호.

안재홍. 2013. 『복지 자본주의 정치경제의 형성과 재편』. 서울: 후마니타스.

양승태. 2013. “한국의 보수주의, 무엇을 지킬 것인가.” 양승태 엮음. 『보수주의와 보수의 정치철학』. 서울: 이학사.

양승함. 2005. “노무현 정부의 국정철학과 국가관리원칙.” 양승함 편. 『한국사회의 주요쟁점과 국가관리』. 서울: 연세대 국가관리연구원.

양재진. 2001. “구조조정과 사회복지.” 『한국정치학회보』 35집 1호.

______. 2003. “노동시장유연화와 한국복지국가의 선택.” 『한국정치학회보』 37집 3호.

______. 2008. “복지정책.” 한국행정연구원. 『한국행정 60년 3: 공공정책』. 경기: 법문사.

______. 2012. “우리나라 노후소득보장제도의 정치경제학.” 한국복지국가연구회 엮음. 『한국 복지국가의 정치경제』. 서울: 아연출판부.

______. 2015. “수출지향산업화와 한국의 저부담 조세체제의 형성 및 지속.” 양재진 외. 『복지국가의 조세와 정치』. 서울: 집문당.

양정혜. 2012. 『디지털 신자유주의를 살다』. 서울: 리북.

양창렬. 2006. “생명권력인가 생명정치적 주권권력인가.” 『문학과사회』 75호.

엄기호. 2014. 『단속사회』. 서울: 창비.

엄태호. 2015. “자본주의 발달단계에 따른 사회적 위험에 대한 대응.” 하연섭 편. 『위험사회와 국가정책』. 서울: 박영사.

오건호. 2013. “한국의 조세구조 실태와 복지국가 증세.” 참여연대 사회복지위원회 기획·남찬섭 엮음. 『대한민국 복지국가 회고와 전망』. 서울: 나눔의 집.

오경환. 2011. “모아진 몸.” 한국서양사학회 엮음. 『몸으로 역사를 읽다』. 서울: 푸른역사.

오승용. 2004. “한국 분점정부의 입법과정 분석.” 『한국정치학회보』 38집 1호.

______. 2009. “노무현 정부 시기의 대통령-의회관계 연구.” 『서석사회과학논총』 2집 2호.

오찬호. 2013. 『우리는 차별에 찬성합니다』. 경기: 개마고원.

우에노 나리토시, 정기문 역. 2014. 『폭력』. 부산: 산지니.

우치다 타츠루, 김경옥 역. 2013. 『하류지향』. 서울: 민들레.
유성옥. 2015. "대한민국의 분단 극복을 위한 통일정책." 남성욱 외. 『한국의 외교안보와 통일 70년』. 경기: 한국학중앙연구원출판부.
유종일. 2006. "참여정부의 좌파 신자유주의 경제정책." 『창작과 비평』 가을호.
______. 2009. "신자유주의, 세계화, 한국경제." 최태욱 엮음. 『신자유주의 대안론』. 경기: 창작과비평사.
유철규. 2004. "1980년대 후반 경제구조변화와 외연적 산업화의 종결." 유철규 편. 『박정희 모델과 신자유주의 사이에서』. 서울: 함께읽는책.
______. 2008. "금융화와 한국자본주의." 『동향과 전망』 73호.
______. 2013. "금융자유화에서 금융민주화로." 이병천 엮음. 『사회경제 민주주의의 경제학』. 경기: 돌베개.
유태환. 2008. "의욕의 과잉과 전략의 부재." 유태환 외. 『양극화 시대의 한국경제』. 서울: 후마니타스.
육성으로 듣는 경제기적 편찬위원회. 2014. 『코리안 미러클 2: 도전과 비상』. 경기: 나남.
윤민재. 2011. "녹색성장주의에 대한 재고찰." 『사회과학연구』 35집 2호.
______. 2012a. "리더십과 통치성의 문제를 통해 본 대통령 연구." 『정책연구』 봄호.
______. 2012b. "한국의 대통령 리더십과 통치성, 그리고 정치사회." 『기억과 전망』 겨울호.
______. 2016. "민주화 이후 신자유주의의 강화와 사회경제정책의 특징." 『인문사회21』 7권 3집.
윤상우. 2008. "민주화 이후 관료독점적 정책생산구조의 변형과 재편." 조희연·김동춘 엮음. 『복합적 갈등 속의 한국 민주주의』. 서울: 한울.
______. 2009a. "외환위기 이후 한국의 발전주의적 신자유주의화." 『경제와 사회』 가을호.
______. 2009b. "민주화 이후의 사회정책과 복지국가 평가." 조희연 엮음. 『한국 민주화와 사회경제적 불평등의 동학』. 서울: 한울.
윤성이. 2015. "무엇이 이념갈등을 증폭시키는가." 『황해문화』 가을호.
윤순진. 2009. "기후변화대응과 국가에너지 기본계획." 녹색연합부설녹색사회연구소. 『한국환경보고서 2009』. 서울: 녹색연합부설 녹색사회연구소.
윤여준. 2011. 『대통령의 자격』. 서울: 메디치.
윤정석. 2015. 『한국의 권력엘리트, 어떻게 충원하나』. 서울: 나녹.
윤진호. 2010. "신자유주의 시대의 고용불안과 청년실업." 『황해문화』 여름호.

윤태영. 2014. 『기록』. 서울: 책담.
______. 2015. 『바보, 산을 옮기다』. 경기: 문학동네.
윤홍근. 2009. “한국 경제의 성장과 정부-기업관계의 변화.” 이정복 편. 『21세기 한국정치발전방향』. 서울: 서울대 출판부.
은재호. 2011. “규율과 통치: 조직연구에 있어서 Michel Foucault 권력론의 함의와 기여.” 『한국조직학회보』 8권 2호.
이가라시 다케시, 곽진오 역. 2014. 『세계제국, 미국』. 서울: 역사공간.
이갑윤. 2011. 『한국인의 투표 행태』. 서울: 후마니타스.
이갑윤·이지호. 2015. 『대통령 노무현은 왜 실패했는가』. 서울: 에이도스.
이갑윤·이혜영. 2014. 『국민이 바뀌어야 정치가 산다』. 서울: 도서출판 오름.
이강국. 2013. “워싱턴 컨센서스와 새로운 발전 모델의 모색.” 이병천 엮음. 『사회경제 민주주의의 경제학』. 경기: 돌베개.
이강래. 2016. 『대통령을 완성하는 사람』. 경기: 형설라이프.
이강복. 2016. “박근혜 정부의 경제민주화와 재벌개혁.” 서울사회경제연구소 엮음. 『경제불평등과 금융부채』. 경기: 한울아카데미.
이계수. 2012. “신자유주의 국가권력과 용역 폭력.” 『민주법학』 48호.
이광일. 2007. “87년체제, 신자유주의 지구화 그리고 민주주의의 위기.” 『진보평론』 여름호.
______. 2008a. “한국에서 신자유주의 경쟁국가의 계보와 현재.” 『문화과학』 54호.
______. 2008b. “신자유주의, 이명박 정권과 민주주의.” 『시민과세계』 14호.
이광주. 1998. “주식회사 한국의 총체적 부실화.” 나라정책연구회 편. 『김영삼정부의 국정평가 및 차기정부의 정책과제』. 서울: 현대정보문화사.
이근식. 2009. 『신자유주의: 하이에크, 프리드먼, 뷰캐넌』. 서울: 기파랑.
이동걸. 2015. “금융정책으로 본 참여정부 5년.” 강철규 외. 『경국제민의 길』. 서울: 굿플러스북.
이동수. 2014. “시민사회, 파트너십 그리고 공공성.” 이동수 편. 『시민사회 파트너십과 공공성』. 경기: 인간사랑.
이동연. 2014. “박근혜 통치성과 이데올로기의 정치.” 『문화과학』 77호.
이명박. 2015. 『대통령의 시간』 서울: 알에이치코리아.
이명석. 2006. “거버넌스 이론의 모색.” 『국정관리연구』 1권 1호.
______. 2011. “네트워크 거버넌스와 정부의 역할.” 『국정관리연구』 6권 1호.
이문수. 2009. “통치, 통치성, 거버넌스 그리고 개인의 자유.” 『한국거버넌스학회보』 16권 3호.

이병완. 2009. 『박정희의 나라 김대중의 나라 그리고 노무현의 나라』. 서울: 나남.
이병천. 1999. “역사적 관점에서 본 한국경제의 위기 해석.” 『경제학연구』 47집 4호.
______. 2013. “김대중 모델과 한국경제 97년 체제.” 『기억과 전망』 여름호.
______. 2014. “공공성 담론과 한국 진보의 기획, 논의의 성과와 과제.” 김균 엮음. 『반성된 미래』. 서울: 후마니타스.
이상오. 2008. 『리더십』. 서울: 연세대 출판부.
이상이. 2011. “역동적 복지국가와 복지국가 정치동맹.” 『시민과 세계』 19호.
이상호. 2009. 『조직과 리더십』. 서울: 북넷.
이성균. 2005. “미국의 신자유주의와 경제적 불평등.” 『문화과학』 47호.
이성섭. 2000. “국민의 정부의 경제정책.” 안병영·임혁백 편. 『세계화와 신자유주의』. 서울: 나남.
이수연. 2011. “김대중, 노무현 정부 복지국가 성격에 관한 연구.” 『사회복지연구』 봄호.
이양호·권혁용·지은주. 2013. “한국의 민주주의: 제도와 가치체계의 부조응.” 『한국과 국제정치』 29권 2호.
이연호. 2001. “김대중정부의 경제개혁과 신자유주의적 국가등장의 한계.” 『한국정치학회보』 33집 4호.
______. 2013(a). 『발전론』. 서울: 연세대 출판부.
______. 2013(b). 『불평등발전과 민주주의』. 서울: 박영사.
이영자. 2011. “신자유주의 시대의 초개인주의.” 『현상과 인식』 가을호.
이원석. 2013. 『거대한 사기극』. 서울: 북바이북.
이장규. 2012. 『대통령의 경제학』. 서울: 기파랑.
이재열. 2014. “중산층이 사라진 서민사회의 등장.” 강원택 외. 『당신은 중산층입니까』. 경기: 21세기북스.
______. 2015. “사회의 질 연구와 한국사회발전.” 이재열 외. 『한국사회의 질』. 경기: 한울아카데미.
이재열·송호근. 2007. “네트워크 사회의 가능성과 도전.” 이재열 외. 『네트워크 사회의 구조와 쟁점』. 서울: 서울대 출판부.
이정우. 2015. “멀리 보고 균형을 잡다: 참여정부의 경제철학.” 강철규 외. 『경국제민의 길』. 서울: 굿플러스북.
이정윤. 1997. “역대대통령의 통치이념과 리더십에 대한 고찰.” 『군사논단』 11(1).
이정재. 2016. 『왜 그들은 패배했는가』. 경기: 북맘.
이정희. 2011. “미셸 푸코의 통치성의 계보학.” 『시대와 철학』 22(1).

이종보. 2010. 『민주주의 체제하 '자본의 국가 지배'에 관한 연구』. 경기: 한울아카데미.
이종오. 2013. "포용적 성장, 복지국가와 사회적 대화." 이종오 외. 『어떤 복지국가인가』. 서울: 한울아카데미.
이준한. 2003. "16대 대선의 주요 쟁점과 유권자의 선택." 김세균 편. 『16대 대선의 선거과정과 의의』. 서울: 서울대 출판부.
이지원·백승욱. 2012. "한국에서 생명보험의 신자유주의적 전환." 『한국사회학』 46집 2호.
이 진. 2012. 『참여정부 정책총서: 미래를 여는 사회정책』. 서울: 한국미래발전연구원.
이진곤. 2003. 『한국정치 리더십의 특성』. 서울: 한울아카데미.
이찬수. 2015. "탈폭력적 폭력: 신자유주의 시대 폭력의 유형." 이문영 편. 『폭력이란 무엇인가』. 경기: 아카넷.
이창곤. 2013. "복지한국의 정치경제학." 최태욱 엮음. 『복지한국만들기』. 서울: 후마니타스.
이 철. 2014. 『욕망과 환상』. 서울: 시대의 창.
이태수. 2014. "보편적 복지국가로 가는 길에서 민주 정부 10년의 복지정책." 이병천·신진욱 엮음. 『민주 정부 10년 무엇을 남겼나』. 서울: 후마니타스.
______. 2015. "복지는 왜 불평등 완화에 기여하지 못했나." 이정우·이창곤 외 엮음. 『불평등 한국 복지국가를 꿈꾸다』. 서울: 후마니타스.
이태정. 2014. "통계지표로 본 외환위기 이후 한국사회 구조 변화." 연세대 빈곤문제국제개발연구원 엮음. 『외환위기 이후 한국사회의 변화』. 경기: 한울아카데미.
이해영. 2003. 『정치지도자의 정책리더십』. 서울: 집문당.
이헌재. 2012. 『위기를 쏘다』. 서울: 중앙북스.
이현대. 2008. "신자유주의 금융세계화와 이명박 정부의 등장." 『마르크스주의 연구』 5권 1호.
이현우. 2015. "한국민주주의와 국회 70년." 이완범 외. 『한국의 정치70년』. 경기: 한국학중앙연구원출판부.
______. 2016. "정치 지지의 감소와 좋은 정부." 이현우 외. 『좋은 정부의 제도와 과정』. 서울: 도서출판 오름.
이현재. 2014. "도시문화와 개인의 자아성장 프로젝트로서의 사랑." 서울시립대 도시인문학연구소 제10회 도시인문학 국내학술대회. 『사랑 이후의 도시』.

이형용. 2012. 『신복지사회 거버넌스 국가를 향하여』. 휴머니즘.
이홍규. 2007. "대통령의 국가경영 리더십." 이홍규 외. 『대통령직 인수의 성공조건』. 서울: EAI.
임동근. 2008. "국가와 통치성." 『문화과학』 여름호.
임상헌. 2014. "복지 파트너십." 이동수 편. 『시민사회 파트너십과 공공성』. 경기: 인간사랑.
임운택. 2010. "한국사회에서 신자유주의의 발전단계와 헤게모니 전략에 대한 이념형적 분석." 『경제와 사회』 겨울호.
임혁백. 2005. "참여정부의 통치철학과 이념." 양승함 편. 『노무현정부의 국가관리 성과와 과제』. 서울: 연세대 국가관리연구원.
______. 2011. 『1987년 이후의 한국민주주의』. 서울: 고려대 출판부.
______. 2014. 『비동시성의 동시성』. 서울: 고려대 출판부.
______. 2015. "1980년대의 민주화와 한국 민주주의의 발전과 한계." 임현진 외. 『광복 70주년 대한민국 7대과제』. 경기: 진인진.
임혁백·안석교 외. 2000. 『새천년의 한국과 세계』. 서울: 나남.
임혜란. 2013. "동아시아 발전국가모델의 적용가능성과 한계." 임현진·임혜란 편저. 『동아시아 협력과 공동체』. 서울: 나남.
장경섭. 2011. "개발국가, 복지국가, 위험가족." 『한국사회정책』. 18집 3호.
장덕진. 2015. "앞으로 10년, 우리가 반드시 풀어야 할 숙제." 안상훈 외. 『복지 정치의 두 얼굴』. 경기: 21세기북스.
장명학. 2013. "지구화시대 한국의 공화민주주의." 이동수 편. 『공화와 민주의 나라』. 경기: 인간사랑.
장성호. 2008. "사회경제적위기와 한국의 정치변동." 『정치, 정보연구』 11권 2호.
장세진. 2012. "이명박 정부의 경제정책기조와 철학." 서울사회경제연구소 엮음. 『이명박정부 경제정책의 기조와 평가』. 서울: 한울.
장은영·엄기홍. 2016. "한국 지역주의 투표행태의 변화." 한국정치학회 하계 학술대회 발표논문.
장은주. 2006. "사회권의 이념과 인권의 정치." 『사회와 철학』 12호.
장지호. 2007. "한미자유무역협정의 내부 담론분석." 『한국정책과학학회보』 11권 2호.
장진호. 2013. "금융지구화와 한국 민주주의." 『기억과 전망』 여름호.
______. 2014. "보편적 복지국가로 가는 길에서 민주 정부 10년의 복지정책." 이병천·신진욱 엮음. 『민주 정부 10년 무엇을 남겼나』. 서울: 후마니타스.

장　훈. 2001. "한국 대통령제의 불안정성의 기원." 『한국정치학회보』 35집 4호.
______. 2012. "북방정책과 세계화 정책의 절반의 성공." 박인휘 외 엮음. 『탈냉전사의 이인식』. 서울: 한길사.
전강수. 2015. "세금의 기억." 『황해문화』 여름호.
전병유 엮음. 2016. 『한국의 불평등』. 서울: 페이퍼로드.
전병유. 2010. "글로벌 금융위기에 따른 양극화와 한국의 대응." 『민주사회와 정책연구』 18호.
______. 2013. "한국사회에서의 소득불평등 심화와 동인에 관한 연구." 『민주사회와 정책연구』 23호.
______. 2014. "민주 정부 고용정책의 성과와 한계 그리고 대안." 이병천·신진욱 엮음. 『민주 정부 10년 무엇을 남겼나』. 서울: 후마니타스.
전병유·신진욱 엮음. 2016. 『다중격차』. 서울: 페이퍼로드.
전상진. 2008. "자기계발의 사회학." 『문화와 사회』 5권.
전성인. 2012. "경제권력으로서의 재벌과 사회적 통제." 『황해문화』 76호.
전성훈. 2012. "북한 핵에 대한 한국과 미국의 정책." 김계동 외. 『한미관계론』. 서울: 명인문화사.
전인권. 2006. 『박정희 평전』. 서울: 이학사.
전재호. 2016. "남북분단이 한국 정치에 미친 영향." 신종대 외. 『분단 70년과 대한민국』. 대한민국역사박물관.
전주희. 2015. "시간을 강탈하는 부채." 노동시간센터 기획. 『우리는 왜 이런 시간을 견디고 있는가』. 서울: 코난북스.
전창환. 2004(a). "김대중 정부 이후의 한국경제." 전창환·김진방 외. 『위기 이후 한국자본주의』. 서울: 풀빛.
______. 2004(b). "1980년대 발전국가의 재편, 구조조정, 그리고 금융자유화." 유철규 편. 『박정희 모델과 신자유주이 사이에서』. 서울: 함께읽는책.
______. 2006. "한미 FTA 협상 결정의 배경과 그 파장." 『동향과 전망』 67호.
______. 2011. "1997년 한국의 외환·금융위기 이후 구조조정과 증권화." 『동향과 전망』 81호.
정대연. 2010. 『한국지속가능발전의 구조와 변동』. 서울: 집문당.
정무권. 2000. "국민의 정부의 사회정책." 안병영·임혁백 편. 『세계화와 신자유주의』. 서울: 나남.
______. 2002. "김대중 정부의 복지개혁과 한국 복지제도의 성격 논쟁에 대하여." 김연명 편. 『한국복지국가 성격논쟁 I』. 서울: 인간과 복지.

______. 2014. “외환위기 이후 한국 복지제도의 변화.” 연세대 빈곤문제국제개발연구원 엮음. 『외환위기 이후 한국사회의 변화』. 경기: 한울아카데미.
정병기. 2008. “한국 역대 정권과 노동의 관계.” 『진보평론』 38호.
정부·민간합동작업단. 2006. 『함께 가는 희망한국 VISION 2030』. 서울: 정부·민간합동작업단.
정상호. 2008. “사회경제적 위기와 한국의 정치변동.” 『정치정보연구』 11권 2호.
______. 2009. “이익입단과 NGO.” 민주화운동기념사업회 편. 『민주주의강의 3: 제도』. 서울: 민주화운동기념사업회.
정수남. 2012. “부자되기 열풍의 감정동학과 생애프로젝트의 재구축.” 구난희 외. 『열풍의 한국사회』. 서울: 이학사.
______. 2013. “잉여인간, 통치성, 감정아비투스.” 한국사회학회. 『한국사회학회전기사회학대회발표자료집』.
______. 2014. “잉여인간, 사회적 삶의 후기자본주의적 논리: 노숙인, 부랑인을 중심으로.” 『한국사회학』 48집 5호.
정승화. 2010. “감정 자본주의와 치유문화.” 김현미 외. 『친밀한 적』. 서울: 이후.
정윤재. 2006. “노무현 대통령의 개혁리더십과 한국민주주의.” 양승함 편. 『노무현 정부의 국가관리 중간평가와 전망』. 서울: 연세대 국가관리연구원.
______. 2012. 『정치리더십과 한국민주주의』. 서울: 나남.
정일준. 2011. “5.16과 군부의 정치참여.” 한국정치외교사학회. 『5.16 50주년 학술행사 논문집』.
______. 2013. “경제민주화 담론의 정치사회학.” 한국사회학회 엮음. 『상생을 위한 경제민주화』. 서울: 나남.
______. 2014. “총론.” 정일준 외. 『한국의 민주주의와 한미관계』. 서울: 대한민국역사박물관.
정재은. 2012. “노동현장에 투입되는 폭력컨설팅.” 『황해문화』 겨울호.
정준영. 2014. “88만원 세대 그 후, 신자유주의의 시대에서도 공동체문화를 꿈꾸는 30대.” 한국국학진흥원 엮음. 『한국인의 일상과 문화유전자』. 서울: 스토리하우스.
정지우. 2014. 『분노사회』. 부산: 이경.
정진민. 2008. 『한국의 정당정치와 대통령제 민주주의』. 경기: 인간사랑.
정태석. 2016. “포스트주의와 복지.” 김윤태 엮음. 『복지와 사상』. 경기: 한울아카데미.
정태환. 2009. “김대중 정권의 성격과 개혁정치.” 『한국학연구』 31.

제16대대통령비서실. 2009. 『노무현과 함께 만든 대한민국』. 서울: 지식공작소.
제갈현숙. 2010. "신자유주의 시기 한국의 노동 유연화와 사회복지체제의 특징." 안현효 편. 『신자유주의 시대 한국경제와 민주주의』. 서울: 선인.
조기숙. 2012. "어떤 민주주의인가." 조기숙·정태호 외. 『한국민주주의 어디까지 왔나』. 서울: 인간사랑.
조대엽. 2014. 『갈등사회의 도전과 미시민주주의의 시대』. 경기: 나남.
조돈문. 2014. "삼성의 노동통제와 노동자 조직화." 조돈문 외 엮음. 『위기의 삼성과 한국 사회의 선택』. 서울: 후마니타스.
조명래. 2011. "녹색토건주의와 지방환경정책의 위기." 『위험사회의 민주주의와 거버넌스』. 학술대토론회 자료집.
조성봉. 2011a. 『이명박 정부 정책평가 및 선진화과제(상)』. 서울: 한국경제연구원.
______. 2011b. 『이명박 정부 정책평가 및 선진화과제(하)』. 서울: 한국경제연구원.
조성환. 2012. "민주화 이후 한국 대통령의 경제치국술의 비판적 평가." 『한국정치외교사학회 하계학술회의 자료집』.
조영훈. 2002a. "생산적 복지론과 한국 복지국가의 미래." 김연명 편. 『한국복지국가 성격논쟁 I』. 서울: 인간과 복지.
______. 2002b. "현 정부 복지정책의 성격." 김연명 편. 『한국복지국가 성격논쟁 I』. 서울: 인간과 복지.
______. 2004. 『변화하는 세계, 변화하는 복지국가』. 경기: 집문당.
조윤재. 2009. 『한국의 권력구조와 경제정책』. 서울: 한울.
조재희. 2011. "대통령 비서실과 국정과제위원회." 한국미래발전연구원. 『참여정부 정책총서 정부운영편: 진보와 권력』. 서울: 한국미래발전연구원.
조주은. 2013. 『기획된 가족』. 경기: 서해문집.
조찬수. 2014. 『잃어버린 10년과 신자유주의 정책전환』. 경기: 나남.
조해경. 2016. 『광란의 대한민국 황제 대통령제 2』. 서울: 앤길.
조현연. 2009. "민주화, 세계화 이후 경제적 독점과 재벌의 사적 이해의 정치적 관철과정연구." 조희연 엮음. 『한국 민주화와 사회경제적 불평등의 동학』. 서울: 한울.
조홍식. 2015. "미래 한국사회의 리더십." 류석진 외. 『미래사회의 리더십과 선진국가의 엘리트 생성 메커니즘』. 서울: 아시아.
조화순·송지향. 2015. "네트워크 시대의 정당정치와 양극화." 조화순 외. 『한국정당의 미래를 말하다』. 경기: 한울아카데미.
조희연·장훈교. 2013. "민주주의의 외부와 급진민주주의 전략." 급진민주주의 연구

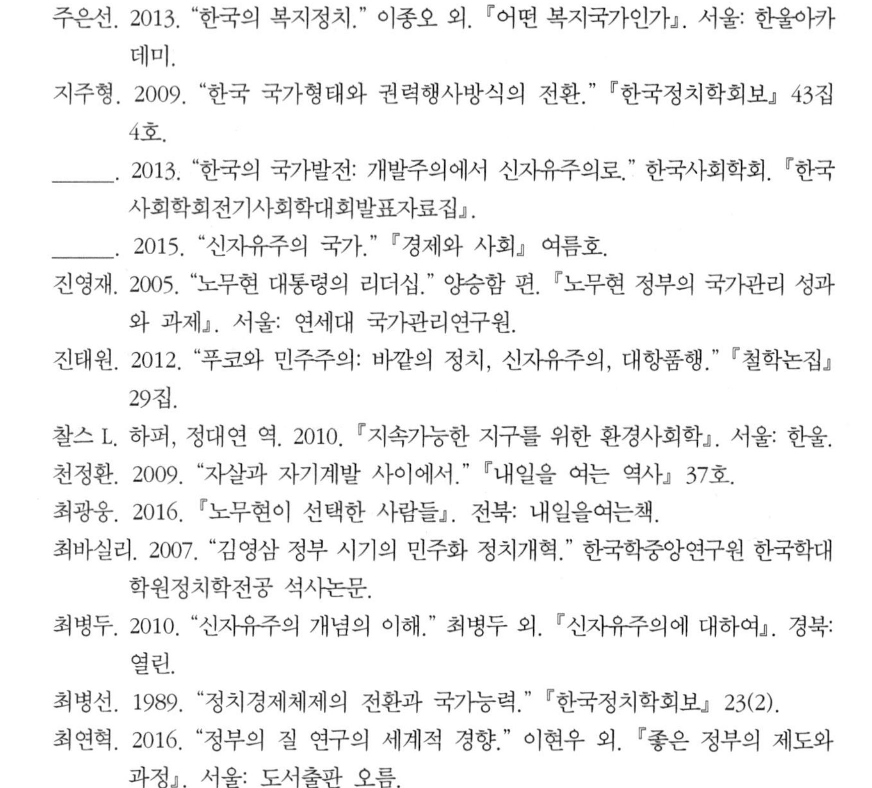

조합 데모스 엮음. 『한국 급진민주주의 프로젝트 3』. 서울: 데모스.
주은선. 2013. "한국의 복지정치." 이종오 외. 『어떤 복지국가인가』. 서울: 한울아카데미.
지주형. 2009. "한국 국가형태와 권력행사방식의 전환." 『한국정치학회보』 43집 4호.
______. 2013. "한국의 국가발전: 개발주의에서 신자유주의로." 한국사회학회. 『한국사회학회전기사회학대회발표자료집』.
______. 2015. "신자유주의 국가." 『경제와 사회』 여름호.
진영재. 2005. "노무현 대통령의 리더십." 양승함 편. 『노무현 정부의 국가관리 성과와 과제』. 서울: 연세대 국가관리연구원.
진태원. 2012. "푸코와 민주주의: 바깥의 정치, 신자유주의, 대항품행." 『철학논집』 29집.
찰스 L. 하퍼, 정대연 역. 2010. 『지속가능한 지구를 위한 환경사회학』. 서울: 한울.
천정환. 2009. "자살과 자기계발 사이에서." 『내일을 여는 역사』 37호.
최광웅. 2016. 『노무현이 선택한 사람들』. 전북: 내일을여는책.
최바실리. 2007. "김영삼 정부 시기의 민주화 정치개혁." 한국학중앙연구원 한국학대학원정치학전공 석사논문.
최병두. 2010. "신자유주의 개념의 이해." 최병두 외. 『신자유주의에 대하여』. 경북: 열린.
최병선. 1989. "정치경제체제의 전환과 국가능력." 『한국정치학회보』 23(2).
최연혁. 2016. "정부의 질 연구의 세계적 경향." 이현우 외. 『좋은 정부의 제도와 과정』. 서울: 도서출판 오름.
최영기. 2013. "한국형 고용 모델의 탐색." 이종오 외. 『어떤 복지국가인가』. 서울: 한울아카데미.
최영종. 2010. "세계화를 둘러싼 국내적 갈등에 대한 연구." 『한국정치외교사논총』 31집 2호.
최유성·이종한. 2008. "규제개혁." 한국행정연구원. 『한국행정 60년 2: 국정관리』. 경기: 법문사.
최장집. 2002. 『민주화 이후의 민주주의』. 후마니타스.
______. 2004. "한국 민주주의의 제도디자인." 김우식 편. 『21세기 한국의 국가관리와 리더십』. 서울: 연세대 국가관리연구원.
______. 2008. 『한국 민주주의 무엇이 문제인가』. 서울: 생각의 나무.
______. 2013. "한국 민주주의 어디서 와서 어디로 가고 있나." 최장집 외. 『논쟁으

로서의 민주주의』. 서울: 후마니타스.
최재성. 2010. "이명박 정부의 사회복지정책 특성과 과제." 『한국사회복지조사연구』 25권.
최 진. 2007. "제17대 대통령에 요구되는 바람직한 자질과 리더십." 『한국공공행정학회 대선기획 세미나 발표집』.
최진호. 2007. "폴리스의 정치학." 이진경 편. 『모더니티의 지층들』. 서울: 그린비.
최철웅. 2013. "일상의 금융화와 탈정치화의 정치." 『문화과학』 74호.
최태섭. 2013. 『잉여사회』. 서울: 웅진지식하우스.
최평길. 1997. "정치학자 204명의 역대 대통령평가." 『한국논단』 100(1).
최 현. 2011. "시장인간의 형성." 『동향과 전망』 81호.
최형익. 2003. "16대 대선과 이데올로기." 김세균 편. 『16대 대선의 선거과정과 의의』. 서울: 서울대 출판부.
______. 2013. 『대통령제, 정치적인 너무나 정치적인』. 서울: 비르투.
최혜지. 2015. "사회적 위험을 통해 조망한 한국 사회복지의 과거와 현재." 장덕진 외. 『압축성장의 고고학』. 경기: 한울아카데미.
카네오 후미코. 1998. "세계를 지배하는 얼굴 없는 국제기관." 이건우 편역. 『얼굴 없는 국제기관, IMF, 세계은행』. 서울: 한울.
케빈 스미스, 이유진·최수산 역. 2010. 『공기를 팝니다』. 서울: 이매진.
키타자와 요오코. 1998. "개발도상국의 채무와 구조조정정책." 이건우 편역. 『얼굴 없는 국제기관, IMF, 세계은행』. 서울: 한울.
태희원. 2012. "신자유주의적 통치성과 자기계발로서의 미용성형 소비." 『페미니즘 연구』 12권 1호.
토사 히로유키. 2015. "전 지구적 통치성." 세리가와 가즈야 엮음. 『푸코 이후』. 서울: 난장.
평화재단 엮음. 2013. 『천안함에서 NLL까지』. 서울: 정토출판.
하승우. 2014. 『공공성』. 서울: 책세상.
한국대통령평가위원회·한국대통령학연구소. 2002. 『한국의 역대대통령평가』. 서울: 조선일보사.
한귀영. 2011. 『진보 대통령 vs 보수 대통령』. 서울: 폴리테이아.
한길석. 2014. "한국을 불안하게 하는 것에 관하여." 배성민 외. 『법질서와 안전사회』. 서울: 나름북스.
한병철, 김태환 역. 2012. 『피로사회』. 서울: 문학과 지성사.
______. 2015(a). 『심리정치』. 서울: 문학과 지성사.

______. 2015(b). 『에로스의 종말』. 서울: 문학과 지성사.
한병철, 이재영 역. 2016. 『아름다움의 구원』. 서울: 문학과 지성사.
한승조 편. 1988. 『리더십 이론과 한국정치』. 서울: 민족지성사.
______. 1992. 『리더십이론에서 본 한국정치의 지도자들』. 대정진.
한윤형. 2012. "대통령과 경제, 발전의 여러 갈래." 김상봉 외. 『당신들의 대통령』. 서울: 문주.
한종기. 2010. "박정희, 김대중의 의제설정전략 비교분석." 양승함 편. 『한국대통령의 국가의제 설정과 국가전략 II』. 서울: 연세대 국가관리연구원.
함성득. 2013. 『대통령 당선자의 성공과 실패』. 서울: 나남.
함태성. 2009. "MB 정부의 녹색성장 정책분석: 녹색성장기본법과 기본계획." 녹색연합부설 녹색사회연구소. 『한국환경보고서 2009』. 서울: 녹색연합부설 녹색사회연구소.
행정부공무원노동조합 정책연구소. 2016. 『한국의 장관들』. 서울: 티핑포인트.
홍기빈. 2007. "금융엘리트의 독주: 금융허브계획의 현황과 문제점." 『시민과 세계』 12호.
홍성민. 2004. "서유럽 정치사의 통치성과 한국정치." 홍성민 엮음. 『정치사상, 정치리더십, 한국정치』. 서울: 한울아카데미.
홍성태. 2011. "리더십의 사회학." 『경제와 사회』 92.
홍윤기. 2015. "분열성 법치주의와 저품질의 왜소화된 민주주의." 사회와 철학연구회. 『다시 민주주의다』. 서울: 씨아이알.
홍종학. 2008. "친기업주의와 한국경제." 『기억과 전망』 19호.
홍찬숙. 2015. "개인화의 양면성과 두 가지 경로." 『문화와사회』. 18권.
황아란·이지호. 2016. "복지국가 태도의 결정요인." 이현우 외. 『좋은 정부의 제도와 과정』. 서울: 도서출판 오름.
황윤원. 2007. "새정부의 국정기조와 정책과제." 『한국행정학회학술대회발표논문집』.

대통령비서실. 『김영삼대통령연설문』. 『김대중대통령연설문』. 『노무현대통령연설문』. 『이명박대통령연설문』. 『이명박대통령말씀모음: 함께 가는 국민 더 큰 대한민국』. 『이명박대통령말씀모음: 따듯한 사회를 위한 공생발전』.

Acemoglu, Daron, and James A. Robinson. 2006. *Economic Origins of Dictatorship and Democracy*. Cambridge University Press.
Barber, James D. 1977. *Presidential Character*. Prentice-hall.

Barnett, Michael, and Raymond Duvall. 2005. "Power in global governance." In Michael Barnett and Raymond Duvall, eds. *Power in Global Governance*. New York: Cambridge University Press.

Bass, B. M. 1985. *Leadership and Performance beyond Expectation*. The Free Press.

Bauman, Zygmunt. 2008. *Wasted lives: Modernity and Outcasts*. 정일준 역. 『쓰레기가 되는 삶들』. 서울: 새물결.

Bauman, Zygmunt. 2009(a). *Liquid Modernity*. 이일수 역. 『액체근대』. 서울: 강.

______. 2009(b). *Liquid Fear*. 함규진 역. 『유동하는 공포』. 서울: 산책자.

______. 2010. *Work, Consumption and the New poor*. 이수영 역. 『새로운 빈곤』. 서울: 천지인.

______. 2012. *Liquid Times*. 한상석 옮김. 『모두스 비벤디』. 서울: 후마니타스.

______. 2013(a). *The Individualized Society*. 홍지수 역. 『방황하는 개인들의 사회』. 서울: 봄아필.

______. 2013(b). *Does the Richness of the Benefit US All?* 안규남 역. 『왜 우리는 불평등을 감수하는가』. 경기: 동녘.

______. 2014(a). *Living on Borrowed Time*. 조형준 역. 『빌려온 시간을 살아가기』. 서울: 새물결.

______. 2014(b). *State of Crisis*. 안규남 역. 『위기의 국가』. 경기: 동녘.

______. 2014(c). 인디고 연구소 기획. 『희망, 살아있는 자의 의무』. 서울: 궁리.

Beck, Ulich. 2013. *Der Eigene Gott*. 홍찬숙 역. 『자기만의 신』. 서울: 도서출판 길.

Bello, Wolden. 2010. *The Food Wars*. 김기근 역. 『그 많던 쌀과 옥수수는 모두 어디로 갔는가』. 서울: 더숲.

Bollier, David. 2015. *Think Like a Commoner*. 배수현 역. 『공유인으로 사고하라』. 서울: 갈무리.

Botton, Alain de. 2011. *Status Anxiety*. 정영목 역. 『불안』. 서울: 은행나무.

Bröckling, Ulrich. 2014. *Das Unternehmerishce Selbst*. 김주호 역. 『기업가적 자아』. 경기: 한울아카데미.

Bude, Heinz. 2015. *Gesellschaft der Angst*. 이미옥 역. 『불안의 사회학』. 경기: 동녘.

Burchell Graham. 2014. "독특한 이해관계들." Colin Gordon 외. *The Foucault Effect*. 심성보 외 역. 『푸코효과』. 서울: 난장.

Burns, James MacGregor. 2000. *Leadership*. Perennial, 한국리더십연구회 역. 『리더십강의』. 서울: 미래인력연구센터.

_____. 2006. *Transforming Leadership*. 조중빈 역. 『역사를 바꾸는 리더십』. 서울: 지식의 날개.

Butler, Eamonn. 2015. *Foundations of a Free Society*. 황수연 역. 『자유사회의 기초』. 부산: 리버티.

Butler, Judith. 2008. *Precarious Life*. 양효실 역. 『불확실한 삶』. 부산: 경성대 출판부.

_____. 2016. *Excitable Speech*. 유민석 역. 『혐오발언』. 서울: 알렙.

Calhoun, Craig. 2014. "무엇이 지금 자본주의를 위협하는가?" In Immauel Wallerstein, ed. *Does Capitalism Have a Future?* 성백용 역. 『자본주의는 미래가 있는가』. 경기: 창작과비평사.

Cappelli, Peter. 2013. *Why Good People Can't Get Jobs*. 김인수 역. 『부품사회』. 서울: 동아일보사.

Castells, Manuel. 2015. *Networks of Outrage and Hope*. 김양욱 역. 『분노와 희망의 네트워크』. 경기: 한울아카데미.

Chesnais, François. 2003. *La Mondialisation duuu Capital*. 서익진 역. 『자본의 세계화』. 경기: 한울.

Couldry, Nick. 2015. *Why Voice Matters*. 이정엽 역. 『왜 목소리가 중요한가』. 경기: 글항아리.

Crenson, Mattew A., and Benjamin Ginsberg. 2013. *Downsizing Democracy*. 서복경 역. 『다운사이징 데모크라시』. 서울: 후마니타스.

Crouch, Colin. 2008. *Post-Democracy*. 이한 역. 『포스트민주주의』. 서울: 미지북스.

_____. 2012. *The Strange Non-Death of Neoliberalism*. 유강은 역. 『왜 신자유주의는 죽지 않는가』. 서울: 책읽는수요일.

Cruikshank, Barbara. 2014. *The Will to Empower*. 심성보 역. 『시민을 발명해야 한다』. 서울: 갈무리.

Custers, Peter. 2015. *Capital Accumulatin and Women's Labour in Asian Economies*. 박소현·장희은 역. 『자본은 여성을 어떻게 이용하는가』. 서울: 그린비.

Davis, William. 2015. *The Happiness Industry*. 황성원 역. 『행복산업』. 경기: 동녘.

Dean, Mitchell. 1999. *Governmentality.* Sage Publications Ltd.

______. 2007. *Governing Societies.* Open University Press.

Deleuze, Gilles. 1995. *Foucault.* 권영숙·조형근 역. 『푸코』. 서울: 새길아카데미.

Douglas, Ian R. 2001. "Globalization and the retreat of the staste." In Barry K. Gills, ed. *Globalization and the Politics of Resistance.* New York: Palgrave.

Duménil, Gérard, and Dominique Lévy. 김덕민 역. 2014. 『신자유주의의 위기』. 서울: 후마니타스.

Engdahl, William. 2015. *Gods of Money.* 김홍옥, 『화폐의 신』. 서울: 길.

Enloe, Cynthia. 2015. *Globalization and Militarism.* 김엘리·오미영 역. 『군사주의는 어떻게 패션이 되었을까』. 서울: 바다출판사.

Evans Peter, Dietrich Rueschemeyer, Theda Skocpol, eds. 1985. *Bringing the State Back in.* Cambridge University Press.

Ewald François. 2014. "보험과 리스크." Colin Gordon 외. *The Foucault Effect.* 심성보 외 역. 『푸코효과』. 서울: 난장.

Foster, John Bellamy, and Fred Magdoff. 2010. *The Great Financial Crisis.* 박종일 역. 『대금융위기』. 경기: 인간사랑.

Foucault, M. (ed.) by Colin Gordon, 홍성민 역. 1991. 『권력과 지식』. 서울: 나남.

______, 이정우 역. 1992. 『담론의 질서』. 서울: 중원문화.

______, 정일준 편역. 1994. 『미셸 푸코의 권력이론』. 서울: 새물결.

______, 박정자 역. 1998. 『사회를 보호해야 한다』. 서울: 동문선.

______. 2010. "옴네스 에트 싱귤라팀." Chomsky, Noam and Michel Foucault, 이종인 역. 『촘스키와 푸코, 인간의 본성을 말하다』. 서울: 시대의 창.

______, 오트르망 역. 2011. 『안전, 영토, 인구』. 서울: 난장.

______, 오트르망 역. 2012. 『생명관리정치의 탄생』. 서울: 난장.

______, 오트르망 역. 2014. 『정신의학의 권력』. 서울: 난장.

______, 김상운 역. 2015. 『사회를 보호해야 한다』. 서울: 난장.

______, 심세광 역. 2016. 『비판이란 무엇인가?』. 경기: 동녘.

Frank, Thomas, 김병순 역. 2012. *What's the Matter with Kansas.* 서울: 갈라파고스.

Fraser, Nancy. 2010. *Scales of Justice.* 김원역 역. 『지구화 시대의 정의』. 서울: 그린비.

Friedman, Milton. 2007. *Capitalism and Freedom.* 심준보·변동열 역. 『자본주의

와 자유』. 서울: 청어람미디어.

Giroux, Henry A. 2009. *Against the Terror of Neoliberalism*. 변종헌 역. 『신자유주의의 테러리즘』. 경기: 인간사랑.

_____. 2015. *Disposable Youth*. 심성보·윤석규 역. 『일회용 청년』. 서울: 킹콩북.

Gordon Colin. 2014. "통치합리성에 관한 소개." Colin Gordon 외. *The Foucault Effect*. 심성보 외 역. 『푸코효과』. 서울: 난장.

Gray, John. 2011. *Black Mass*. 추선영 역. 『추악한 동맹』. 서울: 이후.

Guilhot, Nicolas. 2014. *The Democracy Makers*. 김성현 역. 『민주주의를 만드는 사람들』. 서울: 한울아카데미.

Guillén, Mauro F. 2010. "Classical sociological approaches to the study of leadership?" In Nitin Nohria, Rakesh Khurana, eds. *Handbook of Leadership Thoery and Practice*. Harvard Business Press.

Hacker Jacob. S., and Paul Pierson. 2015. *Winner-take-all Politics*. 조자현 역. 『부자들은 왜 우리를 힘들게 하는가』. 서울: 21세기북스.

Harvey, David. 2001. *Spaces of Hope*. 최병두 외 역. 『희망의 공간』. 경기: 한울.

_____. 2007. *A Brief History of Neoliberalism*. 최병두 역. 『신자유주의』. 경기: 한울.

_____. 2010. *Spaces of Neoliberalization*. 임동근 외 역. 『신자유주의 세계화의 공간들』. 서울: 문화과학사.

Hayek, F. A. 2006. *The Road to Serfdom*. 김이석 역. 『노예의 길』. 경기: 나남.

Helleiner, Eric. 2010. *States and the Reemergence of Global Finance*. 정재환 역. 『누가 금융세계화를 만들었나』. 서울: 후마니타스.

Hermann, Ulrike. 2014. *Der Sieg des Kapitals*. 이미옥 역. 『자본주의 승리인가 자본주의 위기인가』. 서울: 에코리브르.

Hind, Dan. 2012. *Return of the Public*. 노시내 역. 『대중이 돌아온다』. 서울: 마티.

Ho, Karen. 2013. *Homo Investus*. 유강은 역. 『호모 인베스투스』. 서울: 이매진.

Hochschild, Arlie Russell. 2013. *The Outsourced Self*. 류현 역. 『나를 빌려 드립니다』. 서울: 이매진.

_____. 2016. *So How's the Family?* 이계순 역. 『가족은 잘 지내나요?』. 서울: 이매진.

Illouz, Eva. 2010. *Cold Intimacies: Making of Emotional Capitalism*. 김정아 역.

『감정자본주의』. 경기: 돌베개.

______. 2014(a). *Consuming the Romantic Utopia*. 박형신·권오헌 역. 『낭만적 유토피아 소비하기』. 서울: 이학사.

______. 2014(b). *Hard Core Romance*. 김희상 역. 『사랑은 왜 불안한가』. 경기: 돌베개.

Jacques Bidet, and Gérard Duménil. 2014. *Altermarxisme*. 김덕민 역. 『대안마르크스주의』. 서울: 그린비.

Judt, Tony. 2011. *ILL Fares the Land*. 김일년 역. 『더 나은 삶을 상상하라』. 경기: 플래닛.

Kooiman, Jan. 1993. *Modern Governance*. Sage Publications Ltd.

Krasner, Stephen. 1978. *Defending the National Interest*. Princeton University Press.

Kreitzman, Leon. 2001. *24 Hour Society*. 한상진 역. 『24시간 사회』. 서울: 민음사.

Kurz, Robert. 2014. *Marx Lesen*. 강신준 역. 『맑스를 읽다』. 경기: 창비.

Latouche, Serge. 2014. *Bon Pour La Casse*. 정기헌 역. 『낭비사회를 넘어서』. 서울: 민음사.

Lazzarato, Maurizio. 2012. 허 경·양진성 역. 『부채인간』. 서울: 메디치미디어.

Lemke, Thomas. 2011. *Bio-Politics*. New York and London: New York University Press.

Light, Paul C. 2009. *The President's Agenda*. 차재훈 역. 『대통령학』. 서울: 한울.

Lipschutz, Ronnie D. 2005. "Global civil society and global governmentality: or the search for politics and the state amidst the capillaries of social power." In Michael Barnett and Raymond Duvall, eds. *Power in Global Governance*. New York: Cambridge University Press.

Lipschutz, Ronnie D., and James K. Rowe. 2005. *Globalization, Governmentality and Global Politics*. New York: Routledge.

Lorenzo, Fioramonti. 2016. *Gross Domestic Problem*. 김현우 역. 『GDP의 정치학』. 서울: 후마니타스.

Mann Michael. 1993. *Sources of Social Power, Vol II*. Cambridge University Press.

______. 2014. "종말이 가까울지 모른다, 그런데 누구에게?" In Immauel Wallerstein, ed. *Does Capitalism Have a Future?* 성백용 역. 『자본주의는 미래가 있는

가』. 경기: 창작과비평사.

Maranell, G. 1970. "The evaluation of presidents: An extension of the schlesinger polls." *Journal of American History*.

Marazzi, Christian. 2013. *The Violence of Financial Capitalism*. 심성보 역. 『금융 자본주의의 폭력』. 서울: 갈무리.

McGee, Micki. 2011. *Self-Helf, INC*. 김상화 역. 『자기계발의 덫』. 경기: 모요사.

McNamee, Stephen J., and Robert K. Miller, Jr. 2015. *The Meritocracy Myth*. 김현정 역. 『능력주의는 허구다』. 서울: 사이.

Miller, Peter, and Nikolas Rose. 2008. *Governing the Present*. Polity Press.

Millet, Damien, and Eric Tussaint. 2006. *Who Owes Who?* 조홍식 역. 『신용불량 국가』. 서울: 창비.

Morgenthau, Hans. 2014. *Politics among Nations*. 이호재 외 역. 『국가 간의 정치』. 경기: 김영사.

Northouse, P. G., 김남현 역. 2010. 『리더십』. 서울: 경문사.

Paige, Glenn D. 1977. *The Scientific Study of Political Leadership*. The Free Press.

Pasquale, Frank. 2016. *The Black Box of Society*. 이시은 역. 『블랙박스 사회』. 경기: 안티고네.

Peet, Richard. 2007. *Unholy Trinity*. 박형준·황선원 역. 『불경한 삼위일체』. 서울: 삼인.

Petras, James, and Henry Veltmeyer. 2008. *Globalization Unmasked*. 원영수 역. 『세계화의 가면을 벗겨라』. 서울: 메이데이.

Rose, Nikolas. 1999. *Powers of Freedom*. Cambridge University Press.

Ross, Andrew. 2016. *Creditocracy*. 김의연 외 역. 『크레디토크라시』. 서울: 갈무리.

Salecl Renata. 2014. *The Tyranny of Choice*. 박광호 역. 『선택이라는 이데올로기』. 서울: 후마니타스.

Sapir, Jacques, 유승경 역. 2012. 『세계화의 종말』. 서울: 올벼.

Schattschneider, E. E. 2008. *The Semisovereign People*. 현재호·박수형 역. 『절반의 인민주권』. 서울: 후마니타스.

Schor, Juliet. B. 2005. *Marketing and the Transformation of Childhood*. 정준희 역. 『쇼핑하기 위해 태어났다』. 서울: 해냄.

Schulze, Ingo. 2014. *Unsere Schönen Neuen Kleider*. 원성철 역. 『우리의 아름다

운 새 옷』. 인천: 오롯.

Sell, Susan K. 2009. *Private Power, Public Law.* 남희섭 역. 『초국적 기업에 의한 법의 지배』. 서울: 후마니타스.

Sennett, Richard. 2002. *The Corrosion of Character.* 조용 역. 『신자유주의와 인간성의 파괴』. 서울: 문예출판사.

______. 2009. *The Culture of the New Capitalism.* 유병선 역. 『뉴캐피털리즘』. 서울: 위즈덤하우스.

______. 2012. *Together.* 김병화 역. 『투게더』. 서울: 현암사.

Sinclair, Hugh. 2015. *Confessions of a Microfinance Heretic.* 이수경·이지연 역. 『빈곤을 착취하다』. 서울: 민음사.

Stäheli, Urs. 2015. "시장의 대중." Jeffrey T. Schapp and Matthew Tiews, eds. 양진비 역. 『대중들』. 서울: 그린비.

Stogdill, R. M. 1974. *Handbook of Leadership.* The Free Press.

Streeck, Wolfgang. 2015. *Gekaufte Zeit.* 김희상 역. 『시간벌기』. 경기: 돌베개.

Taibbi, Matt. 2015. *The Divide.* 이순희 역. 『가난은 어떻게 죄가 되는가』. 경기: 열린책들.

Therborn, Göran. 2014. *The Killing Field of Inequality.* 이경남 역. 『불평등의 킬링필드』. 서울: 문예춘추사.

Tucker, R. C. 1981. *Politics as Leadership.* University of Missouri Press.

Turner, J. H. 2001. *The Structure of Sociological Theory.* 정태환 외 역. 『현대사회학이론』. 서울: 나남.

Vincent, Andrew. 권석원·서규선 역. 1992. 『국가론』. 서울: 인간사랑.

Wacquant, Loïc. 2010. *Les Prisons de la Misère.* 류재화 역. 『가난을 엄벌하다』. 서울: 시사IN북.

Weber, Max, 전성우 역. 2011. 『막스 베버 사회과학방법론 선집』. 서울: 나남.

Werner, Klaus., Hans Weiss. 2008. *Das Neue Schwarzbuch Markenfirmen.* 손주희 역. 『나쁜 기업』. 서울: 프로메테우스출판사.

Yulk, G. A. 1995. *Leadership in Organization.* 김대운·이성연·박유진 역. 『조직과 리더십』. 서울: 형설출판사.

Žižek, Slavoj. 강일우 역. 2010. 『처음에는 비극으로, 다음에는 희극으로』. 경기: 창작과 비평사.

색인

사항 색인

| ㄱ |

| ㄴ |

| ㄷ |

| ㄹ |

| ㅁ |

| ㅊ |

| ㅋ |

| ㅌ |

| ㅍ |

인명 색인

지은이 소개

✣ 윤민재

현 | 연세대학교 국가관리연구원 연구교수
서울대학교 사회학 박사
전 서울대학교 사회발전연구소 연구원
전 사회문화연구소 연구원

• 주요 저서

『중도파의 민족주의 운동과 분단국가』(서울대 출판부, 2004),
『한국대통령 통치사료집(공저)』(선인, 2010),
『한국대통령 통치구술사료집(공저)』(선인, 2014) 외 다수